普通高等教育“十二五”土木工程系列规划教材

道路勘测设计

主　编　张向东
副主编　张文献　武卫国　易　富
参　编　高　松　严战友
主　审　钟　阳

机械工业出版社

本教材以 JTG B01—2003《公路工程技术标准》与 JTG D20—2006《公路路线设计规范》为依据，全面、系统地介绍了公路与城市道路勘测设计的基本理论、原理和实用方法。全书共 13 章，主要内容包括绪论，汽车行驶理论，道路平面、纵断面和横断面设计，道路选线与定线方法，道路平面与立体交叉设计，道路排水设计，道路交通安全与公用设施设计，道路建设环境影响评价及道路路线计算机辅助设计等。

本书可作为土木工程专业道路工程方向与交通工程专业的专业教材，也可作为从事公路、城市道路设计的工程技术人员和科研人员的参考书。

图书在版编目（CIP）数据

道路勘测设计 / 张向东主编. —北京：机械工业出版社，2010. 12
普通高等教育“十二五”土木工程系列规划教材
ISBN 978-7-111-32013-5

Ⅰ. ①道… Ⅱ. ①张… Ⅲ. ①道路测量－高等学校－教材②道路工程－设计－高等学校－教材 Ⅳ. ①U412

中国版本图书馆 CIP 数据核字（2010）第 187025 号

机械工业出版社（北京市百万庄大街22号 邮政编码100037）
策划编辑：马军平 责任编辑：马军平
版式设计：霍永明 责任校对：樊钟英
封面设计：张 静 责任印制：乔 宇
三河市国英印务有限公司印刷
2011 年1 月第1 版第1 次印刷
184mm×260mm · 19.75 印张 · 1 插页 · 490 千字
标准书号：ISBN 978-7-111-32013-5
定价：37.00 元

凡购本书，如有缺页、倒页、脱页，由本社发行部调换

电话服务
社服务中心：(010)88361066
销 售 一 部：(010)68326294
销 售 二 部：(010)88379649
读者服务部：(010)68993821

网络服务
门户网：http://www.cmpbook.com
教材网：http://www.cmpedu.com

“普通高等教育‘十二五’土木工程系列规划教材”编审委员会

前　言

为了更好地适应新形势下高等教育的改革和发展需要，我国第四次本科专业目录修订中扩大了土木工程专业的涵盖面，将交通土建专业纳入了土木工程专业，以适应培养宽口径复合型人才的需要。面对新形势下对人才的需求，高等教育应更加注重具备基本素质和基本能力的应用创新型人才的培养。本教材是立足当前交通基础设施建设大发展的背景，以培养应用创新型人才为目标，针对当前土木工程专业（交通土建工程方向）的培养规格、培养模式和课程体系以及与之相适应的知识储备、技能训练、素质拓展和创新意识的要求进行编写的。本书的主要特点如下：

(1) 知识的先进性　由于近年来道路建设的迅猛发展，道路勘测设计的水平和理念日益更新，有关的技术标准和规范已经重编或修订，本教材以现行的最新标准和规范为依据，力求反映当前道路勘测设计的新理论、新方法、新手段和新技术。

(2) 内容的实用性　在内容的安排上，以夯实基础、突出能力、注重应用、激励创新为原则，紧密结合当前道路建设技术现状，以培养适应新形势下土木工程专业（交通土建工程方向）就业工作岗位需求为出发点，力争做到实用性和针对性。

(3) 结构的合理性　结合勘察设计注册土木工程师（道路工程）对专业知识的要求，在经典道路勘测设计知识结构的基础上，删除了部分过于陈旧落后的内容，调整了部分内容的编排顺序和侧重点，增加了交通安全和环境保护的内容，突出“以人为本”的科学发展观的设计理念。

(4) 使用的灵活性　根据不同高等院校教学计划的设置情况，实行教学内容的弹性化，依据不同学时进行教学内容的合理分配；本教材以应用创新型本科学生为主要教学对象，同时兼顾专升本和继续教育学院学生的使用，也可供从事道路工程的设计、施工和科研人员参考。

本书共13章，由辽宁工程技术大学张向东教授负责全书的统稿。具体的编写分工如下：辽宁工程技术大学张向东编写第1、2章；东北大学张文献编写第3、4章；天津城市建设学院武卫国编写第6、7章；辽宁工程技术大学易富编写第8、9、13章；辽宁科技大学高松编写第5、10章；石家庄铁道学院严战友编写第11、12章。大连理工大学的钟阳教授审阅了书稿，并提出了宝贵的意见和建议，在此深表感谢。

本书在编写过程中参考了相关的标准、规范、手册、教材和论著的内容，在此对它们的作者表示衷心的感谢。道路勘测设计是一门正在发展中的技术科学，由于编者水平有限，难免有错误和不妥之处，敬请读者批评指正。

编者

目　录

第1章　绪　　论

1.1　交通运输体系及道路运输的特点

1.1.1　交通运输的概念

由于社会生产与消费的需要，人们必须克服空间上的阻碍，实现人和物的移动。为具体实现这种移动提供服务所进行的经济活动称为运输。实现这种服务的物质生产全过程称为交通运输。

1.1.2　交通运输的作用

交通运输是国民经济的基础产业，也是促进社会发展和提高人民生活水平的基本条件。交通运输又是国民经济的命脉，是联系工业与农业、城市与乡村、生产与消费的纽带。交通运输的发展，有利于促进整个社会的经济发展和人民物质文化生活水平的提高，有利于加强国防建设。交通运输是一个国家得以繁荣强大的重要物质基础。世界经济的发展充分证明，要实现国民经济的现代化，必须首先实现交通运输现代化。总之，交通运输业的发展影响社会生产、流通、分配和消费的各个环节，对人民生活、政治和国防建设以及国际间的经济发展合作都有重要作用，是一个国家综合国力的具体体现。

1.1.3　交通运输体系的构成

按运输路线和工具不同，交通运输体系分为铁路运输（火车）、道路运输（汽车）、水路运输（轮船）、航空运输（飞机）及管道运输等。铁路运输运量大，运程远，在交通运输中起着主要作用；道路运输机动灵活，分布广，对于客货运输，特别是短途运输有明显的优势；水路运输成本低，但运速较慢，且受到航道的限制；航空运输速度高，运输快，对于运送旅客、紧急物资及邮件起着重要作用；管道运输由于受管线的限制，仅适用于液态、气态及散装粉状（如石油、煤气、水泥等）的运输。上述各种运输方式，各有所长，合理分工，协调配合，取长补短，组成了一个综合的交通运输体系，为社会生产和消费服务。

我国的交通运输发展以铁路为骨干，道路为基础，充分利用内河、沿海和远洋运输资源，积极发展航空事业，形成具有不同功能、远近结合、四通八达、全国统一的综合交通运输网络体系。

1.1.4　道路运输的特点

道路是供各种车辆（指无轨车辆）和行人通行的工程设施的总称。与其他运输方式相比，道路运输具有如下特点：

（1）机动灵活，适应性强　由于公路运输网的密度一般比铁路、水路网的密度要大得多，分布面也广，因此公路运输车辆可以“无处不到、无时不有”。特别是我国实施“村村通油路”战略之后，道路运输可以深入到广大中、小城市及偏僻山区、农村。公路运输在时间方面的机动性也比较大，车辆可随时调度、装运，各环节之间的衔接时间较短。尤其是公路运输对客、货运量的多少具有很强的适应性，既可以单车独立运输，也可以由若干车辆组成车队同时运输，这一点对抢险、救灾工作和军事运输具有特别重要的意义。同时，可为其他运输方式集散和接运客货。如果缺少道路运输这种方式，其他运输方式功能的发挥将受到极大的影响。

（2）可实现“门到门”的直达运输　由于汽车体积较小，中途可不需转换，除了可沿分布较广的路网运行外，还可离开路网深入到工矿企业、农村田间、城市居民住宅等地，即可以把旅客和货物从始发地门口直接运送到目的地，实现“门到门”的直达运输。这是其他运输方式无法与道路运输比拟的特点之一。

（3）在中、短途运输中，运送速度较快　由于公路运输可以实现“门到门”直达运输，途中不需倒运、转乘就可以直接将客、货运达目的地，因此，在中、短途运输中其客货在途时间较短，运送速度较快。

（4）原始投资较少，资金周转快　道路运输与铁路运输、水路运输、航空运输方式相比，所需固定设施较为简单，投资兴建较容易；车辆购置费用一般也比较低，投资回收期短。有关资料表明，在正常经营情况下，公路运输的投资每年可周转 1 ~ 3 次，而铁路运输则需要 3 ~ 4 年才能周转一次。所以，道路运输是目前最广泛的一种运输方式。

（5）运量较小，运输成本较高　由于汽车载质量小，行驶阻力比铁路大 9 ~ 14 倍，所消耗的燃料又是价格较高的液体汽油或柴油。因此，除了航空运输，就是汽车运输成本最高了。

（6）运行持续性较差　有关统计资料表明，在各种现代运输方式中，公路的平均运距是最短的，运行持续性较差。但随着高速公路的发展，运行持续性将得到一定程度的改善。

（7）安全性较低，污染环境较大　公路运输的事故发生率较高。据历史记载，自汽车诞生以来，汽车已经夺走了3000 多万人的生命，特别是从 20 世纪 90 年代开始，死于汽车交通事故的人数急剧增加，平均每年达 50 多万人。这个数字超过了艾滋病、战争和结核病人每年的死亡人数。汽车所排出的尾气和引起的噪声也严重地威胁着人类的健康，是城市环境污染的最大污染源之一。

1.2 我国道路现状与发展规划

1.2.1 我国道路发展史

1. 道路的产生

原始道路是人走出来的，从有人类开始，就有了道路。原始人徘徊于自然的山河之间，打猎、捕鱼、采集食物，其惯行的足迹就形成了“路”。因此，可以说道路的历史就是人类发展的历史。

人类在社会、经济生活中创造了道路，而道路的产生和发展又为推动社会发展和人类进步作出了巨大贡献。

起初，原始人在陆路和水上的运输都是利用天然的运输工具，如在太古时期，陆路运输以人力搬运为主，随后从饲养动物开始，陆路运输逐渐转为以马、驴、牛、骆驼等动物驮载来进行。当时的道路主要是供人行和驮载运行。

大约在公元前4000年左右，出现了车轮，这是人类物质文化发展史中的大事。用车轮代替滑木，以滚动代替滑动，减小了运行阻力，提高了运输效率。随着车辆的出现，以动物为牵引的轮式车辆开始使用，从而对道路提出了更高的要求，于是宽度和质量都较好的马车道路出现了。车的发明改变了运输完全依靠人背、肩挑、棒抬、头顶的原始运输方式，是运输史上的一个里程碑。

人工修建道路，最早始于中国。中国古代传说中就有黄帝“披山通路”和“黄帝造车”之说。在夏代对制造车辆就有确切的记载，《史记·夏本纪》载“陆行乘车，水行乘船，泥行乘橇，山行乘檋”，在考古中还发现夏代的陶器上画有车轮花纹，这些都是夏代使用车辆的佐证。

2. 早期的道路

我国是一个历史悠久的文明古国，道路业发展很早。相传公元前2000多年就有轩辕氏造舟车。到周朝又有“周道如砥，其直如矢”的记载，并将城乡道路按不同等级进行统一规划，修建了从镐京（周朝初年国都，今西安市西南）通往各诸侯城邑的牛马车道路，形成了以都城为中心的道路体系，并设有专职管理道路的“司空官”。

秦始皇统一六国后，为巩固政权，便利通商，大修驰道，把“车同轨”与“书同文”列为统一天下的大政，基本形成以咸阳为中心，向四面八方辐射的全国性道路网。据《汉书》载“为驰道於天下，东穷燕齐，南极吴楚，江湖之上，濒海之观毕至”，描述了当时道路发达的状况。筑路技术，秦代也有很大进步，据《汉书》载当时的道路是“道广五十步，三丈而树，厚筑其外，隐以金椎，树以青松”，可见当时我国道路之雄伟。

西汉时期（公元前206年—公元25年），汉承秦制，随着城市的兴起和商业的发展，逐步形成了举世闻名的“丝绸之路”，长约7000km。这条路线连接着世界最古老的发祥地中国、印度、埃及和著名的古希腊、古罗马帝国。它蜿蜒于高山、沙漠和草原之间，成为我国人民和中西亚、欧洲人民友好往来的象征。

唐代，国家强盛，道路也因此兴旺，初步形成了以城市为中心的四通八达的道路网。全国共建驿路24585km，每隔15km设一驿站，并建立了完善的“驿制”。

到清朝，已开始形成以北京为中心的连接全国23个省，三个区和1700个府、厅、州、县的道路网，全国27条主干线总长达650541km。

公元1886年，第一辆汽车在德国的“奔驰”公司诞生，开创了公路运输的新纪元，同时也开启了道路运输与建设的新里程碑。

3. 近代道路

我国近代汽车道路始于20世纪初，从1901年上海进口两辆汽车开始，我国道路进入汽车时代。

1906年修建的那坎—镇南关—龙州公路为我国第一条汽车公路，长55km。随后，1913年湖南省用新式筑路法修建了长沙—湘潭军用公路，该路长50.11km，路基宽7~9m，路面宽4.57m，路面为铺砂路面，厚15cm。

1944 年 9 月 1 日，青藏公路（全长 797km）、康青公路（全长 792km）相继建成，两条公路海拔均在 4000m 以上，成为当时世界最高、工程最艰巨的公路工程。

到 1949 年新中国成立时止，全国共有公路 13.1912 万 km，由于受战争、灾荒及其他因素的影响，能通车的仅有 7.8 万 km。

4. 现代道路

新中国成立以来，道路建设事业获得长足发展，成就辉煌。特别是改革开放 20 多年来，我国道路建设取得了突飞猛进的发展。

（1）公路建设　截至 2008 年底，全国公路总里程达 368 万 km，其中，高速公路总里程达 6.03 万 km。“五纵七横”国道主干线已于 2008 年初基本完成，提前 13 年基本完成规划目标。“五纵七横”国道主干线建设规划的实施，优化了我国交通运输结构，促进了高速公路持续、快速和有序的发展，对缓解交通运输的“瓶颈”制约发挥了重要作用，有力地促进了我国经济发展和社会进步，如图 1-1 所示。

其中的五纵是：①由同江经哈尔滨、长春、沈阳、大连、烟台、青岛、连云港、上海、宁波、福州、深圳、广州、湛江、海口至三亚；②由北京经天津、济南、徐州、合肥、南昌至福州；③由北京经石家庄、郑州、武汉、长沙、广州至珠海；④由二连浩特经集宁、大同、太原、西安、成都、内江、昆明至河口；⑤由重庆经贵阳、南宁至湛江。

七横是：①由绥芬河经哈尔滨至满洲里；②由丹东经沈阳、唐山、北京、呼和浩特、银川、兰州、西宁、格尔木至拉萨；③由青岛经济南、石家庄、太原至银川；④由连云港经徐州、郑州、西安、兰州、乌鲁木齐至霍尔果斯；⑤由上海经南京、合肥、武汉、重庆至成都；⑥由上海经杭州、南昌、长沙、贵阳、昆明至瑞丽；⑦由衡阳经南宁至昆明。

（2）城市道路建设　截至 2007 年年底，全国城市 655 个，城市城区人口 3.4 亿人，城区建成区面积 3.5 万 km^2。城市道路 24.6 万 km、道路面积 42.4 亿 m^2，人均道路面积 11.4m^2。

1.2.2　我国道路建设存在的问题

我国道路建设虽然取得了很大成就，但其落后状况尚未得到彻底改变，与社会经济的发展尚不能完全适应，特别是与世界发达国家相比还有很大差距。

（1）公路数量少、等级低、质量差　从通车里程看，我国约为美国的 1/5。美国人口约占世界的 5%，而公路里程约占世界的 25% 左右；我国人口约占世界的 22%，而公路里程仅占世界的 5% 左右。全国公路混合交通十分突出，公路等级偏低，运输速度慢，不少公路路面狭窄、弯急、坡陡，加之混合交通严重，使得车速低、油耗大、运输成本高。

（2）公路网密度低，通达深度不够　虽然到 2008 年年底，全国公路总里程达到 368 万 km，高速公路 6.03 万 km，已跃居世界第二位，仅次于美国。但通车里程按国土面积而言，密度仍然很低，只为 0.38km/km^2，仅为美国的 1/5 左右，日本的 1/8 左右，印度的 1/3 左右。由于公路里程少，密度低，通达深度不够，很多地区的经济发展仍将受到制约。

（3）部分地区干线公路网技术等级偏低，难以发挥规模效益　部分地区存在大量低等级公路，导致行车速度低，安全性和舒适性差，抗灾能力脆弱，混合交通严重，通行能力不足，严重影响国家干线公路网的功能和作用发挥。高等级公路里程在整个公路网中所占比重远低于发达国家的水平，尚不能形成长距离、规模化的全国性公路运输大通道。

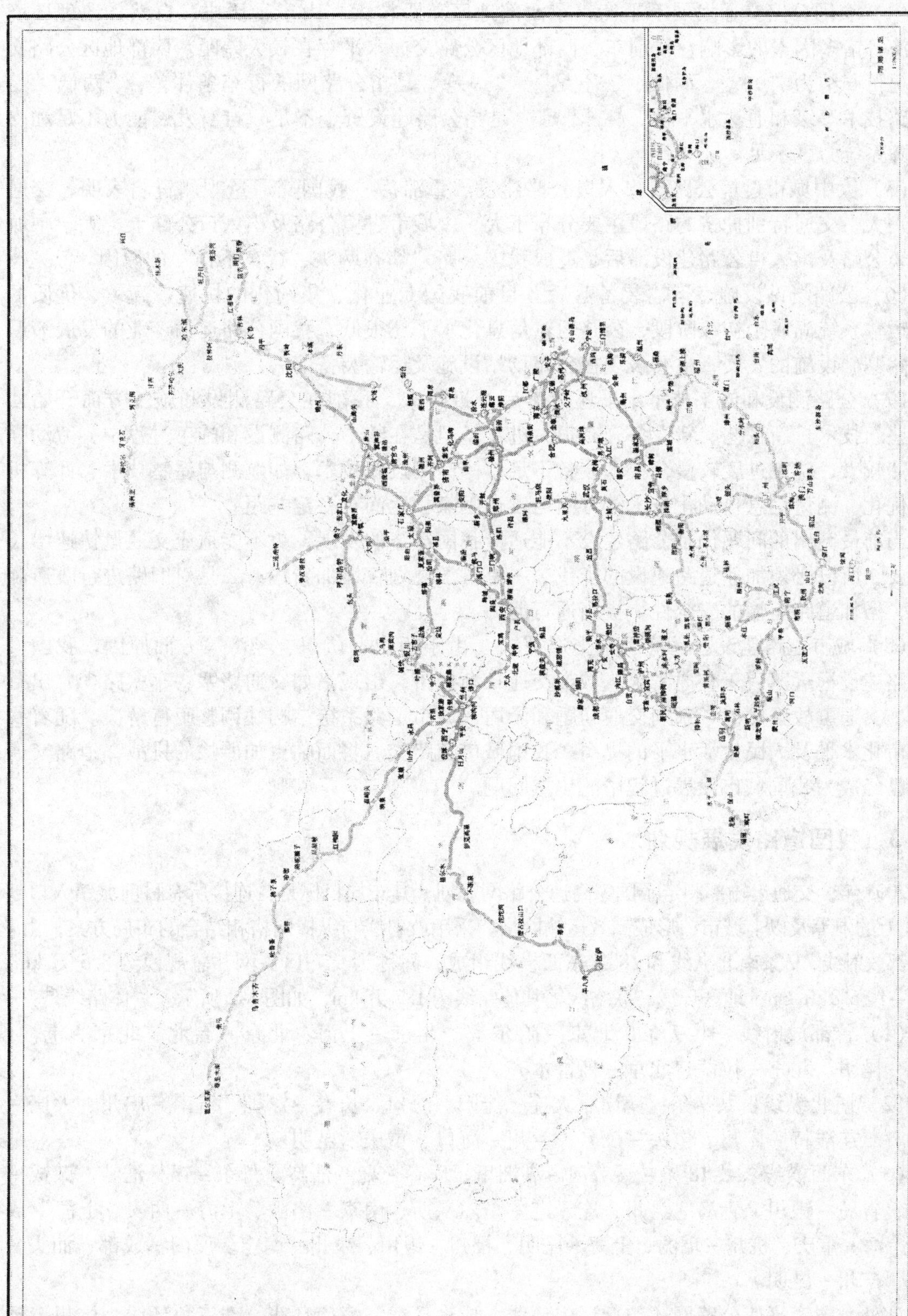

图1-1 国道主干线系统

（4）全国公路交通发展不平衡，东西部地区差距拉大　由于受历史、自然、地理环境和经济等诸多因素的影响，目前东、西部地区公路交通水平存在较大差距。西部地区公路交通状况可归纳为“一差、两低、三不足”。“一差”是指公路网的行车条件差，“两低”是指公路技术等级和通达水平低，“三不足”是指公路建设资金不足、自身发展能力不足和支持保障系统力度不足。

（5）大中城市过境公路及出入口公路建设严重滞后　我国交通量观测资料表明，交通量特别大、交通特别拥挤的路段主要分布于大、中城市过境公路及出入口公路上，大、中城市过境公路及出入口公路建设滞后是造成我国公路“堵在两头、行车不畅”的原因。

（6）公路场站设施、运输装备落后　目前我国专业化、集约化的快速、高效、优质的汽车运输系统尚属于初级阶段，公路运输信息化水平还很低，我国公路运输产业的发展滞后于公路基础设施的发展，主要表现在公路场站设施及运输装备落后。

（7）公路测设和施工技术水平还较落后　近年来，我国在公路测设和施工方面开始使用一些新技术、新工艺、新设备，有很大进步。但是在整个公路测设和施工过程中，劳动强度仍然较大，施工进度较慢，技术装备不足，一些测设新技术，如航测与遥感技术、计算机线形优化、测量信息自动化技术等方面与发达国家相比尚有一定差距。

当前最突出的问题仍是公路建设不能适应我国经济的发展，更不能适应交通量快速增长的需要，所以必须加速道路建设的步伐。一是科学规划，增加新线；二是对旧路进行改造和拓宽，增加道路运输的安全性，提高通行能力。

（8）城市道路建设远远落后于交通需求　由于历史、认识、经济等方面原因，我国城市道路建设远远落后于交通需求。城市交通日渐拥挤，出现诸如交通堵塞、车多路少、出行困难、交通事故频发等一系列交通问题和矛盾，城市道路系统结构性调整亟待解决。随着我国城市化水平及人民生活水平的提高，我国城市道路交通将面临更加严峻的挑战，道路交通问题已经成为我国城市发展过程中的焦点问题。

1.2.3　我国道路发展规划

2005年，交通运输部制定了国家高速公路网规划，其布局目标是：连接所有目前城镇人口超过20万的中等及以上城市，形成高效运输网络。采用放射线与纵横网格相结合的布局方案，由7条首都放射线、9条南北纵线和18条东西横线组成，简称为“7918”网，总规模约8.5万km，其中主线6.8万km，地区环线、联络线等其他路线约1.7万km，如图1-2所示。具体路线是：

（1）首都放射线　共7条：北京－哈尔滨、北京－上海、北京－台北、北京－港澳、北京－昆明、北京－拉萨、北京－乌鲁木齐。

（2）南北纵线　共9条：鹤岗－大连、沈阳－海口、长春－深圳、济南－广州、大庆－广州、二连浩特－广州、包头－茂名、兰州－海口、重庆－昆明。

（3）东西横线　共18条：绥芬河－满洲里、珲春－乌兰浩特、丹东－锡林浩特、荣成－乌海、青岛－银川、青岛－兰州、连云港－霍尔果斯、南京－洛阳、上海－西安、上海－成都、上海－重庆、杭州－瑞丽、上海－昆明、福州－银川、泉州－南宁、厦门－成都、汕头－昆明、广州－昆明。

此外，国家高速公路网还包括辽中环线、成渝环线、海南环线、珠三角环线、杭州湾环线等5条地区环线，2段并行线和37段联络线。

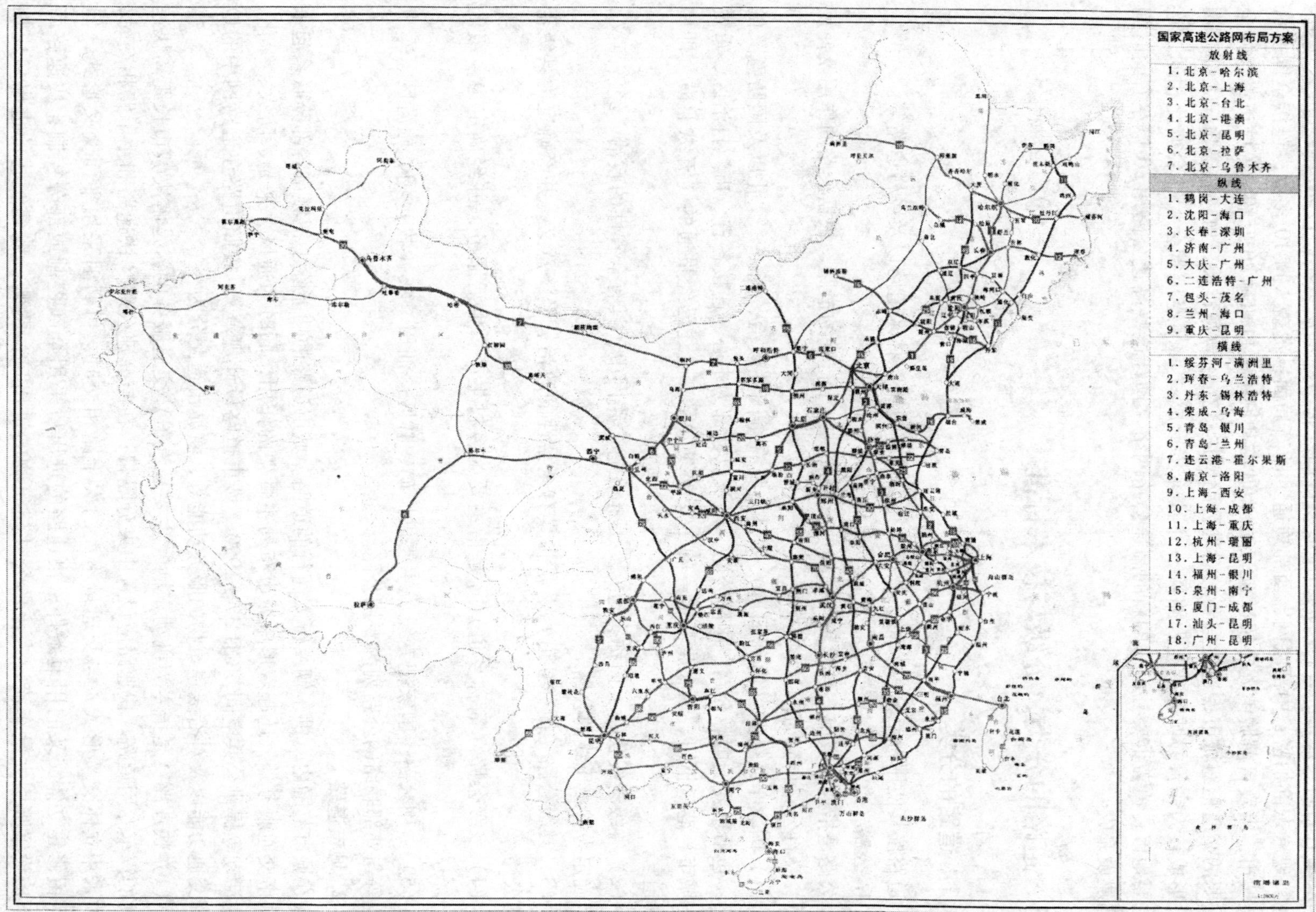

图1-2 国家高速公路网规划方案

规划后的高速公路网，将形成由中心城市向外辐射以及横贯东西，纵贯南北的大通道，并且实现“东部加密、中部联网、西部连通”的新局面；覆盖人口10多亿；连接全国所有省会城市，以及目前城镇人口超过50万的大城市和城镇人口超过20万的中等城市；连接全国重要的交通枢纽城市；连接重要的对外公路口岸；在环渤海、长三角、珠三角三大都市圈内，形成较为完善的城际高速公路网，并且逐步形成“首都连接省会、省会彼此相通、连接主要地市、覆盖重要县市”的新的高速公路网络。预计这些高速公路用30年左右的时间全部建设完成。

1.3 道路的分类、分级与技术标准

1.3.1 道路的分类

道路按其使用特点分为公路、城市道路、厂矿道路、林区道路以及乡村道路等。

1. 公路

公路是指连接城市、乡村和工矿场地，主要供汽车行驶的道路。根据公路的作用及使用性质，又将公路划分为：

(1) 国家干线公路（简称国道） 是指具有全国性政治、经济、文化以及国防意义的公路，包括重要的国际公路、国防公路，以及以首都为中心，连接各省、市、自治区、重要大中城市、港口枢纽、工农业基地等的主要干线公路。上述已经贯通的“五纵七横”即属于国道。

(2) 省级干线公路（简称省道） 是指在省公路网中，具有全省性的政治、经济意义，并经确定为省级干线的公路。

(3) 县级公路（简称县道） 是指具有全县性的政治、经济意义，并经确定为县级干线的公路。

(4) 乡级公路（简称乡道） 是指主要为乡村生产、生活服务，并经确定为乡级的公路。

(5) 专用公路 国家把专线或主要供厂矿、林区、油田、农（牧）场、旅游区、军事要地等与外部联络的公路划为专用公路。

2. 城市道路

在城市范围内，供车辆及行人通行的道路。城市道路的功能除了把城市各部分联系起来为城市交通服务外，还起着形成城市布局主骨架的作用，同时为通风、采光、防火、绿化、商业活动等提供公共空间。CJJ 37—1990《城市道路设计规范》，按照道路在道路网中的地位、交通功能以及对沿线建筑物的服务功能等，将城市道路分为

(1) 快速路 是指专为机动车辆（主要是汽车）交通服务的，是解决城市长距离快速交通的汽车专用道路。快速路应设置中央分隔带；在与高速公路、快速路和主干路相交时，必须采用立体交叉形式；与交通量不大的次干路相交时，可暂时采用平面交叉形式，但应保留修建立体交叉的用地条件；快速路的进出口采用全部控制或部分控制；快速路两侧不应设置吸引大量车流、人流的公共建筑物的进出口，两侧一般建筑物的进出口应加以控制。

（2）主干路　是以交通功能为主的连接城市各主要分区的干线道路。在非机动车较多的主干路上，宜采用机动车与非机动车分隔形式，如三幅路或四幅路；主干路两侧不应设置吸引大量车流、人流的公共建筑物的进出口。

（3）次干路　是城市内区域性的交通干道，为区域交通集散服务，兼有服务功能，配合主干路组成城市道路网，起到广泛连接城市各部分及集散交通的作用。

（4）支路　是以服务功能为主的，直接与两侧建筑物、街坊出入口相接的连接线。

3. 厂矿道路

在大型工厂、矿山范围内，供运输车辆和行人通行的道路。

4. 林区道路

在林区主要供各种林业运输工具通行的道路。由于林区地形及运输木材的要求，其技术标准应按专门制定的林区道路工程技术标准执行。

5. 乡村道路

乡村道路是指修建在乡村、农场，主要供行人和农业运输工具通行的道路。由于乡村道路主要为农业生产服务，一般不列入国家公路等级标准。

本教材编写主要针对公路和城市道路，为道路的主要部分。

1.3.2　公路分级与技术标准

1. 公路分级

根据交通部 JTG B01—2003《公路工程技术标准》（以后简称《标准》），将公路根据使用任务、功能和适应的交通量分为高速公路、一级公路、二级公路、三级公路、四级公路五个等级。

（1）高速公路　为专供汽车分向、分车道行驶，并应全部控制出入的多车道公路。四车道高速公路应能适应按各种汽车折合成小客车的年平均日交通量为 25000 ~ 55000 辆；六车道高速公路应能适应按各种汽车折合成小客车的年平均日交通量为 45000 ~ 80000 辆；八车道高速公路应能适应按各种汽车折合成小客车的年平均日交通量为 60000 ~ 100000 辆。

（2）一级公路　为专供汽车分向、分车道行驶，并可根据需要控制出入的多车道公路。四车道一级公路应能适应将各种汽车折合成小客车的年平均日交通量为 15000 ~ 30000 辆；六车道一级公路应能适应将各种汽车折合成小客车的年平均日交通量为 25000 ~ 55000 辆。

（3）二级公路　为供汽车行驶的双车道公路。双车道二级公路应能适应将各种汽车折合成小客车的年平均日交通量为 5000 ~ 15000 辆。

（4）三级公路　为主要供汽车行驶的双车道公路。双车道三级公路应能适应将各种汽车折合成小客车的年平均日交通量为 2000 ~ 6000 辆。

（5）四级公路　为主要供汽车行驶的双车道或单车道公路。双车道四级公路应能适应将各种汽车折合成小客车的年平均日交通量为 2000 辆以下，单车道四级公路应能适应将各种汽车折合成小客车的年平均日交通量为 400 辆以下。

三、四级公路为“主要供汽车行驶的双车道公路”，是指主要技术指标按供汽车行驶的要求设计，但同时也允许拖拉机、畜力车、人力车等非汽车交通使用的道路。其特点是具有混合交通的性质，设计车速应在 40km/h 以下。

2. 公路工程技术标准

公路工程技术标准是指对公路路线和构造物的设计和施工在技术性能、几何形状与尺寸、结构组成上的具体要求用指标和条文的形式确定下来，即形成公路工程技术标准，是保证车辆正常、安全行驶所采用的技术指标体系。

公路工程技术标准是根据汽车的行驶性能、数量、荷载等方面的要求，在总结公路设计、施工、养护和汽车运输经验的基础上，经过调查研究、理论分析制定出来的。它反映了我国公路建设的技术政策和技术要求，是公路设计及施工的基本依据和必须遵守的准则。各级公路主要技术指标汇总详见表 1-1。

表 1-1　各级公路主要技术指标汇总

公路等级		高速公路			一级公路			二级公路		三级公路		四级公路
设计速度/(km/h)		120	100	80	100	80	60	80	60	40	30	20
车道数		8;6;4	8;6;4	6;4	8;6;4	6;4	4	2	2	2	2	2 或 1
单车道宽/m		3.75	3.75	3.75	3.75	3.75	3.5	3.75	3.5	3.5	3.25	3.0 或 3.5
路基宽度/m	一般值	45.0 34.5 28.0	44.0 33.5 26.0	32.0 24.5	44.0 33.5 26.0	32.0 24.5	23.0	12.0	10.0	8.5	7.5	6.0 或 4.5
	最小值	42.0 — 26.0	41.0 — 24.5	— 21.5	41.0 — 24.5	— 21.5	20.0	10.0	8.5	—	—	—
平曲线最小半径/m	一般值	1000	700	400	700	400	200	400	200	100	65	30
	极限值	650	400	250	400	250	125	250	125	60	30	15
停车视距/m		210	160	110	160	110	75	110	75	40	30	20
最大纵坡（%）		3	4	5	4	5	6	5	6	7	8	9
汽车荷载等级		公路—Ⅰ级						公路—Ⅱ级				

注：本表仅为简单汇总，所列各项技术指标应按《公路工程技术标准》有关规定选用。

3. 公路工程技术标准的应用

在公路设计中，掌握和运用公路工程技术标准要注意以下几点：

1）运用《标准》要合理。采用《标准》要避免走极端，既不要轻易采用极限指标，影响公路的服务性能，也不应不顾工程数量，片面追求高指标，使投资过大，占地增加。

2）确定指标要慎重。在确定指标时，要深入实际进行踏勘调查，征询各方面意见，掌握第一手资料，然后根据任务书的要求，结合目前和远景的使用要求，通过比较，慎重确定。如指标定得不当，会直接影响公路的使用效果、工程造价及工期。

3）在不过分增加工程量的条件下尽量采用较高的指标，从而创造较好的营运条件，缩短里程，减少运输成本。

1.3.3 城市道路分级与技术标准

城市道路的分级主要依据城市规模、设计交通量以及道路所处的地形类别等。

除快速路外，每类城市道路分为Ⅰ、Ⅱ、Ⅲ级。大城市（人口超过 50 万的城市）采用各类道路中的Ⅰ级标准，中等城市（人口在 20 万～50 万之间的城市）应采用Ⅱ级标准，小城市（人口在 20 万以下的城市）采用Ⅲ级标准。城市各类各级道路的主要技术指标列于表 1-2。

表1-2 各类各级城市道路主要技术指标

项目 类别	级别	设计车速/(km/h)	双向机动车道数/条	机动车道宽/m	分隔带设置	道路横断面形式
快速路		80;60	≥4	3.75	必须设	二、四幅路
主干路	Ⅰ	60;50	≥4	3.75	应设	一、二、三、四幅路
	Ⅱ	50;40	≥4	3.75	应设	一、二、三幅路
	Ⅲ	40;30	2~4	3.5~3.75	可设	一、二、三幅路
次干路	Ⅰ	50;40	2~4	3.75	可设	一、二、三幅路
	Ⅱ	40;30	2~4	3.5~3.75	不设	一幅路
	Ⅲ	30;20	2	3.5	不设	一幅路
支路	Ⅰ	40;30	2	3.5~3.75	不设	一幅路
	Ⅱ	30;20	2	3.5	不设	一幅路
	Ⅲ	20	2	3.5	不设	一幅路

注：设计车速在条件许可时，宜采用较大值。

1.4 道路的基本组成

道路是一种线形结构物，它由线形和结构两部分组成。因此，道路设计就有线形设计和结构设计两大部分。

1.4.1 线形组成

路线是指道路的中线。线形是指道路中线在空间的几何形状和尺寸。

道路中线是一条平面有转折、纵面有起伏的立体空间线形。作为立体空间线形的图形表示有平面图、纵断面图和横断面图。在平面图上道路中线由直线和曲线组成，纵断面由坡道线及竖曲线组成。

1.4.2 公路的结构组成

公路的结构组成主要包括路基、路面、桥涵、隧道、交叉工程及沿线设施等。

1. 路基

（1）路基的定义　路基是按照路线位置和一定技术要求修筑的作为路面基础的带状构造物，一般由土、石按照一定结构尺寸和技术要求施工而成，承受由路面传下来的行车荷载。路基结构必须稳定、坚固，并符合尺寸的要求，以承受汽车荷载和自然因素的影响。

（2）路基横断面组成　由行车道、中间带、路肩、边沟、截水沟、碎落台、护坡道等部分组成，如图1-3所示。

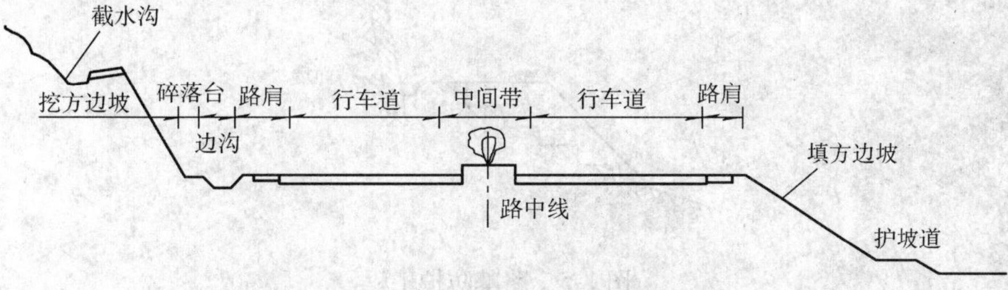

图1-3 公路路基横断面组成

（3）路基横断面形式　通常有路堤、路堑、半填半挖路基三种基本形式，如图1-4所示。

（4）路基防护　是指在横坡较陡的山坡上或沿河一侧路基边坡受水流冲刷威胁的路段，为保证路基稳定和加固路基边坡所修建的构造物。常见的路基防护工程有填石路基（见图1-5a）、砌石护坡（见图1-5b）、挡土墙（见图1-5c）、护脚（见图1-5d）以及护面墙（见图1-5e）等。

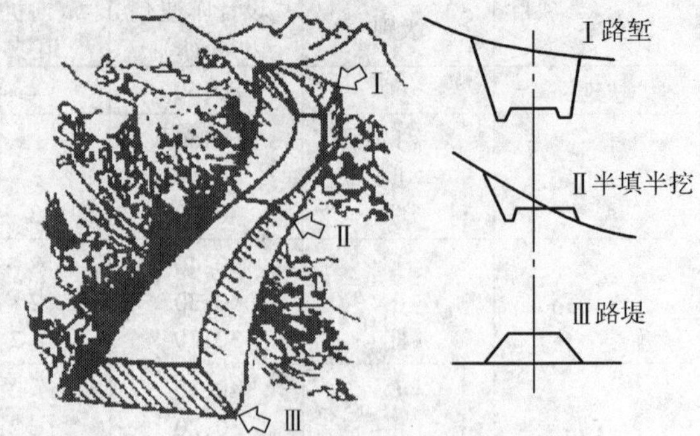

图1-4　路基横断面形式

（5）路基排水设施　是为保持路基稳定而设置的地面和地下排水设施。道路排水系统按其排水方向可有纵向排水系统和横向排水系统。纵向排水设施常见的有边沟、截水沟、排水沟等；横向排水设施常见的有路拱、桥涵、透水路堤、过水路面、渡槽等。排水系统按其排水位置不同又分为地面排水和地下排水两部分。地面排水用于排除危害路基的雨水、积水及外来水等地面水。在地下水位较高的地段还应设置地下排水系统。盲沟是常见的地下排水结构物。

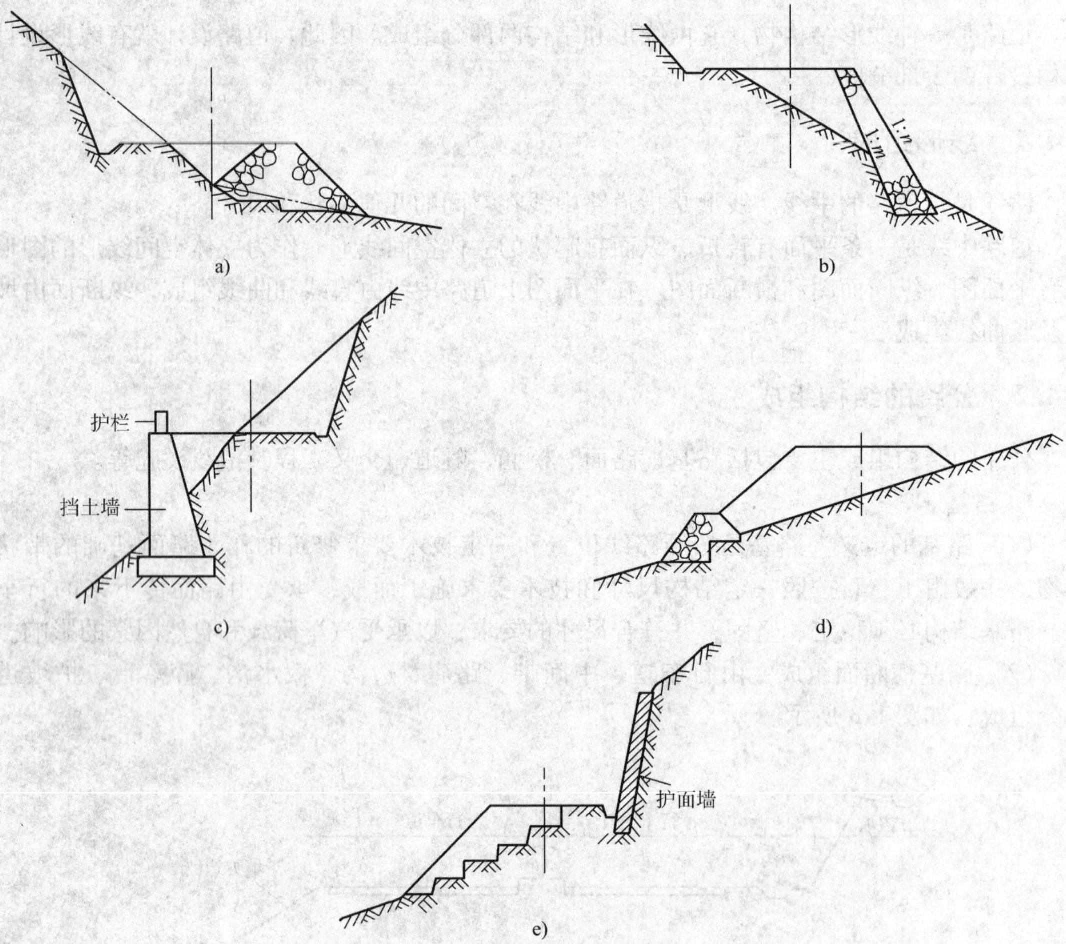

a)　b)　c)　d)　e)

图1-5　路基防护工程

a）填石路基　b）砌石护坡　c）挡土墙　d）护脚　e）护面墙

2. 路面

路面是在路基表面用各种材料分层铺筑的结构物，以供车辆在其上以一定速度安全、舒适地行驶。其主要作用是加固行车部分，使之有一定的强度、平整度和粗糙度。路面按其使用性能、材料组成和结构强度可有高级、次高级、中级、低级之分。按其力学性能可分为柔性路面和刚性路面两大类。常用的路面材料有沥青、水泥、碎（砾）石、砂、粘土等，路面结构层构成如图 1-6 所示。

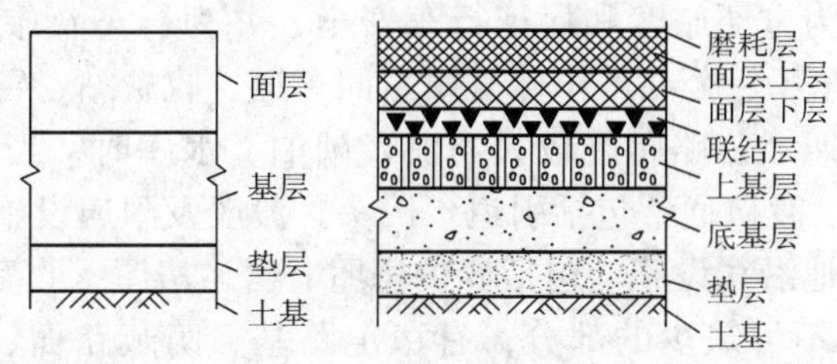

图 1-6　路面结构层

3. 桥涵

道路在跨越河流、沟谷和其他障碍物时所使用的人工构筑物称为桥涵。当桥涵的单孔跨径大于或等于 5m，多孔跨径大于或等于 8m 时为桥梁，反之则为涵洞，如图 1-7 所示。

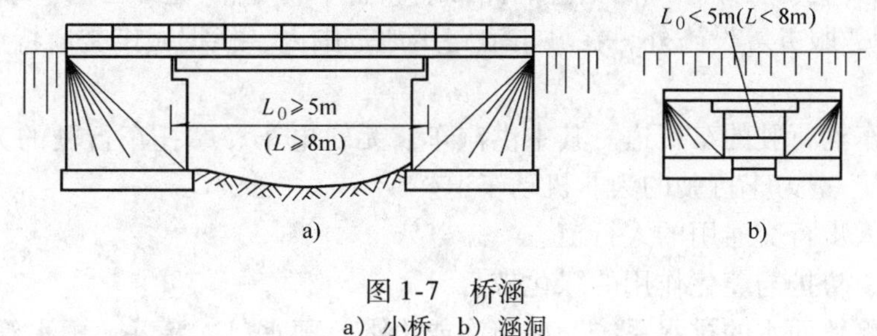

图 1-7　桥涵

a）小桥　b）涵洞

4. 隧道

隧道是道路穿越山岭、置于地层内或地面下的结构物。利用隧道可缩短公路里程，降低公路越岭线纵坡，在国防上还具有隐蔽性，如图 1-8 所示。

图 1-8　隧道

5. 交叉工程

交叉工程包括公路与公路、公路与铁路、公路与管线的交叉。公路与公路或铁路相交时，可采用平面交叉或立体交叉；公路与管线交叉时，一般采用留净空和横向间距的办法来保证各种管线不致侵入公路建筑界限内。

6. 沿线设施

为了保证行车安全、舒适和增加路容美观，公路除设置基本结构物外，还需设置各种沿线设施，沿线设施是公路沿线交通安全、管理、服务、环境等设施的总称。

（1）交通安全设施　是为保证行车与行人安全和充分发挥公路的作用而设置的设施，包括人行地下通道、人行天桥、轮廓标、线形诱导标、突起路标、交通信号灯、护栏、隔离栅、防护网、反光标志、防噪设施、照明设施、避险车道等。

(2) 交通管理设施　是为保障良好的交通秩序，防止事故发生而设置的各种设施，包括公路标志（又可分为指示标志、警告标志、禁令标志、指路标志等)、路面标线、路面标志、紧急电话、公路监控设施、交通控制设施等。

(3) 防护设施　是为防治公路上的塌方、泥石流、坠石、滑坡、积雪、雪崩、积砂、水毁等病害而设置的各种设施和构造物，如抗滑坡构造物、防雪走廊、防沙棚、挑坝等。

(4) 服务设施　是为方便旅客和保证行车安全，并为行车及旅客服务的设施，主要包括服务区、停车区、停车场、公共汽车停靠站、回车道、收费站、管理所、养护工区等。

(5) 渡口　是三、四级公路跨越较大河流、湖泊、水库时，当交通量不大而暂时不能建桥所设置的船渡设施。渡口通常包括引道、码头、渡船及附属设施等部分。

(6) 路用房屋及其他沿线设施　包括养护房屋、营运房屋、收费站、加油站等设施。

(7) 绿化　是公路不可缺少的部分，有稳定路基、荫蔽路面、美化路容、改善环境、增加行车安全和发展用材林木之功能。在一些地区还能减轻积砂、积雪、洪水等对公路的危害。

1.4.3　城市道路的结构组成

城市道路除具有与公路相同的路基、路面、桥涵、隧道、交叉工程、绿化、照明排水、交通安全、管理、服务等设施外，在城市道路用地范围内，根据城市交通特点还有以下结构组成：

1）供各种车辆行驶的车行道。其中供汽车、无轨电车、摩托车行驶的为机动车道；供自行车、三轮车、畜力车行驶的为非机动车道。

2）专供行人步行交通用的人行道。

3）起卫生、防护与美化作用的绿化带。

4）用于排除地面水的排水系统，如街沟或边沟、雨水口、窨井、雨水管等。

5）为组织交通、保证交通安全的辅助性交通设备，如交通信号灯、交通标志、交通岛、护栏等。

6）交叉口和交通广场。

7）停车场和公共汽车停靠站台。

8）沿街的地上设备，如照明灯柱、架空电线杆、给水柱、电话亭、清洁箱、接线柜等。

9）地下各种管线，如电缆、煤气管、给水管、污水管等。

10）在交通高度发达的现代化城市，还建有架空的高速道路（高架路)、人行过街天桥、地下道路、地下人行通道、地下铁道等。

1.5　道路勘测设计阶段、文件编制与设计依据

1.5.1　道路勘测设计的目的及任务

道路是带状的三维空间人工构造物，包括路基、路面、桥梁、涵洞、隧道等工程实体。

道路设计要从线形和结构两大方面进行研究。

在结构设计上要求用最小的投资，尽可能少的外来材料及养护力量，使其在自然力及车辆荷载的共同作用下，在使用年限内保持良好状态，满足使用要求。这些内容将在其他有关课程中进行介绍。

道路的线形设计是本书的研究内容，这是一项很重要的工作。道路的等级和规模主要取决于线形的几何构造尺寸，一是道路宽度的构成，二是线形的几何构成。道路线形几何构成的重要性表现在：

1）线形的几何构造尺寸是道路全部设计和施工的基础。

2）线形的几何构造尺寸决定了车辆行驶的安全性、舒适性及道路建设与运营的经济性。

3）线形的几何构造尺寸决定了道路的等级与规模。

道路线形设计涉及的学科及知识是多方面的，设计中要综合考虑如下因素：

1）汽车在运动学及力学方面是否安全、舒适。

2）在视觉及运动心理学方面是否良好。

3）与环境景观是否协调。

4）从地形方面看，在经济上是否合理。

因此，线形设计涉及人、车、路及环境等方面，要合理解决好其间的相互关系。对于三维空间体的道路，为了设计中表达及表述的方便，把它分解为平面、纵断面和横断面来分别研究处理，然后结合地形及自然条件综合考虑，最终设计出一条技术可行、经济合理、行车安全舒适、线形优美的道路。

1.5.2 道路勘测设计阶段

道路的勘测设计，是指具体完成一条道路所进行的外业勘测和内业设计工作。外业勘测包括对路线的视察、踏勘测量和详细测量工作，内业设计包括路线设计和结构设计以及概预算编制等工作。

道路勘测设计应根据道路的性质和要求分阶段进行，其具体做法有一阶段设计、两阶段设计和三阶段设计三种。

1. 一阶段设计

对于技术简单、方案明确的小型建设项目，可采用一阶段设计，即直接根据批准的设计任务书的要求，一次作详细测量并编制施工图设计。

2. 二阶段设计

公路工程基本建设项目，一般应采用两阶段设计，即初步设计和施工图设计。第一阶段，根据批准的设计任务书进行踏勘测量，并编制初步设计文件。第二阶段，根据批准的初步设计和审批意见，进行详细测量，并编制施工图设计文件。

初步设计的主要任务是：拟订设计原则、选定设计方案、计算主要工程数量、提出施工方案意见、编制设计概算并提供文字说明和图表资料。

施工图设计的主要任务是：进一步对审定的设计原则、设计方案、技术决定加以具体和深化，最终确定各项工程数量和尺寸，提出文字说明和满足施工需要的图表资料及施工组织计划，并编制施工图预算。

3. 三阶段设计

对于技术上复杂而又缺乏经验的建设项目或建设项目中的个别路段、特殊大桥、互通式立体交叉、隧道等，必要时应采取三阶段设计，即分初步设计、技术设计和施工图设计三个阶段。

技术设计阶段主要是对重大、复杂的技术问题，通过科学试验，专题研究，加深勘探调查及分析比较，解决初步设计中未能解决的问题，落实技术方案，计算工程数量，提出修正的施工方案，修正设计概算。其深度和要求介于初步设计和施工图设计之间。

1.5.3 道路设计文件编制

设计文件是公路勘测设计的最终成果，经审查批准后作为下一阶段设计、施工及施工招投标的依据。根据设计阶段的不同，在其要求、组成及内容上均有所不同。

1）一阶段设计的施工图应根据批复的可行性研究报告，测设合同和定测、详勘资料编制。施工图设计文件由以下内容组成：

第一篇 总说明书
第二篇 总体设计
第三篇 路线
第四篇 路基路面及排水
第五篇 桥梁及涵洞
第六篇 隧道
第七篇 路线交叉
第八篇 交通工程及沿线设施
第九篇 环境保护
第十篇 渡口码头及其他工程
第十一篇 筑路材料
第十二篇 施工组织计划
第十三篇 施工图预算
附件 有关地质水文等补充资料

2）两阶段设计的初步设计应根据批复的可行性研究报告，测设合同和初测、初勘资料编制。初步设计文件中前十一篇篇号、篇名与施工图设计文件相同，后两篇及附件名称如下：

第十二篇 施工方案
第十三篇 设计概算
附件 基础资料

3）三阶段设计的技术设计应根据批复的初步设计、测设合同和定测、详勘以及补充勘测资料编制。技术设计文件的内容视技术设计需要解决的技术问题而定，主要组成文件是：提出科学试验成果、专题报告；提出修正的施工方案；编制修正的设计概算；补充必要的基础资料和研究试验的成果资料。

公路设计文件表现的基本形式主要有：文字说明、设计图、设计表格三种。根据文件要求，有的设计尚需附电子文档。

1.5.4　道路勘测设计依据

1.5.4.1　技术依据

道路勘测设计的主要技术依据有：JTG B01—2003《公路工程技术标准》、JTJ 061—1999《公路勘测规范》、JTJ D20—2006《公路路线设计规范》、CJJ 37—1990《城市道路设计规范》、GB 50220—1995《城市道路交通规划设计规范》、LYJ 113—1992《林区公路路线设计规范》，GBJ 22—1987《厂矿道路设计规范》、《公路工程基本建设项目设计文件编制办法》（交公路发［2007］358号）等。

1.5.4.2　自然条件

影响道路的自然因素主要有地形、气候、水文、地质、土壤及植被等。这些自然因素主要影响道路等级和设计速度的选用、路线方案的确定、路线平纵横几何形状、桥隧等构造物的位置和规模、工程数量和造价等方面。其中，地形决定了选线条件，并直接影响道路的技术标准和指标的选取；气候状况直接或间接地影响地面水及地下水位高度、路基水温状况以及泥泞期、冬季积雪和冰冻期等路面使用质量；水文情况决定排水结构物的数量和大小；水文地质情况决定了含水层厚度和位置、地基或边坡的稳定性；地质构造决定了地基和路基附近岩层的稳定性，决定有无滑坍、碎落和崩坍的可能，同时也决定了土石方工程施工难易程度和筑路材料的质量；土是路基和路面基层的材料，它影响路基形状和尺寸，也影响路面类型和结构的确定；地面的植物覆盖影响暴雨径流、水土流失程度，经济种植物还影响到路线的布设。

1.5.4.3　交通条件

1. 设计车辆

道路上行驶的车辆种类很多，作为道路设计依据的车型为设计车辆。车辆的几何尺寸、质量、性能等，直接关系到行车道宽度、弯道加宽、道路纵坡、行车视距、道路净空、路面及桥涵荷载等。因此，设计车型的规定及采用对确定道路几何尺寸和结构具有重要的意义。按使用功能及外廓尺寸的不同，对公路和城市道路的设计车辆在《公路工程技术标准》和《城市道路设计规范》中都作了明确的规定。

（1）公路设计车辆　公路设计所采用的设计车辆分为三类，即小客车、载货汽车和鞍式列车（见图1-9），其外廓尺寸规定见表1-3。

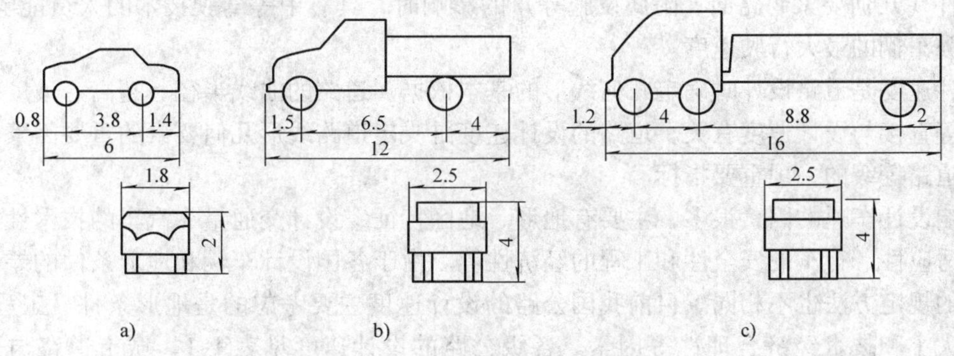

图1-9　公路设计车辆示意图（尺寸单位：m）
a）小客车　b）载货汽车　c）鞍式列车

表 1-3 公路设计车辆外廓尺寸

车辆类型	总长/m	总宽/m	总高/m	前悬/m	轴距/m	后悬/m
小客车	6	1.8	2.0	0.8	3.8	1.4
载货汽车	12	2.5	4.0	1.5	6.5	4.0
鞍式列车	16	2.5	4.0	1.2	4+8.8	2.0

注：总长指车辆前保险杠至后保险杠的距离；总宽指车厢宽度（不包括后视镜）；总高指车厢顶或装载顶到地面的高度；前悬指车辆前保险杠至前轴轴中心的距离；后悬指车辆后保险杠至后轴轴中心的距离；轴距：双轴车时为前轴轴中线至后轴轴中线的距离，鞍式列车为前轴轴中线至中轴轴中线的距离及中轴轴中线至后轴轴中线的距离。

鞍式列车适用于大型集装箱运输，可作为有大型集装箱车通行的高等级公路的设计依据。一般公路必须保证小客车及载货汽车的通行安全及顺适。

（2）城市道路设计车辆 我国城市道路机动车设计车辆外廓尺寸见表1-4。

表 1-4 城市道路机动车设计车辆外廓尺寸

车辆类型	总长/m	总宽/m	总高/m	前悬/m	轴距/m	后悬/m
小型汽车	5	1.8	1.6	1.0	2.7	1.3
普通汽车	12	2.5	4.0	1.5	6.5	4.0
铰接车	18	2.5	4.0	1.7	5.8+6.7	3.8

（3）非机动车设计车辆 我国非机动车设计车辆外廓参考尺寸见表1-5。

表 1-5 非机动车设计车辆外廓参考尺寸

车辆类型	总长/m	总宽/m	总高/m
自行车	1.93	0.60	2.25
三轮车	3.40	1.25	2.50
板车	3.70	1.50	2.50
畜力车	4.20	1.70	2.50

注：总长：自行车为前轮前缘至后轮后缘的距离；三轮车为前轮前缘至车厢后缘的距离；板车、畜力车均为车把前端至车厢后缘的距离。总宽：自行车为车把宽度，其余车种为车厢宽度。总高：自行车为骑车人在车上时，头顶至地面的高度，其余车种均为载物顶部至地面的高度。

2. 设计车速

设计速度又称为计算行车速度，是指在气候条件良好，汽车密度小，车辆行驶只受公路本身条件（几何要素、路面、附属设施等）的影响时，具有中等驾驶技术的人员能够安全、顺适驾驶车辆的最大行驶速度。

设计速度是道路设计时确定几何线形的基本依据。道路的曲线半径、超高、坡度、坡长及视距等直接与设计速度有关。道路的设计速度是决定道路线形几何要素的重要因素，是用来体现道路等级的一项重要指标。

影响设计车速的因素很多，主要有地形、地区特征、设计交通量、汽车的技术性能、驾驶员的适应性、行车的安全性和工程的经济性等。由于各国设计车辆和地形条件的差异，设计速度的规定方法也不相同。目前我国公路的设计速度主要考虑的是地形条件、工程难易、工程量大小和技术经济合理性等因素。各级公路的设计速度见表1-1。城市道路与公路相比，具有功能多样、交通组成复杂、行人交通量大、交叉口多和车速差异大的特点，平均行驶速度比公路低。《城市道路设计规范》规定的各类各级城市道路的设计速度见表1-2。

3. 设计交通量

(1) 定义

1) 交通量，是指单位时间内通过道路某一断面的车辆数，又称交通流量。其具体数值由交通调查和交通预测确定，其单位为辆/d 或辆/h。

道路上行驶的车辆种类较多，其速度、行驶特性及占用车道的净空差异较大，作为道路设计依据的设计交通量的统计，应折算成某一标准车型。《标准》规定，将“小客车”定为各级公路设计交通量换算的标准车型，并按表1-6的各级公路车辆折算系数进行交通量统计。

表1-6 各级公路车辆折算系数

车型编号	汽车代表车型	车辆折算系数	车辆说明
1	小客车	1.0	19座以下的客车和载质量小于2t的货车
2	中型车	1.5	19座以上的客车和载质量大于2t小于等于7t的货车
3	大型车	2.0	载质量大于7t小于等于14t的货车
4	拖挂车	3.0	载质量大于14t的货车

对于非机动车占较大比例的混合交通道路，自行车、行人、畜力车等非汽车交通不再作为交通流中的独立车型，仅作为路侧横向干扰因素考虑，不再参与交通量折算。拖拉机则分为两种情况予以考虑：一是在行车道两侧设有慢车道的二级公路，拖拉机也作为路侧干扰因素考虑而不参与交通量换算；另一种情况是在三、四级公路上，拖拉机混行于机动车道内，对车流形成纵向干扰，每辆拖拉机可折算成4辆小客车。

2) 年平均日交通量 N（双向），指一年365天内观测交通量结果的平均值，按下式计算

$$N = \frac{一年内交通量总和}{365} \tag{1-1}$$

3) 最大日交通量 N_1（双向），指一年中365天交通量中的最大值。

4) 高峰小时交通量，指一年中（或一日内）的最大小时交通量，用以研究道路交通不均匀情况。

5) 日平均小时交通量，指一日内（5:00～21:00），16h通过车辆数按小时的平均值。

6) 设计交通量，指预期到设计年限末，用以作为道路设计依据而确定的交通量，可分为设计年平均日交通量和设计小时交通量。

(2) 设计交通量的规定

1) 公路的设计交通量。

①设计年平均日交通量，是指拟建公路在预测年限时所能达到的年平均日交通量（辆/d）。它是确定道路等级、论证道路的计划费用及进行各项结构设计的重要依据，但不宜直接用于公路的几何设计。因为在一年中的某些季节或时段的交通量可能会高出年平均日交通量数倍，不具代表性。由于道路的交通量随着经济发展和路况条件的改善而在逐渐变化，所以道路的设计应以预测年限交通量变化的需要为准。预测年限所能达到的年平均日交通量是根据历年交通观测资料预测求得，目前多按年平均增长率计算确定，即

$$N_d = N_0(1+r)^{n-1} \tag{1-2}$$

式中 N_d——预测设计年限年平均日交通量（辆/d）；

N_0——起始年平均日交通量（辆/d）；

r——交通量年平均增长率（%）；

n——预测设计年限（年）。

《标准》规定，高速公路和具有干线功能的一级公路的设计交通量按20年预测；具集散功能的一级公路，以及二级公路、三级公路的设计交通量按15年预测；四级公路根据实际情况确定。预测年限从公路建成通车年起算。

②设计小时交通量，是以小时为计算时段的交通量，是确定车道数和车道宽度或评价服务水平的依据。大量的道路交通量变化图示表明，在全年期间，每小时交通量的变化是相当大的。如果用一年中最大的高峰小时交通量作为设计依据，那肯定是浪费的；但如果采用日平均小时交通量则不能满足实际需要，造成交通拥挤，甚至阻塞。为了设计交通量的取值既保证交通安全畅通，又使工程造价经济、合理，可借助一年中每小时交通量的变化曲线来指导确定最合乎设计使用的小时交通量，方法如下：将一年中（共8760小时）所有每小时交通量按其与年平均日交通量的百分数的大小顺序排列起来，并画成曲线，如图1-10所示。由图可见，在30～50位小时交通量附近，曲线急剧变化并趋于平缓。根据上述曲线规律，设计小时交通量的合理取值，显然应选在第30～50位小时的范围以内。如以第30位小时交通量作为设计依据，意味着在一年中有29个小时的实际交通量超过设计值，将发生拥挤，占全年小时数的0.33%，即能顺利通过的保证率达99.67%。目前包括我国在内的世界许多国家都采用第30位小时交通量作为设计依据。亦可根据当地条件，在第20位至第40位小时交通量之间采用最为经济合理的小时交通量作为设计依据。

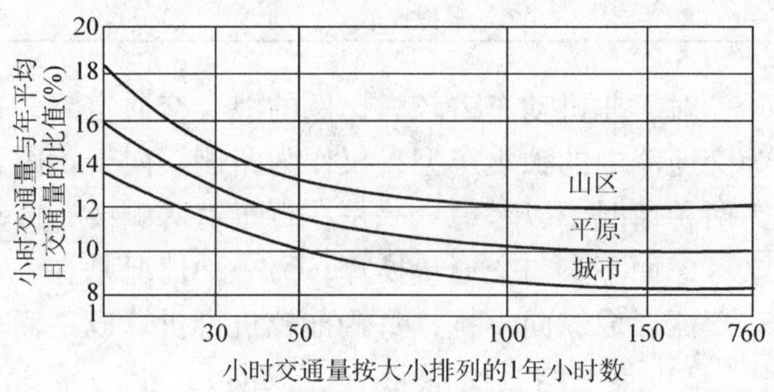

图1-10 年平均日交通量与小时交通量关系曲线

2）城市道路的设计交通量。

①设计小时交通量。《城市道路设计规范》规定，确定城市道路车道数的设计小时交通量按下式计算

$$N_h = N_{da}k\delta \tag{1-3}$$

式中 N_h——设计小时交通量（pcu/h，即当量小客车数/小时）；

N_{da}——设计年限的年平均日交通量（pcu/h）；

k——设计高峰小时交通量与年平均日交通量的比值；

δ——主要方向交通量与断面交通量的比值。

年平均日交通量与k、δ值均应由各城市观测取得。未进行观测的城市可参照性质相近的邻近城市的数值选用。新辟道路可参照性质相近的同类型道路数值选用。不能取得时，k值可采用11%，δ采用0.60。

②设计年限。城市道路交通量达到饱和状态时的设计年限规定如下：快速路、主干路为20年；次干路为15年；支路为10～15年。

4. 通行能力

道路通行能力是在一定的道路和交通条件下，道路上某一路段适应车流的能力，以单位时间内通过的最大车辆数表示，单位时间通常以小时计，即辆/h。车辆数对于多车道道路用一条车道的通过数表示，双车道公路用往返车道合计数表示。

（1）基本通行能力 是指在理想条件下，单位时间内一个车道或一条道路某一路段可以通过小客车的最大数，是计算各种通行能力的基础。所谓理想条件包括道路本身和交通两个方面，即道路本身应是车道和侧向净空有足够的宽度，平、纵线形及视距条件良好；交通方面应是车道上只有小客车行驶，无其他车型混入，交通密度低，车速不限。现有的道路即使是高速公路，基本上没有合乎理想条件的，可能通过的车辆数一般都低于基本通行能力。

基本通行能力的计算可采用“车头时距”或“车头间距”推求。车头时距是指连续两车通过车道或道路上同一地点的时间间隔；车头间距是指交通流中连续两车之间的距离。如以车头时距为例，则一条车道的通行能力 C 可按下式计算

$$C = 3600/t \tag{1-4}$$

式中 t——连续车流平均车头间隔时间（s）。

如以车头间距为例，则一条车道的通行能力 C 可按下式计算

$$C = 1000V/l \tag{1-5}$$

式中 V——车速（km/h）；

l——连续车流平均车头间隔距离（m）。

（2）设计通行能力

1）公路服务水平。在道路上交通量少，行车自由度就大，反之就会受到限制，这是一个简单的事实。为了说明公路交通负荷状况，以交通流状态为划分条件，定性地描述交通流从自由流、稳定流到饱和流和强制流的变化阶段，《标准》将公路服务水平划分为四级，与每一级服务水平相应的交通量称为服务交通量。

一级服务水平：交通量小，驾驶者能自由或较自由地选择行车速度并以设计速度行驶，行驶车辆不受或基本不受交通流中其他车辆的影响，交通流处于自由流状态，超车需求远小于超车能力，被动延误少，为驾驶者和乘客提供的舒适便利程度高。

二级服务水平：随着交通量的增大，速度逐渐减小，行驶车辆受别的车辆或行人的干扰较大，驾驶者选择行车速度的自由度受到一定限制，交通流状态处于稳定流的中间范围，有拥挤感；到二级下限时，车辆间的相互干扰较大，开始出现车队，被动延误增加，为驾驶者提供的舒适便利程度下降，超车需求与超车能力相当。

三级服务水平：当交通需求超过二级服务水平对应的服务交通量后，驾驶者选择车辆运行速度的自由度受到很大限制，行驶车辆受别的车辆或行人的干扰很大，交通流处于稳定流的下半部分，并已接近不稳定流范围，流量稍有增长就会出现交通拥挤，服务水平显著下降；到三级下限时行车延误的车辆达到80%，所受的限制已达到驾驶者所允许的最低限度，超车需求超过了超车能力，但可通行的交通量尚未达到最大值。

四级服务水平：交通需求继续增大，行驶车辆受别的车辆或行人的干扰更加严重，交通流处于不稳定流状态；靠近下限时每小时可通行的交通量达到最大值，驾驶者已无自由选择速度的余地，交通流变成强制状态，所有车辆都以通行能力对应的但相对均匀的速度行驶。一旦上游交通需求和来车强度稍有增加，或交通流出现小的扰动，车流就会出现走走停停的状态，此时能通过的交通量很不稳定，其变化范围从基本通行能力到零，时常发生交通阻塞。

《标准》对各级公路的服务水平分级作了明确的规定，高速公路服务水平分级见表1-7，其他公路服务水平分级从略。

表1-7 高速公路服务水平分级

服务水平等级	密度/(pcu/km·ln)	设计速度								
		120			100			80		
		速度/(km/h)	V/C	最大服务交通量/pcu/(h·ln)	速度/(km/h)	V/C	最大服务交通量/pcu/(h·ln)	速度/(km/h)	V/C	最大服务交通量/pcu/(h·ln)
一	≤7	≥109	0.34	750	≥96	0.33	700	≥78	0.30	600
二	≤18	≥90	0.74	1600	≥79	0.67	1400	≥66	0.60	1200
三	≤25	≥78	0.88	1950	≥71	0.86	1800	≥60	0.78	1500
四	≤45 >45	≥48 <48	接近1 >1	<2200 0~2200	≥47 <47	接近1 >1	<2100 0~2100	≥45 <45	接近1 >1	<2000 0~2000

注：1. V/C是在理想条件下，最大服务交通量与基本通行能力之比。
2. pcu/(h·ln) 为小客车数/(小时·车道)。

各级公路设计采用的服务水平规定按表1-8采用。

表1-8 各级公路设计采用的服务水平

公路等级	高速公路	一级公路	二级公路	三级公路	四级公路
服务水平	二级	二级	三级	三级	—

注：1. 一级公路作为集散公路时，可采用三级服务水平设计。
2. 互通式立体交叉的分合流区段、匝道以及交织区段，可采用三级服务水平。

2）设计通行能力。公路交通的运行状态保持在某一设计的服务水平时，单位时间内公路上某一路段可以通过的最大车辆数，称为设计通行能力。

设计通行能力是实际道路可能接受的通过能力。《标准》对各级公路的设计通行能力作了明确的规定，高速公路的设计通行能力见表1-9。其他公路的设计通行能力从略。

表1-9 高速公路的基本通行能力与设计通行能力

设计速度/(km/h)	120	100	80
基本通行能力 pcu/(h·ln)	2200	2100	2000
设计通行能力 pcu/(h·ln)	1600	1400	1200

思考与练习

1-1 交通运输方式有哪些？道路运输的特点是什么？

1-2 我国道路建设目前存在的主要问题是什么？

1-3 什么是道路？它主要包括哪些种类？

1-4 公路和城市道路的等级是怎样划分的？各级公路与城市道路的主要技术指标有哪些？

1-5 公路和城市道路的结构组成都包括哪些？

1-6 道路勘测设计文件由哪几部分内容组成？

1-7 道路勘测设计依据有哪些？

第 2 章　汽车行驶理论

2.1　概述

2.1.1　研究汽车行驶理论的意义

道路是一种线形的交通运输工程结构物，主要供汽车行驶。因此，道路设计应以汽车安全、迅速、经济、舒适和低公害的行驶要求为前提。在道路线形设计时，应先了解汽车行驶时对道路设计的要求。

（1）保证行驶安全　道路路线设计应保证汽车行驶不滑移、不倾覆、不碰撞，这就需要研究汽车行驶的力系平衡、稳定性和制动性，合理设置纵横坡度和曲线半径等，保证车轮与路面的附着力，保证汽车在路上行驶的稳定性，保证足够的行车视距。

（2）尽可能提高车速　在道路设计时必须严格控制曲线半径、最大纵坡及坡长，合理设置超高和缓和曲线，并尽可能地采取大半径曲线及平缓的纵坡。

（3）保证道路行车畅通　为使行车不受或少受阻碍，要有足够的路基和路面宽度，合理设计平、竖曲线，减少道路交叉等。

（4）尽量满足行车舒适　线形设计时需要平面和纵断面的合理组合，采用符合舒适要求的曲线半径，注意线形与景观的协调、沿线的植树绿化等。

上述问题将涉及汽车行驶理论的内容。汽车行驶理论是研究汽车行驶原理、行驶性能和使用性能的学科。本章主要介绍汽车的驱动力和行车阻力、汽车的行驶条件、汽车的动力特性、汽车的制动性能等，为道路线形设计奠定理论基础。

2.1.2　汽车的一般构造

汽车由发动机、底盘、车身和电气设备四部分组成。发动机是汽车的动力装置。底盘是汽车的主体（包括传动系、行驶系、转向系和制动系四部分）。

汽车动力的传递是由传动系来完成的。传动系将发动机曲轴上产生的扭矩传递给驱动轮，再通过驱动轮与地面的摩擦作用产生驱动力，以推动汽车行驶。

2.2　汽车的驱动力与行驶阻力

欲使汽车能够在道路上行驶，必须具备两个条件：一是驱动力大于或等于各项阻力之和，这是汽车行驶的必要条件，称为驱动条件；二是驱动力小于或等于轮胎与路面间的最大摩擦力（附着力），这是在驱动力足够的条件下确保汽车正常行驶而不致使车轮空转打滑的条件，称为充分条件。

2.2.1 汽车的驱动力

载货汽车的动力传递过程如下：发动机曲轴转矩首先通过离合器和变速器，再通过传动轴（万向节头轴）和主传动器，最后传递到车轴和驱动轮上驱使汽车前进，如图 2-1 所示。

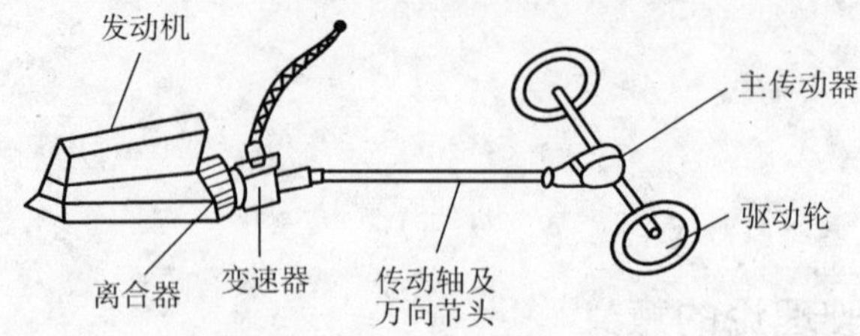

图 2-1 汽车的动力传递

1. 发动机曲轴转矩 M_e

发动机曲轴转矩 M_e 与其有效功率 N_e 的关系为

$$M_e = \frac{9549N_e}{n_e} \tag{2-1}$$

式中 N_e——发动机有效功率（kW）；

n_e——发动机曲轴转速（r/min）；

M_e——发动机曲轴转矩（N·m）。

2. 万向节头上转矩 M_n

万向节头上转矩 M_n 与发动机曲轴转矩 M_e 的关系为

$$M_n = M_e i_k \eta_k \tag{2-2}$$

式中 i_k——离合器、变速器所用排挡的变速比；

η_k——离合器、变速器的机械效率；

M_n——万向节头上转矩（N·m）。

3. 驱动轮转矩 M_k

驱动轮转矩 M_k 与万向节头上转矩 M_n 的关系为

$$M_k = M_n i_0 \eta_0 = M_e i_0 i_k \eta_0 \eta_k \tag{2-3}$$

式中 i_0——主传动器减速比率；

η_0——主传动器机械效率；

M_k——作用于驱动轮上的转矩（N·m）。

4. 驱动力 T

作用于驱动轮上的驱动力（亦称牵引力）T 可表达为

$$T = \frac{M_k}{r_k} = \frac{M_e i_0 i_k \eta_0 \eta_k}{r_k} \tag{2-4}$$

式中 r_k——驱动轮工作半径（m），即变形半径，一般取 $r_k = (0.93 \sim 0.96) r_0$；

r_0——驱动轮未变形半径（m）；

T——汽车的驱动力（N）。

2.2.2　汽车的行驶阻力

汽车运动时，需要不断克服运动中所遇到的各种阻力，包括滚动阻力、空气阻力、坡度阻力和惯性阻力等。

1. 滚动阻力 R_f

车轮在路面上滚动所产生的阻力，称为滚动阻力。其大小与路面种类、状态、车速、轮胎结构及充气压力等有关。一般情况下，滚动阻力与汽车总重成正比，当坡道倾角为 α 时，其值可按下式计算，即

$$R_f = Gf\cos\alpha \tag{2-5}$$

由于坡道倾角一般较小，认为 $\cos\alpha \approx 1.0$，则

$$R_f = Gf \tag{2-6}$$

式中　R_f——滚动阻力（N）；

G——汽车总重（N）；

f——滚动阻力系数，按表 2-1 采用。

表 2-1　滚动阻力系数 f

路面类型	f 值
水泥混凝土及沥青混凝土路面	0.01～0.02
表面平整的黑色碎石路面	0.02～0.05
碎石路面	0.03～0.05
干燥平整的土路	0.04～0.05
潮湿不平的土路	0.07～0.15

2. 空气阻力 R_W

汽车在行驶过程中所受的空气阻力主要包括：①迎面空气质点的压力；②车后真空吸力；③空气质点与车身表面的摩擦力。

现代汽车行驶速度高，空气阻力对汽车行驶的动力性和燃油经济性影响较大，当行驶速度在 100km/h 以上时，有时一半功率用来克服空气阻力。

由空气动力学的研究与试验结果可知，空气阻力 R_W 可用下式计算，即

$$R_W = \frac{1}{2}KA\rho v^2 \tag{2-7}$$

式中　K——空气阻力系数，参见表 2-2；

ρ——空气密度，一般 $\rho = 1.2258\text{N}\cdot\text{s}^2/\text{m}^4$；

A——汽车迎风面积，即正投影面积（m^2）；

v——汽车与空气的相对速度（可近似地取汽车行驶速度，m/s）。

表 2-2　空气阻力系数和迎风面积

车型	K 值	A 值/m^2
闭式车身小客车	0.20～0.35	1.6～2.8
敞式车身小客车	0.40～0.50	1.5～2.0
载货汽车	0.50～0.70	3.0～5.0
厢式车身大客车	0.25～0.40	4.5～5.0

将车速 v(m/s) 化为 V(km/h)，并化简得

$$R_W = KAV^2/13 \tag{2-8}$$

式中 V——汽车行驶速度（km/h）。

对于汽车挂车的空气阻力，一般可按每节挂车的空气阻力为其牵引车空气阻力的 20% 计算。

3. 坡度阻力 R_i

汽车在坡道倾角为 α 的道路上行驶时，汽车总重 G 在平行路面方向的分力为 $G\sin\alpha$，上坡时它与汽车前进方向相反，阻碍汽车的行驶；而下坡时与前进方向相同，助推汽车行驶。坡度阻力可用下式计算，即

$$R_i = G\sin\alpha \tag{2-9}$$

因坡道倾角一般较小，认为 $\sin\alpha \approx \tan\alpha = i$，则

$$R_i = Gi \tag{2-10}$$

式中 R_i——坡度阻力（N）；

G——汽车总重（N）；

i——道路纵坡度，上坡时为正，下坡时为负。

4. 惯性阻力 R_I

汽车变速行驶时，需要克服其质量变速运动时产生的惯性力和惯性力矩，统称为惯性阻力。

汽车的质量分为平移质量和旋转质量（如飞轮、齿轮、传动轴和车轮等）两部分。在汽车变速运动时，平移质量产生惯性力，旋转质量产生惯性力矩。

平移质量的惯性力为

$$R_{I1} = ma = \frac{G}{g}a \tag{2-11}$$

式中 G——汽车总重（N）；

g——重力加速度（m/s^2）；

a——汽车的加速度（正值）或减速度（负值）(m/s^2)。

旋转质量的惯性力矩为

$$R_{I2} = \Sigma I\frac{\mathrm{d}\omega}{\mathrm{d}t} \tag{2-12}$$

式中 I——旋转部分的转动惯量；

$\frac{\mathrm{d}\omega}{\mathrm{d}t}$——旋转部分转动时的角加速度。

汽车旋转部分较多，且各部分的转动惯量和角加速度各不相同，计算相当复杂。为简化计算，一般给平移质量惯性力乘以大于 1 的系数 δ，来近似代替旋转质量惯性力矩的影响，即

$$R_I = \delta\frac{G}{g}a \tag{2-13}$$

$$\delta = 1 + \delta_1 + \delta_2 i_k^2 \tag{2-14}$$

式中 R_I——惯性阻力（N）；

δ——惯性力系数，其值可按式（2-14）计算；

δ_1——汽车车轮惯性力影响系数，一般 $\delta_1=0.03\sim0.05$；

δ_2——发动机飞轮惯性力影响系数，一般小客车 $\delta_2=0.05\sim0.07$，载重汽车 $\delta_2=0.04\sim0.05$；

i_k——离合器、变速器所用排挡的变速比。

这样，汽车的总行驶阻力 R 为

$$R = R_f + R_W + R_i + R_I \tag{2-15}$$

在上述几种阻力中，空气阻力 R_W 和滚动阻力 R_f 永为正值，亦即在汽车行驶的任何情况下都存在；坡度阻力 R_i 当上坡时为正值，平坡为零，下坡为负值；而惯性阻力 R_I 当汽车加速时为正值，等速为零，减速时为负值。

2.3　汽车行驶条件

2.3.1　汽车行驶的必要条件——驱动条件

为使汽车运动，汽车的驱动力必须与汽车运动时所遇到的各项阻力平衡，即

$$T = R = R_f + R_W + R_i + R_I \tag{2-16}$$

或

$$\frac{M_e i_0 i_k \eta_0 \eta_k}{r_k} = Gf + \frac{KAV^2}{13} + Gi + \delta\frac{G}{g}a \tag{2-17}$$

式（2-17）称为牵引平衡方程或驱动平衡方程，又称为汽车的运动方程。也就是汽车的牵引力（驱动力）T 必须等于各行驶阻力之和才能保证车辆的正常行驶，即为汽车行驶的必要条件（亦称驱动条件）。

2.3.2　汽车行驶的充分条件——附着条件

汽车牵引力的产生，还必须靠路面对驱动轮轮胎提供足够的切向反力才能发挥出来。若驱动轮轮胎与路面之间的摩擦力很小，不能提供足够的附着力，则车轮将在路面上打滑，不能行进。所以，汽车能否正常行驶，还要受驱动轮轮胎与路面之间附着条件的制约。汽车正常行驶的充分条件是驱动力小于或等于驱动轮轮胎与路面之间的附着力，即

$$T \leqslant \phi G_K \tag{2-18}$$

式中　ϕ——附着系数，按表 2-3 采用；

G_K——驱动轮荷载（N）。

对于全轮驱动的汽车，驱动轮荷载 G_K 为汽车总重；对于后轮驱动的汽车，小汽车为汽车总重的 50% ~65%，载重汽车为总重的 65% ~80%。

表 2-3　附着系数 ϕ

路面类型	路面状况			
	干燥	潮湿	泥泞	冰滑
水泥混凝土路面	0.7	0.5	—	—
沥青混凝土路面	0.6	0.4	—	—
沥青表面处治路面	0.4	0.2	—	—
中级或低级路面	0.5	0.3	0.2	0.1

式（2-18）即为汽车行驶的充分条件，亦称附着条件。把式（2-16）和式（2-18）结合起来，便是汽车行驶的充分必要条件，即

$$T = R = R_f + R_W + R_i + R_I \leqslant \phi G_K \tag{2-19}$$

2.3.3 汽车安全行驶条件——汽车的行驶稳定性

汽车的行驶稳定性是指汽车在行驶过程中，在外界不利因素的影响下，尚能保持正常行驶状态和方向，不致失去控制而产生滑移或倾覆等的能力。

汽车行驶的稳定性从不同方向来看，有纵向稳定性和横向稳定性两种；从丧失稳定性的方式来看，有滑动稳定性和倾覆稳定性两种。分析和确保汽车行驶的稳定性对于合理设计汽车的结构尺寸，正确设计公路，保证行车安全，提高运输生产率，减轻驾驶员的疲劳强度，有着十分重要的意义。

1. 汽车行驶的纵向稳定性

汽车在行驶过程中，随着运动状态的改变，作用在前后车轮上的法向反作用力亦有相应的变化。若汽车在某一运动状态下，前轮的法向反作用力为零，则汽车将发生前轴车轮离地而导致纵向倾覆。当后轮的法向反作用力为零时，根据附着条件，其牵引力将不复存在，汽车丧失行驶能力。此两种情况均为汽车的纵向失稳，导致汽车纵向倾覆或倒溜（纵向滑移）。

图2-2所示为汽车直线等速上坡时的受力示意图，惯性阻力为零，因上坡时车速低，可忽略空气阻力。图中 G 为汽车总重，α 为坡道倾角，h_g 为重心高度，Z_1 和 Z_2 为作用在前、后轮上的法向反作用力，X_1 和 X_2 为作用在前、后轮上的切向反作用力，L 为汽车轴距，l_1 和 l_2 为汽车重心至前、后轴的距离，O 点为汽车重心，O_1 和 O_2 为前、后轮与路面接触点。

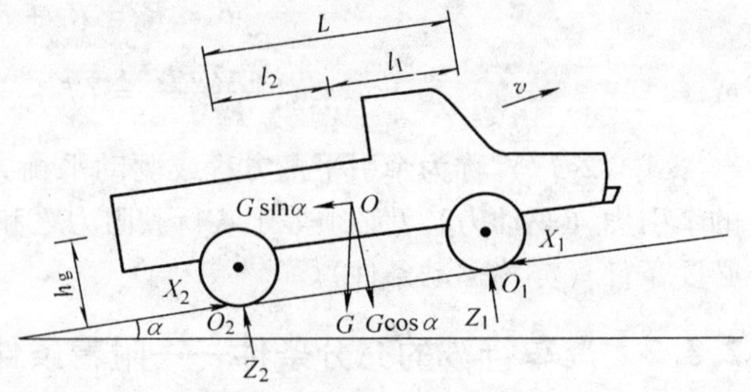

图2-2 汽车直线等速上坡行驶时的受力示意图

（1）纵向倾覆 产生纵向倾覆的临界状态是汽车前轮法向反作用力 Z_1 为零，此时汽车可能绕 O_2 点发生倾覆现象。对 O_2 点取矩并令 $Z_1=0$，可得

$$Gl_2\cos\alpha_0 - Gh_g\sin\alpha_0 = 0$$

则

$$i_0 = \tan\alpha_0 = \frac{l_2}{h_g} \tag{2-20}$$

式中 α_0——产生纵向倾覆临界状态时坡道的倾角（°）；

i_0——产生纵向倾覆临界状态时道路的纵坡度；

l_2——汽车重心至后轴的距离（m）。

当坡道倾角 $\alpha \geqslant \alpha_0$（或道路纵坡度 $i \geqslant i_0$ 时），汽车可能发生纵向倾覆。由式（2-20）可知，纵向倾覆的稳定性主要与汽车重心至后轴的距离 l_2 和重心高度 h_g 有关。l_2 和 h_g 的数值在汽车设计中予以考虑，其比值 $l_2/h_g \geqslant 1$。因此，一般来说汽车的纵向倾覆稳定条件是很容易满足的。

（2）纵向滑移 从驱动轮的附着条件看，对于后轮驱动的汽车，驱动轮发生纵向滑移

（倒溜）的临界状态为下滑力与最大附着力相等，即

$$G\sin\alpha_{\phi} = \phi G_{K} \tag{2-21}$$

因为 $\sin\alpha_{\phi} \approx \tan\alpha_{\phi} = i_{\phi}$，则

$$i_{\phi} = \tan\alpha_{\phi} = \phi\frac{G_{K}}{G} \tag{2-22}$$

式中　α_{ϕ}——产生纵向滑移临界状态时坡道的倾角（°）；

i_{ϕ}——产生纵向滑移临界状态时道路纵坡度；

G_{K}——驱动轮荷载（N）；

G——汽车总重（N）；

ϕ——附着系数，可查表2-3。

当坡道倾角 $\alpha \geqslant \alpha_{\phi}$（或道路纵坡度 $i \geqslant i_{\phi}$）时，汽车可能发生纵向滑移。由式（2-22）可知，i_{ϕ} 的大小主要取决于驱动轮荷载 G_{K} 与汽车总重 G 的比值，以及附着系数 ϕ 值。因此，要防止汽车滑移，一方面要增加汽车总重，另一方面要增加驱动轮与路面的附着力。

（3）纵向稳定性保证　分析式（2-20）和式（2-22），一般 $l_2/h_g \geqslant 1$，而 $\phi G_K/G$ 远远小于1，则有

$$\phi\frac{G_{K}}{G} < \frac{l_2}{h_g} \tag{2-23}$$

或

$$i_{\phi} < i_0 \tag{2-24}$$

也就是说，汽车在坡道上行驶时，在发生纵向倾覆之前，首先发生纵向滑移。为保证汽车行驶的纵向稳定性，道路设计应满足以不产生纵向滑移为条件，这样，也就避免了汽车的纵向倾覆。所以，汽车行驶的纵向稳定条件为

$$i < i_{\phi} = \phi\frac{G_{K}}{G} \tag{2-25}$$

只要设计的道路纵坡度满足上式条件，当汽车满载时一般都能保证纵向行驶的稳定性。但当汽车在运输中装载过高时，由于重心高度 h_g 的增大，有可能破坏纵向稳定性条件，所以应对汽车装载高度加以限制。

2. 汽车行驶的横向稳定性

汽车在弯道上行驶时，常受到横向力的影响，如离心力、重力的横向分力等。因而，汽车行驶时，在横向力作用下有可能产生横向滑移或横向倾覆。为保证车辆行驶安全，必须分析和研究汽车行驶的横向稳定性。

（1）汽车在平曲线上行驶时力的平衡　汽车在平曲线上行驶时会产生离心力，其作用点在汽车重心，其方向水平背离圆心。汽车离心力的大小与行驶速度的平方成正比，而与平曲线半径成反比，计算公式为

$$F = \frac{G}{g}\frac{v^2}{R} \tag{2-26}$$

式中　F——离心力（N）；

R——平曲线半径（m）；

g——重力加速度（m/s^2）；

v——汽车行驶速度（m/s）。

在平曲线上行驶的汽车，离心力对其稳定性的影响很大，它可使汽车向外侧滑移或倾覆。为了减少离心力的作用，保证汽车在平曲线上稳定行驶，一般应使平曲线上路面做成外侧高、内侧低，呈单向横坡形式，称为横向超高，如图 2-3 所示。汽车行驶在具有超高的平曲线上时，其车重的水平分力可以抵消一部分离心力的作用，其余部分由汽车轮胎与路面之间的横向摩擦力与之平衡。

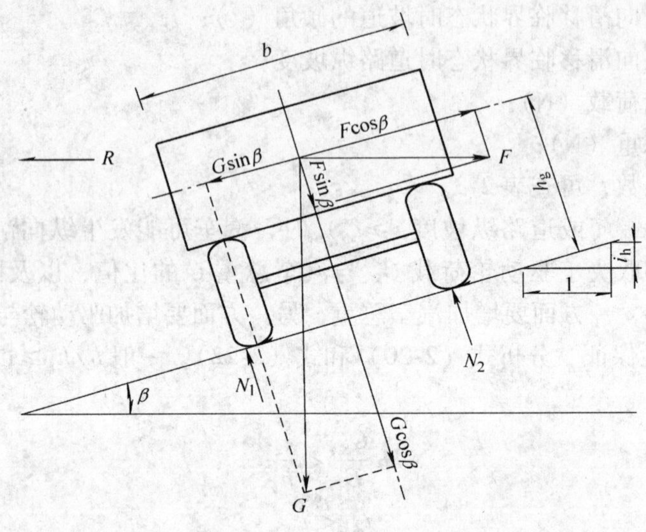

图 2-3 汽车在平曲线上等速行驶时的受力示意图

将离心力 F 与车辆总重 G 分解为平行于路面的横向力 X 和垂直于路面的竖向力 Y，即

$$\left.\begin{aligned} X &= F\cos\beta - G\sin\beta \\ Y &= F\sin\beta + G\cos\beta \end{aligned}\right\} \tag{2-27}$$

由于路面横向倾角 β 一般较小，则 $\sin\beta \approx \tan\beta = i_h$，$\cos\beta \approx 1$，其中 i_h 称为横向超高坡度（简称超高率），则有

$$\left.\begin{aligned} X &= F - Gi_h = G\left(\frac{v^2}{gR} - i_h\right) \\ Y &= Fi_h + G = G\left(\frac{v^2 i_h}{gR} + 1\right) \end{aligned}\right\} \tag{2-28}$$

横向力 X 是汽车行驶的不稳定因素，竖向力是稳定因素。就横向力而言，只从其值的大小是无法反映不同重量汽车的稳定程度。例如，5kN 的横向力若作用在小汽车上，可能使其横向倾覆或滑移，而作用在重型载货汽车上可能是安全的。于是采用横向力系数来衡量稳定性程度，其定义为单位车重的横向力，即

$$\mu = \frac{X}{G} = \frac{v^2}{gR} - i_h \tag{2-29}$$

将车速 v(m/s) 化为 V(km/h)，则

$$\mu = \frac{V^2}{127R} - i_h \tag{2-30}$$

式中 R——平曲线半径（m）；

μ——横向力系数；

V——汽车行驶速度（km/h）；

i_h——横向超高坡度。

式（2-30）表达了横向力系数与车速、平曲线半径及超高之间的关系。车速 V 越大、平曲线半径 R 越小、横向超高坡度 i_h 越小，则横向力系数 μ 越大，汽车的横向稳定性就越差。该式对确定平曲线半径、超高率及评价汽车在平曲线上行驶时的安全性和舒适性有十分重要的意义。

（2）横向倾覆条件分析　汽车在平曲线上行驶时，由于横向力的作用，可能使汽车绕外侧车轮接触点产生向外倾覆的危险。为使汽车不产生倾覆，必须使倾覆力矩小于或等于稳定力矩，即

$$Xh_g \leqslant Y\frac{b}{2} = (Fi_h + G)\frac{b}{2} \tag{2-31}$$

一般情况下，Fi_h 比 G 小得多，可忽略不计，则横向力系数约为

$$\mu = \frac{X}{G} \leqslant \frac{b}{2h_g} \tag{2-32}$$

式中　b——汽车轮距（m）；

h_g——汽车重心高度（m）。

将式（2-30）代入式（2-32），并整理，可得

$$R \geqslant \frac{V^2}{127\left(\frac{b}{2h_g} + i_h\right)} \tag{2-33}$$

利用上式可以确定：①汽车在平曲线上行驶时，若已知汽车运行速度 V 和横向超高坡度 i_h，则可计算汽车不产生横向倾覆的最小平曲线半径 R；②若已知平曲线半径 R 和横向超高坡度 i_h，则可计算汽车不产生横向倾覆的最大允许行驶速度 V。

（3）横向滑移条件分析　汽车在平曲线上行驶时，因横向力的存在，可能使汽车沿横向力的方向产生横向滑移。为使汽车不产生横向滑移，必须使横向力小于或等于汽车轮胎与路面之间的横向附着力，即

$$X \leqslant Y\phi_h \approx G\phi_h \tag{2-34}$$

或

$$\mu = \frac{X}{G} \leqslant \phi_h \tag{2-35}$$

式中　ϕ_h——横向附着系数，一般 $\phi_h = (0.6 \sim 0.7)\phi$（$\phi$ 值见表2-3）。

将式（2-35）代入式（2-30），并整理，可得

$$R \geqslant \frac{V^2}{127(\phi_h + i_h)} \tag{2-36}$$

同样，利用式（2-36）可以计算出汽车在平曲线上行驶时，不产生横向滑移的最小平曲线半径或最大允许行驶速度。

（4）横向稳定性的保证　由式（2-32）和式（2-35）可知，汽车在平曲线上行驶时的横向稳定性主要取决于 μ 值的大小。现代汽车在设计制造时，一般重心较低，$b \approx 2h_g$，即 $\frac{b}{2h_g} \approx 1$；而 $\phi_h < 0.5$，所以 $\phi_h < \frac{b}{2h_g}$。也就是汽车在平曲线上行驶时，在发生横向倾覆之前，先产生横向滑移现象。为此，在道路设计时应首先保证汽车不产生横向滑移，同时也就保证

了横向倾覆的稳定性。只要设计时采用的平曲线半径 R 满足式（2-36）的条件，一般在满载的情况下都能保证行车的横向稳定性。但在装载过高时，可能发生横向倾覆，故一般应对装载高度加以限制。

3. 汽车行驶的纵横组合向稳定性

汽车行驶在具有一定坡度的小半径平曲线上时，较直线上增加了一项弯道阻力。对上坡的汽车来说，耗费的功率增加，行车速度降低。对下坡的汽车来说，有沿纵、横组合的合成坡度方向倾斜、滑移和装载偏重的可能，这对汽车的行驶是相当危险的。因此，对坡度、曲线半径和行车速度等都要严格控制。

如图 2-4 所示，汽车行驶在纵坡度为 $i(\tan\alpha)$ 和横向超高坡度为 $i_h(\tan\beta)$ 的下坡路段上，作用在前轴上的荷载 W_1 为

$$W_1 = \frac{G(l_2\cos\alpha + h_g\sin\alpha)}{L}\cos\beta \tag{2-37}$$

离心力 $F = Gv^2/(gR)$ 分配在前轴上的荷载 W_2 为

$$W_2 = \frac{Gv^2}{gR}\frac{l_2}{L}\sin\beta \tag{2-38}$$

则，前轴总荷载为

$$W = W_1 + W_2 = G\left[\frac{l_2\cos\alpha + h_g\sin\alpha}{L}\cos\beta + \frac{v^2 l_2}{gRL}\sin\beta\right] \tag{2-39}$$

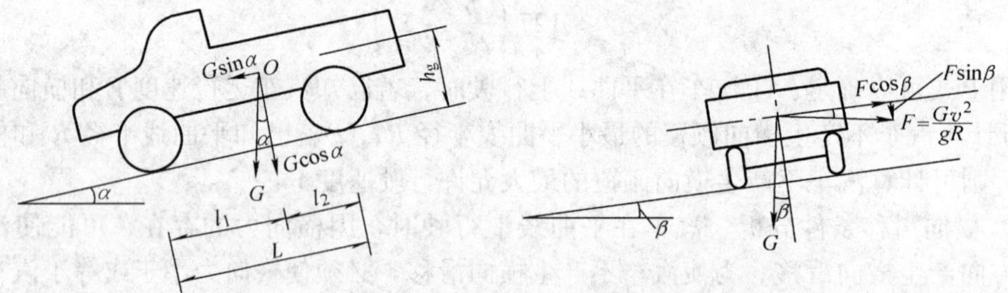

图 2-4 汽车在平曲线上下坡等速行驶时的受力示意图

因倾角 α 和 β 都很小，式（2-39）可简化为

$$W = G\left[\frac{l_2 + h_g i}{L} + \frac{v^2 l_2}{gRL}i_h\right] \tag{2-40}$$

在平直路段上，作用于前轴的荷载 W' 为

$$W' = \frac{l_2}{L}G \tag{2-41}$$

在有平曲线的坡道上，前轴荷载增加量与 W' 的比值为

$$I = \frac{W - W'}{W'} = \frac{h_g}{l_2}i + \frac{v^2}{gR}i_h \tag{2-42}$$

对载货汽车，一般 $h_g/l_2 \approx 1$，则

$$I = i + \frac{v^2}{gR}i_h \tag{2-43}$$

在直坡道上 $i_h \approx 0$，则 $I = i$，即汽车沿直坡道下坡时，前轴荷载增加量与在平直路段前

轴荷载的比率等于该路段的纵坡度。在曲线上如果也以直线上相同大小的最大纵坡 i_{max} 作为控制，则有下式成立，即

$$i + \frac{v^2}{gR}i_h \leqslant i_{max} \tag{2-44}$$

将 v(m/s) 化成 V(km/h)，并整理，可得

$$i \leqslant i_{max} - \frac{V^2}{127R}i_h \tag{2-45}$$

式中 i_{max}——汽车允许最大纵坡度；

R——平曲线半径（m）；

V——汽车行驶速度（km/h）；

i_h——横向超高坡度。

式（2-45）即为汽车沿纵、横组合方向的稳定条件，利用该式可以确定：①汽车在有坡度的平曲线上行驶时，若已知汽车运行速度 V 和平曲线半径 R，则可计算汽车稳定行驶的最大纵坡度 i；②若已知平曲线半径 R 和纵坡度 i，则可计算汽车稳定行驶的最大允许行驶速度 V；③若已知汽车运行速度 V 和纵坡度 i，则可计算汽车稳定行驶的最小平曲线半径 R。

2.4 汽车的动力特性

汽车的动力性能是指汽车所具有的加速、上坡、最大速度等性能。改善汽车的动力性能，可以提高运输生产率和降低运输成本，这是汽车设计者的任务。对于道路设计者，其任务是了解在道路上行驶的主要车型的动力性能，使所设计的道路能很好地发挥汽车的动力性能。

2.4.1 汽车的动力因数

为便于分析，将式（2-16）作如下改变，即

$$T - R_W = R_f + R_i + R_I \tag{2-46}$$

式（2-46）等号左端 $T-R_W$（即驱动力与空气阻力之差）称为汽车的后备驱动力（亦称有效牵引力），其值与汽车的构造和行驶速度有关；等号右端为滚动阻力 R_f、坡度阻力 R_i 和惯性阻力 R_I 之和，其值主要与道路状况和汽车的行驶方式有关。

将式（2-6）、式（2-10）和式（2-13）代入式（2-46），可得

$$T - R_W = G(f+i) + \delta\frac{G}{g}a \tag{2-47}$$

将上式两端同时除以汽车总重 G，可得

$$D = \frac{T - R_W}{G} = (f+i) + \frac{\delta}{g}a \tag{2-48}$$

式（2-48）中 D 为汽车单位重力的有效牵引力，称为动力因数，它表征某种类型的汽车在海平面高程上，满载时，每单位车重所具有的牵引潜力。动力因数 D 不是一个固定值，

其大小随车速而变化，图 2-5 所示为东风 EQ—140 载货汽车的动力特性图。

动力因数和动力特性图是按海平面及汽车满载情况下的标准值绘制的。若道路所在地不在海平面上，汽车也不是满载，由于海拔增高，气压降低，使发动机的输出功率、汽车的驱动力及空气阻力都随之降低。所以，应对动力因数进行修正，方法是给 D 乘上一个修正系数 λ，即

$$\lambda D = (f + i) + \frac{\delta}{g}a \tag{2-49}$$

上式中的 λ 称为海拔荷载修正系数，其值为

$$\lambda = \xi \frac{G}{G'} \tag{2-50}$$

式中 ξ——海拔系数，见图 2-6；

G——满载时的汽车总重（N）；

G'——实际装载时的汽车总重（N）。

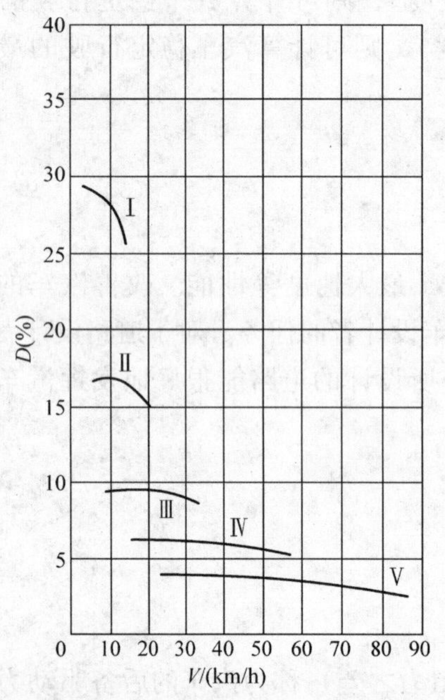

图 2-5 东风 EQ—140 载货汽车的动力特性图

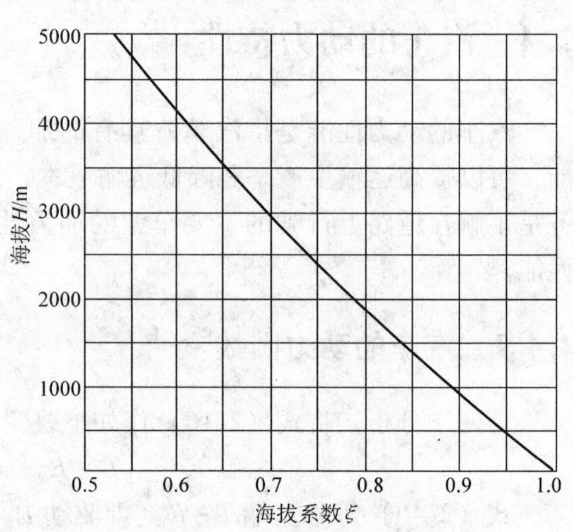

图 2-6 海拔系数图

2.4.2 汽车的行驶状态

由式（2-49）可得

$$a = \frac{\lambda g}{\delta}(D - \psi) \tag{2-51}$$

式中 ψ——道路阻力系数，$\psi = \frac{f + i}{\lambda}$。

汽车的行驶状态有以下三种情况：①当 $D > \psi$ 时，$a > 0$，汽车加速行驶；②当 $D = \psi$ 时，$a = 0$，汽车等速行驶；③当 $D < \psi$ 时，$a < 0$，汽车减速行驶。

2.4.3　汽车的爬坡能力

1. 爬坡能力

汽车的爬坡能力是指汽车在良好路面上等速行驶时，克服了其他行驶阻力后所能爬上的最大纵坡度。因 $a=0$，由式（2-49）可得

$$i = \lambda D - f \tag{2-52}$$

在每一排挡下，汽车的爬坡能力都不相同。一般来说，排挡越低，爬坡能力越强。

2. 最大爬坡能力

汽车的最大爬坡能力是用最大爬坡坡度来衡量的。最大爬坡坡度是指汽车在坚硬路面上用最低挡作等速行驶时所能克服的最大坡度。由于最低挡爬坡能力大，坡道倾角 α 也大，此时 $\cos\alpha<1$，$\sin\alpha\neq\tan\alpha=i$，应该用下式计算，即

$$\lambda D_{\mathrm{Imax}} = f\cos\alpha + \sin\alpha \tag{2-53}$$

解此三角函数方程式，可得

$$\alpha_{\mathrm{Imax}} = \arcsin\frac{\lambda D_{\mathrm{Imax}} - f\sqrt{1-\lambda^2 D_{\mathrm{Imax}}^2 + f^2}}{1+f^2} \tag{2-54}$$

式中　α_{Imax}——最低挡所能克服的最大坡道倾角；

f——滚动阻力系数；

D_{Imax}——最低挡的最大动力因数。

则，最大爬坡坡度为

$$i_{\max} = \tan\alpha_{\mathrm{Imax}} \tag{2-55}$$

2.5　汽车的制动性能

汽车的制动性能是指汽车行驶中强制降低车速直至停车，或在下坡时能保持一定速度稳定行驶的能力。

汽车的制动性能直接关系到汽车的行驶安全，一些重大交通事故往往与制动距离太长有关。所以，具有良好的制动性能，是汽车安全行驶的重要保障。

2.5.1　车轮制动力

汽车的制动过程就是人为地增加汽车的行驶阻力，使汽车的动能和位能（当汽车下坡行驶时）转化为其他形式的能（一般为热能）。车轮制动是利用制动器内的摩擦阻力矩来形成与汽车运动方向相反的路面对车轮的切向摩擦阻力，简称为车轮制动力。

车轮制动力随制动摩擦阻力矩的增加而增加，但由于制动力 P 受到车轮与路面间附着力的限制，在极限状态下，汽车的最大制动力等于轮胎与路面间的附着力，可按下式计算，即

$$P = \phi G \tag{2-56}$$

式中　G——分配到制动轮上的重力，现代汽车全部车轮一般均为制动轮，G 值变为汽车总重（N）；

ϕ——路面与轮胎之间的附着系数，见表 2-3。

2.5.2 汽车制动性的评价指标

在道路设计时，评价汽车制动效能的指标主要有制动减速度、制动时间和制动距离。

1. 制动减速度

汽车制动减速时，制动力 P 的方向与汽车的运动方向相反。另外，因汽车制动时速度减少很快，可忽略空气阻力。由式（2-15）可知，制动平衡方程式为

$$-P = R_f + R_i + R_I \tag{2-57}$$

将式（2-6）、式（2-10）、式（2-13）和式（2-56）代入式（2-57），可得

$$a = -\frac{g}{\delta}(f + i + \phi) \tag{2-58}$$

式中　a——制动减速度（m/s^2）；

其余符号同前。

为了乘客舒适和防止轮胎磨损，一般情况下，制动减速度 $a \leq 1.5 \sim 2.5 m/s^2$，紧急情况下 $a \leq 4.0 m/s^2$。

2. 制动时间

汽车制动时，如果车轮制动力达到了附着极限而且保持不变，则可以认为这时的汽车是作等减速行驶。因此，从理论上开始制动到车辆停止的制动时间 t 可按下式计算，即

$$t = \int_{V_B}^{0} dt = \int_{V_B}^{0} \frac{1}{3.6a} dV = \frac{\delta V_B}{3.6g(f + i + \phi)} \tag{2-59}$$

式中　V_B——汽车在开始制动时的速度（km/h）。

实际制动时间因驾驶员反应及制动失效延迟，要比式（2-59）所确定的值大。因为从驾驶员开始得到制动信号起，到制动器完全发生作用为止，需要经过一段时间。这段时间取决于驾驶员的反应时间（即驾驶员从看到障碍物的时间起，到踩下制动踏板时为止的时间，其值变化于 0.5 ~ 0.7s）和制动生效时间（从开始踏制动踏板到制动器生效，并使制动减速度增至最大值时所需的时间。对于液压式制动，一般为 0.4s；对于气压式制动，一般为 0.6 ~ 1.0s）。在公路设计中，通常这两部分时间之和为 $t_s = 1.2s$。

3. 制动距离

因 $ds = v dt = v\frac{dv}{a} = \frac{v}{a}dv$，则

$$S = -\frac{\delta}{g(f + i + \phi)}\int_{v_1}^{v_2} v dv \tag{2-60}$$

将 v(m/s) 化为 V(km/h)，并积分，可得

$$S = \frac{V_1^2 - V_2^2}{254(f + i + \phi)} \tag{2-61}$$

式中　S——制动距离（m）；

V_1——制动时的初速度（km/h）；

V_2——制动后的终速度（km/h）。

考虑到驾驶员的反应时间和制动有效时间，以及实际使用中有时制动不充分而采用一个使用系数（或称制动系数），汽车制动减速行驶的全部制动距离应为

$$S = \frac{V_1}{3.6}t_s + \frac{K(V_1^2 - V_2^2)}{254(f+i+\phi)} \tag{2-62}$$

式中 K——制动系数，其值在1.0~1.4之间，公路设计时一般取为1.2。

若制动完全停止，$V_2=0$，则有

$$S = \frac{V_1}{3.6}t_s + \frac{KV_1^2}{254(f+i+\phi)} \tag{2-63}$$

思考与练习

2-1 汽车是由哪几部分组成的？汽车的驱动力是怎样产生的？

2-2 汽车的行驶阻力包括哪些？怎样计算？

2-3 汽车行驶的必要条件和充分条件是什么？

2-4 汽车行驶的稳定性包括哪些方面？如何保证？

2-5 某载货汽车在直线段等速上坡行驶，分配到驱动轮荷载 G_K 为汽车总重 G 的70%，轮胎与路面的附着系数 $\phi=0.4$，试确定汽车不发生纵向失稳的道路最大纵坡度？

2-6 假定某弯道的最大横向力系数为0.1，试求：

（1）当 $R=500$m，$i_h=5\%$ 时，允许最大车速为多少？

（2）当 $V=80$km/h，$i_h=-2\%$（反超高）时，平曲线半径至少应为多大？

2-7 汽车在弯道上行驶，其行驶速度 $V=80$km/h，横向超高坡度 $i_h=3\%$ 时，横向附着系数 $\phi_h=0.25$，试确定汽车不发生横向失稳的最小圆曲线半径？

2-8 已知汽车允许最大纵坡度 $i_{max}=8\%$，设计时采用的横向超高坡度 $i_h=4\%$，试求：

（1）当 $V=100$km/h，$R=500$m 时，道路允许最大纵坡度是多少？

（2）当 $R=600$m，$i=2\%$ 时，汽车最大允许行驶速度是多少？

（3）当 $V=80$km/h，$i=4\%$ 时，道路最小平曲线半径是多少？

2-9 某载货汽车行驶在海拔高度 $H=2500$m 的道路上，其滚动阻力系数 $f=0.01$。汽车满载时总重 $G=80$kN，实际装载时汽车总重 $G'=75$kN，该汽车最低挡的最大动力因数 $D_{Imax}=28\%$，试求该汽车最大爬坡坡度？

2-10 何谓车轮的制动力？最大制动力怎样计算？

2-11 汽车制动性的评价指标有哪些？怎样计算？

第3章 道路平面设计

3.1 道路平面线形设计原理

3.1.1 路线

道路是一条带状的三维空间实体，它的中心线在水平面上的投影称为道路的平面线形。沿中心线竖直剖切再行展开的立面投影称为道路的纵断面线形。中心线上任意一点的法向切面称为道路的横断面。道路路线的几何组成由平面、纵断面和各个横断面构成。故通常把路线设计分解为平面设计、纵断面设计和横断面设计，三者分别进行，但相互关联，其设计效果需综合评定。

无论是公路还是城市道路，其路线位置都要受到社会经济、自然地理和技术条件等因素的制约。路线设计的任务就是在充分调查研究、反复论证的基础上，选出一条具有相应技术标准、满足行车要求且经济合理的线形。设计顺序一般是在尽量顾及纵、横断面平衡的前提下暂定平面，然后进行高程和横断面的测量，获取地面线及地质、水文等资料后，再进行纵断面和横断面设计。为求得线形的均衡和较小的土石方量，还应做局部的平面修改，如此反复几次以得到安全、适用、经济、合理的线形。路线设计的范围，只限于路线的几何组成，不涉及道路的结构组成。

3.1.2 平面线形设计的基本要求

1. 汽车行驶轨迹

道路的主要服务对象是汽车，因此研究汽车行驶规律是路线设计的基本课题。在路线的平面设计过程中，应先考虑汽车的行驶轨迹。只有当平面线形与汽车行驶轨迹相符或相近时，才能保证行车的舒顺与安全，特别是在高速行驶的情况下，对汽车行驶轨迹的研究尤为重要。

大量的观测研究资料表明，汽车行驶轨迹在几何性质上有如下特征：①轨迹线是连续的，即在任意一点上不出现错头、折点或间断；②轨迹线的曲率是连续的，即轨迹上任何一点不出现两个曲率值；③轨迹线的曲率变化率是连续的，即轨迹上任一点不出现两个曲率变化率值。不满足上述第①条的平面线形如图3-1所示。满足上述第①条、不满足第②条的平面线形如图3-2所示。满足上述第①、②条的平面线形如图3-3所示。

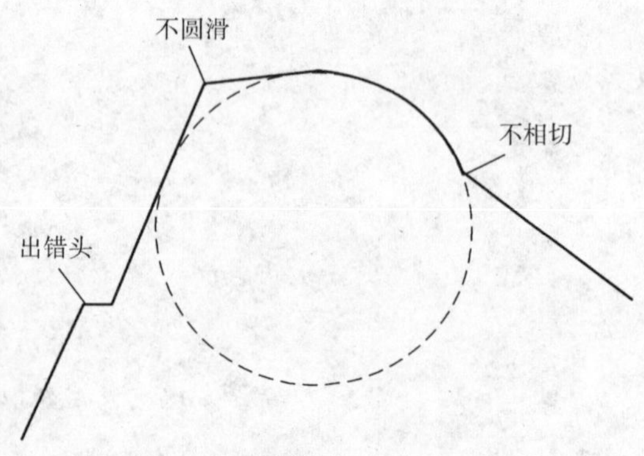

图3-1 轨迹线不连续的路线

图3-3所示平面线形的曲率变化率是不连续

的，即不满足上述第③条的要求。从理论上说，这种线形仍然不符合汽车行驶轨迹，但是，它与汽车的行驶轨迹偏离不大。为了便于设计和施工，等级较高的道路多采用图 3-3 所示的平面线形，即曲率连续的平面线形。等级较低的道路，由于行车速度低，图 3-2 所示的平面线形也经常被采用。

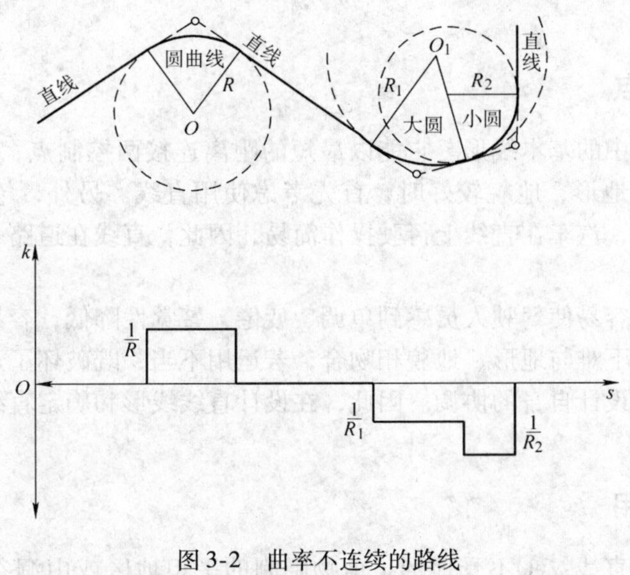

图 3-2　曲率不连续的路线

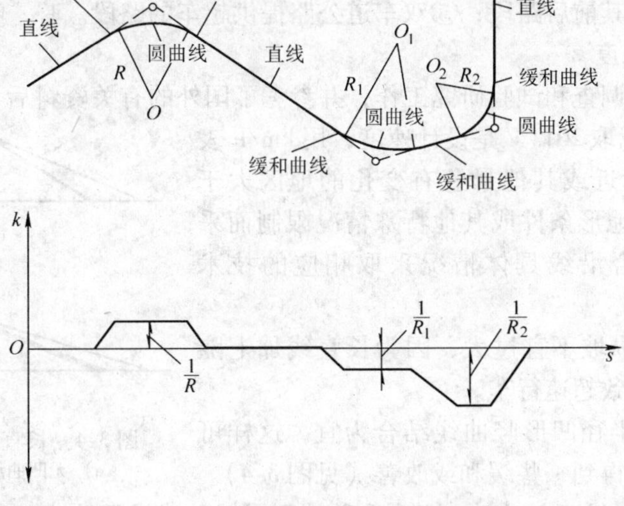

图 3-3　曲率变化率不连续的路线

2. 平面线形要素

行驶中的汽车前轮（或转向轮）与车身纵轴之间的夹角有下列三种情况：①夹角为零；②夹角为常数；③夹角为变数。

与上述三种情况对应的行驶轨迹线为：①曲率为零（曲率半径为无穷大）的线形，即直线；②曲率为常数（曲率半径为常数）的线形，即圆曲线；③曲率为变数（曲率半径为变数）的线形，即缓和曲线（回旋线）。

道路平面线形是由直线、圆曲线和缓和曲线三种基本线形构成的，称之为“平曲线三要素”。对于等级较低的道路，为简化设计，可以只用直线和圆曲线两种要素。

3.2 直线

3.2.1 直线的特点

直线是平面线形中的基本线形。它能以最短的距离连接两控制点，并且线形易于选定，因此设计人员一般在地形、地貌较好时，首先考虑使用直线。另外，笔直的道路给人以简捷、明快的视觉效果，汽车在直线上行驶操作简易，因此，直线在道路平面线形设计中应用广泛。

但是过长的直线容易使驾驶人员感到单调、疲倦，警觉性降低，容易引起交通事故。且长直线在大多数情况下难与地形、地貌相吻合，若运用不当，既破坏了道路整体线形的连续性，也不便达到线形设计自身的协调。因此，在设计直线线形和确定直线长度时，必须慎重选用。

3.2.2 直线的运用

下述路段可采用直线：①不受地形、地物限制的平坦地区或山涧谷地，如戈壁滩、草原、大平原等；②市镇及其近郊，或规划方正的农耕区等；③长大桥梁、隧道等构造物路段；④路线交叉点及其前后路段；⑤双车道公路提供超车的路段。

1. 直线的最大长度

在进行了大量的调查和试验研究工作，并参考了国外的有关资料后，一般认为直线的最大长度（以 m 计）以取 $20V$（V 是设计速度，用 km/h 表示）为宜；在城镇附近或其他景色有变化的地区大于 $20V$ 也可接受；在受地形条件或其他特殊情况限制而采用长直线时，应结合沿线具体情况采取相应的技术措施：

1）在长直线上纵坡不宜过大，因为长直线加上陡坡下坡行驶很容易导致超速行车。

2）长直线与大半径凹形竖曲线结合为宜，这样可以使生硬呆板的直线得到一些缓和或改善（见图 3-4）。

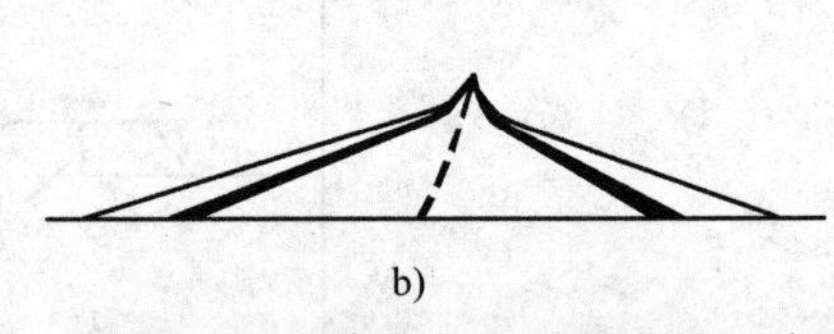

图 3-4 长直线与凹形竖曲线组合
a）无凹曲线 b）有凹曲线

3）道路两侧地形过于空旷时，宜采取种植不同树种或设置一定建筑物、雕塑、广告牌等措施，以改善单调的景观。

4）长直线尽头的平曲线，除曲线半径、超高、加宽、视距等必须符合规定外，还要采取设置必要的警示标志、增强路面抗滑能力等安全措施。

2. 直线的最小长度

考虑到线形的连续和驾驶的方便，相邻两曲线之间应有一定的直线长度，这个直线长度是指前一曲线的终点（缓直 *HZ* 或圆直 *YZ*）到后一曲线起点（直缓 *ZH* 或直圆 *ZY*）之间的长度。

（1）同向圆曲线间的直线最小长度　同向圆曲线之间若插入较短的直线，容易引起把直线和两端的曲线看成是反向曲线的错觉，当直线过短时甚至把两个曲线看成是一条曲线。这种线形破坏了道路整体线形的连续性，且容易造成驾驶操作失误，设计中应尽量避免。大量的观测资料表明，行车速度越高，驾驶员注视点越远，这个距离在数值上大约是行车速度的6倍，因此《公路路线设计规范》规定：设计速度大于或等于60km/h时，同向圆曲线之间的最小直线长度（以m计）以不小于设计速度（以km/h计）的6倍为宜（见图3-5）；设计速度小于或等于40km/h时，可参照上述规定执行。在受到条件限制时，宜在同向圆曲线之间插入大半径曲线或将两曲线做成复曲线、卵形曲线或C形曲线。

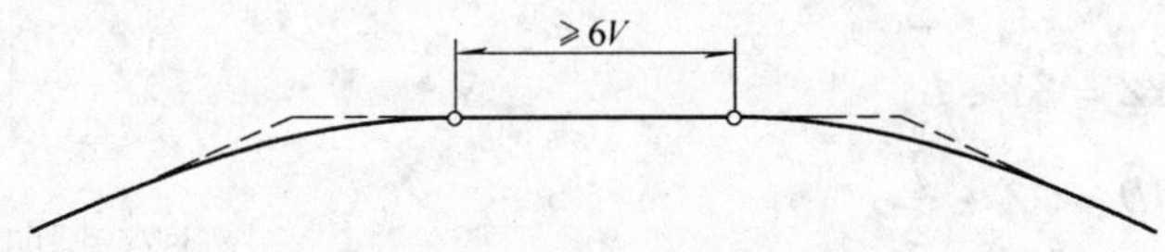

图3-5　同向圆曲线间最小直线长度

（2）反向圆曲线间的最小直线长度　反向圆曲线之间，考虑到为设置超高和加宽缓和段的需要以及驾驶员转向操作的方便，应设置一定长度的直线。《公路路线设计规范》规定：设计速度大于或等于60km/h时，反向圆曲线之间的最小直线长度（以m计）以不小于设计速度（以km/h计）的2倍为宜（见图3-6）；设计速度小于或等于40km/h时，可参照上述规定执行。若反向圆曲线已分别设置缓和曲线，在受到限制的地段也可将两反向缓和曲线首尾相接，但被连接的两缓和曲线和圆曲线宜满足一定的条件。

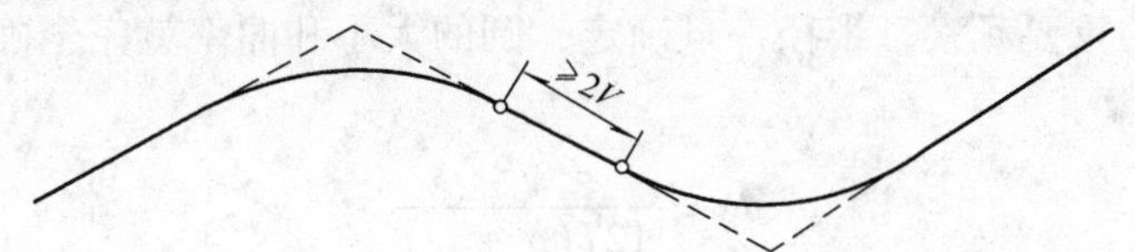

图3-6　反向圆曲线间最小直线长度

3.3　圆曲线

3.3.1　圆曲线的几何要素

各级公路平面不论转角大小，均应设置圆曲线。按照地形条件选用大小不同的圆曲线可使其更加适应地形和驾驶员的视觉心理。圆曲线几何要素（见图3-7）为

$$T = R\tan\frac{\alpha}{2} \tag{3-1}$$

$$L = \frac{\pi}{180}\alpha R \tag{3-2}$$

$$E = R\left(\sec\frac{\alpha}{2} - 1\right) \tag{3-3}$$

$$J = 2T - L \tag{3-4}$$

式中 T——切线长（m）；

L——曲线长（m）；

E——外距（m）；

J——超距或校正值（m）；

R——圆曲线半径（m）；

α——转角（°）。

主点桩号（见图 3-7）：

直圆点　　$ZY = JD - T$

曲中　　$QZ = ZY + \frac{L}{2}$ 或 $QZ = YZ - \frac{L}{2}$

圆直点　　$YZ = ZY + L$

校验　　$JD = QZ + \frac{J}{2}$

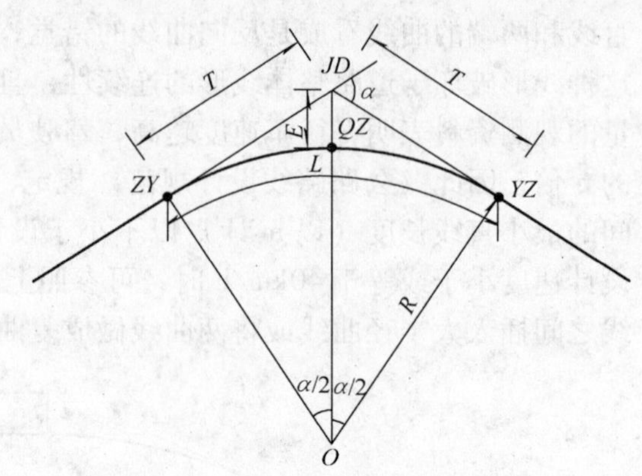

图 3-7　圆曲线几何要素

3.3.2　圆曲线半径

行驶在平面圆曲线上的汽车由于受离心力作用，其横向稳定性（横向滑动或横向倾覆）受到影响，而离心力的大小又与圆曲线半径密切相关，半径越小离心力越大。因此，在选择圆曲线半径时应尽可能采取较大值，只有在地形或其他条件受到限制时可使用较小值，但为了行车的安全与舒适也要加以限制。

1. 圆曲线半径的影响因素

半径是圆曲线的重要元素，半径一旦确定，圆的大小和曲率就完全确定了。由第 2 章汽车行驶特性可知

$$R = \frac{V^2}{127(\mu + i_h)} \tag{3-5}$$

式中 V——行车速度（km/h）；

μ——横向力系数；

i_h——路面横坡。

在指定车速 V 下，半径 R 取决于横向力系数 μ 和超高 i_h 的大小。

(1) 关于横向力系数 μ　根据试验分析，μ 值取决于行驶稳定性、乘车舒适程度以及运营经济。

1）μ 值对行驶稳定性的影响。当 $\mu = 0.15 \sim 0.16$ 时，干燥与潮湿路面均可以较高速度安全行驶；当 $\mu = 0.07$ 时，路面结冰也能安全行驶。

2）μ 值对乘车舒适程度的影响。当 $\mu < 0.10$ 时，转弯不感到曲线存在，很平稳；当 $\mu = 0.15$ 时，转弯稍感到有曲线存在，尚平稳；当 $\mu = 0.20$ 时，转弯已感到有曲线存在，不平稳；当 $\mu = 0.35$ 时，转弯明显感到有曲线存在，不稳定；当 $\mu \geqslant 0.40$ 时，转弯非常不稳定，有倾覆危险。故为满足乘车舒适，μ 值最好不大于 0.10，最大不大于 0.20。

3）μ 值对运营经济的影响。实验得知，μ 值不同，燃料消耗和轮胎磨耗也不同，μ 与燃料消耗、轮胎磨耗的关系见表 3-1。

表 3-1　μ 与燃料消耗、轮胎磨耗关系表

μ	燃料消耗（%）	轮胎磨耗（%）	μ	燃料消耗（%）	轮胎磨耗（%）
0	100	100	0.15	115	300
0.05	105	160	0.20	120	390
0.10	110	220			

故从运营经济的角度出发，μ 值应不大于 0.15。

（2）关于超高值 i_h　在车速较高的情况下为了平衡离心力要用较大的超高，但道路上行驶车辆的速度并不一致，特别是在混合交通的道路上，不仅要照顾快车，也要考虑到慢车的安全。对于慢车或暂停在弯道上的车辆，其离心力接近或等于零。如超高率过大，超出轮胎与路面间的横向附着系数，车辆有沿着路面最大合成坡度下滑的危险，因此必须

$$i_{h(\max)} \leqslant \varphi_h \tag{3-6}$$

式中　φ_h——气候恶劣季节路面的横向附着系数。

制定最大超高坡度 $i_{h(\max)}$，除考虑道路所在地区的气候条件外，还必须考虑驾驶员和乘客心理上的安全感。对城市附近、交叉口以及有相当数量非机动车行驶的道路，最大超高还要比一般道路小些。

经过大量调查、试验研究，并参考国外相关资料，《公路路线设计规范》作出如下规定：高速公路、一级公路最大超高值为 8% 和 10%，正常情况下采用 8%；对设计速度高，或经验算运行速度高的路段宜采用 10%；二、三、四级公路限定最大超高为 8% 是适宜的；对于积雪冰冻地区，考虑我国以货车为主的特点，限定最大超高为 6% 比较安全。

2. 圆曲线最小半径的计算

（1）不设超高的最小半径　不设超高的最小半径是指道路曲线半径较大、离心力较小时，汽车沿双向路拱（不设超高）外侧行驶的路面附着力足以保证汽车行驶安全稳定所采用的最小半径。

《标准》的规定值是按路面泥泞或结冰时的不利情况，并考虑线形的舒顺协调，参照 $\mu = 0.035 \sim 0.05$，路拱外侧横坡 $i_0 \leqslant 2\%$（或 $>2\%$），用式（3-5）计算而确定的。

例如，某微丘区的二级公路，沥青混凝土路面，$V = 80\text{km/h}$，取 $\mu = 0.04$，$i_0 = 2\%$，则

$$R_{不设} = \frac{80^2}{127 \times (0.04 - 0.02)}\text{m} = 2520\text{m}(《标准》规定为 2500\text{m})$$

《标准》给出的各设计速度下的不设超高圆曲线最小半径，如表 3-2 所示。

表 3-2　不设超高圆曲线最小半径

设计速度/(km/h)		120	100	80	60	40	30	20
不设超高最小半径/m	$i_{路拱} \leqslant 2.0\%$ $\mu = 0.035 \sim 0.040$	5500	4000	2500	1500	600	350	150
	$i_{路拱} > 2.0\%$ $\mu = 0.040 \sim 0.050$	7500	5250	3350	1900	800	450	200

（2）极限最小半径　当地形困难或条件受限制时不得已采用的半径最小极值称为极限最小半径。道路曲线半径为极限最小半径时，应设置最大超高。

经过大量调查、试验研究，并参考国外相关资料，《标准》在计算极限最小半径时采用

了表 3-3 所列的横向力系数及超高值。

表 3-3 圆曲线极限最小半径的横向力系数及超高值

设计速度/(km/h)	120	100	80	60	40	30	20
横向力系数	0.10	0.12	0.13	0.15	0.15	0.16	0.17
超高值（%）	6	6	6	6	6	6	6
	8	8	8	8	8	8	8
	10	10	10	10	10	10	10

《标准》规定的超高值变化范围在6% ~10%之间，计算极限最小半径时，分别用6%、8%和10%的超高值代入式（3-5）计算。

例如，某山区三级公路，$V=30\text{km/h}$，取$\mu=0.16$，$i=8\%$，则

$$R_{极限} = \frac{30^2}{127\times(0.16+0.08)}\text{m} = 29.5\text{m}(《标准》规定为30\text{m})$$

《标准》给出的各设计速度下的圆曲线极限最小半径，见表 3-4。

表 3-4 圆曲线极限最小半径（单位：m）

设计速度/(km/h)	120	100	80	60	40	30	20
$i=10\%$	570	360	220	115	50	30	15
$i=8\%$	650	400	250	125	55	30	15
$i=6\%$	710	440	270	135	60	35	15

（3）一般最小半径　一般最小半径是指在通常情况下采用的最小半径。它介于极限最小半径与不设超高的最小半径之间。确定一般最小半径采用的横向力系数值为0.05 ~0.06。这样，行车将更加舒适，而且，这种半径在大多数情况下，有可能被采用。

一般最小半径对按设计速度行驶的车辆能保证其安全性与舒适性，是设计时建议采用的值。参考国内外使用的经验，采用了表 3-5 所列横向力系数和超高值代入式（3-5）计算，将计算结果取整，即得出《标准》规定的圆曲线一般最小半径值。

表 3-5 圆曲线一般最小半径

设计速度/(km/h)	120	100	80	60	40	30	20
横向力系数	0.05	0.05	0.06	0.06	0.06	0.05	0.05
超高值（%）	6	6	7	8	7	6	6
一般最小半径/m	1000	700	400	200	100	65	30

选用的圆曲线半径值，应与当地地形、经济等条件相适应，并应尽量采用大半径曲线，但最大半径不宜超过10000m。

对于城市道路，当两侧建筑已形成，如设超高，则两侧建筑物标高不易配合而影响街景美观，因此，城市道路可适当降低标准，μ值可加大些。在《城市道路设计规范》中，设超高的圆曲线最小半径，μ值采用0.14 ~0.16，超高值为2% ~6%。设超高的推荐半径将μ减小至0.067，以提高乘客的舒适程度。《城市道路设计规范》给出了城市道路圆曲线半径，见表 3-6。

表 3-6　城市道路圆曲线半径

计算行车速度/(km/h)	80	60	50	40	30	20
不设超高最小半径/m	1000	600	400	300	150	70
设超高推荐半径/m	400	300	200	150	85	40
设超高最小半径/m	250	150	100	70	40	20

城市道路中的圆曲线半径应尽量采用大于或等于不设超高最小半径。当受地形条件限制时，可采用设超高推荐半径。地形条件特别困难时，可采用设超高最小半径。

3.4　缓和曲线

缓和曲线是设置在直线与圆曲线之间或半径相差较大的两个转向相同的圆曲线之间的一种曲率连续变化的曲线。有些高速公路，缓和曲线所占的比例超过了直线和圆曲线，成为平面线形的主要组成部分。而在城市道路上，缓和曲线也占有一定比例。

3.4.1　缓和曲线的作用与性质

1. 缓和曲线的作用

1）通过曲率的逐渐变化，适应汽车行驶轨迹且线形顺畅、美观、视觉协调。

2）离心加速度逐渐变化，不致产生侧向冲击，以使乘车舒适。

3）可用作超高变化的过渡段。

2. 缓和曲线的性质

汽车在弯道上行驶（见图 3-8），转角 ϕ 从道路直线段上的零逐渐变化到圆曲线上的固定值。

设汽车等速行驶，速度为 v(m/s)，行驶 t 秒后，转向盘转动角度为 φ，前轮的转角为 ϕ，则两者的关系为 $\phi = K\varphi$，式中 K 为小于 1 的系数。转向盘以角速度 ω 转动，t 秒后的转动角度为 $\varphi = \omega t$，则前轮的转角为 $\phi = K\varphi = K\omega t$，汽车前后轮轴距为 L_0，此时汽车的转动半径为 ρ。则有

$$\rho = \frac{L_0}{\sin\phi} \approx \frac{L_0}{\phi} = \frac{L_0}{K\omega t},\quad t = \frac{L_0}{K\omega\rho}$$

汽车在曲线上行驶 t 秒后的距离为 l，则 $l = vt = v\left(\frac{L_0}{K\omega}\frac{1}{\rho}\right)$，设 $v\frac{L_0}{K\omega} = C$(常数)，则

$$l = \frac{C}{\rho} \tag{3-7}$$

式（3-7）即为汽车等速行驶、以不变角速度转动转向盘所产生的轨迹。汽车行驶轨迹半径值随其行驶距离的增加而递减，即轨迹上任一点的半径与其距起点的距离成反比。这与回旋线方程相一致。因此，我国采用回旋线作为缓和曲线（也可采用其他形式的曲线，如三次抛物线和双纽线等）。由于 ρl 的单位为 m^2，为使量纲一致，令式（3-7）中的常数 $C = A^2$，A 表征回旋线变化的缓急程度，称为回旋线参数。在回旋线终点处 $l = L_s$(L_s 为回旋线长度)，$\rho = R$(圆曲线半径)，则 $RL_s = A^2$，就有 $\rho = \frac{A^2}{l} = \frac{RL_s}{l}$。

回旋线的数学计算式可由图 3-9 导出。

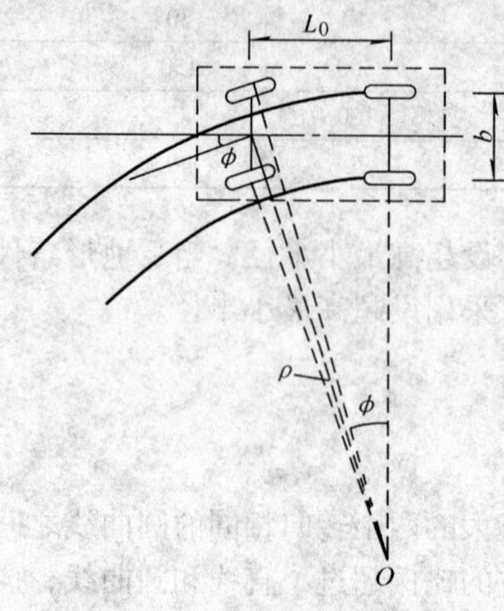

图 3-8 汽车在弯道上行驶

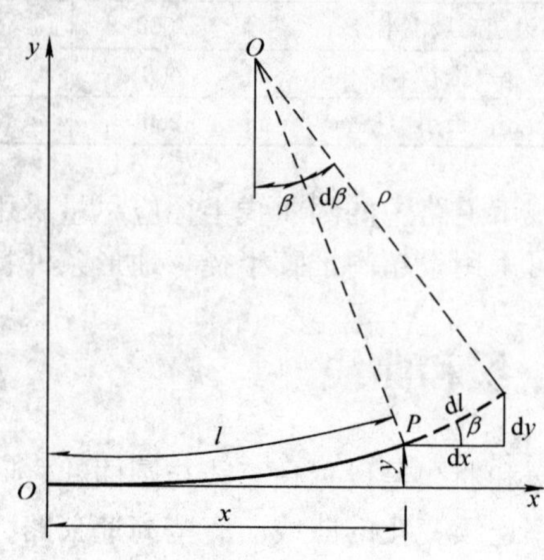

图 3-9 回旋线

由图 3-9 可得回旋线的参数方程为

$$\begin{cases} dl = \rho d\beta \\ dx = dl\cos\beta \\ dy = dl\sin\beta \end{cases}$$

式中 β——回旋线上任一点的半径方向与 y 轴的夹角。

将 $\rho=\dfrac{A^2}{l}$ 代入，得 $dl=\dfrac{A^2}{l}d\beta$。当 $l=0$ 时，$\beta=0$，对 $l dl=A^2 d\beta$ 积分

$$\int_0^l l dl = \int_0^\beta A^2 d\beta$$

得 $l^2=2A^2\beta$，$A=\dfrac{l}{\sqrt{2\beta}}$，$\beta=\dfrac{l^2}{2A^2}$，所以 $\rho=\dfrac{A^2}{l}=\dfrac{A^2}{\sqrt{2A^2\beta}}=\dfrac{A}{\sqrt{2\beta}}$，则

$$\begin{cases} dx = dl\cos\beta = \rho\cos\beta d\beta = \dfrac{A}{\sqrt{2\beta}}\cos\beta d\beta \\ dy = dl\sin\beta = \rho\sin\beta d\beta = \dfrac{A}{\sqrt{2\beta}}\sin\beta d\beta \end{cases}$$

所以缓和曲线上任一点 P 的坐标为

$$\begin{cases} x = \dfrac{A}{\sqrt{2}}\displaystyle\int_0^\beta \dfrac{\cos\beta}{\sqrt{\beta}}d\beta \\ y = \dfrac{A}{\sqrt{2}}\displaystyle\int_0^\beta \dfrac{\sin\beta}{\sqrt{\beta}}d\beta \end{cases}$$

此式为超越积分。将式中的 $\cos\beta$，$\sin\beta$ 分别以级数展开

$$\cos\beta = 1-\frac{\beta^2}{2!}+\frac{\beta^4}{4!}-\frac{\beta^6}{6!}+\cdots$$

$$\sin\beta = \beta-\frac{\beta^3}{3!}+\frac{\beta^5}{5!}-\frac{\beta^7}{7!}+\cdots$$

则

$$\int_0^\beta \frac{\cos\beta}{\sqrt{\beta}}d\beta = 2\sqrt{\beta}\left(1-\frac{\beta^2}{10}+\frac{\beta^4}{216}-\frac{\beta^6}{9360}+\cdots\right)$$

$$\int_0^\beta \frac{\sin\beta}{\sqrt{\beta}}d\beta = \frac{2}{3}\beta\sqrt{\beta}\left(1-\frac{\beta^2}{14}+\frac{\beta^4}{440}-\frac{\beta^6}{25200}+\cdots\right)$$

以 $A=\dfrac{l}{\sqrt{2\beta}}$ 代入得

$$\begin{cases} x = \dfrac{A}{\sqrt{2}}2\sqrt{\beta}\left(1-\dfrac{\beta^2}{10}+\dfrac{\beta^4}{216}-\dfrac{\beta^6}{9360}+\cdots\right) = l\left(1-\dfrac{\beta^2}{10}+\dfrac{\beta^4}{216}-\dfrac{\beta^6}{9360}+\cdots\right) \\ y = \dfrac{A}{\sqrt{2}}\dfrac{2}{3}\beta\sqrt{\beta}\left(1-\dfrac{\beta^2}{14}+\dfrac{\beta^4}{440}-\dfrac{\beta^6}{25200}+\cdots\right) = l\left(1-\dfrac{\beta^2}{14}+\dfrac{\beta^4}{440}-\dfrac{\beta^6}{25200}+\cdots\right) \end{cases}$$

以 $\beta=\dfrac{l^2}{2A^2}$，$\rho l=A^2$ 代入得

$$\begin{cases} x = l-\dfrac{l^3}{40\rho^2}+\dfrac{l^5}{3456\rho^4}-\cdots \\ y = \dfrac{l^2}{6\rho}-\dfrac{l^4}{336\rho^3}+\dfrac{l^6}{42240\rho^5}-\cdots \end{cases}$$

以 $\rho=\dfrac{RL_s}{l}$ 代入得

$$\left.\begin{aligned} x &= l-\frac{l^5}{40R^2L_s^2}+\frac{l^9}{3456R^4L_s^4}-\cdots \\ y &= \frac{l^3}{6RL_s}-\frac{l^7}{336R^3L_s^3}+\frac{l^{11}}{42240R^5L_s^5}-\cdots \end{aligned}\right\} \tag{3-8}$$

回旋线要素及其计算公式如下（见图3-10）：

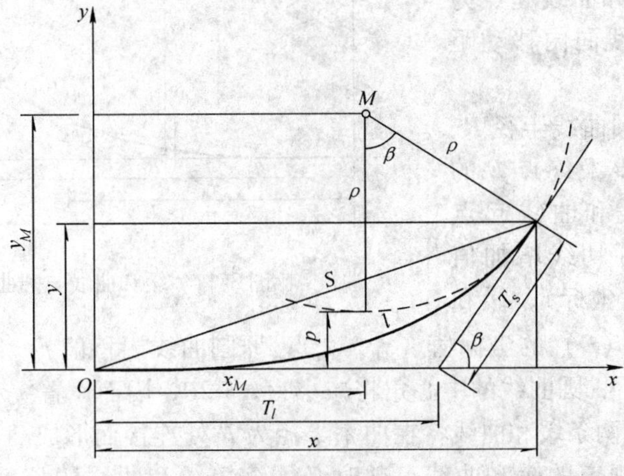

图3-10　回旋线要素

P 点处的曲率半径

回旋线长　$$l=\frac{A^2}{\rho}=2\beta\rho=A\sqrt{2\beta} \tag{3-9}$$

P 点的转向角 $$\beta = \frac{l}{2\rho} = \frac{l^2}{2A^2} = \frac{A^2}{2\rho^2} \tag{3-10}$$

回旋线参数 $$A^2 = \rho l = \frac{l^2}{2\beta} = 2\beta\rho^2$$

$$A = \sqrt{\rho l} = \frac{l}{\sqrt{2\beta}} = \sqrt{2\beta}\rho \tag{3-11}$$

内移值 $$p = y - \rho(1 - \cos\beta) \tag{3-12}$$

M 点坐标 $$x_M = x - \rho\sin\beta \tag{3-13}$$

$$y_M = y + \rho\cos\beta \tag{3-14}$$

短切线长 $$T_s = y\csc\beta \tag{3-15}$$

长切线长 $$T_l = x - y\cot\beta \tag{3-16}$$

弦长 $$s = y\csc\alpha \tag{3-17}$$

3.4.2 平曲线的测设

1. 平曲线中缓和曲线测设

缓和曲线设置在直线与圆曲线间，在起点处与直线相切，而在终点处与圆曲线相切，所以，圆曲线的位置必须向内移动一距离 p。通常道路上多采用圆曲线的圆心不动，使半径略为减小而向内移动。如图 3-11 所示，JD 是道路中线的交点，B 点是原来圆曲线的起点，E 是原来圆曲线的终点，插入缓和曲线 AC 后，缓和曲线与圆曲线相接于 C 点，缓和曲线起点为 A 点，而原来的圆曲线向内移动距离 p。

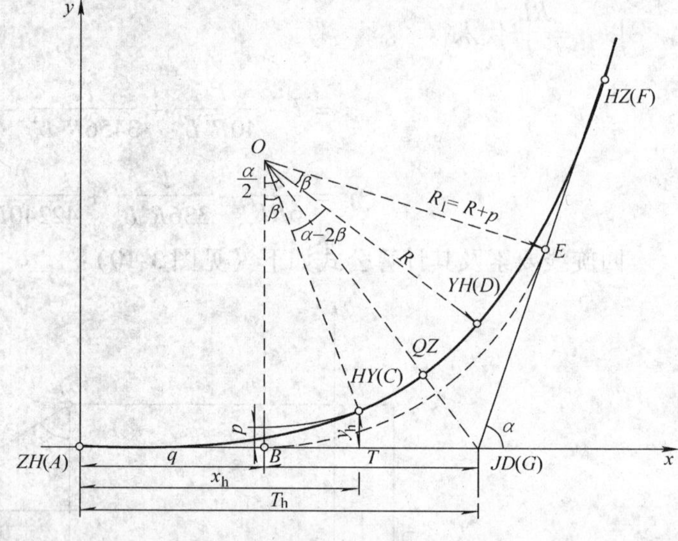

图 3-11 缓和曲线与圆曲线的衔接

在测设时，已知圆曲线半径 R、偏角 α、圆曲线起点 B 及终点 E 的位置，还必须定出缓和曲线起点 A（终点 F）的位置，即切线增加值 q（也为圆心 O 点的横坐标）；缓和曲线与圆曲线衔接点 $C(D)$ 的坐标值（x_h，y_h）；原圆曲线内移值 p。这样，即可设置缓和曲线。设置缓和曲线后，圆曲线的中心角将减小为 $\alpha - 2\beta$，因而设置缓和曲线的充分条件为 $\alpha \geqslant 2\beta$。当 $\alpha = 2\beta$ 时，两条缓和曲线将在曲率半径为 R 处连接而形成凸形平曲线。当 $\alpha < 2\beta$ 时，则不可能设置所规定的缓和曲线，这时必须缩短缓和曲线的长度或增大圆曲线半径（直至不设缓和曲线的圆曲线半径），进行重新测设。

在增设缓和曲线时，为了保持圆曲线原来的半径不变，可取半径 $R_1 = R + p$（见图3-11），这样增设缓和曲线后的圆曲线可以看做是原来半径为 $R + p$ 的圆曲线向内移动了距离 p。在缓和曲线终点处（$\rho = R$，$l = L_s$）有

$$\beta = \frac{l}{2\rho} = \frac{L_s}{2R} \tag{3-18}$$

$$p = y - \rho(1 - \cos\beta) = y_h - R(1 - \cos\beta)$$

$$q = x_O = x_h - R\sin\beta$$

其中

$$\cos\beta = 1 - \frac{\beta^2}{2!} + \frac{\beta^4}{4!} - \cdots$$

$$\sin\beta = \beta - \frac{\beta^3}{3!} + \frac{\beta^5}{5!} - \cdots$$

$$y_h = \frac{l^3}{6RL_s} - \frac{l^7}{336R^3L_s^3} + \cdots = \frac{L_s^2}{6R} - \frac{L_s^4}{336R^3} + \cdots$$

$$x_h = l - \frac{l^5}{40R^2L_s^2} + \cdots = L_s - \frac{L_s^3}{40R^2} + \cdots$$

所以

$$p = \frac{L_s^2}{6R} - \frac{L_s^4}{336R^3} - \frac{L_s^3}{8R} + \frac{L_s^4}{384R^3} = \frac{L_s^2}{24R} - \frac{L_s^4}{2688R^3} \tag{3-19}$$

$$q = L_s - \frac{L_s^3}{40R^2} - R\frac{L_s}{2R} + \frac{R}{6}\frac{L_s^3}{8R^3} = \frac{L_s}{2} - \frac{L_s^3}{240R^2} \tag{3-20}$$

得出β、p、q后，对称缓和曲线各要素计算如下：

切线总长 $$T_h = T + q = (R + p)\tan\frac{\alpha}{2} + q \tag{3-21}$$

曲线总长 $$L_h = R(\alpha - 2\beta) + 2L_s = R\alpha + L_s \tag{3-22}$$

外失距 $$E_h = (R + p)\sec\frac{\alpha}{2} - R \tag{3-23}$$

超距（校正值） $$J_h = 2T_h - L_h \tag{3-24}$$

平曲线主点桩号（见图3-11）：

直缓点 $$ZH = JD - T_h$$

缓圆点 $$HY = ZH + L_s$$

曲中 $$QZ = ZH + \frac{L_h}{2} \text{ 或 } QZ = HZ - \frac{L_h}{2}$$

圆缓点 $$YH = HZ - L_s$$

缓直点 $$HZ = ZH + L_h$$

校验 $$JD = QZ + \frac{J_h}{2}$$

2. 平曲线中圆曲线测设

平曲线中圆曲线任意点P的坐标（见图3-12）为

$$x_i = q + R\sin\varphi_P \tag{3-25}$$

$$y_i = p + R(1 - \cos\varphi_P) \tag{3-26}$$

$$\varphi_P = \alpha_P + \beta = \frac{180}{\pi}\left(\frac{2l_P + L_s}{2R}\right) \tag{3-27}$$

式中 l_P——圆曲线上任意点 P 至 HY（YH）点的圆弧长（m）；

α_P——l_P 所对应的圆心角（rad），$\alpha_P=\dfrac{l_P}{R}$。

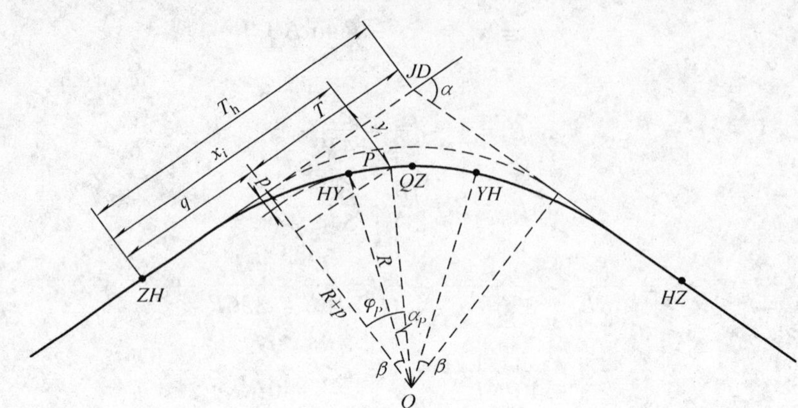

图 3-12 平曲线中圆曲线任意点 P 的坐标

【例 3-1】 已知平原区某二级公路有一弯道，偏角 $\alpha=15°28'30''$，半径 $R=600$m，缓和曲线长度 $L_s=70$m，$JD=K2+536.48$。

求：(1) 计算曲线主点里程桩号；

(2) 计算曲线上每隔 20m 整桩号切线支距值。

【解】 (1) 曲线要素计算

$$p=\frac{L_s^2}{24R}=\frac{70^2}{24\times600}\text{m}=0.340\text{m}$$

$$q=\frac{L_s}{2}-\frac{L_s^3}{240R^2}=\left(\frac{70}{2}-\frac{70^3}{240\times600^2}\right)\text{m}=34.996\text{m}$$

$$T_h=(R+p)\tan\frac{\alpha}{2}+q=(600+0.340)\tan\frac{15.475}{2}\text{m}+34.996\text{m}=116.565\text{m}$$

$$L_h=\frac{\pi}{180}\alpha R+L_s=\left(\frac{\pi}{180}\times15.475\times600+70\right)\text{m}=232.054\text{m}$$

$$E_h=(R+p)\sec\frac{\alpha}{2}-R=(600+0.340)\sec\frac{15.475}{2}\text{m}-600\text{m}=5.856\text{m}$$

$$D_h=2T_h-L_h=(2\times116.565-232.054)\text{m}=1.076\text{m}$$

(2) 主点里程桩号计算

以交点里程桩号为起算点：$JD=K2+536.48$

$ZH=JD-T_h=K2+536.48-116.565=K2+419.915$

$HY=ZH+L_s=K2+419.915+70=K2+489.915$

$QZ=ZH+\dfrac{L_h}{2}=K2+419.915+\dfrac{232.054}{2}=K2+535.942$

$HZ=ZH+L_h=K2+419.915+232.054=K2+651.969$

$YH=HZ-L_s=K2+651.969-70=K2+581.969$

(3) 计算曲线上每隔 20m 整桩号的切线支距值（见表 3-7）

列表计算曲线 20m 整桩号：$ZH=K2+419.915$

K2+420　K2+440　K2+460　K2+480　K2+500　K2+520

表3-7 平曲线切线支距计算表 （单位：m）

桩号	计算切线支距					
	l	缓和曲线		圆曲线		
		x_s	y_s	φ_P（°）	x_c	y_c
ZH K2 +419.915	0	0	0			
K2 +420.00	0.085	0.085	0			
K2 +440.00	20.085	20.085	0.032			
K2 +460.00	40.085	40.084	0.256			
K2 +480.00	60.085	60.074	0.861			
HY K2 +489.915	70	69.977	1.361	3.342		
K2 +500.00	10.085			4.305	80.039	2.033
K2 +520.00	30.085			6.215	99.954	3.867
QZ K2 +535.942	46.027			7.738	115.777	5.803

计算切线支距值：

1）K2 +420（缓和曲线段），ZH = K2 +419.915

$l = (2420 - 2419.915)\text{m} = 0.085\text{m}$

$$x = l - \frac{l^5}{40R^2L_s^2} = \left(0.085 - \frac{0.085^5}{40 \times 600^2 \times 70^2}\right)\text{m} = 0.085\text{m}$$

$$y = \frac{l^3}{6RL_s} = \frac{0.085^3}{6 \times 600 \times 70}\text{m} = 0.000\text{m}$$

2）K2 +500（圆曲线段），HY = K2 +489.915

$l_P = (2500 - 2489.915)\text{m} = 10.085\text{m}$

$$\varphi_P = \alpha_P + \beta = \frac{180°}{\pi}\left(\frac{l_P}{R} + \frac{L_s}{2R}\right) = \frac{180°}{\pi} \times \left(\frac{10.085}{600} + \frac{70}{2 \times 600}\right) = 4.3053°$$

$$x = q + R\sin\varphi_P = (34.996 + 600 \times \sin 4.3053°)\text{m} = 80.039\text{m}$$

$$y = p + R(1 - \cos\varphi_P) = 0.34\text{m} + 600 \times (1 - \cos 4.3053°)\text{m} = 2.033\text{m}$$

3.4.3 回旋线参数 A 的确定

回旋线在几何上是相似的，参数 A 是长度的量度，可认为是放大的倍率。$RL = A^2$，如设 $R/A = r$，$L/A = l$，则单位回旋线方程为 $rl = 1$，即参数 A 越大，对缓和曲线长度 L 来说，回旋线的弯曲度越缓，回旋线的整体大小度也越大。这种性质和圆曲线类同，圆曲线半径越大，圆弧弯曲度越平缓，整个圆也就变得越大是一样的。

参数 A 作为不同等级道路的回旋线标准，应根据以下几方面确定。

（1）依离心加速度变化率确定 设 v 为汽车行驶速度（m/s），L_s 为缓和曲线长度（m），R 为圆曲线半径（m），则离心加速度的变化率为

$$p = \frac{v^2/R}{L_s/v} = \frac{v^3}{RL_s} = \frac{v^3}{A^2}$$

若汽车行驶速度以 V(km/h) 计，则

$$p = \left(\frac{1000}{60 \times 60}\right)\frac{V^3}{A^2} = \frac{1}{47}\frac{V^3}{A^2} = 0.0214\frac{V^3}{A^2}$$

所以

$$A = \sqrt{\frac{0.0214}{p}}\sqrt{V^3} \tag{3-28}$$

p 值可参照有关研究成果：高速公路及快速路推荐值为 0.35 ~ 0.5；一般道路及 $V<60$km/h 的匝道、地方道路为 0.6；山岭区公路为 0.75；其他特殊地区道路为 0.775。

（2）依行驶时间确定　设汽车在回旋线上行驶必要的最小时间为 t(s)，汽车车速为 v(m/s)，则 $L=vt$，所以 $A=\sqrt{RL}=\sqrt{vRt}$，以 V(km/h) 代 v(m/s)，并取 t 为 3s，则

$$A = \sqrt{3vR} = \sqrt{\frac{3V}{3.6}R} = \sqrt{\frac{VR}{1.2}} \tag{3-29}$$

（3）根据允许超高渐变率确定　由于缓和曲线上设有超高缓和段，如果缓和段太短，则会因路面急剧地由双坡变为单坡而形成一种扭曲面，对行车和路容均不利。

《公路路线设计规范》规定了适中的超高渐变率，由此可导出计算缓和段最小长度的公式

$$L_{s\min} = \frac{h_c}{p}$$

则

$$A = \sqrt{R\frac{h_c}{p}} \tag{3-30}$$

式中　h_c——根据不同旋转法计算得到的超高值；

p——超高渐变率。

（4）根据视觉条件确定　德国经验认为：使用回旋线作为缓和曲线时，回旋线参数 A 和连接的圆曲线间保持以下关系：$R/3 \leqslant A \leqslant R$，便可得到视觉上协调而又平顺的线形。

综合以上成果，《公路路线设计规范》规定：当 R 小于 100m 时，A 宜大于或等于 R；当 R 接近于 100m 时，A 宜等于 R；当 R 较大或接近于 3000m 时，A 宜等于 $R/3$；当 R 大于 3000m 时，A 宜小于 $R/3$。

3.4.4　缓和曲线长度的计算

由 $L_s = \frac{A^2}{R}$（A 值见 3.4.3），则

依离心加速度变化率确定　$$L_s = \frac{0.0214}{pR}V^3 \tag{3-31}$$

依司机操作反应时间确定　$$L_s = 0.83V \tag{3-32}$$

根据允许超高渐变率确定　$$L_s = \frac{h_c}{p} \tag{3-33}$$

依视觉条件确定　$$L_s = \frac{R}{9} \sim R \tag{3-34}$$

综上所述，《公路路线设计规范》规定回旋线最小长度见表 3-8，《城市道路设计规范》规定城市道路的缓和曲线最小长度见表 3-9。

表 3-8　回旋线最小长度

设计速度/(km/h)	120	100	80	60	40	30	20
回旋线最小长度/m	100	85	70	50	35	25	20

表 3-9 缓和曲线最小长度

设计速度/(km/h)	80	60	50	40	30	20
回旋线最小长度/m	70	50	45	35	25	20

3.4.5 不设缓和曲线的平曲线半径

在直线与圆曲线间插入缓和曲线后，将产生内移值 p，当 p 与车道中的富裕宽度相比很小时，则可省略缓和曲线，直线与圆曲线采用直接径向连接。当 $p<0.1\text{m}$ 时，直线与圆曲线直接径向连接，即可达到线形顺畅，行驶条件良好。

由前面计算可知 $p=\dfrac{L_s^2}{24R}$，$L_s=\dfrac{V}{3.6}t$，则 $R=\dfrac{V^2t^2}{311.04p}$。取 $t=3\text{s}$，$p=0.1\text{m}$ 代入可得

$$R=0.289V^2 \tag{3-35}$$

由式（3-35）可得各种车速下的半径值，称为临界半径（见表 3-10）。表 3-2 中不设超高的圆曲线半径均大于该临界半径，为使驾驶员的视觉与舒适感更好，且便于超高缓和段的敷设，所以取不设缓和曲线的半径同于不设超高的圆曲线半径，此时相当于内移值 $p=0.05\sim0.08\text{m}$。

表 3-10 各种车速的临界半径

设计速度/(km/h)	120	100	80	60	40	30	20
临界半径 R/m	4170	2890	1850	1050	470	270	120

*3.4.6 非对称缓和曲线的测设

以上讲述了对称缓和曲线的测设，但在实际工程中，常会出现由于地形地物的限制，若设对称缓和曲线，会导致工程量过分增加或引起道路沿线建筑物的拆迁等不利情况。此时，可设置非对称缓和曲线，即插入圆曲线两端的缓和曲线不相同，在特殊条件下也可只一端插入缓和曲线。

非对称缓和曲线的设置有平移圆心法和调整缓和曲线参数法，这里只介绍后种。计算公式推导如下（见图 3-13）：

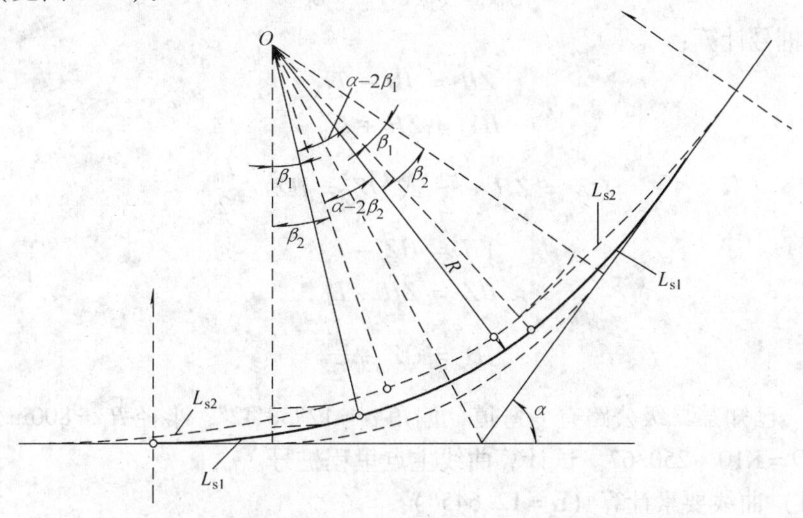

图 3-13 非对称缓和曲线

保持圆心位置不变，通过调整缓和曲线参数 A 值来实现非对称缓和曲线设计。设第一缓和曲线长度为 L_{s1}，第二缓和曲线长度为 L_{s2}，且 $L_{s1}<L_{s2}$，则

$$p_1=\frac{L_{s1}^2}{24R}=\frac{L_{s1}^3}{24A_1^2},\quad p_2=\frac{L_{s2}^2}{24R}=\frac{L_{s2}^3}{24A_2^2}$$

令 $p_2=p_1$，由 p_2 反推缓和曲线参数 A_2，即 $\frac{L_{s1}^3}{24A_1^2}=\frac{L_{s2}^3}{24A_2^2}$，得

$$A_2=\sqrt{\frac{L_{s2}^3}{L_{s1}^3}A_1^2} \tag{3-36}$$

缓和曲线上其余几何要素可分别由前面缓和曲线要素计算公式求得

$$q_1=\frac{L_{s1}}{2}-\frac{L_{s1}^3}{240R^2},\quad \beta_1=\frac{L_{s1}}{2R}$$

$$q_2=\frac{L_{s2}}{2}-\frac{L_{s2}^3}{240R^2},\quad \beta_2=\frac{L_{s2}}{2R}$$

上半支切线长 $$T_1=(R+p_1)\tan\frac{\alpha}{2}+q_1 \tag{3-37}$$

下半支切线长 $$T_2=(R+p_2)\tan\frac{\alpha}{2}+q_2 \tag{3-38}$$

上半支曲线长 $$L_1=\left(\frac{\alpha}{2}-\beta_1\right)R+L_{s1}=\frac{\alpha}{2}R+\frac{L_{s1}}{2} \tag{3-39}$$

下半支曲线长 $$L_2=\left(\frac{\alpha}{2}-\beta_2\right)R+L_{s2}=\frac{\alpha}{2}R+\frac{L_{s2}}{2} \tag{3-40}$$

曲线总长 $$L_h=L_1+L_2=\alpha R+\frac{L_{s1}}{2}+\frac{L_{s2}}{2} \tag{3-41}$$

外距 $$E_h=(R+p_1)\sec\frac{\alpha}{2}-R \tag{3-42}$$

校正值 $$J_h=T_1+T_2-L_h \tag{3-43}$$

主点里程桩号计算：

直缓点 $$ZH=JD-T_1$$

缓圆点 $$HY=ZH+L_{s1}$$

曲中 $$QZ=ZH+\frac{L_h}{2}\text{ 或 }QZ=HZ-\frac{L_h}{2}$$

圆缓点 $$YH=HZ-L_s$$

缓直点 $$HZ=ZH+L_h$$

校验 $$JD=QZ+\frac{J_h}{2}$$

【例 3-2】 已知某二级公路有一弯道，偏角 $\alpha=12°38'42''$，半径 $R_1=800\text{m}$，$L_{s1}=120\text{m}$，$L_{s2}=150\text{m}$，$JD=\text{K}10+250.67$。试计算曲线主点里程桩号。

【解】 (1) 曲线要素计算（$\alpha=12.645°$）

$A_1^2=R_1L_1=800\times120\text{m}^2=96000\text{m}^2$

$$p_1 = \frac{L_{s1}^2}{24R_1} = \frac{120^2}{24 \times 800}\text{m} = 0.75\text{m}$$

$$q_1 = \frac{L_{s1}}{2} - \frac{L_{s1}^3}{240R_1^2} = \left(\frac{120}{2} - \frac{120^3}{240 \times 800^2}\right)\text{m} = 59.99\text{m}$$

$$\beta_1 = \frac{L_{s1}}{2R_1} = \frac{120}{2 \times 800}\text{rad} = 0.075\text{rad}$$

$$q_2 = \frac{L_{s2}}{2} - \frac{L_{s2}^3}{240R_2^2} = \left(\frac{150}{2} - \frac{150^3}{240 \times 800^2}\right)\text{m} = 74.98\text{m}$$

$$\beta_2 = \frac{L_{s2}}{2R_2} = \frac{150}{2 \times 800}\text{rad} = 0.094\text{rad}$$

所以，$T_1 = (800 + 0.75)\tan\left(\frac{12.645}{2}\right)^{\circ}\text{m} + 59.99\text{m} = 148.71\text{m}$

$$T_2 = (800 + 0.75)\tan\left(\frac{12.645}{2}\right)^{\circ}\text{m} + 74.978\text{m} = 163.70\text{m}$$

$$L_1 = \left(\frac{12.645}{2} \times \frac{\pi}{180} \times 800 + \frac{120}{2}\right)\text{m} = 148.23\text{m}$$

$$L_2 = \left(\frac{12.645}{2} \times \frac{\pi}{180} \times 800 + \frac{150}{2}\right)\text{m} = 163.28\text{m}$$

$$L_h = L_1 + L_2 = (148.23 + 163.279)\text{m} = 311.51\text{m}$$

（2）主点里程桩号计算

$ZH = JD - T_1 = \text{K}10 + 250.67 - 148.71 = \text{K}10 + 101.96$

$HY = ZH + L_{s1} = \text{K}10 + 101.96 + 120 = \text{K}10 + 221.96$

$QZ = ZH + L_h/2 = \text{K}10 + 101.96 + 155.73 = \text{K}10 + 257.69$

$YH = ZH + L_h - L_{s2} = \text{K}10 + 101.96 + 311.46 - 150 = \text{K}10 + 263.42$

$HZ = ZH + L_h = \text{K}10 + 101.96 + 311.46 = \text{K}10 + 413.42$

3.5　平曲线最小长度

汽车在道路曲线段行驶时，如果曲线很短，则司机操作方向盘频繁，在高速驾驶的情况下是危险的。同时，如不设置足够长度的曲线使离心加速度变化率小于一定数值，从乘客心理状况来看也是不好的。当转角小于7°时，曲线长度显得比实际短，同时使司机产生曲线半径很小的错觉，影响行车安全。因此，应对平曲线最小长度加以限制。

平曲线最小长度可根据如下几方面确定：

（1）曲线过短、司机操作困难　根据经验至少要有6s的行驶时间。因此，平曲线最小长度为

$$L = vt = \frac{V}{3.6} \times 6 = 1.67V \tag{3-44}$$

式中　V——行车速度（km/h）。

（2）满足离心加速度变化率所要求的曲线长度　当平曲线由两个缓和曲线组成时，依离心加速度允许变化率确定。设离心加速度变化率为$p(\text{m/s}^3)$，则

$$p = \frac{v^2}{Rt}$$

式中 v——行车速度（m/s）；

R——曲线半径（m）；

t——曲线上行驶的时间（s）。

设一个缓和曲线行驶的长度为 L_s(m)，则 $p=\frac{v^3}{RL_s}$，一般离心加速度变化率 p = 0.6m/s³

$$L_h = 2L_s = 2 \times \frac{v^3}{Rp} = 2 \times \frac{V^3}{(3.6)^3 \times 0.6 \times R} = 0.071\frac{V^3}{R} \tag{3-45}$$

式中 V——行车速度（km/h）。

（3）依视觉的要求　当曲线转角 $\alpha<7°$ 时，容易产生错觉，即不易识别出曲线，并会误认为比实际曲线长度要短。因此，为使驾驶员不产生错觉，应使 $\alpha<7°$ 的曲线的外矢距 E_h 与 7°时曲线的 E_h 相等，即采用较长的曲线。

1）当曲线由两个回旋线组成时，有

$$L_h = 688\frac{E_h}{\alpha} \tag{3-46}$$

式中 E_h——具有 7°转角的曲线外矢距（m）；

α——道路转角（°）；

L_h——具有与 7°转角相同曲线外矢距 E_h 时转角为 α 的道路曲线长（m）。

如图 3-14 所示，道路平面曲线由两回旋线直接连接而成，α 为道路转角，E_h 为外矢距。

设 B 点纵距为 y_h，则 $E_h=\frac{y_h}{\cos\beta}$（$\beta$ 以 rad 计）。由式（3-8）得

$$y_h = \frac{\beta L_s}{3}\left(1-\frac{\beta^2}{14}+\frac{\beta^4}{440}-\cdots\right)$$

则 $E_h=\frac{1}{\cos\beta}\frac{\beta L_s}{3}\left(1-\frac{\beta^2}{14}+\frac{\beta^4}{440}-\cdots\right)$，当 β 很小时，高次项 β^2，β^4，$\cdots\approx0$，$\cos\beta\approx1$，故 $E_h=\frac{\beta L_s}{3}$，则 $L_s=\frac{3E_h}{\beta}$。β(rad) 用 α(°) 可表示为 $\beta\approx\frac{\alpha}{2}\times\frac{\pi}{180}$，则 $L_s=344\frac{E_h}{\alpha}$。最小曲线长度 $L_h=2L_s=688\frac{E_h}{\alpha}$（m）。

2）当平曲线为圆曲线时，有

$$L_h = \frac{E_h\alpha}{\frac{1}{\cos(\alpha/2)}-1} \times \frac{\pi}{180} \tag{3-47}$$

式中 E_h——具有 7°转角的曲线外矢距（m）；

α——道路转角（°）；

L_h——具有与 7°转角相同曲线外矢距 E_h 时转角为 α 的道路曲线长（m）。

如图 3-15 所示，α 为道路曲线转角（°），E_h 为外矢距。由 $E_h=\frac{R}{\cos(\alpha/2)}-R$ 得 $R=\frac{E_h}{\frac{1}{\cos(\alpha/2)}-1}$，则 $L_h=\frac{E_h\alpha}{\frac{1}{\cos(\alpha/2)}-1}\times\frac{\pi}{180}$。

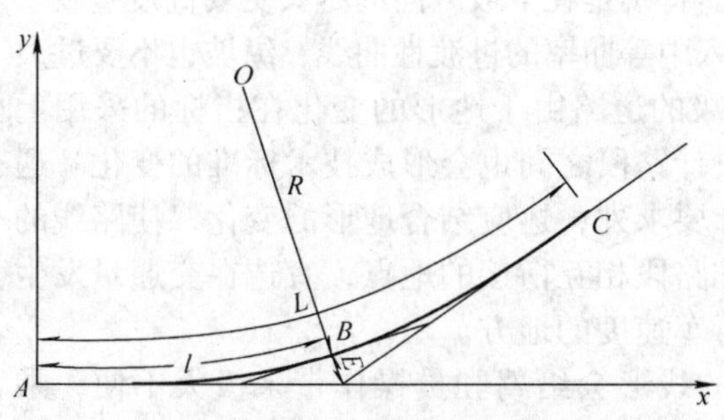

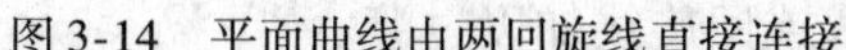
图3-14 平面曲线由两回旋线直接连接

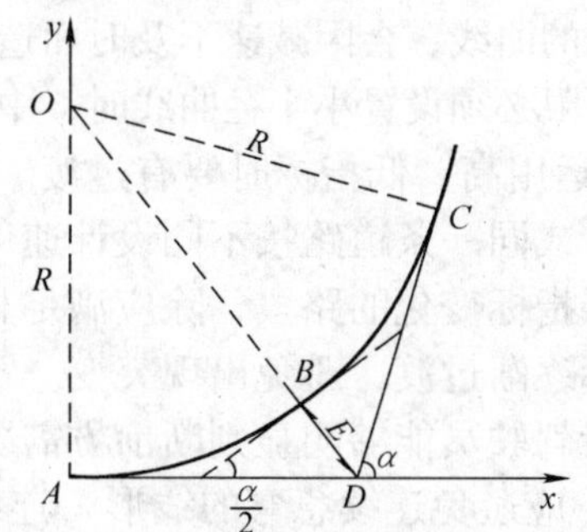

图3-15 平面曲线由小半径圆曲线构成

综上所述，《公路路线设计规范》规定平曲线最小长度按表3-11和表3-12取值。

表3-11 平曲线最小长度

设计速度/(km/h)		120	100	80	60	40	30	20
平曲线长度/m	一般值	600	500	400	300	200	150	100
	最小值	200	170	140	100	70	50	40

注：“一般值”为正常情况下的采用值；“最小值”为条件受限制时可采用的值。

表3-12 公路转角等于或小于7°时的平曲线长度

设计速度/(km/h)	120	100	80	60	40	30	20
平曲线长度/m	1400/Δ	1200/Δ	1000/Δ	700/Δ	500/Δ	350/Δ	280/Δ

注：表中Δ为路线转角值（°），当$\Delta<2°$时，按$\Delta=2°$计算。

3.6 平面线形设计方法

3.6.1 平面线形设计的一般原则

进行道路平面线形设计时，一般应遵循以下原则：

（1）平面线形应简捷、连续，并与地形、地物相适应，考虑与周边环境的协调性　在地势平坦开阔的平原微丘区，路线受地形限制较少，直线所占比例通常较大。而在地势有很大起伏的山岭和重丘区，路线受地形限制较大，弯道较多，圆曲线和缓和曲线所占比例自然较大。路线要与地形、地貌相适应，这既是美学问题，也是经济和生态保护的问题。直线、圆曲线、回旋线的选用与合理组合取决于地形、地物等具体条件，片面强调路线要以直线为主或以曲线为主，或人为规定三者的比例都是错误的。

（2）在满足行驶力学基本要求的前提下，等级较高的道路还应尽量满足视觉和心理上的要求　高速公路、一级公路以及设计速度$V \geqslant 60$km/h的公路和城市道路，应注重立体线形设计，尽量做到线形连续、指标均衡、视觉良好、景观协调、安全舒适。设计速度越高，线形设计所要考虑的因素越应周全。设计速度$V \leqslant 40$km/h的道路，首先应在保证行车安全的前提下，正确的运用平面线形要素最小值，在条件允许、不过多增加工程量的情况下力求做到各种线形要素的合理组合，并尽量避免和减少不利组合，以期充分发挥投资效益。

（3）保持平面线形的均衡与连贯　为使道路上的车辆尽量以均匀的速度行驶，应注意各线形要素保持连续性而不出现技术指标的突变。在设计时应充分注意以下几点：

1）长直线尽头不能接小半径曲线。长直线和大半径长曲线会导致较高的车速，若突然出现小半径的曲线，会因减速不及时而造成事故。特别是在下坡方向的尽头更要高度重视。若由于地形所限必须设置小半径曲线时，中间应插入中等曲率的过渡性曲线，纵坡也不要过大。

2）运用高、低指标时要有过渡。同一等级的道路由于地形的变化在指标的采用上也会有变化。或同一条道路按不同设计速度的各设计路段之间也会形成技术标准的变化。遇有这种高、低指标变化的路段，除应满足相关设计要求外，还应结合地形的变化，使路线的平面线形指标逐渐过渡，避免出现突变。不同标准路段相互衔接的地点，宜选在交通量发生变化处，或者驾驶员能够明显判断前方需要改变行车速度的地方。

（4）应避免连续急弯的线形　连续急弯的线形会给驾驶员操作带来极大不便，乘客的舒适性也差。设计时可在曲线间插入足够长的直线或回旋线加以过渡。

（5）平曲线应有足够的长度　平曲线太短，使得汽车在曲线上行驶时间过短，从而导致驾驶员操作来不及调整，出现行车事故，所以平曲线（包括圆曲线及其两端的缓和曲线）最小长度应满足表3-8、表3-9、表3-11的要求。

平曲线在一般情况下是由缓和曲线1+圆曲线+缓和曲线2组成。缓和曲线的长度不能小于《公路路线设计规范》对其最小长度的规定，圆曲线的长度也宜大于3s行程，当条件受限时，可将缓和曲线1、缓和曲线2在曲率相等处直接相接，形成凸形平曲线，此时的圆曲线长度等于0。

路线转角的大小反映了路线的舒顺程度，通常认为转角小一些好。但是若曲线转角过小，即使设置了较大的半径驾驶员也容易把曲线长度看成比实际的要短，造成急转弯的错觉，使驾驶员枉做减速转弯的操作。转角越小越容易产生这种错觉。

根据国内外经验，一般认为平曲线转角≤7°应属于小转角弯道。对于小转角弯道应设置较长的平曲线，其长度应符合表3-12规定。

3.6.2　平面线形要素的组合类型

1. 基本型

按直线—回旋线—圆曲线—回旋线—直线的顺序组合的形式称为基本型，如图3-16所示。基本型中的回旋线参数应符合有关规定。两回旋线参数可以相等，也可以根据地形条件设计成不相等的非对称型曲线。从线形的协调性看，将回旋线、圆曲线、回旋线长度的比值设计成1∶1∶1或1∶2∶1为宜。

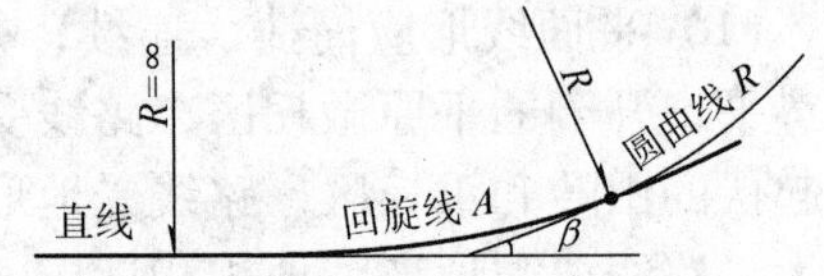

图3-16　平曲线基本线型

2. S形

两个反向圆曲线用两段回旋线连接的组合形式称为S形，如图3-17所示。S形曲线相邻两个回旋线参数A_1与A_2宜相等。当采用不同的回旋线参数时，A_1与A_2之比应小于2.0，有条件时以小于1.5为宜。当A_2≤200时，A_1与A_2之比应小于1.5。此外，从行驶力学上考虑，在S形曲线上，两个反向回旋线之间不设直线有利。当受到地形等条件限制不得已插入短直线（或当两圆曲线的回旋线相互重合）时，短直线（或重合段）的长度应符合下式规定：

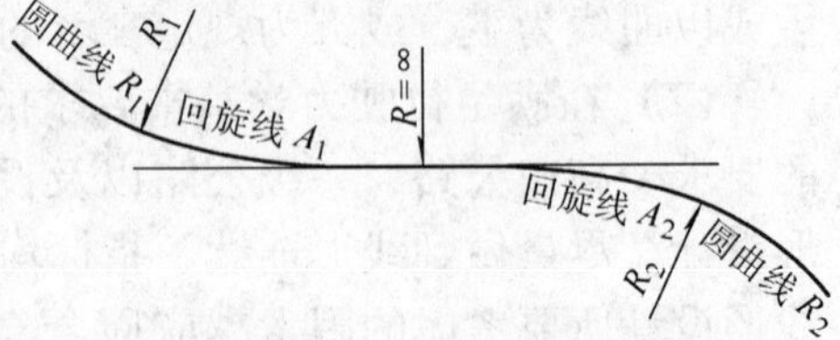

图3-17　S形曲线

$$l \leqslant \frac{A_1 + A_2}{40}$$

式中 l——反向回旋线间短直线或重合段的长度（m）；

A_1、A_2——回旋线参数（m）。

S形两圆曲线半径之比不宜过大，以 $R_2/R_1 \leqslant 2$ 为宜（R_1 为大圆曲线半径；R_2 为小圆曲线半径）。

3. 卵形

两同向圆曲线径向衔接或插入的直线长度不足时，可用回旋线将两同向圆曲线连接组合成为卵形曲线，如图3-18所示。卵形曲线的回旋线参数 A 不小于该级公路关于回旋线最小参数的规定，同时宜在下列界限之内：① $\frac{R_2}{2} \leqslant A \leqslant R_2$（$R_2$ 为小圆曲线半径）；②两圆曲线半径之比，以 $0.2 \leqslant \frac{R_2}{R_1} \leqslant 0.8$ 为宜（R_2 为小圆曲线半径）；③两圆曲线的间距，以 $0.003 \leqslant \frac{D}{R_2} \leqslant 0.03$ 为宜（D 为两圆曲线最小间距）。

4. 凸形

受地形条件限制时，可将两同向回旋线在曲率相同处径向衔接而组合成为凸形曲线，如图3-19所示。凸形曲线只有在路线严格受地形限制，且对接点的曲率半径相当大时方可采用。

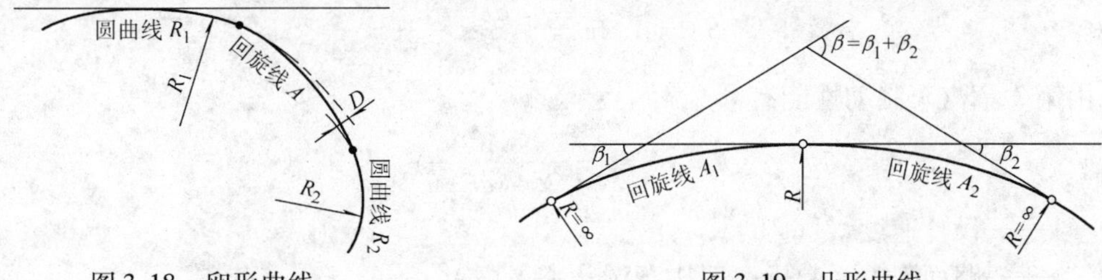

图3-18 卵形曲线

图3-19 凸形曲线

1）凸形曲线的回旋线参数及其对接点的曲率半径，应分别符合容许最小回旋线参数和圆曲线最小半径的规定。

2）对接点附近的0.3V（以m计；其中 V 为设计速度，按km/h计）长度范围内，应保持以对接点的曲率半径确定的路拱横坡度。

5. 复合形

受地形条件限制时，大半径圆曲线与小半径圆曲线相衔接处，可采用两个或两个以上同向回旋线在曲率相同处径向连接而组合为复合曲线，如图3-20所示。复合曲线的两个回旋线参数之比以小于1.5为宜。复合曲线在受地形条件限制，或互通式立体交叉的匝道设计中可采用。

6. C形

受地形条件或其他特殊情况限制时，可将两同向圆曲线的回旋线曲率为零处径向衔接而组合为C形曲线，如图3-21所示。C形曲线仅限于地形条件特殊困难，路线严格受限时方可采用。

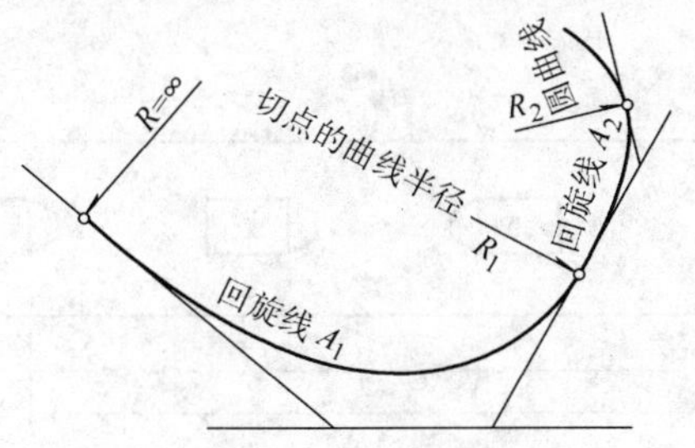

图3-20 复合形曲线

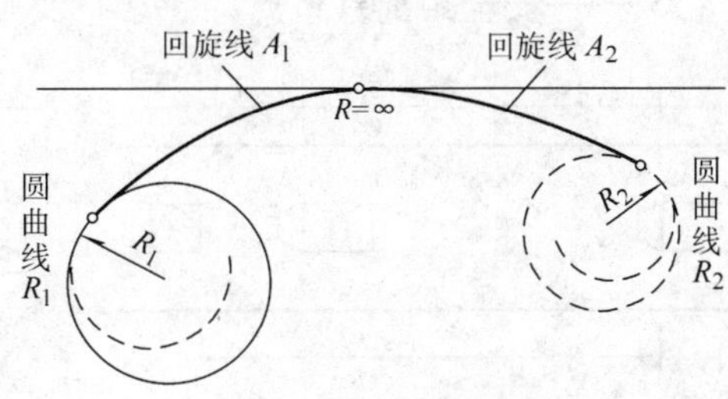

图3-21 C形曲线

3.7 行车视距

为了行车安全，驾驶员应能随时看到汽车前面相当远的一段路程，一旦发现前方路面上有障碍物或迎面来车，能及时采取措施，避免相撞，这一必需的最短距离称为行车视距。

1. 停车视距

汽车在路面上行驶，从驾驶员看到前方障碍物时起，至到达障碍物前安全停止，所需的最短距离称为停车视距。停车视距由三部分组成，如图 3-22 所示。

$$S_{停} = S_1 + S_2 + S_0$$

式中 $S_{停}$——停车视距（m）；

S_1——驾驶员反应时间内汽车行驶的距离（m）；

S_2——制动距离（m），指汽车从开始制动到完全停止时行驶的距离；

S_0——安全距离（m），一般可取 5 ~10m。

一般情况下，驾驶员反应时间取 1.2s，则 S_1

$$S_1 = 1.2v = 1.2 \times \frac{V}{3.6} = \frac{V}{3}$$

由第 2 章汽车制动性能有

$$S_2 = \frac{V^2}{254(\varphi \pm i)}$$

式中 V——设计速度（km/h）；

φ——路面附着系数，一般按潮湿状态考虑；

i——纵坡度，上坡为正，下坡为负。

则

$$S_{停} = S_1 + S_2 + S_0 = \frac{V}{3} + \frac{V^2}{254(\varphi \pm i)} + S_0 \tag{3-48}$$

2. 会车视距

在同一车道上两对向行驶的汽车相遇，从相互发现对方时起，至同时采取制动措施使两车安全停止，所需的最短距离称为会车视距。会车视距由三部分组成，如图 3-23 所示。

$$S_{会} = S_1 + S_2 + S_0$$

式中 $S_{会}$——会车视距（m）；

S_1——双方驾驶员反应时间所行驶的距离（m）；

S_2——双方汽车的制动距离（m）；

S_0——安全距离（m）。

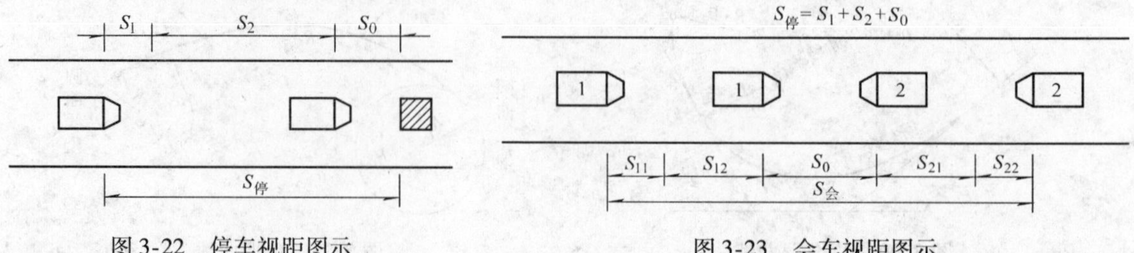

图 3-22 停车视距图示

图 3-23 会车视距图示

以 V_1 和 V_2 表示汽车1和汽车2的车速，则

$$S_1 = \frac{V_1 + V_2}{3}$$

设两辆汽车分别在 i_1 和 i_2 的纵坡上行驶，则

$$S_2 = \frac{V_1^2}{254(\varphi \pm i_1)} + \frac{V_2^2}{254(\varphi \pm i_2)}$$

因此

$$S_{会} = \frac{V_1 + V_2}{3} + \frac{V_1^2}{254\ (\varphi \pm i_1)} + \frac{V_2^2}{254\ (\varphi \pm i_2)} + S_0$$

如果在同一坡段上行驶（$i_1 = i_2$），且两车车速相同，则

$$S_{会} = \frac{V}{1.5} + \frac{V^2\varphi}{127(\varphi^2 - i^2)} + S_0 \quad (3\text{-}49)$$

由上可知，会车视距约为2倍的停车视距。

3. 超车视距

汽车行进中为超越前车所必须的视距称为超车视距。超车视距分为全超车视距和最小必要超车视距。

（1）全超车视距　全超车视距由四部分组成，如图3-24所示。

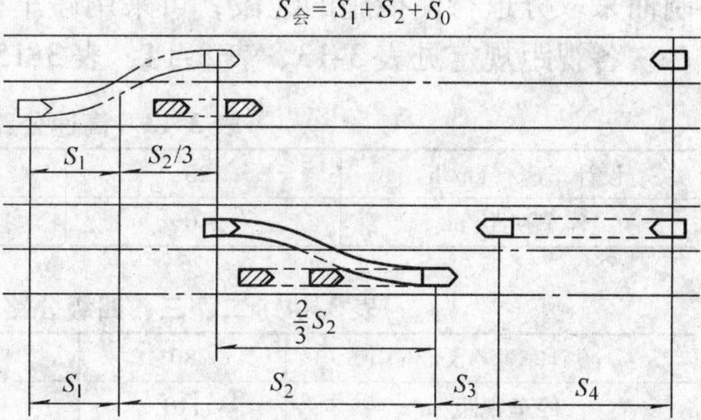

图3-24　超车视距图示

超车汽车　被超车汽车

$$S_{超} = S_1 + S_2 + S_3 + S_4 \quad (3\text{-}50)$$

1）加速行驶距离 S_1。当超车汽车驾驶员经判断认为有超车的可能时，于是加速行驶移向对向车道，在进入对向车道之前的行驶距离为 S_1

$$S_1 = \frac{V_0}{3.6}t_1 + \frac{1}{2}at_1^2$$

式中　V_0——被超车汽车的行驶速度（km/h）；

t_1——加速时间（s）；

a——平均加速度（m/s^2）。

2）超车汽车在对向车道上行驶的距离 S_2

$$S_2 = \frac{V}{3.6}t_2$$

式中　V——超车汽车的速度（km/h）；

t_2——在对向车道上行驶的时间（s）。

3）超车完了时，超车汽车与对向汽车之间的安全距离 $S_3 = 15 \sim 100$m。

4）超车汽车从开始加速到超车完成，对向汽车的行驶距离 S_4

$$S_4 = \frac{V}{3.6}(t_1 + t_2)$$

（2）最小必要超车视距　按照上式所计算的 $S_{超}$ 较长，在地形比较复杂的地段难以实现。因为尾随在慢车后的快车驾驶员往往在未看到前面的安全区段就开始了超车作业，以保证如果进入对向车道之后发现迎面有汽车开来而超车距离不足时还来得及返回自己的车道。所以在实际中，计算 S_4 时所需的时间只要考虑超车汽车从完全进入对向车道至超车完成所行使的时间

就可以保证安全了。因此，超车汽车在对向车道上行驶的时间大致为 t_2 的2/3就足够了，即

$$S_{最小} = \frac{2}{3}S_2 + S_3 + S_4 \tag{3-51}$$

具有超车视距的路段占总长度比率一般为10%～30%，并且应在全路线均匀地分布。当由于地形等原因不得已时，超车视距可适当缩减，但最短不得小于表3-13中所列的最小必要超车视距（或称超车视距低限值）。

《标准》规定：高速公路和一级公路的视距采用停车视距，二级、三级、四级公路的视距应满足会车视距的要求，其长度应不小于停车视距的两倍。受地形条件或其他特殊情况限制而采取分道行使措施的地段，可采用停车视距。

各视距规定见表3-13、表3-14、表3-15。

表3-13 高速公路、一级公路停车视距

设计车速/(km/h)	120	100	80	60
停车视距/m	210	160	110	75

表3-14 二、三、四级公路停车视距、会车视距与超车视距

设计车速/(km/h)		80	60	40	30	20
停车视距/m		110	75	40	30	20
会车视距/m		220	150	80	60	40
超车视距/m	一般值	550	350	200	150	100
	最小值	350	250	150	100	70

注："一般值"为正常情况下的采用值；"最小值"为条件受限制时可采用的值。

表3-15 城市道路停车视距

设计车速/(km/h)	80	60	50	45	40	35	30	25	20	15	10
停车视距/m	110	70	60	45	40	35	30	25	20	15	10

3.8 道路平面设计成果

完成路线平面设计后，应即时清绘各种图样和表格。其中主要的图有路线平面设计图、路线交叉设计图、道路平面布置图、纸上移线图等。主要的表格有直线、曲线及转角一览表、路线交点坐标表（或含在"直线、曲线及转角一览表"中）、逐桩坐标表、路线固定表、总里程及断链桩号表等。道路路线设计的各种图样和表格的样式在各有关部委所颁布的"设计文件图表示例"中有介绍，这里仅就"直线、曲线及转角一览表"、"逐桩坐标表"和"公路路线平面设计图"予以说明。

3.8.1 直线、曲线及转角一览表

本表全面反映了路线的平面位置和路线平面线形的各项指标，它是道路设计的主要成果之一。只有在完成"直线、曲线及转角一览表"以后，才能据此计算"逐桩坐标表"和绘制"路线平面设计图"，在做路线的纵断面设计、横断面设计和其他构造物设计时也要使用本表的数据。该表的格式参见表3-16。本表对于公路和城市道路都适用，其中"交点坐标"一栏视道路等级和测设情况取舍。

表3-16　直线、曲线及转角一览表

交点号	交点坐标		交点桩号	转角值	曲线要素值/m						
	N(x)	E(y)			半径	缓和曲线长度	缓和曲线参数	切线长度	曲线长度	外距	校正值
1	2	3	4	5	6	7	8	9	10	11	12
JD0	4379836.512	542015.185	K3+632								
JD1	4380315.431	541995.368	K4+111.329	15°15′45.6″(Z)	380	50	137.841	75.947	151.226	3.672	0.669
JD2	4380509.377	541933.725	K4+314.166	45°32′28.9″(Z)	205.42	81.638	129.499	127.559	244.915	18.828	10.202
JD3	4380971.958	541019.020	K5+328.984	23°16′59.7″(Y)	450	85	195.576	135.338	267.866	10.134	2.809
JD4	4381527.639	540554.559	K6+050.402	0°02′18.7″(Y)	50000			16.811	33.622	0.003	0.000
JD5	4382590.837	539667.108	K7+435.306	7°04′31.5″(Z)	1500			92.735	185.234	2.864	0.236
JD6	4382970.905	539260.573	K7+991.597	48°06′19.1″(Z)	245	100	156.525	160.040	305.701	25.155	14.378
JD7	4382885.776	538293.848	K8+947.685	108°15′03.4″(Y)	276	180	222.89	478.056	701.457	203.300	254.660
JD8	4384138.447	538588.087	K9+979.794	61°11′43.4″(Z)	250	100	158.114	198.754	367.015	42.374	30.492
终点	4384679.351	537987.839	K10+757.309								

交点号	曲线主点桩号					直线长度及方向			备注
	第一缓和曲线起点	第一缓和曲线终点或圆曲线起点	曲线中点	第二缓和曲线起点或圆曲线终点	第二缓和曲线终点	直线段长/m	交点间距/m	计算方位角	
1	13	14	15	16	17	18	19	20	21
JD0									
JD1	K4+035.381	K4+085.381	K4+110.994	K4+136.607	K4+186.607	403.381	479.329	357°37′49.8″	
JD2	K4+186.607	K4+268.245	K4+309.065	K4+349.885	K4+431.523	0.000	203.506	342°22′04.2″	
JD3	K5+193.646	K5+278.646	K5+327.579	K5+376.512	K5+461.512	762.123	1025.020	296°49′35.3″	
JD4		K6+033.591	K6+050.402	K6+067.213		572.079	724.227	320°06′35.1″	
JD5		K7+342.571	K7+435.188	K7+527.805		1275.358	1384.904	320°08′53.8″	
JD6	K7+831.557	K7+931.557	K7+984.408	K8+037.258	K8+137.258	303.753	556.527	313°04′22.3″	
JD7	K8+469.629	K8+649.629	K8+820.357	K8+991.085	K9+171.085	332.371	970.466	264°58′03.2″	
JD8	K9+781.040	K9+881.040	K9+964.548	K10+048.055	K10+148.055	609.955	1286.764	13°13′06.6″	
终点						412.849	808.007	312°01′23.2″	

3.8.2 逐桩坐标表

逐桩坐标表给出了各个中桩的坐标（也可为路线任一点的坐标），见表3-17。按各桩点的坐标可以方便地进行施工放样。

表3-17 逐桩坐标表

桩号	坐标		方位角	桩号	坐标		方位角
	x	y			x	y	
K3 +632. 000	4379837	542015. 2	177°37′50″	K3 +932. 000	4380136	542002. 8	177°37′50″
K3 +642. 000	4379847	542014. 8	177°37′50″	K3 +942. 000	4380146	542002. 4	177°37′50″
K3 +652. 000	4379856	542014. 4	177°37′50″	K3 +952. 000	4380156	542002	177°37′58″
K3 +662. 000	4379866	542013. 9	177°37′50″	K3 +962. 000	4380166	542001. 5	177°40′10″
K3 +672. 000	4379876	542013. 5	177°37′50″	K3 +972. 000	4380176	542001. 1	177°49′22″
K3 +682. 000	4379886	542013. 1	177°37′50″	K3 +982. 000	4380186	542000. 7	178°15′29″
K3 +692. 000	4379896	542012. 7	177°37′50″	K3 +992. 000	4380196	542000. 3	179°21′54″
K3 +702. 000	4379906	542012. 3	177°37′50″	K4 +002. 000	4380206	541999. 9	182°19′13″
K3 +712. 000	4379916	542011. 9	177°37′50″	K4 +012. 000	4380216	541999. 5	192°47′28″
K3 +722. 000	4379926	542011. 5	177°37′50″	K4 +022. 000	4380226	541999. 1	275°18′55″
K3 +732. 000	4379936	542011. 1	177°37′50″	K4 +032. 000	4380236	541998. 6	330°48′04″
K3 +742. 000	4379946	542010. 6	177°37′50″	K4 +042. 000	4380246	541998. 2	338°32′54″
K3 +752. 000	4379956	542010. 2	177°37′50″	K4 +052. 000	4380256	541997. 8	340°56′43″
K3 +762. 000	4379966	542009. 8	177°37′50″	K4 +062. 000	4380266	541997. 2	341°51′50″
K3 +772. 000	4379976	542009. 4	177°37′50″	K4 +072. 000	4380276	541996. 6	342°13′18″
K3 +782. 000	4379986	542009	177°37′50″	K4 +082. 000	4380286	541995. 7	342°20′32″
K3 +792. 000	4379996	542008. 6	177°37′50″	K4 +092. 000	4380296	541994. 6	342°22′01″
K3 +802. 000	4380006	542008. 2	177°37′50″	K4 +102. 000	4380306	541993. 2	342°22′02″
K3 +812. 000	4380016	542007. 7	177°37′50″	K4 +112. 000	4380316	541991. 6	342°20′48″
K3 +822. 000	4380026	542007. 3	177°37′50″	K4 +122. 000	4380326	541989. 7	342°16′42″
K3 +832. 000	4380036	542006. 9	177°37′50″	K4 +132. 000	4380335	541987. 5	342°08′39″
K3 +842. 000	4380046	542006. 5	177°37′50″	K4 +142. 000	4380345	541985. 1	341°55′58″
K3 +852. 000	4380056	542006. 1	177°37′50″	K4 +152. 000	4380355	541982. 5	341°38′07″
K3 +862. 000	4380066	542005. 7	177°37′50″	K4 +162. 000	4380364	541979. 7	341°14′47″
K3 +872. 000	4380076	542005. 3	177°37′50″	K4 +172. 000	4380374	541976. 8	340°45′43″
K3 +882. 000	4380086	542004. 8	177°37′50″	K4 +182. 000	4380383	541973. 8	340°14′23″
K3 +892. 000	4380096	542004. 4	177°37′50″	K4 +192. 000	4380393	541970. 7	339°33′19″
K3 +902. 000	4380106	542004	177°37′50″	K4 +202. 000	4380402	541967. 7	338°47′36″
K3 +912. 000	4380116	542003. 6	177°37′50″	K4 +212. 000	4380412	541964. 5	337°58′00″
K3 +922. 000	4380126	542003. 2	177°37′50″	K4 +222. 000	4380421	541961. 2	337°05′06″

（续）

桩号	坐标		方位角	桩号	坐标		方位角
	x	y			x	y	
K4 +232. 000	4380431	541957. 7	336°09′24″	K4 +362. 000	4380533	541880. 3	323°23′12″
K4 +242. 000	4380440	541954	335°11′17″	K4 +372. 000	4380538	541872	322°37′09″
K4 +252. 000	4380449	541950	334°11′04″	K4 +382. 000	4380544	541863. 5	321°53′31″
K4 +262. 000	4380458	541945. 6	333°08′27″	K4 +392. 000	4380549	541854. 9	321°12′08″
K4 +272. 000	4380466	541941. 3	332°05′22″	K4 +402. 000	4380553	541846. 1	320°32′50″
K4 +282. 000	4380474	541936. 1	331°01′43″	K4 +412. 000	4380558	541837. 3	319°55′29″
K4 +292. 000	4380483	541930. 5	329°58′14″	K4 +422. 000	4380563	541828. 4	319°19′57″
K4 +302. 000	4380491	541924. 4	328°55′34″	K4 +432. 000	4380567	541819. 5	318°46′06″
K4 +312. 000	4380498	541918	327°54′17″	K4 +442. 000	4380572	541810. 5	318°13′49″
K4 +322. 000	4380506	541911. 3	326°54′52″	K4 +452. 000	4380576	541801. 6	317°43′01″
K4 +332. 000	4380513	541904. 1	325°57′44″	K4 +462. 000	4380581	541792. 7	317°13′36″
K4 +342. 000	4380519	541896. 7	325°03′19″	K4 +472. 000	4380585	541783. 8	316°18′34″
K4 +352. 000	4380527	541888. 4	324°11′51″	K4 +482. 000	4380590	541774. 8	315°52′48″

其计算和测量的方法是按“从整体到局部”的原则进行的。一般是根据导线点坐标用全站仪或 GPS 测量路线交点坐标或从图上直接量取（纸上定线时）交点坐标，计算出交点的转角、方位角和间距。再根据选定的曲线半径和缓和曲线长度，计算出中线上各桩的坐标值。

1. 坐标系统的采用

根据测区内原有的坐标系统，一般可作如下几种选择：

1）采用统一的高斯正投影 3°带平面直角坐标系统。

2）采用高斯正投影 3°带或任意带平面直角坐标系统，投影面可采用 1985 年国家高程基准、测区抵偿高程面或测区平均高程面。

3）三级和三级以下公路、独立桥梁、隧道及其他构造物等小测区，可不经投影，采用平面直角坐标系统在平面上直接计算。

4）在已有平面控制网的地区，应尽量沿用原有的坐标系统，如精度不合要求，也应充分利用其点位，选用其中一点的坐标及含此点的方位角，作为平面控制的起算依据。

2. 中桩坐标计算

（1）计算导线坐标　采用两阶段勘测设计的公路或一阶段设计但遇地形困难的路段，一般都要先做平面控制测量，而路线的平面控制测量多采用导线测量的方法，在有条件时可优先采用 GPS 进行测量。导线测量可以用经纬仪、光电测距仪和全站型电子速测仪施测。其中全站仪可以直接读取导线点的坐标，其他方法可以在测得各边边长及夹角后，用坐标增量法逐点推算其坐标。其中用 GPS 定位技术观测，则可在测站之间不通视的情况下，高精度、高效率地获得测点的三维坐标。

（2）计算交点坐标　当导线点的精度满足要求并经过平差以后，即可展绘在图纸上

（纸上定线），或以导线点为依据在现场直接测得路线各交点的坐标（直接定线）。纸上定线的交点坐标可以在图纸上量取，现场定线的交点坐标可用全站仪等仪器测得。

（3）计算中桩坐标　可先计算直线和圆曲线各主点坐标，然后计算出缓和曲线、圆曲线上各个中桩的坐标。计算方法参见有关章节。

3.8.3　路线平面设计图

路线平面设计图是道路设计文件的重要组成部分。该图全面、清晰地反映了道路的平面位置和经过地区的地形、地物等，它是设计人员设计意图的重要体现。平面设计图可供有关部门审批、专家评议、指导施工、恢复定线之用。

（1）平面图的比例尺和测绘范围　公路路线地形图是指包括道路中线在内的有一定宽度的带状地形图。在工程可行性研究、初步设计阶段的方案研究与比选时可采用1∶50 000或1∶10 000的比例尺测绘（或向国家测绘部门和其他工程单位搜集）；当作为道路工程初步设计、施工图设计的文件组成部分时，一般采用1∶2 000比例尺测绘（平原微丘区可用1∶5 000）。地形特别复杂地段的路线初步设计、施工图设计时应采用1∶500或1∶1 000比例尺测绘；在路线局部纸上移线时，其比例尺应视具体情况酌情放大。

带状地形图的测绘宽度，一般为中线两侧各100～200m。对1∶5 000的地形图，中线两侧应不小于250m。如有比较线，则应将比较线包括进去。

（2）路线平面图的内容及绘制方法

1）导线及道路中线的展绘。在展绘导线或中线以前，需按图幅合理的布局，绘出坐标方格网，坐标网格尺寸采用5cm×5cm或10cm×10cm，要求图廓网格的对角线长度误差均不大于0.5mm。然后按导线点（或交点，下同）坐标x、y精确地点绘在相应位置上。每张导线图展绘完毕后，用比例尺复核各点间距，再用量角仪校核每个角度是否与计算值相符。复核无误后，再按“逐桩坐标表”所提供的数据，展绘曲线，并注明路线在本张图中的起点和终点里程桩号、曲线要素等。路线一律按前进方向从左至右绘制，在每张图的拼接处绘出接图线。图的右上角注明共×张、第×张。图样的空白处注明曲线元素及主要点里程桩号等。

2）控制点的展绘。各种比例尺的地形图均应展绘和测出各等级三角点、导线点、图根点和水准点等，并按规定的符号表示。

3）各种构造物的测绘。各类建筑物、构筑物及其主要附属设施应按相关规定表示。各种线状地物（如管线、高、低压电线等）应实测其支架或电杆的位置。对穿越路线的高压线应实测其垂线距地面的高度并注明电压。地下管线应详细测定其位置及埋深。道路及其附属物应按实际形状测绘。道路交叉口应注明每条道路的走向。铁路应注明轨面高程，道路应注明路面类型，涵洞应注明洞底标高等。

4）江、河、湖、海及其附属物的测绘。应绘出海洋的海岸线位置、湖泊（水库）的湖岸线位置、水渠顶边及高程、堤坝顶部及坡脚的高程、水井井台高程、水塘塘顶边及塘底的高程，河流、水沟等应注明水流流向。

5）地形、地貌、植被、不良地质地带等均应详细测绘并用等高线和国家测绘局制定的“地形图图式”符号及数字注明。

公路路线平面设计图图例如图3-25所示。

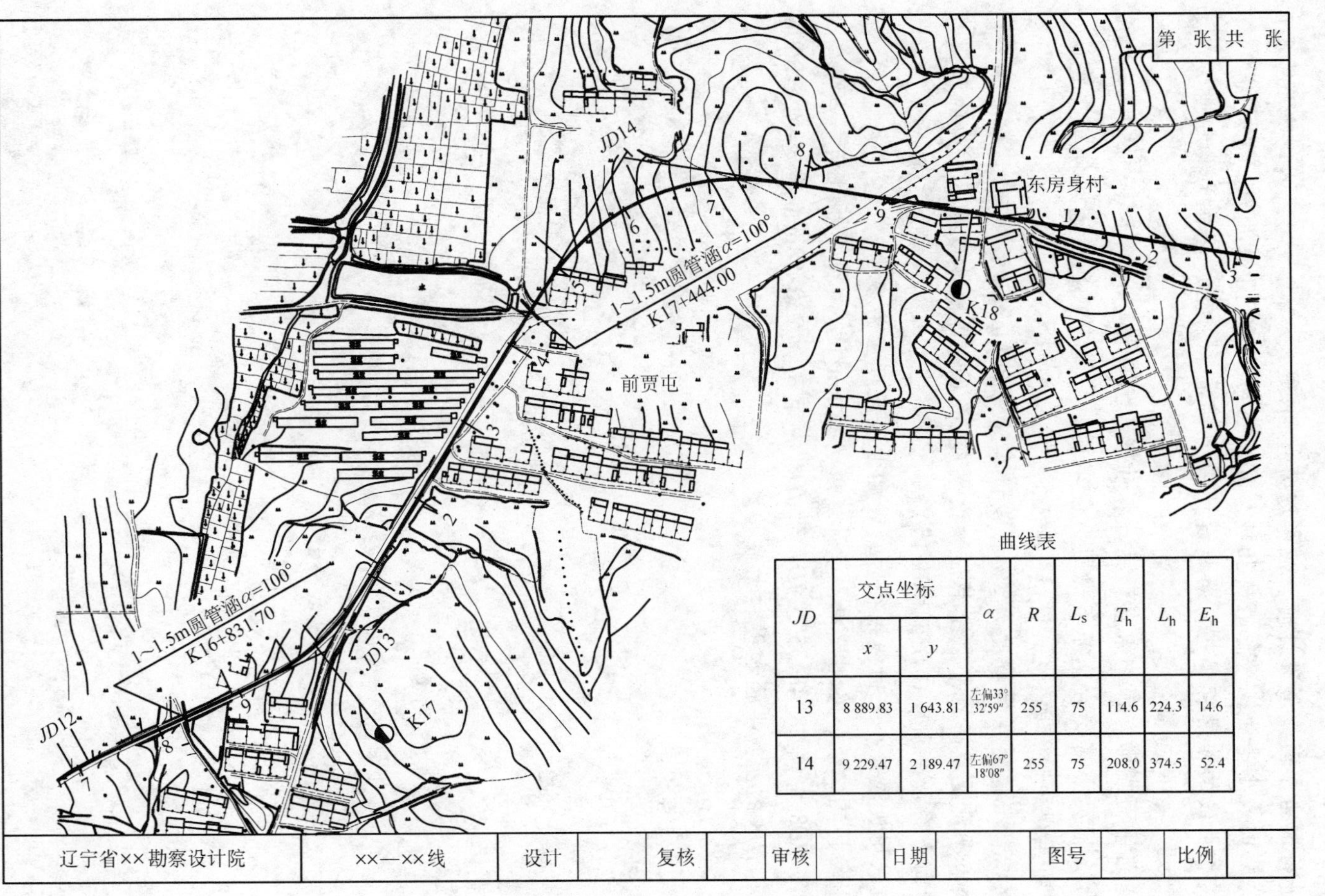

曲线表

JD	交点坐标		α	R	L_s	T_h	L_h	E_h
	x	y						
13	8 889.83	1 643.81	左偏33°32′59″	255	75	114.6	224.3	14.6
14	9 229.47	2 189.47	左偏67°18′08″	255	75	208.0	374.5	52.4

图3-25　路线平面设计图

思考与练习

3-1 进行道路平面线形设计时，应考虑哪些问题？

3-2 公路的最小平曲线半径有哪几种？分别在何种情况下使用？

3-3 缓和曲线的作用有哪些？路线设计中为何常采用回旋线作为缓和曲线？如何确定缓和曲线的长度？

3-4 道路平面线形有哪些组合形式？各种形式的设计要点？

3-5 什么情况下需要验算停车视距、会车视距、超车视距？满足停车视距就一定满足会车视距和超车视距吗？为什么？

3-6 某二级公路路拱横坡度为2%，设计车速为80km/h。

(1) 试求不设置超高的平曲线半径和设置超高（超高横坡度取8%）的极限最小平曲线半径（横向力系数分别取0.035和0.15）。

(2) 当采用极限最小平曲线半径时，缓和曲线长度应为多少？

3-7 山岭区某二级公路测设中，设计速度为60km/h，测得某相邻两交点偏角为*JD*7右偏35°32′00″，*JD*8左偏28°48′35″，*JD*7至*JD*8的距离为230.58m，选定$R_1=300\text{m}$，$L_{s1}=65\text{m}$，试确定*JD*8的曲线半径和缓和曲线长度。

第 4 章　道路纵断面设计

4.1　道路纵断面线形设计原理

沿道路路线中心线竖直剖切后再行展开的立面投影称为道路的纵断面线形。在道路纵断面上主要有两条线形：一条是设计线，另一条是地面线。由于自然因素的影响以及经济性要求，将设计线设成一条与地面线相符合、连绵起伏的二维曲线。纵断面设计的主要任务就是根据汽车的动力性能、公路等级、所处的自然地理条件以及工程经济等因素，来研究这条二维曲线的几何构成形式。它是道路设计的重要内容之一，将直接影响到行车的安全、迅速、经济以及乘客的舒适程度。

图 4-1 所示为道路纵断面示意图。纵断面图是道路纵断面设计的主要成果，也是道路设计的重要技术文件之一。把道路的纵断面图与平面图结合起来，就可以准确地定出道路的空间位置。

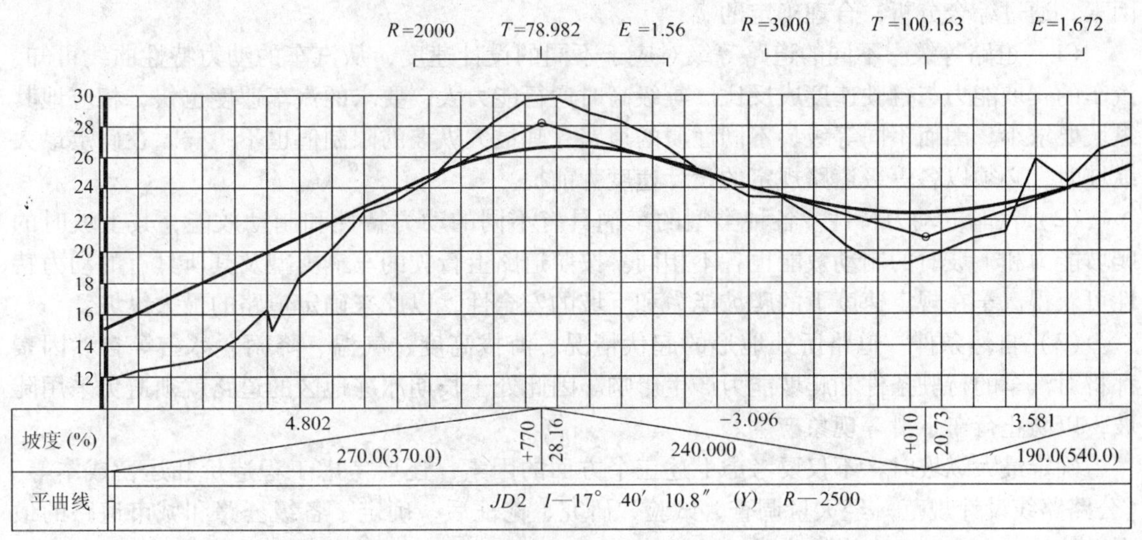

图 4-1　道路纵断面示意图

纵断面图中的地面线是根据中线上各桩点位的高程绘出的一条不规则的折线，它显示了道路中线原地面的起伏变化状况；图中的设计线是设计人员经过技术、经济以及美学等各方面反复比较后确定出的一条具有规则形状的几何线，它反映了设计的道路中线的起伏变化情况。纵断面设计线由直线和竖曲线组成。直线（即均匀坡度线）有上坡和下坡之分，用坡度和水平长度表示。坡度和水平长度影响着汽车的行车安全、行驶速度以及运输的经济性，它们的一些临界值的确定和必要的限制，是以通行的汽车类型及行驶性能来决定的。

坡度转折处为使行车平顺需要设置竖曲线，按坡度转折形式的不同，可分为凸形竖曲线和凹形竖曲线，其大小用曲线半径和水平长度表示。

设计线各点的标高称为设计标高，亦即路基设计标高，《公路路线设计规范》对此有如下规定：

1）新建公路的路基设计标高，高速公路和一级公路宜采用中央分隔带的外侧边缘标高；二、三、四级公路宜采用路基边缘标高，在设置超高、加宽路段为设超高、加宽前该处边缘标高。

2）改建公路的路基设计标高，宜按新建公路的规定执行，也可视具体情况而采用中央分隔带中线或行车道中线标高。

4.2 纵坡及坡长设计

4.2.1 最大纵坡

最大纵坡是指在纵坡设计中，各级道路允许采用的最大坡度值。它是道路纵断面设计的重要控制指标，在地形起伏较大地区，直接影响路线的长短、使用质量、运营成本及工程造价。

道路的最大纵坡是根据其等级、汽车的动力特性、自然条件以及工程造价和运营成本等因素，通过综合分析，合理确定的。

（1）道路等级　不同的道路等级对应于不同的设计速度，从汽车的动力特性曲线可知，汽车的爬坡能力与行驶速度成反比。等级高时通行能力大，要求的汽车速度也快，相应地其纵坡要求小。因而不同等级、不同性质的道路，其最大纵坡的限制值也不一样。在确定最大纵坡时，必须以各等级道路规定的设计速度为前提。

（2）汽车的动力特性　各种类型的车辆具有不同的动力特性和制动效能，其上坡时的爬坡能力和下坡时的制动效能也各不相同。按照道路上行驶的车辆类型及其所具有的动力特性可获得汽车在规定速度下的爬坡能力和下坡的安全性，以此来确定道路的最大纵坡。

（3）自然条件　道路所处地形的起伏情况、海拔高度、气温、降雨、冰雪等自然因素都将对汽车的行驶条件和爬坡能力产生影响。因此处于长期冰冻地区的道路就须避免采用陡坡，以防止行车下滑等现象产生。

确定最大纵坡时，不仅要考虑上述三个方面的因素，还要考虑工程造价和运营成本等。《公路路线设计规范》经大量调查、试验、研究、论证后，确定了各级公路和城市道路的最大纵坡值，如表4-1和表4-2所示。

表4-1　各级公路最大纵坡

设计速度/(km/h)	120	100	80	60	40	30	20
最大纵坡（%）	3	4	5	6	7	8	9

表4-2　城市道路机动车道最大纵坡

设计车速/(km/h)		80	60	50	40	30	20
最大纵坡（%）	推荐值	4	5	5.5	6	7	8
	限制值	6	7	7	8	9	9

设计速度为120km/h、100km/h、80km/h的高速公路，受地形条件或其他特殊情况限制时，经技术经济论证，最大纵坡可增加1%。设计速度为40km/h、30km/h、20km/h的公路，改建工程利用原有公路的路段，经技术经济论证，最大纵坡可增加1%。四级公路位于海拔2000m以上或积雪冰冻地区的路段，最大纵坡不应大于8%。对桥上及桥头路线和隧道及其洞口两端路线的纵坡，《公路路线设计规范》也作了相应的规定。位于市镇附近且非汽车交通量较大的路段，其纵坡可根据具体情况适当放缓。

4.2.2 高原纵坡折减

在高海拔地区，因空气密度下降而使汽车发动机功率以及汽车的牵引力降低，从而导致了汽车的爬坡能力下降，汽车水箱中的水易于沸腾，因而纵坡应相应折减。

《公路路线设计规范》规定：设计速度小于或等于80km/h位于海拔3000m以上高原地区的公路，最大纵坡应按表4-3的规定予以折减。最大纵坡折减后若小于4%，则仍采用4%。

表4-3 高原纵坡折减值

海拔高度/m	3000~4000	4000~5000	5000以上
纵坡折减（%）	1	2	3

4.2.3 合成坡度

合成坡度是指在设有超高的平曲线上，路线纵坡与超高横坡所组成的坡度。合成坡度的计算公式为

$$I = \sqrt{i^2 + i_h^2} \tag{4-1}$$

式中 I——合成坡度；

i——路线设计纵坡度；

i_h——超高横坡度或路拱横坡度。

由于合成坡度是由纵向坡度和横向坡度组合而成的，其坡度值比原路线纵坡大，汽车在设有超高的坡道上行驶时，不仅要受坡度阻力的影响，而且还要受离心力的影响。尤其是当纵坡大而且平曲线半径小时，由于合成坡度大而使汽车重心发生偏移，从而给汽车行驶带来危险。所以，当平曲线与坡度组合时，应将超高横坡与纵坡的组合控制在适当的范围内。

《公路路线设计规范》规定：公路的合成坡度值不得超过表4-4的规定。当陡坡与小半径圆曲线相重叠时，宜采用较小的合成坡度；在冬季路面有积雪、结冰的地区、自然横坡较陡峻的傍山路段以及非汽车交通量较大的路段，其合成坡度必须小于8%。在超高过渡的变化处，合成坡度不应设计为0。当合成坡度小于0.5%时，应采取综合排水措施，保证路面排水通畅。

表4-4 各级公路的最大合成坡度值

公路等级	高速公路			一级公路			二级公路		三级公路		四级公路
设计速度/(km/h)	120	100	80	100	80	60	80	60	40	30	20
合成坡度值（%）	10.0	10.0	10.5	10.0	10.5	10.5	9.0	9.5	10.0	10.0	10.0

《城市道路设计规范》对合成坡度的规定见表4-5。

表4-5　城市道路最大允许合成坡度

<table>
<tr><td>设计车速/(km/h)</td><td>80</td><td>60</td><td>50</td><td>40</td><td>30</td><td>20</td></tr>
<tr><td>合成坡度（%）</td><td>7</td><td colspan="2">6.5</td><td colspan="2">7</td><td>8</td></tr>
</table>

在设计中可由下式计算设置超高的平曲线上允许的最大纵坡 i 为

$$i = \sqrt{I_{max}^2 - i_h^2} \tag{4-2}$$

式中　I_{max}——允许最大合成坡度值。

当路线的平面和纵坡设计基本完成后，可用式（4-1）检查合成坡度 I。如果超过允许最大合成坡度，可减小纵坡或加大平曲线半径以减小横坡，或者同时减小纵、横坡度。

4.2.4　最小纵坡

在挖方路段、设置边沟的低填方路段和其他横向排水不畅的路段，为了保证排水，防止水渗入路基而影响路基的稳定性，纵坡不宜过小。

《公路路线设计规范》规定：公路的纵坡不宜小于0.3%，横向排水不畅的路段或长路堑路段，采用平坡（0%）或小于0.3%的纵坡时，其边沟应作纵向排水设计。

一般情况下以采用不小于0.5%的纵坡为宜。

4.2.5　坡长限制

坡长是指纵断面上相邻两变坡点间的长度。坡长限制，主要是对较陡纵坡的最大长度和一般纵坡的最小长度加以限制。

1. 最小坡长

纵断面上变坡点过多，纵向起伏变化频繁，会使行驶的车辆颠簸频繁，车速越高表现越明显，从而影响了行车的舒适性和安全性；从线形的几何构成来看，相邻变坡点之间的距离不宜过短，以便插入适合的竖曲线，同时还便于平纵面线形的合理组合与布置。因此，纵坡坡长不宜过短。

最小坡长通常规定汽车以设计速度行驶9~15s的行程为宜，在高速公路上，9s已满足行车及几何线形布设的要求，在等级较低的公路上，为满足行车和布线的要求可取15s的行程。

《标准》和《城市道路设计规范》规定，各级道路最短坡长应按表4-6和表4-7选用，同时不得小于两相邻竖曲线的切线长。

表4-6　各级公路最小坡长

设计速度/(km/h)	120	100	80	60	40	30	20
最小坡长/m	300	250	200	150	120	100	60

表4-7　城市道路最小坡长

设计行车速度/(km/h)	80	60	50	40	30	20
坡段最小长度/m	290	170	140	110	85	60

2. 最大坡长

坡长太短对行车不利，长距离的陡坡对汽车行驶也很不利，特别是当纵坡为 5% 以上时，汽车上坡时克服坡度阻力，须采用低速挡行驶，坡长过长，会使发动机过热，水箱沸腾，行驶无力；而下坡时，则因坡度过陡，坡段过长而使汽车长时间制动，极易造成行车事故。在高速公路以及快慢车混合行驶的公路上坡度过大、坡长过长还会影响行车速度和通行能力，因此对纵坡最大长度也必须加以限制。

在进行了大量的调查和试验研究工作并且参考了国内外大量资料的基础上，《公路路线设计规范》规定了不同纵坡的最大坡长，见表 4-8 和表 4-9。

表 4-8　公路不同纵坡的最大坡长　（单位：m）

设计速度/(km/h)		120	100	80	60	40	30	20
纵坡坡度(%)	3	900	1000	1100	1200	—	—	—
	4	700	800	900	1000	1100	1100	1200
	5	—	600	700	800	900	900	1000
	6	—	—	500	600	700	700	800
	7	—	—	—	—	500	500	600
	8	—	—	—	—	300	300	400
	9	—	—	—	—	—	200	300
	10	—	—	—	—	—	—	200

表 4-9　城市道路纵坡限制值

设计速度/(km/h)	80			60			50			40		
纵坡度（%）	5	5.5	6	6	6.5	7	6	6.5	7	6.5	7	8
纵坡限制长度/m	600	500	400	400	350	300	350	300	250	300	250	200

城市道路的非机动车车行道纵坡宜小于 2.5%，否则应按表 4-10 的规定限制坡长。

表 4-10　城市道路非机动车纵坡长度限制值　（单位：m）

纵坡度（%）＼车种	自行车	三轮车、板车
3.5	150	
3	200	100
2.5	300	150

公路连续上坡或下坡时，应在不大于表 4-8 规定的纵坡长度之间设置缓和坡段。高速公路和一级公路纵坡及坡长的选用应充分考虑车辆运行质量的要求。对高速公路，即使纵坡为 2%，其坡长也不宜过长。

4.2.6　缓和坡段

在纵断面设计中，当陡坡的长度达到极限坡长时，应安排一段缓坡，称为缓和坡段，用以恢复在陡坡上降低的速度。同时，从下坡安全性考虑，设置缓和坡段也是必要的。

据计算，除设计速度为 40km/h 及其以下时，理想的最大纵坡都未超过 3%。加上实际观测试验结果，通常采用缓和坡段的纵坡不大于 3%，其长度应不小于最小坡长。

缓和坡段的具体位置应结合纵向地形起伏情况，尽量减少填挖方工程数量，同时应考虑路线的平面线形要素。通常，缓和坡段宜设置在平面的直线或较大半径的平曲线上，以便充分发挥缓和坡段的作用，提高整条道路的使用质量。在必须设置缓和坡段而地形又困难的地段，可以将缓和坡段设于半径比较小的平曲线上，但应适当增加缓和坡段的长度，以使缓和坡段端部的竖曲线位于小半径平曲线之外。这种要求对提高行驶质量、保证行车安全是完全必要的。

4.2.7 平均纵坡

平均纵坡 i_p 是指在一定长度路段内，路线在纵向所克服的相对高差 H 与该路线长度 L 之比，用百分率（%）表示。它是衡量纵面线形质量的一个重要指标。

$$i_p = \frac{H}{L} \tag{4-3}$$

根据对山区道路行车的实际调查发现，有时虽然道路纵坡设计完全符合最大坡度、坡长限制及缓和坡段的规定，但也不一定能保证行车顺利完成。比如对于地形困难、高差较大的地段，设计时可能不断交替地运用最大纵坡（并达到限制坡长）和缓和坡段（往往接近最短坡长），形成所谓的“台阶式”纵断面。汽车在这样的坡段上行驶，上坡会长时间使用低速挡，造成发动机长时间发热，导致车辆水箱沸腾；下坡则频繁制动，也易引起行车事故。因此有必要从行车顺适和安全的角度来控制纵坡平均值，这样既保证了路线的平均纵坡不致过陡，也可避免局部地段使用过大的纵坡。

为了合理地运用最大纵坡、坡长限制和缓和坡段的规定，保证纵坡均衡匀顺，确保行车安全和舒适，《标准》规定：二级公路、三级公路、四级公路越岭路线连续上坡（或下坡）路段，相对高差为200 ~500m 时平均纵坡不宜大于5.5%；相对高差大于500m 时平均纵坡不宜大于5.0%，且任意连续3km 路段的平均纵坡不应大于5.5%。

4.2.8 纵坡设计的一般要求

为使纵坡设计经济合理，必须在全面掌握勘测资料的基础上，结合选（定）线纵坡的初步安排，经过综合分析、反复比较最终定出设计纵坡。纵坡设计的一般要求为：

1）纵坡设计必须满足《标准》的各项规定。

2）为保证车辆能以一定速度安全顺适地行使，应合理安排缓和坡段。平原地形的纵坡应均匀、平缓；丘陵地形的纵坡应避免过分迁就地形而起伏过大；越岭线的纵坡应力求均匀，不应采用最大值或接近最大值的坡度，更不宜连续采用不同纵坡最大坡长值的陡坡夹短距离缓坡的纵坡线形；山脊线和山腰线，除结合地形不得已时采用较大的纵坡外，在可能条件下应采用平缓的纵坡；越岭线垭口附近的纵坡应尽量缓一些；连续上坡或下坡路段，应避免设置反坡段。

3）纵坡设计应综合考虑沿线地形、地下管线、地质、水文、气候和排水等因素，视具体情况加以处理，以保证路基稳定和道路通畅。

4）通常纵坡设计应考虑填挖平衡，尽量使挖方作为就近路段填方，以减少借方和废方，降低造价和节省用地。

5）平原微丘区地下水埋深较浅，或池塘、湖泊分布较广，除应满足最小纵坡要求外，还应满足最小填土高度要求，对于永冻、季冻等冻土地区纵坡设计还要保证不破坏冻土层，从而保证路基稳定。

6）对连接段的纵坡，如大中桥引道及隧道两端接线等，纵坡应和缓，避免产生突变。

7）充分考虑城乡、通道、农田水利等方面的要求。

4.3　竖曲线设计

纵断面上两个坡段的转折处，为了满足行车平顺、安全、舒适以及视距和路容美观的要求，需用一段曲线来缓和，这条曲线称为竖曲线。我国规定各级公路在变坡点处均应设置竖曲线，竖曲线形式可采用抛物线或圆曲线。通常在使用范围内，圆曲线和抛物线几乎没有差别，但在设计和计算上，抛物线比圆曲线方便，因此设计上一般采用二次抛物线作为竖曲线。

4.3.1　竖曲线要素的计算公式

二次抛物线形式的竖曲线，其要素主要有竖曲线长度 L、切线长度 T 和外距 E。由于在纵断面上只计水平距离和竖直高度，斜线不计角度而计坡度，因此，竖曲线的切线长与曲线长是其在水平面上的投影，切线支距是竖直的高程差，相邻两坡度线的交角用坡度差来表示。

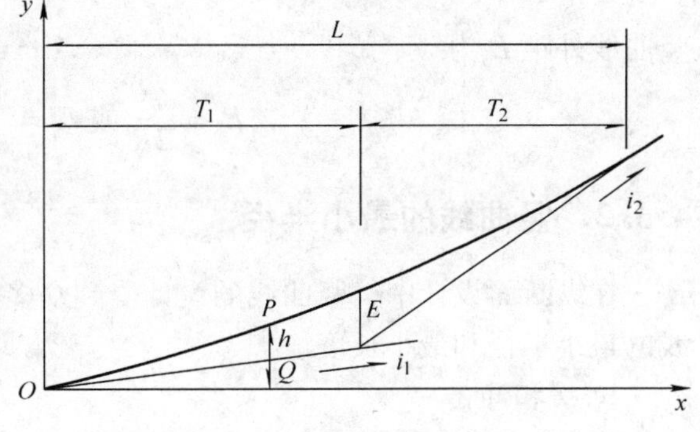

图 4-2　竖曲线要素示意图

如图 4-2 所示，设变坡点相邻两直坡段坡度分别为 i_1 和 i_2，它们的代数差用 ω 表示，即 $\omega = i_2 - i_1$。当 ω 为“+”时，表示凹形竖曲线；为“-”时，表示凸形竖曲线。

在图示 xOy 坐标系下，二次抛物线一般方程为

$$y = \frac{1}{2k}x^2 + ix \tag{4-4}$$

在竖曲线上任一点 P，其斜率为

$$i_P = \frac{\mathrm{d}y}{\mathrm{d}x} = \frac{x}{k} + i$$

当 $x = 0$ 时，$i = i_1$，则

$$y = \frac{x^2}{2R} + i_1 x \tag{4-5}$$

当 $x = L$ 时，$i = \frac{L}{k} + i_1 = i_2$，则

$$k = \frac{L}{i_2 - i_1} = \frac{L}{\omega}$$

抛物线上任一点的曲率半径为

$$R = \left[1 + \left(\frac{\mathrm{d}y}{\mathrm{d}x}\right)^2\right]^{3/2} \Big/ \frac{\mathrm{d}^2 y}{\mathrm{d}^2 x}$$

当 $x=0$ 时，式中$\frac{\mathrm{d}y}{\mathrm{d}x}=i$，$\frac{\mathrm{d}^2 y}{\mathrm{d}^2 x}=\frac{1}{k}$，代入上式，得

$$R = k(1 + i^2)^{3/2}$$

因为 i 介于 i_1 和 i_2 之间，且 i_1、i_2 均很小，故 i^2 可略去不计，则

$$R \approx k$$

所以 $$R = \frac{L}{\omega} \quad L = R\omega \tag{4-6}$$

因为 $$T = T_1 \approx T_2$$

则 $$T = \frac{L}{2} = \frac{R\omega}{2} \tag{4-7}$$

竖曲线上任一点竖距 h 为

$$h = PQ = y_P - y_Q = \frac{x^2}{2R} + i_1 x - i_1 x$$

则 $$h = \frac{x^2}{2R} \tag{4-8}$$

竖曲线外距 E 为

$$E = \frac{T^2}{2R} \text{或} E = \frac{R\omega^2}{8} = \frac{L\omega}{8} = \frac{T\omega}{4} \tag{4-9}$$

4.3.2 竖曲线的最小半径

在纵断面设计中，竖曲线的设计受到众多因素的限制，其中有三个主要因素决定着竖曲线的最小半径和最小长度。

1. 缓和冲击

汽车行驶在竖曲线上时，产生径向离心力。这个力在凹形竖曲线上是增重，在凸形竖曲线上是减重。这种增重与减重达到某种程度时，就会使人产生不舒适的感觉，同时对汽车的悬挂系统也不利，所以在确定竖曲线半径时，对离心加速度应加以控制。汽车在竖曲线上行驶时其离心加速度为

$$a = \frac{v^2}{R}$$

用 V(km/h) 表示并整理，得

$$R = \frac{V^2}{13a}$$

大量试验表明，离心加速度 a 限制在 0.5 ~ 0.7m/s^2 比较适宜。但考虑到人的舒适性以及视觉平顺等要求，《标准》规定的凹形竖曲线最小半径值与式（4-9）计算结果极相近，此时相应的 $a=0.278\text{m/s}^2$。

$$R_{\min} = \frac{V^2}{3.6} \text{或} L_{\min} = \frac{V^2\omega}{3.6} \tag{4-10}$$

2. 时间行程不宜过短

汽车从直坡道行驶到竖曲线上，尽管竖曲线半径较大，当坡角很小时，竖曲线长度也很

短。竖曲线过短时，汽车瞬间驶过，驾驶员产生变坡很急的错觉，就会使人感到不舒适。因此，应限制汽车在竖曲线上的时间行程不宜过短。最短应满足3s行程，即

$$L_{\min} = \frac{V}{3.6}t = \frac{V}{1.2} \tag{4-11}$$

3. 满足视距的要求

汽车行驶在竖曲线上，若半径太小，就会阻挡驾驶员的视线。对地形起伏较大地区的道路，在夜间行车时，若凹形竖曲线半径过小，前灯照射距离近，影响行车速度和安全；高速公路及城市道路跨线桥、门式交通标志及广告宣传牌等，如果它们正好处在凹形竖曲线上方，也会影响驾驶员的视线。因此，为了保证行车安全，对竖曲线的最小半径和最小长度应加以限制。

（1）凸形竖曲线的最小半径和最小长度　凸形竖曲线最小长度应以满足停车视距要求为主，按竖曲线长度 L 和停车视距 S_{T} 的关系分为两种情况。

①当 $L < S_{\mathrm{T}}$（见图4-3）时

$$h_1 = \frac{d_1^2}{2R} - \frac{t_1^2}{2R}(d_1 = \sqrt{2Rh_1 + t_1^2})$$

$$h_2 = \frac{d_2^2}{2R} - \frac{t_2^2}{2R}(d_2 = \sqrt{2Rh_2 + t_2^2})$$

式中　R——竖曲线半径（m）；

h_1——驾驶员视线高，即目高 $h_1 = 1.2 \sim 1.5\mathrm{m}$，取 $1.2\mathrm{m}$；

h_2——障碍物高，即物高 $h_2 = 0.1\mathrm{m}$。

由 $t_1 = d_1 - l = \sqrt{2Rh_1 + t_1^2} - l$，得 $t_1 = \dfrac{Rh_1}{l} - \dfrac{l}{2}$ 由 $t_2 = d_2 - (L - l) = \sqrt{2Rh_2 + t_2^2} - (L - l)$，得 $t_2 = \dfrac{Rh_2}{L - l} - \dfrac{L - l}{2}$，则

视距长度　$S_{\mathrm{T}} = t_1 + L + t_2 = \dfrac{Rh_1}{l} + \dfrac{L}{2} + \dfrac{Rh_2}{L - l}$

令 $\dfrac{\mathrm{d}S_{\mathrm{T}}}{\mathrm{d}l} = 0$，解此得 $l = \dfrac{\sqrt{h_1}}{\sqrt{h_1} + \sqrt{h_2}}L$，代入上式

$$S_{\mathrm{T}} = \frac{R}{T}(\sqrt{h_1} + \sqrt{h_2})^2 + \frac{L}{2} = \frac{(\sqrt{h_1} + \sqrt{h_2})^2}{\omega} + \frac{L}{2}$$

则凸形竖曲线的最小长度为

$$L_{\min} = 2S_{\mathrm{T}} - \frac{2(\sqrt{h_1} + \sqrt{h_2})^2}{\omega} = 2S_{\mathrm{T}} - \frac{4}{\omega} \tag{4-12}$$

②当 $L \geqslant S_{\mathrm{T}}$（见图4-4）时

$$h_1 = \frac{d_1^2}{2R}(d_1 = \sqrt{2Rh_1})$$

故

$$h_2 = \frac{d_2^2}{2R}(d_2 = \sqrt{2Rh_2})$$

$$S_{\mathrm{T}} = d_1 + d_2 = \sqrt{2R}(\sqrt{h_1} + \sqrt{h_2}) \text{ 或 } S_{\mathrm{T}} = \sqrt{\frac{2L}{\omega}}(\sqrt{h_1} + \sqrt{h_2})$$

则凸形竖曲线的最小长度为

$$L_{\min} = \frac{S_T^2 \omega}{2(\sqrt{h_1} + \sqrt{h_2})^2} = \frac{S_T^2 \omega}{4} \tag{4-13}$$

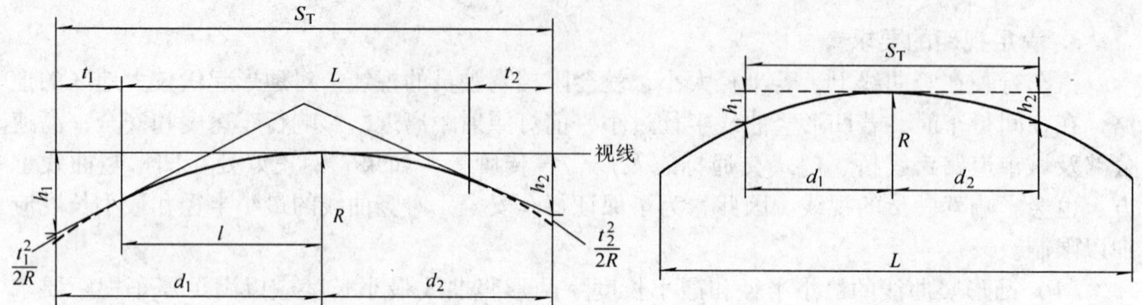

图 4-3　凸形竖曲线计算图式（$L<S_T$）　　图 4-4　凸形竖曲线计算图式（$L \geqslant S_T$）

比较以上两种情况，显见式（4-13）计算结果大于式（4-12），故以式（4-13）作为控制才可完全满足视距要求。

综合考虑缓和冲击、行驶时间及视距要求三个方面的因素，《公路路线设计规范》给出了各设计速度时的凸形竖曲线最小半径和最小长度，见表 4-11。

表 4-11　凸形竖曲线最小半径和最小长度

设计速度/(km/h)		120	100	80	60	40	30	20
凸形竖曲线最小半径/m	一般值	17000	10000	4500	2000	700	400	200
	极限值	11000	6500	3000	1400	450	250	100
竖曲线长度/m	一般值	250	210	170	120	90	60	50
	极限值	100	85	70	50	35	25	20

（2）凹形竖曲线最小半径和最小长度　凹形竖曲线的最小长度，应满足两种视距的要求：一是保证夜间行车安全，前灯照明应有足够的距离；二是保证跨线桥桥下行车有足够的视距。

1）夜间行车前灯照射距离要求。

①当 $L<S_T$（见图 4-5）时，因 $S_T=L+l$，则 $l=S_T-L$

$$h + S_T \tan\delta = \frac{(L+l)^2}{2R} - \frac{l^2}{2R} = \frac{\omega(2S_T - L)}{2}$$

可解得　$L_{\min} = 2\left(S_T - \dfrac{h + S_T \tan\delta}{\omega}\right)$

式中　S_T——停车视距（m）；

h——车前灯高度，一般 $h=0.75$m；

δ——车前灯光束扩散角，一般 $\delta=1.5°$。

将已知数据代入，得凹形竖曲线的最小长度为

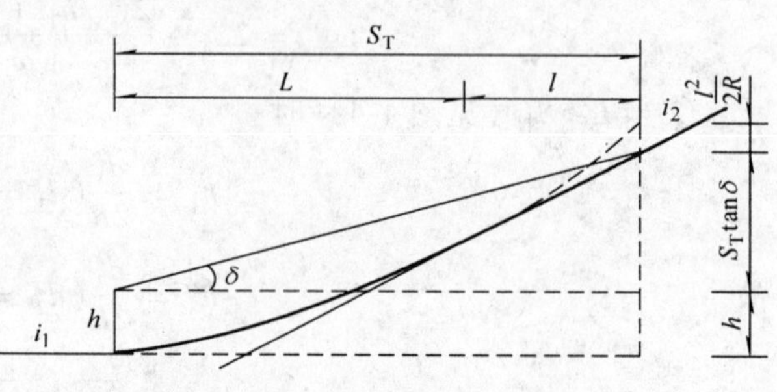

图 4-5　车前灯照射距离（$L<S_T$）

$$L_{\min}=2\left(S_{\mathrm{T}}-\frac{0.75+S_{\mathrm{T}}\tan 1.5}{\omega}\right) \tag{4-14}$$

②当 $L \geqslant S_{\mathrm{T}}$（见图 4-6）时，由图 4-6 可得 $h+S_{\mathrm{T}}\tan\delta=\frac{S_{\mathrm{T}}^2}{2R}=\frac{S_{\mathrm{T}}^2\omega}{2L}$，可解得 $L_{\min}=\frac{S_{\mathrm{T}}^2\omega}{2\,(h+S_{\mathrm{T}}\tan\delta)}$。将已知数据代入，得凹形竖曲线的最小长度为

$$L_{\min}=\frac{S_{\mathrm{T}}^2\omega}{1.5+0.0524S_{\mathrm{T}}} \tag{4-15}$$

显然，式（4-15）计算结果大于式（4-14）的，故以式（4-15）作为控制才可完全满足夜间行车前灯照射距离要求。

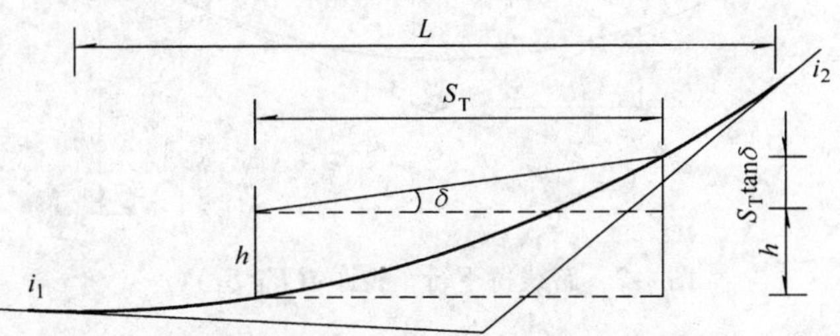

图 4-6　车前灯照射距离（$L \geqslant S_{\mathrm{T}}$）

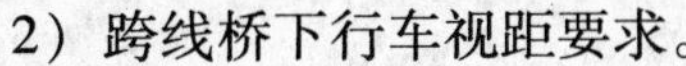

2）跨线桥下行车视距要求。

①当 $L<S_{\mathrm{T}}$（见图 4-7）时

$$h_0=\frac{(L+t_2)^2}{2R}-\frac{t_2^2}{2R},\quad AB=h_1+\frac{h_2-h_1}{S_{\mathrm{T}}}(t_1+l)$$

$$BD=h_0\frac{t_1+l}{S_{\mathrm{T}}}=\left[\frac{(L+t_2)^2}{2R}-\frac{t_2^2}{2R}\right]\frac{t_1+l}{S_{\mathrm{T}}},\quad CD=\frac{l^2}{2R}$$

因 $S_{\mathrm{T}}=t_1+L+t_2$，则 $t_2=S_{\mathrm{T}}-t_1-L$

$$h=AC=AB+BD-CD=h_1+\frac{h_2-h_1}{S_{\mathrm{T}}}(t_1+l)+\frac{L(t_1+l)}{2RS_{\mathrm{T}}}(2S_{\mathrm{T}}-2t_1-L)-\frac{l^2}{2R}$$

由 $\mathrm{d}h/\mathrm{d}l=0$ 解出 l，代入上式并整理，得桥下设计净空为

$$h_{\max}=h_1+\frac{1}{2RS_{\mathrm{T}}^2}\left[2S_{\mathrm{T}}t_1+R(h_2-h_1)+\frac{L}{2}(2S_{\mathrm{T}}-2t_1-L)\right]\times\left[R(h_2-h_1)+\frac{L}{2}(2S_{\mathrm{T}}-2t_1-L)\right]$$

由 $\mathrm{d}h_{\max}/\mathrm{d}t_1=0$ 可解出 t_1，代入上式，得

$$h_{\max}=h_1+\frac{[2R(h_2-h_1)+(2S_{\mathrm{T}}+L)]^2}{8RL(2S_{\mathrm{T}}-L)}$$

解此得

$$L_{\min}=2S_{\mathrm{T}}-\frac{4h_{\max}}{\omega}\left[1-\frac{h_1+h_2}{2h_{\max}}+\sqrt{\left(1-\frac{h_1}{h_{\max}}\right)\times\left(1-\frac{h_2}{h_{\max}}\right)}\right]$$

式中　$h_{\max}$——桥下设计净空，$h_{\max}=4.5\mathrm{m}$；

h_1——驾驶员视线高度，$h_1=1.2\sim1.5\mathrm{m}$，取 1.5m；

h_2——障碍物高度，$h_2=0.75\mathrm{m}$。

将已知数据代入，则

$$L_{\min}=2S_{\mathrm{T}}-\frac{26.92}{\omega} \tag{4-16}$$

②当 $L \geqslant S_{\mathrm{T}}$（见图 4-8）时

$$h_0=\frac{S_{\mathrm{T}}^2}{2R},\quad AB=h_1+\frac{h_2-h_1}{S_{\mathrm{T}}}l$$

$$BD=h_0\frac{l}{S_{\mathrm{T}}}=\frac{S_{\mathrm{T}}}{2R}l,\quad CD=\frac{l^2}{2R}$$

同理可得

$$h = h_1 + \frac{h_2 - h_1}{S_T}l + \frac{S_T}{2R}l - \frac{l^2}{2R}$$

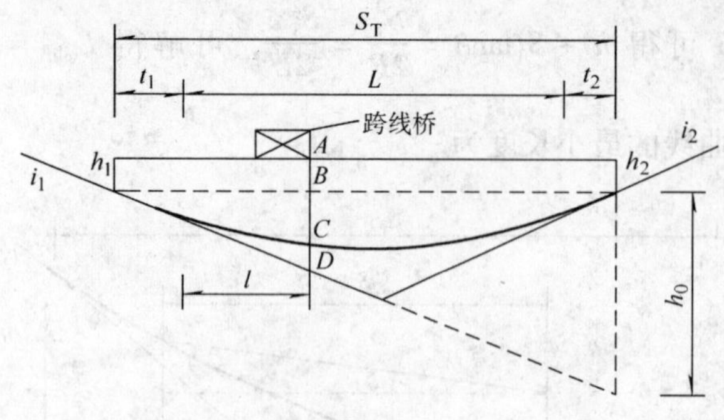

图4-7 跨线桥下行车视距（$L<S_T$）

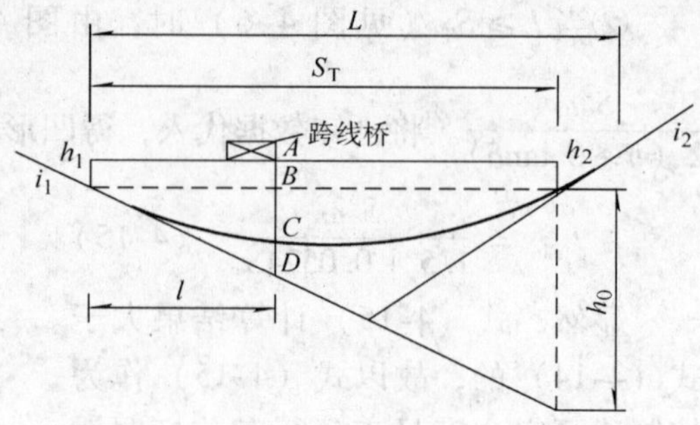

图4-8 跨线桥下行车视距（$L \geqslant S_T$）

由 $dh/dl=0$ 解出 l，代入上式并整理，得

$$h_{max} = h_1 + \frac{1}{2R}\left[\frac{R(h_2 - h_1)}{S_T} + \frac{S_T}{2}\right]^2$$

$$L_{min} = \frac{S_T^2\omega}{\left[\sqrt{2(h_{max} - h_1)} + \sqrt{2(h_{max} - h_2)}\right]^2}$$

将已知数据代入，得

$$L_{min} = \frac{S_T^2\omega}{26.92} \tag{4-17}$$

比较式（4-16）及式（4-17），显然式（4-17）的计算结果是大于式（4-16）的，因此，应以式（4-17）作为控制才可完全满足跨线桥下行车视距要求。

根据影响竖曲线最小半径的两个限制因素，《公路路线设计规范》给出了凹形竖曲线最小半径，见表4-12。

表4-12 凹形竖曲线最小半径

设计速度/(km/h)		120	100	80	60	40	30	20
凹形竖曲线最小半径/m	一般值	6000	4500	3000	1500	700	400	200
	极限值	4000	3000	2000	1000	450	250	100
竖曲线长度/m	一般值	250	210	170	120	90	60	50
	极限值	100	85	70	50	35	25	20

表4-11、表4-12所列各级公路的竖曲线最小半径的“极限值”，只是在地形等特殊原因不得已时方可采用。在实际设计中，为了安全性和舒适性，应采用表中所列“一般值”的1.5~2.0倍或更大值。

《城市道路设计规范》规定，各级道路纵坡变更处应设置竖曲线。竖曲线采用圆曲线。竖曲线半径及最小长度见表4-13。设计中应采用大于或等于表4-13中的一般最小半径；特殊困难时，应大于或等于极限最小半径值。值得说明的是，这里竖曲线采用“圆曲线”只是规范的一种表达形式，其具体计算与上述“抛物线”完全一样，其实圆曲线的“竖距”省略高阶小量表达式的形式与式（4-13）是一致的。

表 4-13　城市道路竖曲线最小半径和最小长度

设计速度/(km/h)	80	60	50	45	40	35	30	25	20	15
凸形 R_{min}	3000	1200	900	500	400	300	250	150	100	60
凹形 R_{min}	1800	1000	700	550	450	350	250	170	100	60
最小曲线长/m	70	50	40	40	35	30	25	20	20	15

【例 4-1】 某山岭区二级公路，变坡点桩号为 K6 + 050.00，高程为 400.52m，$i_1 = +6\%$，$i_2 = -3\%$，竖曲线半径 $R = 4000$m。试计算竖曲线诸要素以及桩号为 K5 + 980.00 和 K6 + 100.00 处的设计高程。

【解】 1. 计算竖曲线要素

$\omega = i_2 - i_1 = -0.03 - 0.06 = -0.09$，为凸形。

曲线长 $L = R\omega = 4000 \times 0.09\text{m} = 360\text{m}$

切线长 $T = \dfrac{L}{2} = \dfrac{360}{2}\text{m} = 180\text{m}$

外距 $E = \dfrac{T^2}{2R} = \dfrac{180^2}{2 \times 4000}\text{m} = 4.05\text{m}$

2. 计算设计高程

竖曲线起点桩号 = (K6 + 050.00) − 180 = K5 + 870.00

竖曲线起点高程 = (400.52 − 180 × 0.06)m = 389.72m

桩号 K5 + 980.00 处：

横距 x_1 = (K5 + 980.00) − (K5 + 870.00) = 110m

竖距 $h_1 = \dfrac{x_1^2}{2R} = \dfrac{110^2}{2 \times 4000}\text{m} = 1.51\text{m}$

切线高程 = (389.72 + 110 × 0.06)m = 396.32m

设计高程 = (396.32 − 1.51)m = 394.81m

桩号 K6 + 100.00 处：

横距 x_2 = (K6 + 100.00) − (K5 + 870.00) = 230m

竖距 $h_2 = \dfrac{x_2^2}{2R} = \dfrac{230^2}{2 \times 4000}\text{m} = 6.61\text{m}$

切线高程 = (389.72 + 230 × 0.06)m = 403.52m

设计高程 = (403.52 − 6.61)m = 396.91m

或：竖曲线终点桩号 = (K6 + 050.00) + 180 = K6 + 230.00

横距 x_1 = (K6 + 230.00) − (K6 + 100.00) = 130m

竖距 $h_2 = \dfrac{x_2^2}{2R} = \dfrac{130^2}{2 \times 4000}\text{m} = 2.11\text{m}$

切线高程 = (400.52 − 50 × 0.03)m = 399.02m

设计高程 = (399.02 − 2.11)m = 396.91m

4.4　爬坡车道的设计

爬坡车道是陡坡路段正线行车道上坡方向右侧增设的供载货汽车行驶的专用车道。一般讲，通过精选路线，最理想的路线纵断面本身应按不需设置爬坡车道来设计，但这样往往会造成路线增长或工程量增大。在某些情况下采用稍大的坡度值而增设爬坡车道就会达到既经济又安全的效果。

4.4.1 设置爬坡车道的条件

在道路纵坡较大的路段上，载货汽车爬坡时需克服较大的坡度阻力，使车速下降，加大了载货汽车与小客车的速差，导致超车频繁，对行车安全不利。速差较大的车辆混合行驶，必将影响快车的行驶自由度，使得通行能力降低。为了消除这些不利影响，宜在陡坡段右侧增设爬坡车道，把载货汽车从正线车流中分离出去，从而提高小客车行驶的自由度，确保行车安全，加大路段的通行能力。

《公路路线设计规范》规定：四车道高速公路、四车道一级公路以及二级公路连续上坡路段，符合下列情况之一者，宜在上坡方向行车道右侧设置爬坡车道。

1）沿连续上坡方向载货汽车的运行速度降低到表 4-14 的允许最低速度以下时。

2）上坡路段的设计通行能力小于设计小时交通量时。

3）经设置爬坡车道与改善主线纵坡不设爬坡车道技术经济比较论证，设置爬坡车道的效益费用比、行车安全性较优时。

表 4-14 上坡方向容许最低速度

设计速度/(km/h)	120	100	80	60	40
最低车速/(km/h)	60	55	50	40	25

爬坡车道设计通行能力的计算方法与正线的通行能力计算方法相同。对需设置爬坡车道的路段，应与改善正线纵坡不设爬坡车道的方案进行技术经济比较；对隧道、大桥、高架构造物及深挖路段，当因设置爬坡车道使工程费用增加很大时，经论证爬坡车道可以缩短或不设。

对于山岭重丘地区的高速公路，由于地形复杂，纵坡设计控制因素较多，在这种路段上，设计速度一般在 80km/h 以下，是否设置爬坡车道，必须在上述基本条件下，从公路建设的目的、服务水平、工程建设投资规模等综合分析比较后再确定。

4.4.2 爬坡车道的设计

1. 横断面组成

爬坡车道设于上坡方向正线行车道右侧，宽度一般为 3.5m，包括设于其左侧路缘带的宽度 0.5m，如图 4-9 所示。

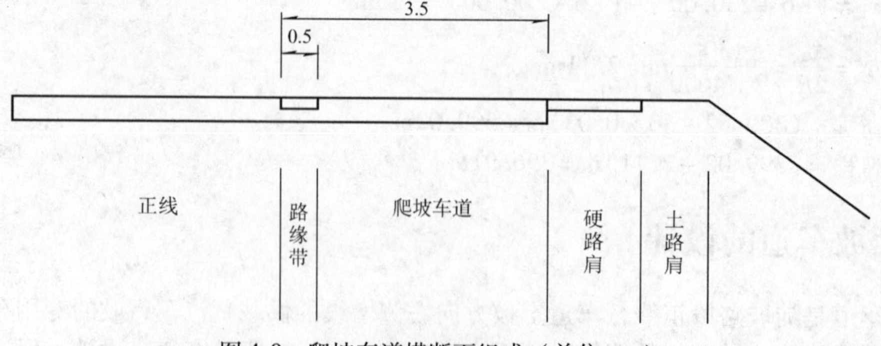

图 4-9 爬坡车道横断面组成（单位：m）

高速公路的爬坡车道可以占用原有的硬路基宽度，爬坡车道的外侧可只设土路肩。一级公路、二级公路的爬坡车道紧靠行车道外侧设置，原来硬路肩部分移至爬坡车道的外侧，供混合车辆行驶。窄路肩不能提供停车使用，在连续而长的爬坡车道路段上，其右侧应按规定设置紧急停车带。

2. 横坡度

因为爬坡车道的行车速度比正线低，为行车安全起见，《公路路线设计规范》对正线超高坡度与爬坡车道的超高坡度之间的对应关系作了规定，见表4-15。

表4-15 爬坡车道的超高坡度

主线超高坡度（%）	10	9	8	7	6	5	4	3	2
爬坡车道超高坡度（%）	5		4					3	2

超高横坡的旋转轴为爬坡车道内侧边缘线。若爬坡车道位于直线路段时，其横坡度的大小与正线路拱坡度相同。另外，爬坡车道右侧路肩的横坡度大小和坡向可参照正线与右侧路肩之间关系来确定。

3. 平面布置与长度

爬坡车道的平面布置如图4-10所示，其总长度由分流渐变段长度、爬坡车道长度和合流渐变段长度组成。

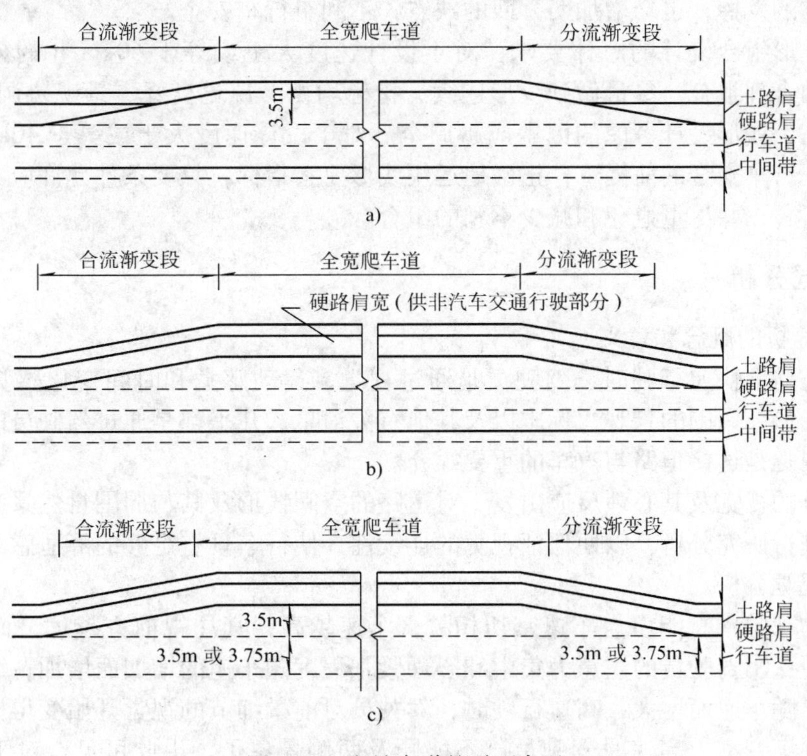

图4-10 爬坡车道的平面布置
a）高速公路 b）一级公路 c）二级公路

爬坡车道的长度一般应根据所设计的纵断面线形，通过加、减速行程图绘制出载货汽车行驶速度曲线，找出小于允许最低速度的路段，从而得到需设爬坡车道的长度。

分流渐变段长度用来使正线车辆驶离正线而进入爬坡车道，合流渐变段长度用来使车辆驶离爬坡车道而进入正线，其长度见表4-16的规定。

表4-16 爬坡车道分流、汇流渐变段长度

公路等级	分流渐变段长度/m	汇流渐变段长度/m
高速公路、一级公路	100	150~200
二级公路	50	90

爬坡车道起、终点的位置除按上述方法确定外，还应考虑与线形的关系。通常应设在通视条件良好、容易辨认并与正线连接顺适的地点，《公路路线设计规范》第8.4.5条作了相应规定。

4.5 视觉分析及道路平、纵线形组合设计

道路线形设计是从道路选线、定线开始，最终以平、纵、横面所组成的立体线形反映到驾驶员的视觉上。平、纵线形组合是指在满足汽车运动学和动力学要求的前提下，研究如何满足视觉和心理方面的连续、舒适及与周围环境相协调的要求，并有良好的排水条件。尽管平、纵线形设计均是按《标准》和《公路路线设计规范》进行设计的，但若组合不好，就会妨碍其优点的发挥，也会增加两方面的缺点，不利于行车安全。

平、纵线形组合设计的总体要求：对于设计速度大于或等于60km/h的公路，应注意平、纵线性的合理组合，尽量做到线形连续、指标均衡、视觉良好、景观协调、安全舒适。设计速度越高，线形设计考虑的因素应越周全。对于设计速度大于或等于40km/h的公路，首先应在保证行车安全的前提下，正确地运用线形要素指标，只要条件允许应力求各种线形要素的合理组合，并尽量避免和减少不利的组合。

4.5.1 视觉分析

1. 视觉分析的概念和意义

汽车在道路上快速行驶时，驾驶员是通过视觉、运动感觉和时间变化感觉来判断线形的。道路的线形、周围的景观、标志以及其他有关信息，几乎都是通过驾驶员的视觉感受到的。因此，视觉是连接道路与汽车的重要媒介。

从驾驶员的视觉及其心理反应出发，对道路的空间线形及其与周围自然景观和沿线建筑物的协调等进行研究分析，以便保证视觉的连续性，使行车具有足够的舒适感和安全感的综合设计称为视觉分析。

驾驶员的视觉判断能力与车速密切相关，车速越高，其注视前方越远，而视角逐渐变小。研究表明：①驾驶员的注意力集中和心理紧张程度随车速的增加而增加；②注意力集中点和视野距离随车速而增大，高速行驶时，驾驶员对前景细节的视觉开始变得模糊不清；③视角随车速逐渐变窄，高速时驾驶员已不能顾及两侧景象了。由此可见，对于快速道路来说，驾驶员的主要集中力是观察视点较远路幅的线形状况，必须使驾驶员明白无误地了解前方线形变化，尽量避免由于判断错误而导致驾驶失误。

2. 视觉分析方法

线形状况是指道路平面和纵面线形所组成的立体形状、汽车快速行驶中给驾驶员提供的

连续不断的视觉印象。该视觉印象的优劣，除依靠设计者对三维空间的想象判断之外，比较好的方法是利用视觉印象随时间变化的道路透视图来评价。它是按照汽车在道路上的行驶位置，根据线形的几何状况确定的视轴方向以及由车速确定的视轴长度，利用坐标透视的原理绘制的。通过透视图，可直观地看出道路立体线形是否顺适，有无易产生判断错误或茫然的地方，路旁障碍物是否有妨碍视线的地方等。若存在上述缺陷则要在设计阶段进行修改，然后再绘出透视图分析研究，直至满意为止。

4.5.2　道路平、纵线形组合设计

1. 道路平、纵线形组合设计原则

1）应在视觉上能自然地诱导驾驶员的视线，并保证视觉的连续性。必须尽量避免任何使驾驶员感到茫然、迷惑和判断失误的线形。是否能在视觉上自然地诱导视线，是衡量平、纵线形组合优劣的最基本问题。

2）平、纵线形的技术指标大小应均衡。它不仅影响线形的平顺性，而且与工程费用相关。对纵面线形反复起伏，在平面上采用高标准的线形是无意义的，反之亦然。

3）合成坡度组合得当，以利于路面排水和行车安全。

4）注意和道路周围环境的协调，以便减轻驾驶员的疲劳和紧张程度，起到诱导视线的作用。

2. 线形组合的形式

通过分解立体线形要素，可得出平、纵线形有以下六种组合形式，如图4-11所示。

1）平面上为直线，纵面也是直线——构成具有恒等坡度的直线。

2）平面上为直线，纵面上是凸形竖曲线——构成凸起的直线。

3）平面上为直线，纵面上是凹形竖曲线——构成凹下去的直线。

4）平面上为曲线，纵面上为直线——构成具有恒等坡度的平曲线。

5）平面上为曲线，纵面上为凸形竖曲线——构成凸起的平曲线。

6）平面上为曲线，纵面上为凹形竖曲线——构成凹下去的平曲线。

上述第1）~3）种类型属于垂直平面内的线形，第4）~6）种类型属于立体曲线。从视觉、心理上来分析，各有其优势和不足：

第1）种组合往往线形单调、枯燥，行车过程中视景缺乏变化，容易使驾驶员产生视觉疲劳和频繁超车。设计时应采用画车道线、设标志、绿化，并与路侧设施配合等方法来调节单调的视觉，增进视线诱导。

第2）种组合视距条件差，线形单调，应尽量避免，无法避免时应采用较大的竖曲线半径。

第3）种组合具有较好的视距条件，能给驾驶员动感的视觉效果，行车条件较好。设计时应注意避免采用较短的凹形竖曲线，尤其在两个凹形竖曲线间注意不要插入短的直坡段，避免行车起伏；在长直线末端不宜插入小半径的凹形竖曲线，以免跳车。若第3）种与第2）种组合时，应注意避免“驼峰”、“暗凹”和“浪形”等不良视觉现象出现。

第4）种组合一般说来只要平曲线半径选择适当，纵坡不太陡，即可获得较好的视觉和心理感受；设计时须注意检查合成坡度是否超限。

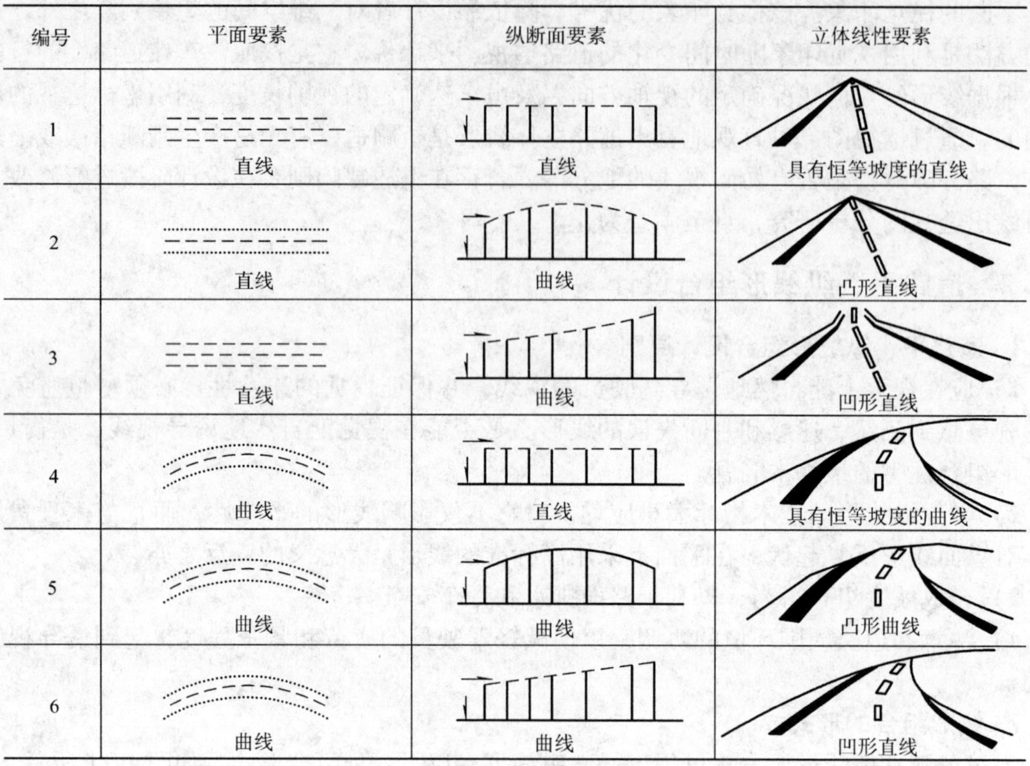

编号
平面要素
纵断面要素
立体线性要素
1
直线
直线
具有恒等坡度的直线
2
直线
曲线
凸形直线
3
直线
曲线
凹形直线
4
曲线
直线
具有恒等坡度的曲线
5
曲线
曲线
凸形曲线
6
曲线
曲线
凹形直线

图 4-11　空间线形要素

第 5）、6）种组合设计是一种常见的又比较复杂的组合形式。如果平、纵面线形几何要素的大小适宜，位置合适，均衡协调，就可以获得视觉舒顺、视线诱导良好的立体线形。反之，则会出现一些不良的后果，应引起高度重视。

3. 平、纵线形组合的基本要求

1）当竖曲线与平曲线组合时，竖曲线宜包含在平曲线之内，且平曲线应稍长于竖曲线（即“平包竖”），如图 4-12 所示。

组合不当
组合得当
竖曲线
平曲线
直线
回旋线
圆曲线
回旋线
直线
（不设回旋线时为虚线）

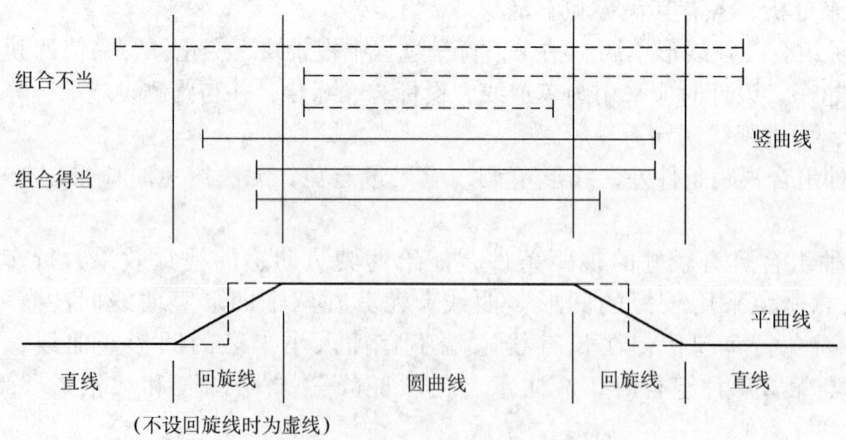

图 4-12　平曲线、竖曲线的组合原则

这种布置通常称为平曲线与竖曲线的对应。若组合得当，则当车辆驶入凸形竖曲线的顶点之前，即能清楚地看到平曲线的始端，辨明转弯的走向，不致因判断错误而发生事故。反之，就不利行车安全。图4-13是按此要求设计的线形，既顺适又美观。若平、竖曲线的半径都很大，则平、竖曲线的位置可不受上述限制。若做不到竖曲线与平曲线较好的配合，且两者的半径都小于某限度时，宁可把平、竖曲线拉开相当距离，使平曲线位于直坡段上或竖曲线位于直线上。

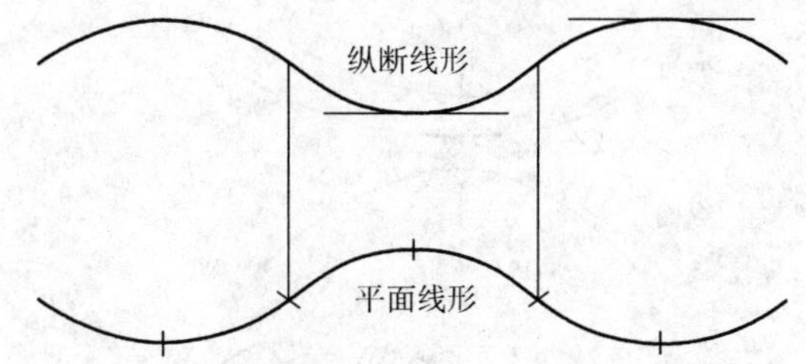

图4-13 平曲线与竖曲线组合良好的线形

2）要保持平曲线与竖曲线的半径大小均衡。平曲线与竖曲线的半径大小如果不均衡，会给人以不愉快的感觉，失去了视觉上的均衡性。根据经验，平曲线半径如果不大于1000m，竖曲线的半径为平曲线的10~20倍，便可达到线形的均衡性。表4-17为德国经验值，可供设计时参考。

表4-17 平、竖曲线半径的均衡

平曲线半径/m	竖曲线半径/m	平曲线半径/m	竖曲线半径/m
500	10000	1100	30000
700	12000	1200	40000
800	16000	1500	60000
900	20000	2000	100000
1000	25000		

3）当平曲线缓而长、纵断面坡度较小时，可不要求平、竖曲线一一对应，平曲线中可包含多个竖曲线或竖曲线略长于平曲线。这对平坦地区的公路设计是重要的。

4）要选择适当的合成坡度。合成坡度过大对行车不利，特别是在冬季结冰期更危险；合成坡度过小对排水不利，车辆行驶时有溅水干扰。虽然《公路路线设计规范》对合成坡度的最大允许值作了规定，但在进行平、纵面线形组合时，如条件可能，最好使合成坡度小于8%，最小合成坡度不应小于0.5%。

4. 平、纵线形设计中应注意避免的组合

1）避免竖曲线的顶、底部插入小半径的平曲线。如果在凸形竖曲线的顶部有小半径的平曲线，不仅不能诱导视线而且急转转向盘将致使行车危险。在凹形竖曲线的底部有小半径的平曲线，便会出现汽车加速而急转弯，同样可能发生危险，如图4-14所示。

2）避免将小半径的平曲线起、讫点设在或接近竖曲线的顶部或底部。若将凸形竖曲线的顶部设在小半径平曲线的起点，如图4-15b所示，将产生不连续的线形。而将凹形竖曲线的底部设在小半径平曲线

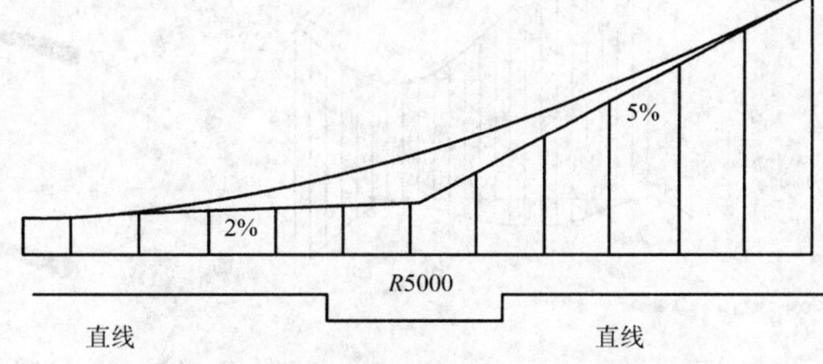

图4-14 竖曲线顶、底部插入小半径的平曲线

的起点，除了视觉上扭曲外，还会产生下坡尽头接急弯的不安全组合。

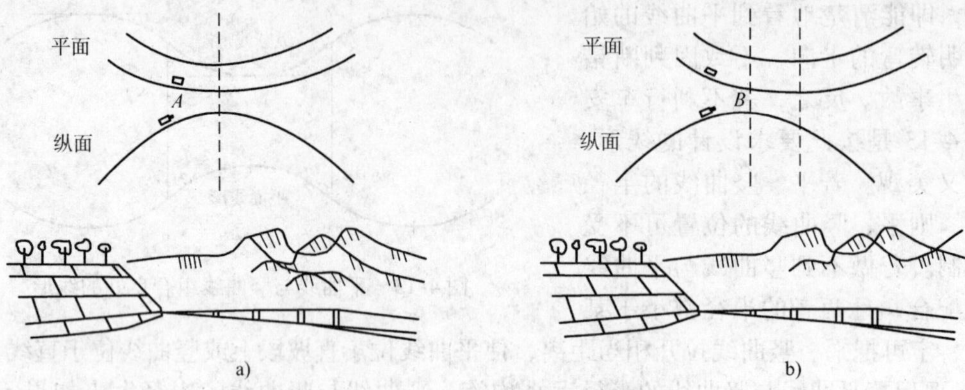

图 4-15　平、竖曲线的重合与错位
a）平竖曲线重合　b）平竖曲线错位

3）避免使竖曲线顶、底部与反向平曲线的拐点重合。此类组合都存在不同程度的扭曲外观，前者不能正确引导视线，会使驾驶员操作失误；后者路面排水不畅，积水影响行车安全，如图 4-16 所示。

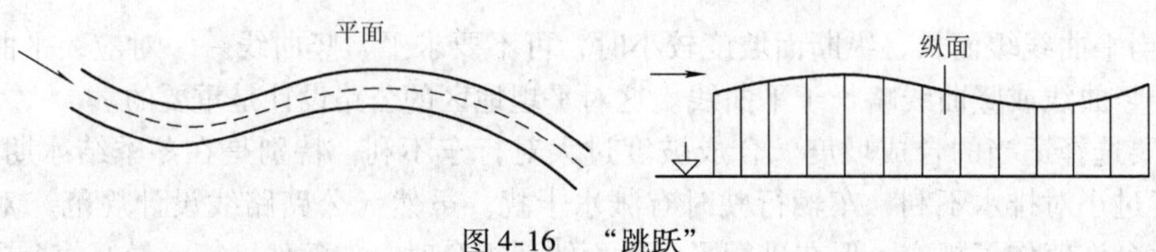

图 4-16　“跳跃”

4）避免出现驼峰、暗凹（见图 4-17）、跳跃（见图 4-16）、断背（见图 4-18）、折曲等使驾驶员视线中断的线形。

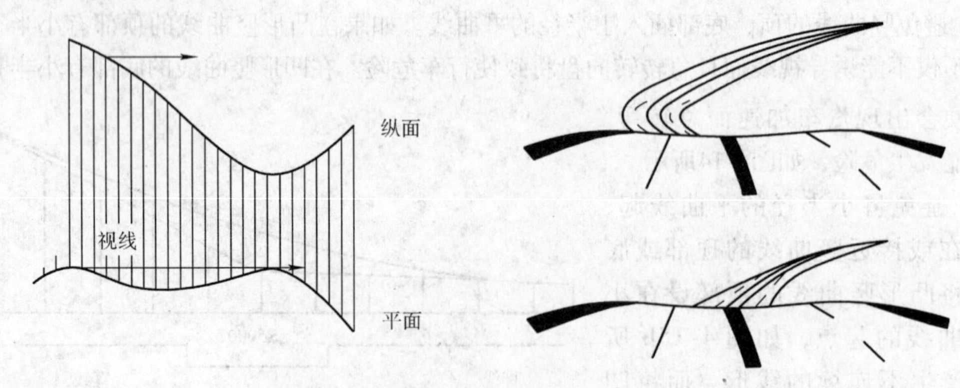

图 4-17　“暗凹”

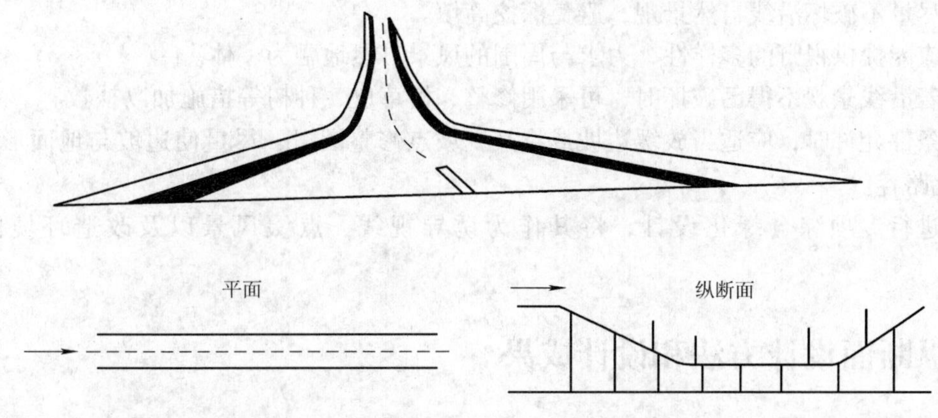

图 4-18　“断背”

5）避免在长直线上设置陡坡或曲线长度短、半径小的凹形竖曲线。前者易超速行驶，危及行车安全；后者使驾驶员产生坡底道路变窄的错觉，导致高速行驶中的制动操作，影响行车安全。

6）避免急弯与陡坡的不利组合。

7）应避免小半径的竖曲线与缓和曲线的重合。若为凸形竖曲线，则诱导性差，事故率较高；若是凹形竖曲线，则路面排水不良，影响行车安全。

8）避免任意点能看到纵坡起伏三次以上导致的驾驶员判断失误，如图 4-19 所示。

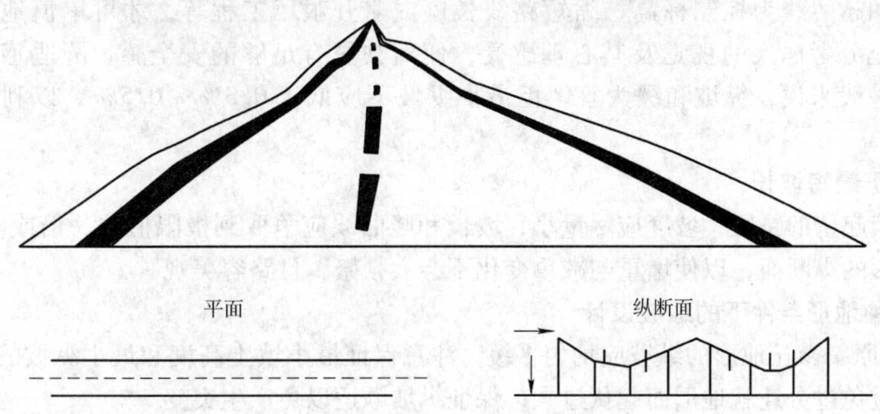

图 4-19　纵坡连续三次以上起伏

5. 道路线形与景观的协调与配合

道路作为一种人工构造物，应将其视为景观的对象来研究。修建道路会对自然景观产生影响，有时产生一定破坏作用。而道路两侧的自然景观反过来又会影响道路上汽车的行驶，特别是对驾驶员的视觉、心理以及驾驶操作等都有很大影响。因此，线形与景观的配合应遵循以下原则：

1）应在道路的规划、选线、设计、施工全过程中重视景观要求，尤其在规划和选线阶段，对风景旅游区、自然保护区、名胜古迹区、文物保护区等景点和其他特殊地区应尽量绕避。

2）尽量不破坏沿线自然景观，避免深挖高填。

3）应能提供视野的多样性，力求与周围的风景自然地融为一体。

4）若沿线景观不得已破坏时，可采用修整、植草皮、种树等措施加以补救。

5）条件允许时，应适当放缓边坡或将其变坡点修整圆滑，尽量使边坡与地面形状相协调，美化路容。

6）进行专项综合绿化设计，将其作为诱导视线、点缀风景以及改造环境的技术措施。

4.6 纵断面设计方法和设计成果

4.6.1 纵断面设计要点

纵断面设计的主要内容是根据道路等级、沿线自然条件和构造物控制标高等，确定路线合适的标高、各坡段的纵坡度和坡长，并设计竖曲线。基本要求是纵坡均匀平顺、起伏缓和、坡长和竖曲线长度适当、平面与纵面组合设计协调以及填挖经济、平衡。这些要求虽在选线、定线阶段有所考虑，但要在纵面设计中具体实现。

1. 关于纵坡极限值的运用

根据汽车动力特性和经济等因素制定的纵坡极限值，设计时不可轻易采用。在条件困难地段，如越岭线为控制标高、缩短路线长度或避开艰巨工程等，才可审慎地采用。好的线形应充分考虑人的视觉及其心理感受，使驾驶员有足够的安全感、舒适感和视觉上的美感。一般来说，纵坡和缓为宜，但最小纵坡不应低于0.3%~0.5%，以利于路面和边沟排水。

2. 关于最短坡长

对连续起伏的路段，坡度应尽量小，坡长和竖曲线应争取到极限值的一倍或两倍以上，避免锯齿形的纵断面，以使增重与减重变化不会太频繁，且路容美观。

3. 各种地形条件下的纵坡设计

1）平原、微丘地形的纵坡应均匀平缓，注意保证最小填土高度和最小纵坡的要求。丘陵地形应避免过分迁就地形而起伏过大，保证纵坡顺适以免产生突变。

2）山岭、重丘地形的沿溪线应尽量采用平缓纵坡，纵坡不宜大于6%，注意路基控制标高的要求。

3）越岭线的纵坡力求均匀，尽量不采用极限或接近极限的坡度，更不宜在连续采用极限长度的陡坡之间夹短的缓和坡段。越岭线一般不宜设置反坡，并注意平均坡度的控制。

4）山脊线和山腰线除地形不得已采用较大纵坡外，应尽量使纵坡缓些。

4. 关于竖曲线半径的选用

竖曲线应以选用较大半径为宜。当受限制时可采用一般最小值，特殊困难地段方可用极限最小值。在实际设计中，为了安全和舒适，应采用《公路路线设计规范》表中所列“一般值”的1.5~2.0倍或更大值。坡差小时应尽量采用大的竖曲线半径。

5. 关于相邻竖曲线的衔接

相邻两个同向凹形或凸形竖曲线，特别是同向凹形竖曲线之间，如直坡段不长应合并为单曲线或复曲线，避免出现断背曲线，以利行车，如图4-20a 所示。

相邻反向竖曲线之间，为使增重与减重间和缓过渡，中间最好插入一段直坡段。若两竖曲线半径接近极限值时，这段直坡段至少应为设计速度的3s 行程。当半径比较大时，亦可直接连接，如图4-20b 所示。

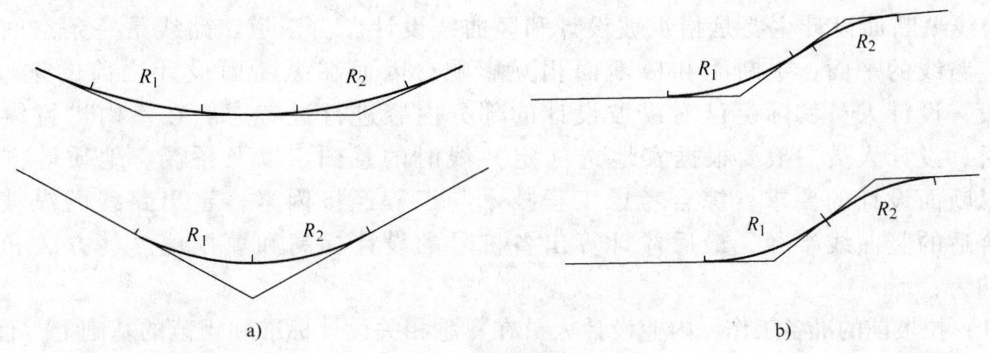

图4-20　相邻竖曲线的衔接

4.6.2　纵断面设计的一般原则

进行道路纵坡设计时，一般应遵循以下原则：

1）应满足纵坡及竖曲线的各项规定（最大纵坡、最小纵坡、坡长限制、坡段最小长度、竖曲线最小半径及竖曲线最小长度等）。

2）纵坡应均匀平顺。纵坡尽量平缓，起伏不宜过大和频繁；尽量设置大半径竖曲线，避免采用极限纵坡值；缓和坡段配合地形布设；垭口处纵坡尽量放缓；越岭线应尽量避免设置反坡段（升坡段中的下坡损失）。城市道路还应考虑非机动车的行驶，纵坡不宜大于3%。

3）设计标高的确定应结合沿线自然条件，如地形、土壤、水文、气候等因素综合考虑。沿溪线路线标高应在路基设计洪水位0.5m 以上（路基设计洪水频率见表4-18），并计入壅水高度及浪高的影响；稻田低湿路段还应有最小填土高度的保证；泥沼、冻土等不良地质路段应结合路基特殊设计的要求。对于桥涵标高，应在桥涵设计洪水位一定高度（由拟定桥面标高确定）以上。

表4-18　路基设计洪水频率

公路等级	高速公路	一级公路	二级公路	三级公路	四级公路
设计洪水频率	1/100	1/100	1/50	1/25	按具体情况确定

4）纵断面设计应与平面线形和周围地形景观相协调，应考虑人体视觉、心理上的要求，按照平竖曲线相协调及半径均衡来确定纵面的设计线。

5）应争取填挖平衡，尽量移挖作填，以节省土石方量，降低工程造价。

6）依路线的性质要求，充分考虑当地民间运输工具、农业机械设备等，尽量做到山、水、田、林、路综合治理，以人为本，和谐发展。

7）城市道路的纵坡及设计标高的确定，还应考虑沿线两侧街坊地坪标高及保证地下管线最小覆土厚度的要求。一般应使缘石顶面标高低于两侧街坊或建筑物的地坪标高。

4.6.3 纵断面设计的方法、步骤和应注意的问题

1. 纵断面设计的方法、步骤

路线纵断面设计主要是指纵坡设计和竖曲线设计。由于道路路线是一条空间带状曲线，路线的平面、纵断面和横断面相互影响，因而在纵断面设计之前的选（定）线阶段，设计人员实际上已对纵坡设计的部分内容进行过考虑。在室内进行纵断面设计时，设计人员一般要根据实地选（定）线时的意图，以及桥涵、地质等方面对路线纵断面设计的要求，综合考虑工程技术与工程经济因素，定出路线的纵坡，再选择合适的竖曲线半径，最后才计算出各桩号的设计标高和填挖值。其方法和步骤可归纳为：

（1）拉坡前的准备工作　内业设计人员在熟悉相关设计标准和规范的基础上，首先在纵断面图上点绘出每个中桩的位置、平曲线示意图（起、讫点位和半径等），填写每个中桩的地面标高，并绘出地面线。

（2）标注控制点位置　所谓控制点，是指影响路线纵坡设计的高程控制点。如路线起、讫点的接线标高，大中桥涵所要求的最低标高，越岭垭口的最大挖方深度，路基干湿类型要求的最小填土高度，不良地质路段路基特殊设计要求的高度，沿溪线的洪水位，隧道进、出口，路线交叉点，重要城镇通过点等，都是纵断面设计的控制依据。

此外，对于丘陵、山岭地区道路，还应根据路基填挖平衡要求来选择控制点高程，称之为“经济点”。其含义是：如果纵坡设计线刚好通过该点，则在相应的横断面上将形成填挖面积大致相等的纵坡设计。经济点通常可用“路基横断面透明模板”（见图4-21）在横断面图加以确定。“模板”可用透明纸胶片制成，使用时将“模板”扣在中桩的横断面上，使两者的中线重合，然后上下移动“模板”，直到能使填、挖面积大致相等时，“模板”上的路基顶面与该中桩的地面高之间的差值就是经济填挖值。

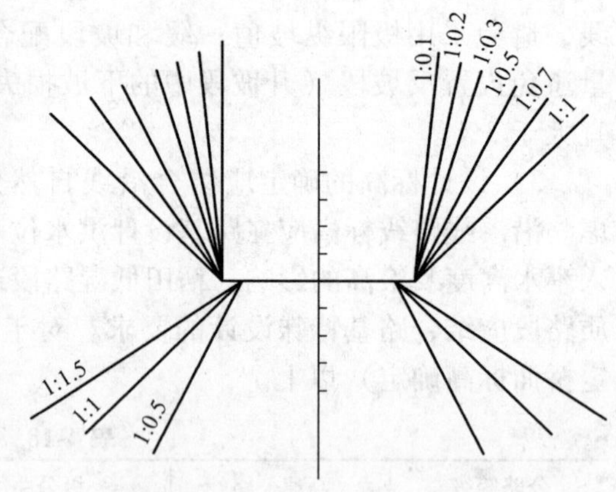

图4-21　路基横断面透明模板

（3）试坡　在已标出“控制点”和“经济点”的纵断面图上，根据技术标准，选线意图，结合地面起伏情况，按照以“控制点”为依据、照顾多数“经济点”、弃少从多的原则，在这些点位间进行穿插和裁弯取直，试定出若干坡度线，又经反复比较，最后选出相对满意的坡度线，将初定坡度线前后延长交会，即可定出各变坡点的初步位置，即为试坡。

（4）调整　试定纵坡后，首先将所定的坡度与选（定）线时考虑的坡度进行比较，两者应基本符合。若有较大差异，则应全面分析，找出原因，然后检查设计的最大纵坡、合成坡度、坡长等是否超过《公路路线设计规范》和《标准》规定的限值，以及平面线形与纵面线形的组合是否满足要求等。若有问题，应进行反复调整，直到满意为止。

（5）核对　根据调整后的坡度线，选择有控制意义的重点横断面，如高填深挖、陡峭山坡路基、挡土墙、重要桥涵等断面，在纵断面图上直接读出对应中桩的填（挖）高度。然后按该填（挖）值用“模板”在横断面图上“戴帽子”，检查是否有填挖过大、坡脚落空或挡土墙工程过大等情况。若发现有问题，应再次调整纵坡。

（6）定坡　纵坡经调整、核对无误后即可定坡，亦即逐段把坡度线的坡度值、变坡点位置（桩号）和高程确定下来。一般要把边坡点调整到10m整桩位上，变坡点的高程是根据坡度、坡长依次计算确定的，纵坡坡度以百分数表示，不得出现循环小数，并应保留到小数点后两位。

2. 设计纵坡时应注意的问题

1）在回头曲线路段，纵坡有特殊规定，因此应先定出回头曲线部分的纵坡，然后再从两端接坡。同时应注意在回头曲线地段不宜设竖曲线。

2）大、中桥上一般不宜设置竖曲线，桥头两端在不得已设置竖曲线时，其起、讫点应设在距桥头10m以外，如图4-22所示。

3）小桥涵处可以在斜坡路段或竖曲线上，但为了保证路线的平顺性，应尽量避免在小桥涵处出现“驼峰”式纵坡，如图4-23所示。

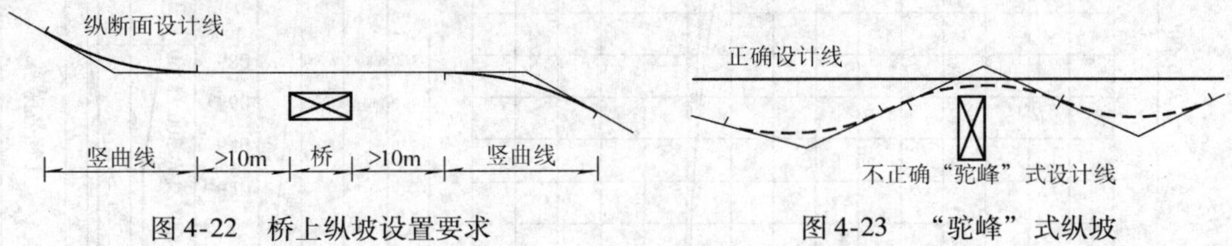

图4-22　桥上纵坡设置要求　　图4-23　“驼峰”式纵坡

4）设计交叉口处的纵坡应注意衔接。两条公路平面交叉处坡段最小长度应满足《公路路线设计规范》规定，坡度应较小，其相邻纵坡应不大于3%，工程艰巨地段亦不大于5%。

4.6.4　纵断面的绘制

路线纵断面图可以看成由两部分组成：一是图的上部分，二是图的下部分。上半部主要用来绘制地面线和纵坡设计线，下半部主要用来填写有关数据，自下而上分别是：①超高；②直线与平曲线；③里程及桩号；④坡度/坡长；⑤地面高程；⑥设计高程；⑦填挖高度值；⑧土壤地质说明等内容。

此外，在纵断面图上还应将下列内容在适当的位置示出：①竖曲线位置及其要素；②沿线桥涵及人工构造物的位置、结构类型及孔径；③与公路、铁路交叉点的桩号及路名；④沿线跨越的河流名称、位置、当前水位及最高洪水位；⑤水准点位置、编号和高程；⑥断链桩位置、桩号及长短链关系等。公路路线纵断面图如图4-24所示。

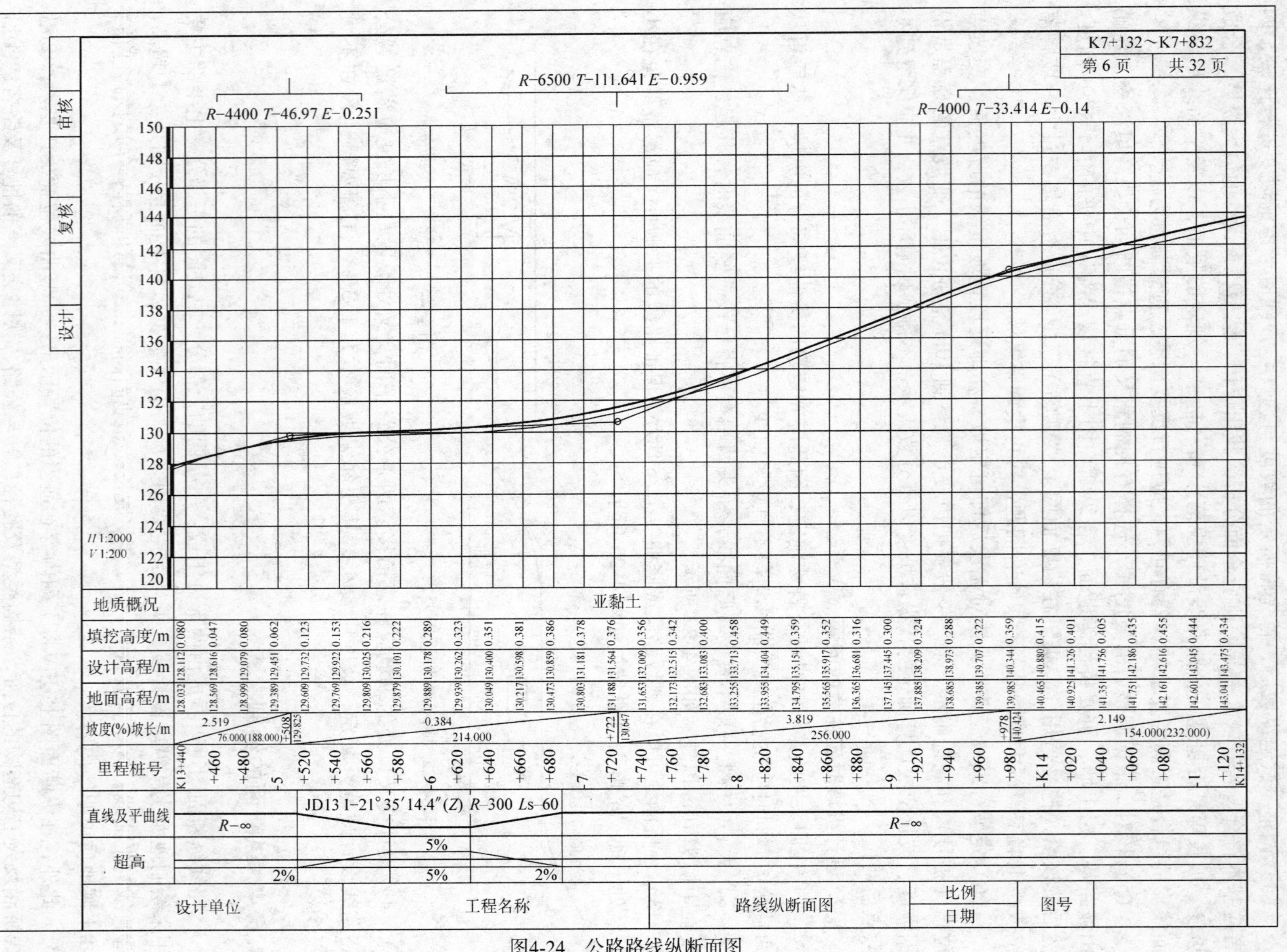

图4-24 公路路线纵断面图

4.7　城市道路纵断面设计要求及锯齿形街沟设计

城市道路纵断面设计内容及绘制方法与公路基本相同。只是受到城市道路所经地区的地形、地物以及地上、地下各种管线的影响，使得制约纵断面设计标高的控制点增多，如城市桥梁、铁路跨线桥、铁路道口、平面交叉点、河滨路的最高水位以及沿街建筑物的地坪标高等；当设计纵坡小于最小纵坡或平坡时，应在道路两侧做锯齿形街沟设计。

4.7.1　城市道路纵断面设计要求

城市道路纵断面设计的要求，在保证公路纵断面设计的要求以外，还应满足由城市道路的特点所决定的具体要求：

1）纵断面设计应参照城市规划控制标高，以利于临街建筑立面布置以及沿路范围内地面水的排除。

2）山城道路及新辟道路的纵断面设计应综合考虑土石方平衡、汽车运营经济效益等因素，合理确定路面设计标高。

3）机动车与非机动车混合行驶的车行道，宜按非机动车爬坡能力设计纵坡度。

4）纵断面设计应对沿线地形、地下管线、地质、水文、气候和排水综合考虑。

①路线经过水文地质条件不良地段时，应提高路基标高以保证路基稳定。当受规划控制标高限制不能提高时，应采取稳定路基措施。

②旧路改建时，若在旧路面上增铺结构层，不得影响沿路范围的排水。

③沿河道路应根据路线位置确定路基标高。位于河堤顶的路基边缘应高于防洪水位0.5m。当岸边设置挡水设施时，不受此限。位于河岸外侧道路的标高应按一般道路考虑，符合规划控制标高要求，并应根据情况解决地面水及河堤渗水对路基稳定的影响。

④道路纵断面设计要妥善处理地下管线覆土的厚度。

⑤确定道路中线设计标高时，为保证道路及两侧街坊地面水的排除，一般应使侧石顶面标高低于两侧街坊或建筑物前的地坪标高。车行道横坡度和人行道横坡度可根据面层类型在1%～2%之间选用，建筑物前地坪横坡度为0.5%～1.0%。

⑥道路纵断面设计应与相交道路、街坊、广场和沿街建筑物的出入口有平顺的衔接。

5）山城道路应控制平均纵坡度。越岭路段的相对高差为200～500m时，平均坡度宜采用4.5%；相对高差大于500m时，宜采用4%，任意连续3000m长度范围内的平均纵坡度不宜大于4.5%。

4.7.2　锯齿形街沟设计

1. 设置锯齿形街沟的目的

我国大多数城市都坐落于地形平坦的地区，道路设计中为减少土石方填、挖方工程量，保证道路中线标高与两侧建筑物前地坪标高的衔接关系，有时不得不采用很小的甚至是水平的纵坡度。这种纵坡对行车是有利的，但对排水却不利。尽管设置了路拱横坡，因纵坡很小使纵向排水不通畅，路面会产生局部积水，尤其在暴雨或多雨季节，积水面积更大，不仅妨碍交通，而且影响路基稳定性。因此，对设计纵坡很小路段，要设法保证路面排水通畅，其中设置锯齿形街沟就是一种有效方法。

2. 设置锯齿形街沟的条件

《城市道路设计规范》规定：道路中线纵坡度小于0.3%时，应在道路两侧车行道边缘设置锯齿形街沟。

3. 锯齿形街沟的设计

（1）设计方法　所谓街沟是指城市道路上利用高出路面的缘石（也称站石）与路面边缘（或平石也称卧石）地带作为排除地面水的沟道。在纵断面图上，正常设计时道路中线纵坡设计线、缘石顶面线和街沟底设计线是三条相互平行的线。锯齿形街沟的设计方法就是在保持缘石顶面线与道路纵坡设计线平行的条件下，交替地改变路面边缘即沟底标高，在最低处设置雨水进出口，使雨水口处锯齿形街沟范围的路面横坡度增大，两雨水口之间分水点处的路面横坡减小，从而使路面边缘的纵坡度增大到0.3%以上，达到纵坡向排水要求。由于街沟纵坡呈上下连续交替状，故称之为锯齿形街沟。

（2）缘石外露高度　缘石外露高度不宜过低，否则将不能容纳应排泄的最大地面水流量，以致溢过缘石流到人行道上影响行人交通；但也不宜过高，以免影响行人跨越。一般而言，在雨水口处缘石外露最大高度 $h_g=25\text{cm}$，在分水点最小外露高度 $h_w=10\text{cm}$。

（3）分水点和雨水口位置　锯齿形街沟的设计主要是确定分水点和雨水口的位置，即街沟沟底纵坡变坡点之间的距离，以便布置雨水口。如图4-25所示，设相邻雨水口间距为 l，分水点至雨水口的距离分别为 l_1 和 $l-l_1$；雨水口处缘石外露高度为 h_g，分水点处缘石外露高度为 h_w；缘石顶线纵坡为 i，分水点前后街沟沟底纵坡分别为 i_1 和 i_2，则

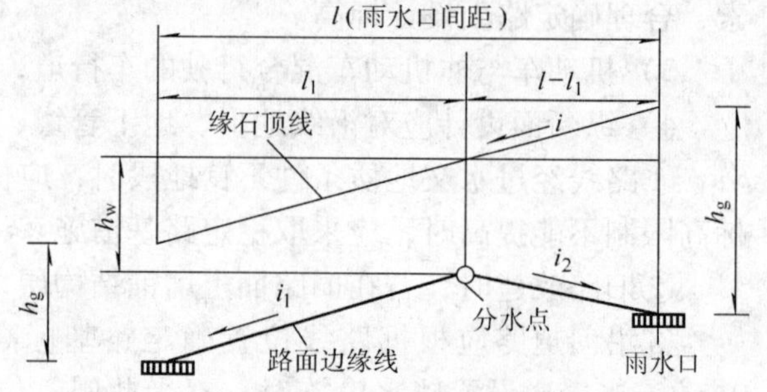

图4-25　锯齿形街沟计算图

$$h_g = h_w + i_1 l_1 - i l_1 \quad 或 \quad l_1 = \frac{h_g - h_w}{i_1 - i} \tag{4-18}$$

$$h_g = h_w + i(l-l_1) + i_2(l-l_1) \quad 或 \quad l-l_1 = \frac{h_g - h_w}{i_2 + i} \tag{4-19}$$

值得说明的是，设置锯齿形街沟虽然能保证纵向排水要求，但施工比较麻烦，雨水干管埋设深度随长度而增加，路面拓宽改建困难，且在街沟宽度范围对行车有一定影响。因此，设计时尽量少采用锯齿形街沟，设法调整道路中线设计线纵坡使之达到最小纵坡的要求。

思考与练习

4-1　设计纵断面时，应综合考虑哪几方面的因素？

4-2　控制道路最大纵坡、最小纵坡、最大坡长、最小坡长的理论依据和实际意义是什么？“凡是陡坡都要限制其长度”，这句话对吗？为什么？

4-3　在高原地区，汽车行驶时会遇到什么特殊困难？为何要降低允许最大纵坡值？

4-4　控制凸、凹竖曲线最小半径的因素有哪些？

4-5 城市道路纵断面设计时，一般要考虑哪些控制标高？

4-6 何谓锯齿形街沟？在什么情况下设置？

4-7 某道路变坡点桩号为K38+500.00，高程为650.48m，$i_1=+2.4\%$，$i_2=-5\%$，竖曲线半径为5000m。

(1) 判断凹、凸性。

(2) 计算竖曲线要素。

(3) 计算竖曲线起点、K38+460.00、K38+500.00、K38+550.00、终点的设计标高。

4-8 某二级公路，设计速度为80km/h，有一处弯道半径为250m，该段纵坡初定为5%，超高横坡度为8%。合成坡度是否满足要求？该弯道上允许最大纵坡度为多少？

第5章　道路横断面设计

道路的横断面是道路中线上各点垂直于路线前进方向的竖向剖面。道路横断面设计是指研究路基横断面结构组成及尺寸的过程。道路横断面图是由横断面设计线和地面线所构成的。其中横断面设计线包括行车道、路肩、分隔带、边沟边坡、截水沟、护坡道以及取土坑、弃土堆、环境保护等设施。城市道路的横断面组成中，还包括机动车道、非机动车道、人行道、绿带、分车带等。高速公路和一级公路上还有变速车道、爬坡车道等。而横断面中的地面线是表征地面起伏变化的那条线，它是通过现场实测或由大比例尺地形图、航测图、数字地面模型等途径获得的。路线设计中所讨论的横断面设计只限于与行车直接有关的那一部分，即各组成部分的宽度、横向坡度等问题，所以有时也将路线横断面设计称为“路幅设计”。

5.1　道路横断面组成

5.1.1　公路横断面的组成

公路横断面的组成和各部分的尺寸要根据设计交通量、交通组成、设计车速和地形条件等因素确定。在保证必要的通行能力和交通安全与畅通的前提下，尽量做到用地省、投资少，使道路发挥其最大的经济效益与社会效益。

1. 路幅

路幅是公路路基顶面两路肩外侧边缘之间的部分。等级高、交通量大的公路（如高速公路、一级公路)，通常是将上、下行车辆分开。分隔的方式有两种：一种是用分隔带分隔，另一种是将上、下行车道放在不同的平面上加以分隔。前者称为整体式断面，后者称为分离式断面。整体式断面包括行车道、中间带、路肩、紧急停车带、爬坡车道等组成部分。不设分隔带的整体式断面（如二、三、四级公路）包括行车道、路肩及错车道等组成部分。城郊混合交通量大，实行快、慢车道分开的路段，其横断面组成可能还有人行道、自行车道等，应根据实际情况选用。图5-1所示为公路的典型横断面组成。分离式断面包括行车道、路肩（硬路肩及土路肩）、紧急停车带、爬坡车道和变速车道等。

在公路的直线段和小半径曲线段上，路幅宽度有所不同。在小半径曲线上，路幅宽度还包括行车道加宽的宽度。

为了迅速排除路面和路肩上的降水，将路面和路肩做成有一定横坡的斜面。直线路段的路面为中间高、两边低呈双向倾斜，称为路拱。小半径曲线上为了抵消离心力，路面做成向弯道内侧倾斜的单一横坡，称为超高。

2. 路幅布置类型

（1）单幅双车道　单幅双车道公路指的是整体式的供双向行车的双车道公路。这类公路在我国公路总里程中占的比重最大。二级路、三级路和一部分四级路均属这一类，这类公路适应的交通量范围大，最高达15000辆/昼夜。行车速度可从20km/h至80km/h。在这种公路上行车，只要各行其道、视距良好，车速一般都不会受影响。但当交通量很大、非机动车混入率高、视距条件又差时，其车速和通行能力则大大降低，所以对混合行驶相互干扰较大的路段，可专设非机动车道和人行道，将汽车和其他车辆分开。

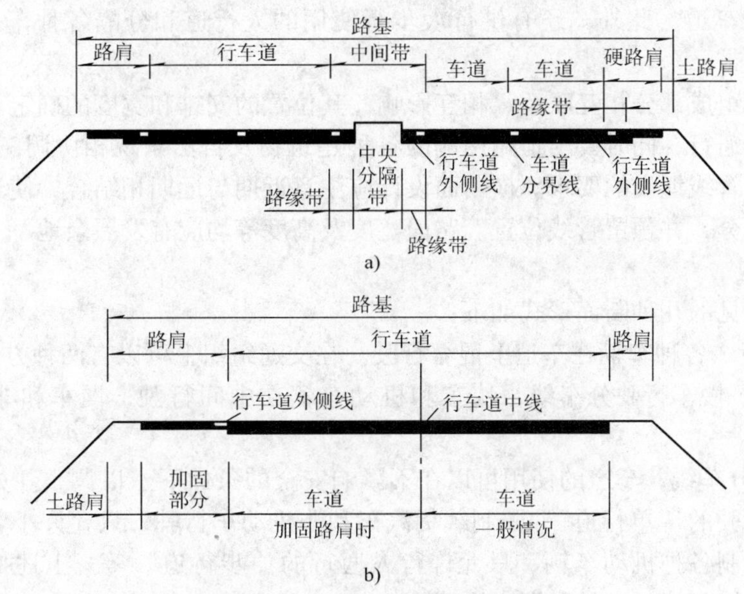

图5-1 公路的典型横断面组成
a）高速公路及一级公路 b）二、三、四级公路

（2）双幅多车道 四车道、六车道和更多车道的公路，中间一般都设分隔带或形成分离式路基而构成“双幅”路。有些分离式路基为了利用地形或处于风景区等原因甚至形成两条独立的单向行车道。

这种类型的公路设计车速高、通行能力大，每条车道能担负的交通量比一条双车道公路的还多，而且行车顺适、事故率低。《标准》中的高速公路和一级公路即属此种类型。高速公路和一级公路的主要差别在于是否全立交和全封闭以及各种服务设施、安全设施、环境美化等方面的完备程度。这类公路占地多、造价高，只有在公路网中具有非常重要的政治、经济意义，远景交通量很大时才修建，假如近期交通量不是很大，则应采取分期修建的办法，先建一幅供双向行车使用，当条件具备时再建另外一幅。

（3）单车道 对交通量小、地形复杂、工程艰巨的山区公路或地方性道路，可采用单车道，《标准》中的四级公路路基宽度为4.50m，路面宽度为3.50m者就是属于此类。此类公路虽然交通量很小，但仍然会出现错车和超车。为此，应在不大于300m的距离内选择有利地点设置错车道，使驾驶人员能够看到相邻两错车道驶来的车辆。错车道处的路基宽度不小于6.5m，有效长度不小于20m，错车道的间距应根据错车时间、视距、交通量等情况决定。

5.1.2 城市道路横断面组成

城市道路的交通性质和组成比较复杂，尤其表现在行人和各种非机动车较多，各种交通工具和行人的交通问题都需要在横断面设计中综合考虑予以解决，所以城市道路路线设计中的横断面设计是矛盾的主要方面，一般都放在平面和纵断面设计之前进行。

城市道路上供各种车辆行驶的部分统称为车行道，在行车道断面上，供汽车、无轨电车、摩托车等机动车行驶的部分称为机动车道；供自行车、三轮车、板车等非机动车行驶的部分称为非机动车道。此外，还有供行人步行使用的人行道和分隔各种车道（或人行道）的分隔带及绿化带。

城市道路各组成部分相互联系、相互影响，其位置的安排和宽度的确定必须首先保证车辆和行人的安全通行，同时要与道路两侧的各种建筑物及自然景观相协调，并能满足地面、地下排水和各种管线埋设的要求。横断面设计应注意近期与远期相结合，使近期工程成为远期工程的组成部分，并预留管线位置。路面宽度及高度等均应有发展余地。

1. 布置类型

城市道路常见的几种断面形式如下：

（1）一块板　各种车辆在车道上混合行驶。在交通组织上可以有两种方式：

1）划出快、慢车行驶分车线，快车和机动车辆在中间行驶，慢车和非机动车靠两侧行驶。

2）不划出分车线，车道的使用可以在不影响安全的条件下予以调整。如只允许机动车辆沿同一方向行驶的“单行道”；限制载货汽车和非机动车行驶，只允许小客车和公共汽车通行的街道；限制各种机动车辆、只允许行人通行的“步行道”等。上述措施，可以是相对不变的，也可以是按规定的周期变换的。

（2）两块板　在车道中心用分隔带或分隔墩将车行道分为两半，上、下行车辆分向行驶。各自再根据需要决定是否划分快、慢车道。

（3）三块板　中间为双向行驶的机动车车道，两侧为靠右侧行驶的非机动车车道。

（4）四块板　在三幅路的基础上，再将中间机动车车道分隔为二，分向行驶。

（5）不对称路幅　上述四种基本断面形式通常情况下是以道路中线为对称轴对称布置的。但是在一些特殊情况下，如地形限制等，可以将车行道、人行道、分隔带等设计成标高不对称、宽度不对称或上、下行分幅设计以适应特殊要求。沿江（河）大道、山城道路设计中常采用不对称路幅。

上述“一块板”、“两块板”、“三块板”、“四块板”横断面布置形式如图 5-2 所示。

2. 断面形式的选用

单幅路占地少，投资省，但各种车辆混合行驶，于交通安全不利，仅适用于机动车交通量不大、非机动车较少的次干路、支路以及用地不足、拆迁困难的旧城改建的城市道路上。

双幅路断面将对向行驶的车辆分开，减少了行车干扰，提高了车速，分隔带上还可以用作绿化、布置照明和敷设管线等。它主要用于各向两条机动车道以上，非机动车较少的道路。有平行道路可供非机动车通行的快速路和郊区道路以及横向高差大或地形特殊的路段亦可采用。

三幅路将机动车与非机动车分开，对交通安全有利；在分隔带上布置绿化带，有利于夏天遮荫防晒、减少噪声和布置照明等。对于机动车交通量大、非机动车多的城市道路上宜优先考虑采用。但三幅式断面占地较多，只有当红线宽度等于或大于 40m 时才能满足车道布置的要求。

四幅路不但将机动车和非机动车分开，还将对向行驶的机动车分开，安全和车速较三幅路更为有利，它适用于机动车辆车速较高，各向两条机动车道以上且机动车多的快速路与主干路。

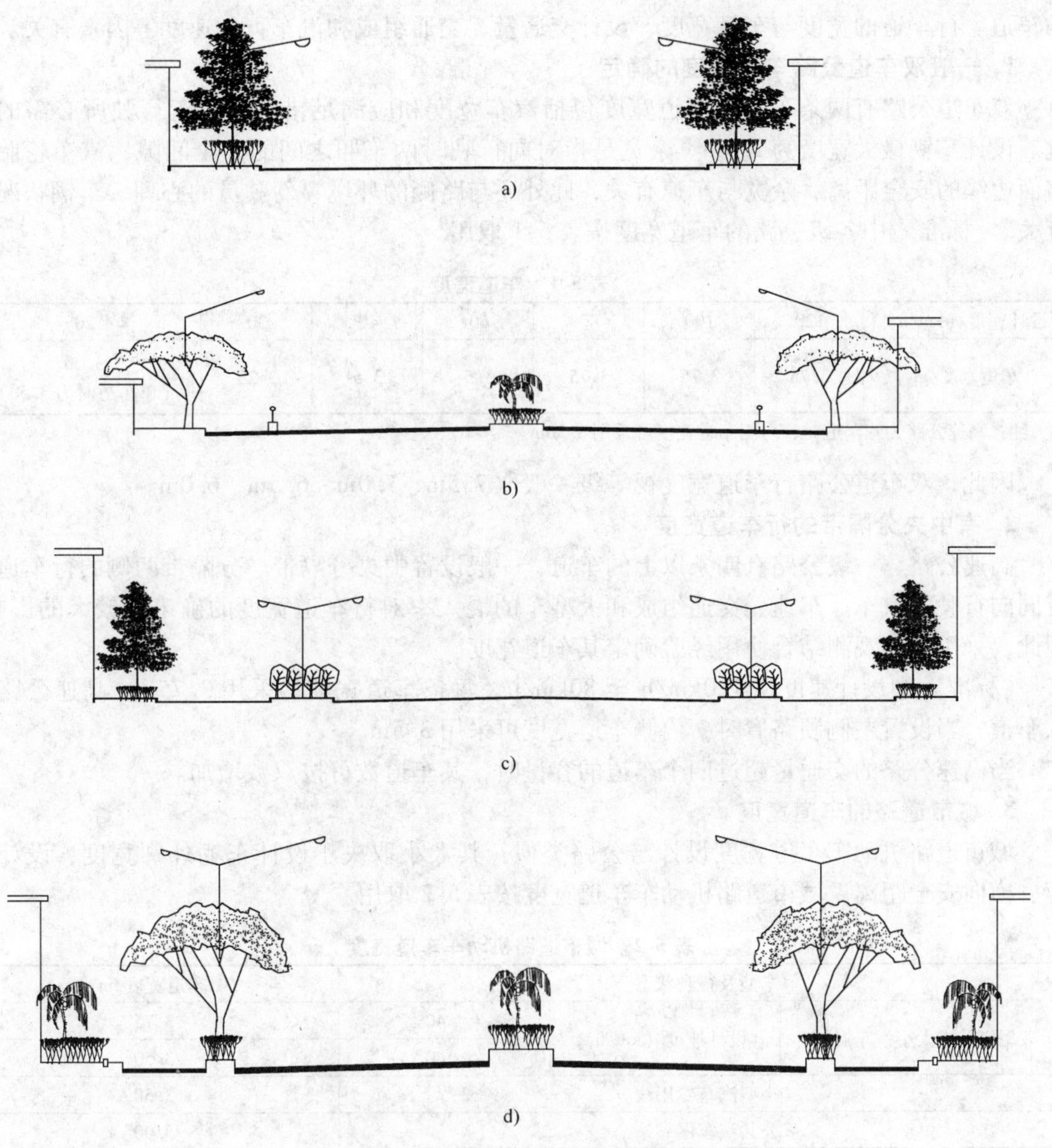

图5-2 城市道路横断面布置形式
a）一块板 b）两块板 c）三块板 d）四块板

一条道路宜采用相同形式的横断面。当道路横断面形式或横断面各组成部分的宽度变化时，应设过渡段，过渡段的起、止点宜选择在交叉口或结构物处。

5.2 横断面各组成部分设计

5.2.1 行车道

行车道是道路上供各种车辆行驶部分的总称。行车道宽度直接影响道路的通行能力、行车速度、行车安全和工程造价，它包括快车道和慢车道，在一般公路和城市道路上还有非机动车道。行车道的宽度与车辆宽度、设计交通量、交通组成和汽车行驶速度等因素有关。

1. 一般双车道公路车道宽度的确定

双车道公路有两条车道，车道宽度包括汽车宽度和应满足错车、超车行驶所必需的余宽。设计车辆最大宽度为2.5m。余宽是指对向行驶时两车厢之间的安全间隙、汽车轮胎至路面边缘的安全距离。余宽与车速有关，此外还与路侧的环境、驾驶员的心理、车辆状况等有关。《标准》中各级公路的车道宽度按表5-1取用。

表5-1 车道宽度

设计速度/(km/h)	120	100	80	60	40	30	20
车道宽度/m	3.75	3.75	3.75	3.5	3.5	3.25	3.00（单车道时为3.50）

注：高速公路为八车道时，内侧车道宽度可采用3.50m。

因此，双车道公路行车道宽度视等级一般取7.5m、7.0m、6.5m、6.0m。

2. 有中央分隔带的行车道宽度

高速公路、一级公路有四条以上的车道，一般设置中央分隔带。分隔带两侧的行车道只有同向行驶的汽车。车速、交通组成和大型车的混入率对行车道宽度的确定有较大的影响。因此，采用实地观测结合使用经验确定其车道宽度。

《标准》中设计速度从120km/h至80km/h，每条车道宽度均采用3.75m。高速公路为八车道，当设置左侧硬路肩时，内侧车道宽度可采用3.5m。

当高速公路的交通量超过四个车道的容量时，其车道数可按双数增加。

3. 城市道路的车道宽度

城市道路机动车车道宽度设计与公路类似，其大小取决于设计车辆外廓宽度、设计车速、横向安全距离。城市道路机动车车道宽度按表5-2取用。

表5-2 城市道路机动车车道宽度

<table>
<tr><th colspan="3">车型及行驶状态</th><th>车道宽度/m</th></tr>
<tr><td rowspan="2">大型汽车或大小汽车混行</td><td rowspan="2">设计速度/(km/h)</td><td>≥40</td><td>3.75</td></tr>
<tr><td><40</td><td>3.50</td></tr>
<tr><td colspan="3">小型汽车专用线</td><td>3.50</td></tr>
<tr><td colspan="3">公共汽车停靠站</td><td>3.00</td></tr>
</table>

5.2.2 路肩

1. 路肩组成和作用

路肩是位于行车道外缘至路基边缘，具有一定宽度的带状结构部分。路肩通常由右侧路缘带（高速公路和一级公路设置）、硬路肩和土路肩三部分组成，如图5-3所示。各级公路都要设置路肩。

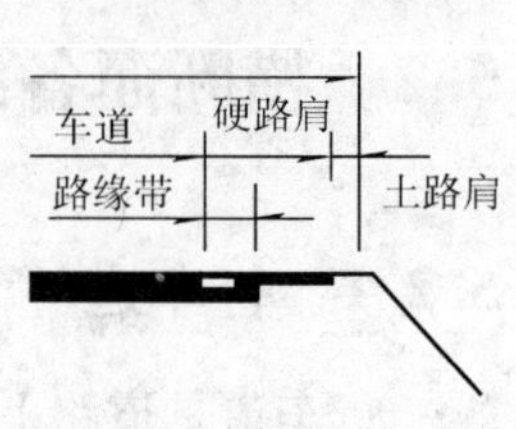

图5-3 路肩的组成

路缘带是路肩或中间带的组成部分，与行车道连接，用行车道的外侧标线或不同的路面颜色来表示。由于路肩的路缘带在行车道的右侧故称为右侧路缘带。

硬路肩是指进行了铺装的路肩，它可以承受汽车荷载的作用力，在混合交通的公路上便于非机动车、行人通行。在填方路段，为使路肩能汇集路面积水，在路肩边缘应设置缘石。

土路肩是指不加铺装的土质路肩，它起保护路面和路基的作用，并提供侧向余宽。

路肩的作用如下：

1）供发生故障的车辆临时停放之用。

2）由于路肩紧靠在路面的两侧设置，保护行车道等主要结构的稳定。

3）增加有效行车道宽度，作为侧向余宽的一部分，能增进驾驶员的安全和舒适感。

4）作为道路养护操作的工作场地。

5）为设置路上设施提供位置。

6）对未设人行道的道路，可供行人及非机动车等使用。

7）提供道路养护作业、埋设地下管线的场地。

8）在挖方路段，还可以增加弯道视距，减小行车事故。

9）精心养护的路肩，能增加公路的美观。

2. 路肩宽度

考虑到我国的土地利用情况和路肩的功能，在满足路肩功能最低需要的条件下，原则上尽量采用较窄的路肩。各级公路路肩宽度见表5-3。

表5-3　各级公路路肩宽度

<table>
<tr><td colspan="2" rowspan="2">设计速度/(km/h)</td><td colspan="4">高速公路、一级公路</td><td colspan="6">二、三、四级公路</td></tr>
<tr><td>120</td><td>100</td><td>80</td><td>60</td><td>80</td><td>60</td><td>40</td><td>30</td><td colspan="2">20</td></tr>
<tr><td rowspan="2">右侧硬路肩宽度/m</td><td>一般值</td><td>3.50
或
3.00</td><td>3.00</td><td>2.50</td><td>2.50</td><td>1.50</td><td>0.75</td><td>—</td><td>—</td><td colspan="2">—</td></tr>
<tr><td>最小值</td><td>3.00</td><td>2.50</td><td>1.50</td><td>1.50</td><td>0.75</td><td>0.25</td><td>—</td><td>—</td><td colspan="2">—</td></tr>
<tr><td rowspan="2">土路肩宽度/m</td><td>一般值</td><td>0.75</td><td>0.75</td><td>0.75</td><td>0.50</td><td>0.75</td><td>0.75</td><td rowspan="2">0.75</td><td rowspan="2">0.50</td><td rowspan="2">0.25
(双车道)</td><td rowspan="2">0.50
(单车道)</td></tr>
<tr><td>最小值</td><td>0.75</td><td>0.75</td><td>0.75</td><td>0.50</td><td>0.50</td><td>0.50</td></tr>
</table>

注：“一般值”为正常情况下的采用值；“最小值”为条件受限制时可采用的值。

《标准》作了如下规定：

1）高速公路、一级公路应在右侧硬路肩宽度内设右侧路缘带，其宽度为0.50m。

2）设计速度为120km/h的四车道高速公路，采用3.50m的右侧硬路肩；六车道、八车道高速公路采用3.00m的右侧硬路肩。

3）高速公路、一级公路采用分离式断面时，应设置左侧硬路肩，其宽度应符合表5-4的规定。

表5-4　分离式断面高速公路、一级公路左侧硬路肩宽度

设计速度/(km/h)	120	100	80	60
左侧硬路肩宽度/m	1.25	1.00	0.75	0.75
左侧土路肩宽度/m	0.75	0.75	0.75	0.50

4）八车道高速公路宜设置左侧硬路肩，其宽度应为2.50m。左侧硬路肩宽度内含左侧路缘带宽度。

5）高速公路、一级公路的右侧硬路肩宽度小于2.50m时，应设置紧急停车带。紧急停车带宽度应为3.50m，有效长度不应小于30m，间距不宜大于500m。

6）高速公路、一级公路的互通式立体交叉、服务区、停车区、公共汽车停靠站、管理与养护设施等出入口处，应设置加、减速车道。

7）高速公路、一级公路以及二级公路的连续上坡路段，当通行能力运行安全受到影响时应设置爬坡车道。爬坡车道宽度应为3.50m。

8）连续长陡下坡路段、危及运行安全处应设置避险车道。

9）四级公路采用4.50m路基时，应在驾驶人员能看到相邻两点的适当位置设置错车道，设置错车道路段的路基宽度应不小于6.50m。

城市道路一般设检查井排水，两侧设人行道，当采取边沟排水时，应在路面外侧设置路肩，与公路一样，分硬路肩和保护性路肩。城市道路的设计速度大于或等于40km/h时，应设置硬路肩。保护性路肩一般为土质或简易铺装，其作用是为城市道路的某些交通设施，如护栏、交通标志牌等的设置提供场地，其最小宽度为0.5m。双幅路或四幅路中间有排水沟的断面，应设置左侧路肩。快速路硬路肩上如考虑临时停车，其硬路肩宽度应大于或等于2.50m，如小于2.50m，且交通量较大时，应每隔300～500m设紧急停车带。

5.2.3 分隔带

1. 中间带

（1）中间带的组成及作用　高速公路和一级公路的设计速度较高且车道数多，为保证行车安全和实现该等级道路应有功能，《标准》规定，高速公路和一级公路整体式断面必须设置中间带。中间带是指在两个不同行驶方向行车道之间的地带。中间带由两条左侧路缘带和中央分隔带组成，如图5-4所示。

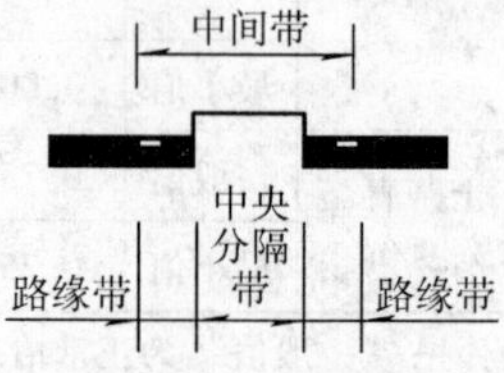

中间带
路缘带
中央分隔带
路缘带

图5-4　中间带的组成

中间带的主要作用是：

1）将上、下行车流分开，防止对向车辆互撞，减少事故，保证车速。

2）杜绝车辆在路上随意调头，防止交通混乱。

3）设置一定宽度的中间带并种植花草灌木或设置防眩网，可防止对向车辆灯光眩目，还可起到美化路容和环境的作用。

4）可作为设置公路标志牌和其他交通管理设施的场地，也可作为行人的安全岛使用。

5）为公路分期改建提供储备用地。

6）设于分隔带两侧的路缘带，由于有一定宽度且颜色醒目，既引导驾驶员视线，又增加行车所需的侧向余宽，从而提高行车的安全性和舒适性。

7）宽分隔带可供障碍车辆临时停放及检修之用。

（2）中间带的宽度　中间带的宽度包括两条左侧路缘带宽度和中央分隔带宽度。中央分隔带宽度是根据行车带以外的侧向余宽和防止驶入对向行车带的护栏、种植、防眩网、交叉公路的桥墩等所需的设施带宽度而确定的。中间带宽度见表5-5。

表 5-5　中间带宽度

设计速度/(km/h)		120	100	80	60
中央分隔带宽度/m	一般值	3.00	2.00	2.00	2.00
	最小值	1.00	1.00	1.00	1.00
左侧路缘带宽度/m	一般值	0.75	0.75	0.50	0.50
	最小值	0.75	0.50	0.50	0.50
中间带宽度/m	一般值	4.50	3.50	3.00	3.00
	最小值	2.50	2.00	2.00	2.00

中间带的宽度一般情况下应保持等宽，若需要变宽时，在宽度变化的地点，应设置过渡段，过渡段以设在回旋线范围内为宜，其长度应与回旋线长度相等。宽度大于 4.50m 的中间带过渡段以设在半径较大的平曲线路段为宜。图 5-5 所示为几种变宽过渡设计的例子。

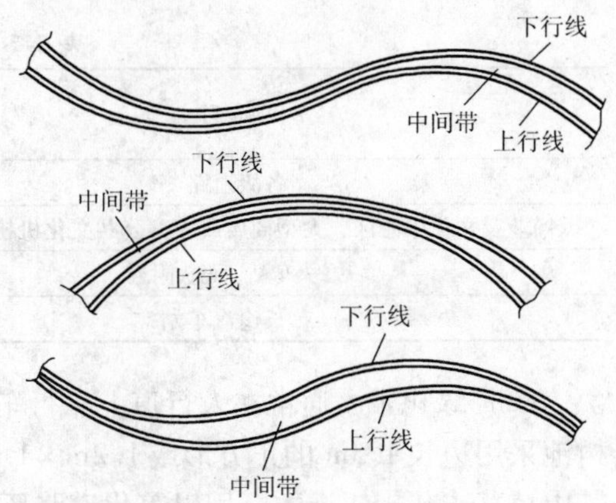

图 5-5　宽度大于 4.50m 的中间带变宽过渡

为了便于养护作业和某些车辆在必要时驶向反向车道，中央分隔带应按一定距离设置开口部。开口部一般情况下以每 2km 的间距设置为宜，太密将会造成交通的紊乱。

中央分隔带的开口应设置在通视良好的路段，若在曲线上开口，其曲线半径宜大于 700m。在互通式立体交叉、隧道、特大桥、服务区等设施的前后必须设置开口。

开口端部的形状，常用的有两种：半圆形和弹头形，对于窄的分隔带（$M<3.0$m）可用半圆形，宽的（$M\geqslant3.0$m）可用弹头形。

中央分隔带的表面形式有凹形和凸形两种，前者用于宽度大于 4.5m 的中间带，后者用于宽度不大于 4.5m 的中间带。宽度大于 4.5m 的，一般植草皮、栽灌木，宽度不大于 4.5m 的可铺面封闭。

2. 城市道路分车带

在城市道路中，可利用中间分车带将机动车车行道分隔为二，实现两侧机动车分向行驶。此外，还可以利用布置在横断面两侧的分车带（称为两侧带）分隔快车道与慢车道、机动车道与非机动车道、车行道与人行道等。

分车带由分隔带与两侧路缘带组成。城市道路分车带宽度见表 5-6。

表 5-6　城市道路分车带宽度

类　别		中间分车带			两侧分车带		
设计速度/(km/h)		80	60，50	40	80	60，50	40
分隔带最小宽度/m		2.00	1.50	1.50	1.50	1.50	1.50
路缘带宽度/m	一般值	0.50	0.50	0.25	0.50	0.50	0.25
	最小值	—	—	—	0.25	0.25	0.25
分车带最小宽度/m		3.00	2.50	2.00	2.25	2.25	2.00

两侧带的最小宽度规定为2.0～2.25m。对北方寒冷积雪地区，在满足最小宽度的前提下，还应考虑能否满足临时堆放积雪的要求。

5.2.4 城市道路路侧带

城市道路车行道边缘至道路红线间的范围称为路侧带，包括人行道、绿化带、公共设施带等。路侧带宽度应根据道路类别、功能、行人流量、绿化、沿线建筑性质及布设公用设施要求等确定。

（1）人行道 人行道主要是供行人步行，用布道砖铺设。人行道宽度必须满足行人通行的安全和顺畅，规范规定的人行道宽度不得小于表5-7所列的数值。

表5-7 人行道最小宽度

项 目	人行道最小宽度/m	
	大城市	中小城市
各级道路	3	2
商业及文化中心区、大型商店或大型公共文化机构集中路段	5	3
火车站、码头附近	5	4
长途汽车站	4	4

（2）绿化带 通常在人行道上靠行车道一侧种植行道树。行道树的株距一般为4～6m，树池采用边长1.5m的正方形或1.2m×1.8m的矩形。若路侧带较宽也可设置专门的绿化带，其中植草或花卉、灌木，用以美化道路环境。

（3）设施带 设施带宽度包括设置行人护栏、照明灯柱、标志牌、信号灯等的宽度。红线宽度较窄及条件困难时，设施带可与绿化带合并，但应避免各种设施与树木间的干扰。常用宽度为：护栏0.25～0.50m，杆柱1.0～1.5m。

人行道、绿化带与设施带三者宽度之和就是路侧带宽度。值得注意的是，在确定路侧带总宽度时，还要考虑埋设管线所需要的宽度及道路各部分宽度尺寸相互协调，符合视觉上的正常比例。一般认为道路宽与单侧路侧带宽之比在5∶1～7∶1的范围内是比较合理的。

5.2.5 路缘石

路缘石是设置在路面与其他构造物之间的标石。在分隔带与路面之间，人行道与路面之间一般都需要设置路缘石。

路缘石的形状有立式、斜式和曲线式等几种（见图5-6）。

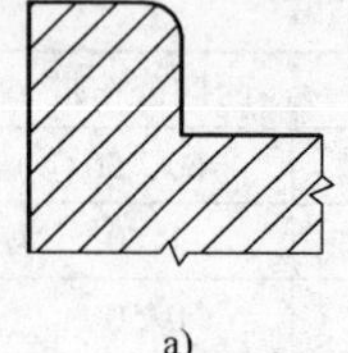
a)

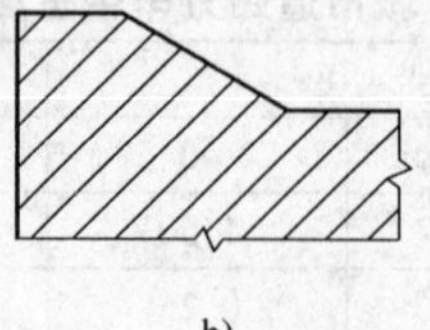
b)

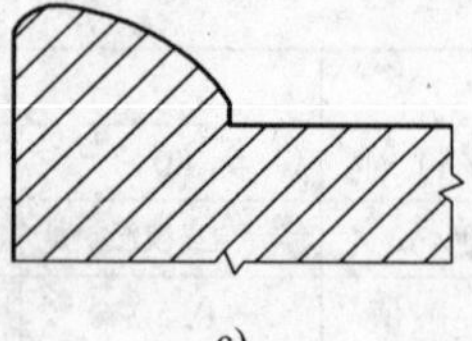
c)

图5-6 路缘石形状

a）立式 b）斜式 c）曲线式

高速公路和一级公路中央分隔带上的路缘石起导向、连接和排水的作用，高度不宜太高，因为高的路缘石（高度大于 20cm）会使高速行驶的汽车一旦驶入将产生飞跃甚至翻车的副作用。所以高速公路的分隔带因排水必须设置路缘石时，应使用低矮光滑的斜式或曲线式，高度宜小于 12cm。

城市道路的人行道及人行横道宽度范围内缘石宜做成低矮的，而且坡面较为平缓，便于儿童车、轮椅及残疾人通行。在分隔带端头或交叉口的小半径处，缘石宜做成曲线式。

立式缘石宜高出路面 10～20cm，隧道内线形弯曲线段或陡峻路段等处，可高出 25～40cm，并应有足够的埋置深度，以保证稳定。缘石宽度宜为 10～15cm。

为便于排水及路面清扫，将公路路面与路肩之间或路肩外侧边缘的路缘石与路面保持在同一高度，这种路缘石亦称为平牙石。

5.2.6　紧急停车带

紧急停车带是指在高速公路、一级公路行车道外侧，当右侧硬路肩宽度小于 2.50m 时，为故障车辆紧急停车，将硬路肩局部加宽的地段。

紧急停车带的设置间距，应考虑故障车辆可能行驶的距离和人力可能推行的距离。《公路路线设计规范》规定：

1）高速公路、一级公路的右侧硬路肩宽度小于 2.50m 时，应设紧急停车带。紧急停车带的间距不宜大于2km，宽度一般为 5.00m，有效长度一般为 50m，并设置 100m 和 150m 左右的过渡段。

2）高速公路、一级公路的特长桥梁、隧道，根据需要可设置紧急停车带，其间距不宜大于 750m。

3）二级公路根据需要可设置紧急停车带，其间距按实际情况确定。

5.2.7　变速车道、错车道

变速车道是高等级公路上的加速和减速车道的总称。加速车道是高速公路及一级公路入口处设置的专供车辆加速使用的专用车道。减速车道是高速公路及一级公路入口处设置的专供车辆减速使用的专用车道。有关变速车道，《公路路线设计规范》规定：高速公路、一级公路的互通式立体交叉、服务区、停车区、公共汽车停靠站、管理与养护设施等与主线相衔接处，应设置加速车道和减速车道。加（减）速车道宽度应为 3.50m。

错车道是指在单车道公路可通视的一定距离内，供车辆交错避让用的一段加宽车道。

四级公路，当路基宽度采用 4.5m 时，应在不大于 300m 的距离内选择有利地点设置错车道，并使驾驶者能看到相邻两错车道之间的车辆。设置错车道路段的路基宽度应不小于 6.5m，有效长度应不小于 20m。错车道应和主线车道一样进行铺装加固。错车道两端应设过渡段与主线相连，其平面布置如图 5-7 所示。

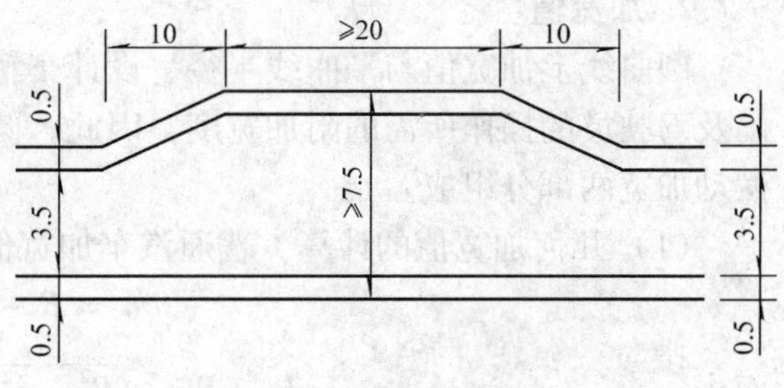

图 5-7　错车道（单位：m）

5.2.8 道路路拱

为了路面的雨水及时排除，将路面做成由中央向两侧倾斜的拱形，称为路拱。路拱倾斜的大小以百分率表示，称为路拱横坡度。

对于不同类型的路面由于其表面的平整度和透水性不同，再考虑当地的自然条件选用不同的路拱坡度，按表5-8规定的数值取用。

表5-8 不同路面的路拱坡度

路面类型	路拱坡度（%）	路面类型	路拱坡度（%）
沥青混凝土、水泥混凝土	1.0~2.0	碎、砾石等粒料路面	2.5~3.5
其他沥青路面	1.5~2.5	低级路面	3.0~4.0
半整齐块石	2.0~3.0		

具体选用时，应注意：

1）高速公路、一级公路整体式路基的路拱宜采用双向路拱坡度，由路中央向两侧倾斜。位于中等强度降雨地区时，路拱坡度宜为2%；位于降雨强度较大地区时，路拱坡度可适当增大。

2）分离式路基，每侧行车道可设置双向路拱，这样对排除路面积水有利。在降水量不大的地区也可采用单向横坡，并向路基外侧倾斜，但在积雪冻融地区，应设置双向路拱。

3）六车道、八车道高速公路，六车道一级公路，当超高过渡段的路拱坡度过于平缓时，可设置两个路拱。

4）二级公路、三级公路、四级公路的路拱应采用双向路拱坡度，由路中央向两侧倾斜。路拱坡度应根据路面类型和当地自然条件确定，但不应小于1.5%。

5）土路肩的排水性远低于路面，其横坡度较路面宜增大1.0%~2.0%，硬路肩视具体情况（材料、宽度）可与路面同一横坡，也可稍大于路面。

5.3 道路平曲线的加宽设计和超高设计

5.3.1 平曲线的加宽

1. 加宽的定义

汽车在曲线路段上行驶时，靠近曲线内侧后轮行驶的曲线半径最小，靠曲线外侧的前轮行驶的曲线半径最大。为适应汽车在平曲线上行驶时，后轮轨迹偏向曲线内侧的需要，在平曲线内侧相应增加的路面、路基宽度称为曲线加宽（又称弯道加宽）。

2. 加宽值

圆曲线上加宽值与平曲线半径、设计车辆的轴距有关，同时还要考虑弯道上行驶车辆摆动及驾驶员的操作所需的附加宽度，因此，圆曲线上加宽值由几何需要的加宽和汽车转弯时摆动加宽两部分组成。

（1）几何加宽值的计算　普通汽车加宽值可由图5-8所示的关系求得

$$b = R - (R_1 + B)$$

而

$$R_1 + B = \sqrt{R^2 - A^2} = R - \frac{A^2}{2R} - \frac{A^4}{8R^3} - \cdots$$

故 $$b=\frac{A^2}{2R}+\frac{A^4}{8R^3}+\cdots,\quad b_{单}=\frac{A^2}{2R}$$

式中 A——汽车后轴至前保险杠的距离（m）；

R——圆曲线半径（m）。

对于有 n 个车道的行车道

$$b_n=\frac{nA^2}{2R}$$

半挂车的加宽值由图5-9的几何关系求得

$$b_1=\frac{A_1^2}{2R},b_2=\frac{A_2^2}{2R'}$$

式中 b_1——牵引车的加宽值（m）；

b_2——拖车的加宽值（m）；

A_1——牵引车保险杠至第二轴的距离（m）；

A_2——第二轴至拖车后轴的距离（m）。

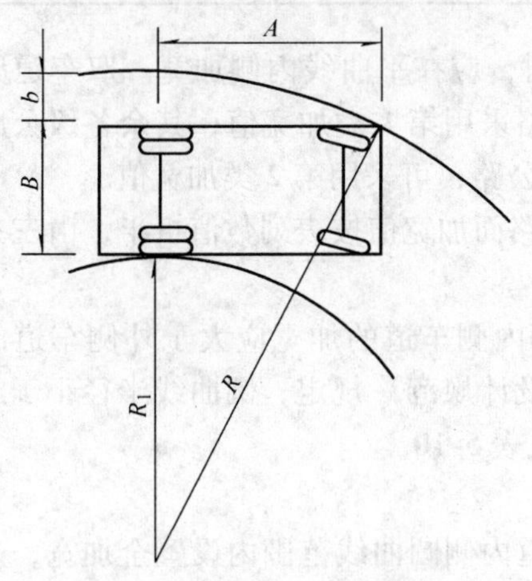

图5-8 普通汽车的加宽

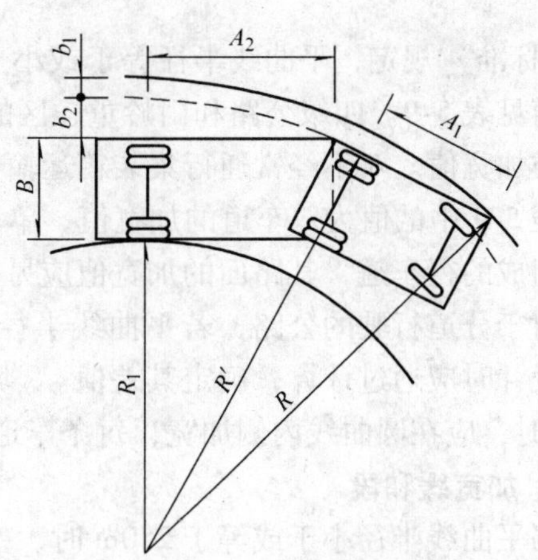

图5-9 半挂车的加宽

因 $R'=R-b_1$，而 b_1 与 R 比很小，可取 $R'=R$，则半挂车的加宽值

$$b=b_1+b_2=\frac{A_1^2+A_2^2}{2R}$$

令 $A_1^2+A_2^2=A^2$，则 $b=\frac{A^2}{2R}$。

（2）摆动加宽值 据实测，汽车转弯摆动加宽与车速有关，一个车道摆动加宽值计算经验公式为

$$b'=\frac{0.05V}{\sqrt{R}}$$

式中 V——汽车转弯时车速；

R——圆曲线半径。

考虑上述几何加宽值和摆动加宽值两项因素的计算结果，取整并规范化，分别得到公路和城市道路路面加宽的规范值，供设计时直接查用，分别按表5-9、表5-10取用。

表 5-9　公路平曲线加宽　　（单位：m）

加宽类别	汽车轴距加前悬 \ 加宽值 \ 平曲线半径	200～250	150～200	100～150	70～100	50～70	30～50	25～30	20～25	15～20
1	5	0.4	0.6	0.8	1.0	1.2	1.4	1.8	2.2	2.5
2	8	0.6	0.7	0.9	1.2	1.5	2.0	—	—	—
3	5.2+8.8	0.8	1.0	1.5	2.0	2.5	—	—	—	—

表 5-10　城市道路圆曲线每条车道的加宽　　（单位：m）

车型 \ 圆曲线半径	200＜R≤250	150＜R≤200	100＜R≤150	60＜R≤100	50＜R≤60	40＜R≤50	30＜R≤40	20＜R≤30	15＜R≤20
小型汽车	0.28	0.30	0.32	0.35	0.39	0.40	0.45	0.60	0.70
普通汽车	0.40	0.45	0.60	0.70	0.90	1.00	1.30	1.80	2.40
铰接车	0.45	0.55	0.75	0.95	1.25	1.50	1.90	2.80	3.50

《标准》规定，平曲线半径等于或小于250m时，应在平曲线内侧加宽。双车道路面的加宽值见表5-9。四级公路和山岭重丘区的三级公路采用第1类加宽值；其余各级公路采用第3类加宽值。对不经常通行集装箱运输半挂车的公路，可采用第2类加宽值。

表5-9中的值为双车道的加宽值，单车道公路路面加宽值按表列数值折半，由三条以上车道组成的行车道，其路面的加宽值应另行计算。

对于分道行驶的公路，若平曲线半径较小，其内侧车道的加宽应大于外侧车道的加宽值，设计时应通过计算，确定其差值。《城市道路设计规范》规定，圆曲线半径小于或等于250m时，应在圆曲线内侧加宽，每条车道加宽值见表5-10。

3. 加宽缓和段

当平曲线半径小于或等于250m时，一般在弯道内侧圆曲线范围内设置全加宽，当其平曲线内无圆曲线（凸形）时，仅在平曲线中点处断面设置全加宽。为了使路面和路基均匀变化，设置一段从加宽值为零逐渐加宽到全加宽的过渡段，称为加宽缓和段。

（1）加宽缓和段的长度 L_c　在公路设计中，确定加宽缓和段长度时，应注意：

1）有超高缓和段时，则加宽缓和段的长度等于超高缓和段的长度。

2）无超高缓和段时，加宽缓和段长度应按渐变率1∶15且不小于10m的要求设置。此时，超高、加宽缓和段一般设于紧接圆曲线起、终点的直线段上。在地形复杂地段，允许将超高、加宽缓和段的一部分插入曲线，但插入曲线内的长度不得超过超高、加宽缓和段长度的一半。

（2）加宽缓和段内加宽值的过渡方式有以下三种：

1）加宽缓和段任一点的加宽值 b_{jx} 与该点到加宽缓和段起点的距离 L_x 同加宽缓和段全长 L_j 的比率成正比，这种方法称为直线比例法，如图5-10所示。这种过渡方式处理简单粗糙，不圆滑美观，适用于二、三、四级公路。

2）为消除加宽缓和段内侧边线与圆曲线起、终点的明显折点，采用路面加宽边缘线与圆曲线上路面加宽后边缘线圆弧相切的方法，这种方法称为切线法，如图5-11所示。切线法一般适用于四级公路人工构造物路段。

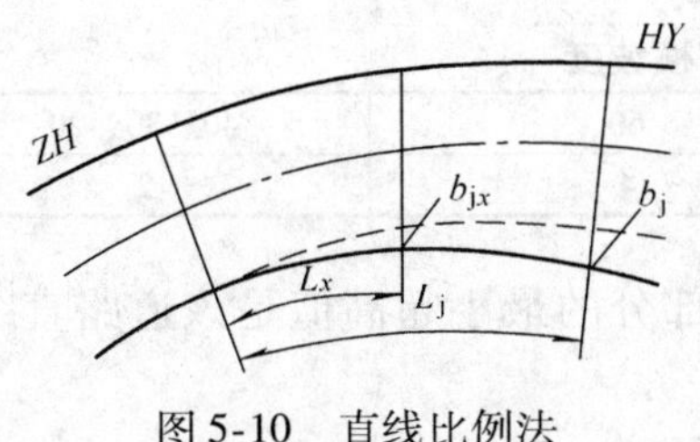

图5-10 直线比例法

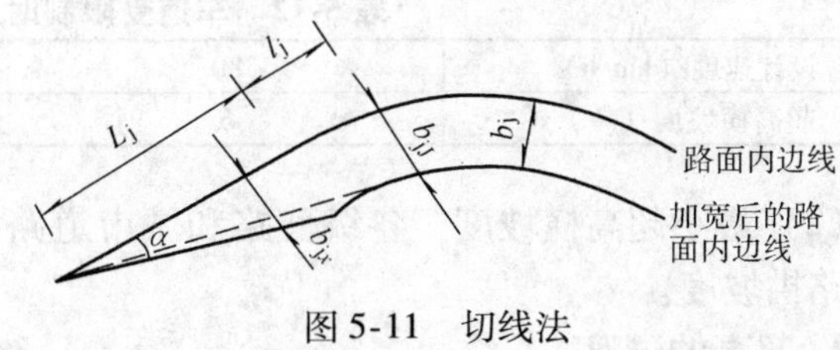

图5-11 切线法

3）加宽缓和段内任一点的加宽值，$b_x=(4k^3-3k^4)\ b$，式中 $k=\dfrac{L_x}{L_j}$。这种方法路面边缘线圆滑、顺适，适用于高速公路、一级公路以及对路容有较高要求的二级公路。此外，加宽值的过渡还可插入二次抛物线过渡、回旋线过渡等。

上面介绍的诸多方法中，有的是对线形顺滑美观有利，但计算和测设比较繁琐，而另外一些则相反。我们强调高等级公路和人工构造物的地段应尽量采用于线形有利的方法，是因为这些地方即使增加计算的工作量也是值得的。特别是目前计算机和光电类测量仪器已普遍使用，测设计算变得容易，故不但在高等级公路上，即使在一般公路上都宜优先考虑采用有利于线形的加宽过渡方法。

5.3.2 平曲线超高

1. 超高的定义及作用

为抵消车辆在曲线路段上行驶时所产生的离心力，将路面做成外侧高于内侧的单向横坡的形式，这就是曲线上的超高。合理地设置超高，可以全部或部分抵消离心力，提高汽车行驶在曲线上的稳定性与舒适性。

当圆曲线半径小于相应的不设超高最小圆曲线半径时，应在曲线上设置超高。超高横坡度在圆曲线上应是与圆曲线半径相适应的全超高，在缓和曲线上应是逐渐变化的超高。

2. 超高横坡度

超高横坡度 i_c 应按计算行车速度、半径大小，结合路面种类、自然条件和车辆组成等情况确定。各圆曲线半径所设置的超高横坡度应根据设计速度、圆曲线半径、公路条件、自然条件等经计算确定。

（1）最大超高横坡度　由汽车在曲线上行驶的超高横坡度计算公式如下

$$i_c=\frac{V^2}{127R}-\mu \tag{5-1}$$

极限最小半径时的 i_c 就是最大超高横坡度 i_{cmax}。

当圆曲线半径很小时，为了保持行车的稳定，其超高横坡度将是很大的。但是，过大的超高会使慢行的车辆产生向曲线内侧滑移的可能性。各级公路圆曲线最大超高的规定见表5-11，二级公路、三级公路、四级公路接近城镇且混合交通量大的路段，车速受到限制时，其最大超高值见表5-12。

表5-11 各级公路圆曲线最大超高横坡度

公路等级	高速公路、一级公路	二、三、四级公路
一般地区（%）	8或10	8
积雪冰冻地区（%）	6	

注：高速公路、一级公路正常情况下采用8%；交通组成中小客车比例高时可采用10%。

表 5-12 车速受限制时最大超高横坡度

设计速度/(km/h)	80	60	40、30、20
超高横坡度（%）	6	4	2

（2）最小超高横坡度 各级公路和城市道路圆曲线部分的最小超高值是该道路直线部分的路拱坡度。

3. 超高的过渡

从直线上的双向横坡渐变到圆曲线上的单向横坡的路段，称为超高缓和段或超高过渡段。四级公路不设回旋线，但曲线上若设置有超高，也应有超高缓和段。

（1）无中间带道路的超高过渡 无中间带道路的行车道，无论是双车道还是单车道，在直线路段的横断面均为以中线为脊向两侧倾斜的路拱，路面要由双向倾斜的路拱形式过渡到具有超高的单向倾斜的超高形式。

1）若超高横坡度等于路拱坡度，行车道外侧绕中线旋转直至与内侧横坡相等为止，如图 5-12 所示。

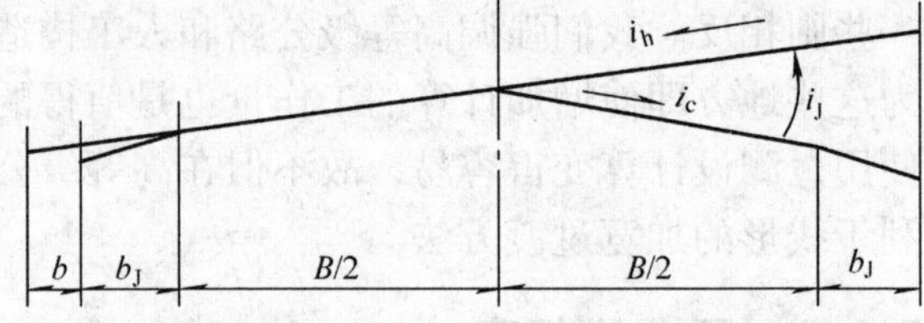

图 5-12 超高横坡度等于路拱坡度时的过渡

2）当超高坡度大于路拱坡度时，可分别采用以下三种过渡方式：

①绕内侧车道边缘旋转。先将外侧车道绕路中线旋转，待达到与内侧车道构成单向横坡后，整个断面再绕未加宽前的内侧车道边缘旋转，直至超高横坡值（见图 5-13a）。

②绕路中线旋转。先将外侧车道绕路中线旋转，待达到与内侧车道构成单向横坡后，整个断面一同绕中线旋转，直至超高横坡度（见图 5-13b）。

③绕外侧车道边缘旋转。先将外侧车道绕外边缘旋转，与此同时，内侧车道随中线的降低而相应降低，待达到单向横坡后，整个断面仍绕外侧车道边缘旋转，直至超高横坡度（见图 5-13c）。

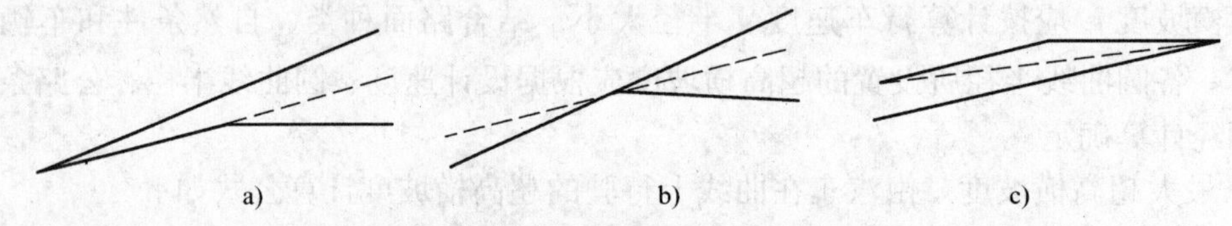

图 5-13 无中间带道路超高的过渡方式
a）绕内侧车道边缘旋转 b）绕路中线旋转 c）绕外侧车道边缘旋转

上述各种方法，绕内侧车道边缘旋转由于行车道内侧降低，有利于路基纵向排水，一般新建工程多用此法。绕路中线旋转可保持中线标高不变，且在超高横坡度一定的情况下，外侧边缘的抬高值较小，多用于旧路改建工程。而绕外侧车道边缘旋转是一种比较特殊的设计，仅用于某些为改善路容的地点。

（2）有中间带道路的超高过渡 有中间带道路超高过渡方式分为绕中间带的中心线旋转、绕中央分隔带边缘旋转、绕各自行车道中线旋转三种方式，如图 5-14 所示。

1）绕中间带的中心线旋转。先将外侧行车道绕中间带的中心旋转，待达到与内侧行车道构成单向横坡后，整个断面一同绕中心线旋转，直至超高横坡度值，此时中央分隔带呈倾斜状（见图 5-14a）。适用场合：中间带宽度较窄时（≤4.5m）可采用。

2）绕中央分隔带边缘旋转。将两侧行车道分别绕中央分隔带边缘旋转，使之各自成为独立的单向超高断面，此时中央分隔带维持原水平状态（见图5-14b）。适用场合：各种宽度中间带的公路均可采用。

3）绕各自行车道中线旋转。将两侧行车道分别绕各自的中心线旋转，使之各自成为独立的单向超高断面，此时中央分隔带两边缘分别升高与降低而成为倾斜断面（见图5-14c）。适用场合：车道数大于4条的公路可采用。

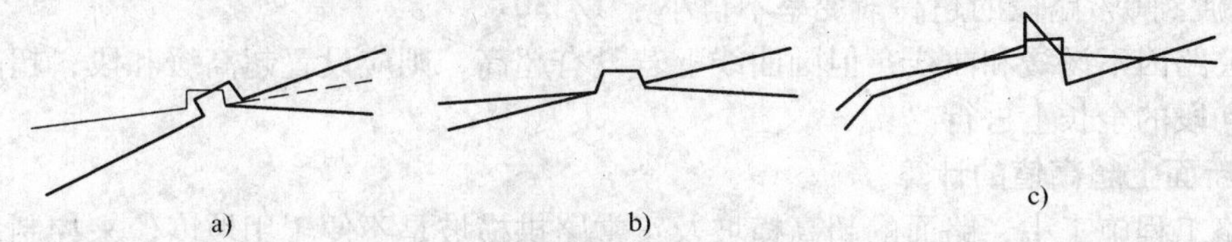

图5-14　有中间带道路超高的过渡方式
a）绕中间带的中心线旋转　b）绕中央分隔带边缘旋转　c）绕各自行车道中线旋转

三种方式的优缺点与无中间带的公路相似。城市道路的超高过渡方式与公路相同。分离式断面的道路由于上、下行车道是各自独立的，其超高的设置及其过渡可按两条无分隔带的道路分别予以处理。

4. 超高过渡段长度

为了行车舒适、路容美观和有利于排水，必须设置一段超高缓和段，超高在这一段落内平顺地过渡。

（1）双车道道路　其超高过渡段长度按下式计算

$$L_c = \frac{B'\Delta i}{p} \tag{5-2}$$

式中　L_c——超高过渡段长度（m）；

B'——旋转轴至行车道（设路缘带时为路缘带）外侧边缘的宽度（m），绕内侧车道边缘旋转，B'为路面宽度，绕路中线旋转，B'为路面宽度的一半；

Δi——超高坡度与路拱坡度的代数差（%），绕内侧车道边缘旋转，$\Delta i = i_c$，绕路中线旋转 $\Delta i = i_c + i_g$，i_g 为路拱坡度；

p——超高渐变率，即旋转轴线与行车道（设路缘带时为路缘带）外侧边缘线之间的相对坡度，各级公路超高渐变率见表5-13，城市道路超高渐变率见表5-14。

表5-13　公路超高渐变率

设计速度/(km/h)	超高旋转轴位置		设计速度/(km/h)	超高旋转轴位置	
	中线	边缘		中线	边缘
120	1/250	1/200	40	1/150	1/100
100	1/225	1/175	30	1/125	1/75
80	1/200	1/150	20	1/100	1/50
60	1/175	1/125			

表5-14　城市道路超高渐变率

设计速度/(km/h)	80	60	50	40	30	20
超高渐变率	1/150	1/125	1/115	1/100	1/75	1/50

根据式（5-2）计算的超高缓和段长度，应凑成5m的整倍数，并不小于10m。

（2）有中间带道路　其超高过渡段长度仍可采用式（5-2）进行计算，此时 B' 取左侧路缘带、行车道和右侧路缘带三者宽度之总和。

在确定缓和曲线最小长度时，已经考虑了超高缓和段所需的最短长度，所以在一般情况下，超高缓和段与缓和曲线长度相等。但有时因照顾线形的协调性，在平曲线中配置了较长的回旋线，则超高的过渡可仅在回旋线的某一区段内进行，全超高断面宜设在缓圆点或圆缓点处。因过小的渐变率对路面排水不利，从利于排除路面降水考虑，横坡度由 2%（或 1.5%）过渡到 0% 路段的超高渐变率不得小于 1/330。

四级公路因不设缓和曲线，但圆曲线上若设有超高，则应设置超高缓和段，超高的过渡在超高缓和段的全长上进行。

5. 横断面上超高值的计算

在公路工程施工中，路面的超高横坡及正常路拱横坡是不便于用坡度值来控制，而是由道路中线和路基内、外侧边线与路基的设计标高之高差来控制的。因此，在设计中，为便于施工，应计算出路线上任意位置的路基设计高程与路中线、路面（设右侧路缘带时，为右侧路缘带外侧）边缘的高差（即超高值），并列于“路基设计表”中，以便于施工。

如前所述，超高的过渡可分为以下两个阶段：第一阶段为双坡阶段，即外侧车道绕路中线旋转，直到与内侧车道构成单向横坡；第二阶段为旋转阶段，即整个断面绕旋转轴旋转，直至超高坡度值。圆曲线内超高保持不变，称为全超高阶段。

双坡阶段长度 x_0 的计算（超高过渡方式以绕内侧车道边缘旋转为例）：

按照超高过渡要求，外侧车道边缘的高度在超高缓和段内是与离开超高缓和段起点的距离成比例增加的，即 $\frac{x_0}{L_c}=\frac{i_g b}{i_c b}$，则

$$x_0 = \frac{i_g}{i_c}L_c \tag{5-3}$$

当 L_c 很长时（在缓和曲线全长范围内设置超高），双坡阶段的渐变率有可能小于 0.3%，即 $p_1=\frac{i_g b}{x_0}\leqslant 0.003$，这不利于路面横向排水，故应限制 x_0 的长度，可按照如下两种方法确定：

1）超高过渡在缓和曲线全长范围内进行（$L_c=L_s$），则

$$x_0 = \frac{i_g b}{0.003} = 330 i_g b \tag{5-4}$$

2）超高过渡在缓和曲线部分长度范围内进行（$L_c<L_s$），则超高缓和段长度为

$$L_c = \frac{i_c}{i_g}x_0 = \frac{i_c}{i_g}\times 330 i_g b = 330 i_c b \tag{5-5}$$

双车道公路的超高值计算公式见表 5-15 和表 5-16。

表 5-15　双车道公路绕内侧车道边缘旋转超高值计算公式

超高位置		公式	
		双坡阶段（$x\leqslant x_0$）	旋转阶段（$x>x_0$）
x 处各值计算	内侧车道边缘	$b_j i_j - b_x i_g$	$b_j i_j - b_x \frac{x}{L_c} i_c$
	路中线	$b_j i_j + \frac{B}{2} i_g$	$b_j i_j + \frac{B}{2}\frac{x}{L_c} i_c$
	外侧车道边缘	$b_j i_j + B\frac{i_c x}{L_c}$	$b_j i_j + B\frac{x}{L_c} i_c$

（续）

<table>
<tr><td colspan="2" rowspan="2">超高位置</td><td colspan="2">公　式</td></tr>
<tr><td>双坡阶段（$x\leqslant x_0$）</td><td>旋转阶段（$x>x_0$）</td></tr>
<tr><td rowspan="3">全超高阶段</td><td>内侧车道边缘</td><td colspan="2">$b_j i_j - b i_c$</td></tr>
<tr><td>路中线</td><td colspan="2">$b_j i_j + \frac{B}{2} i_c$</td></tr>
<tr><td>外侧车道边缘</td><td colspan="2">$b_j i_j + B i_c$</td></tr>
<tr><td rowspan="2">中间变量</td><td>双坡阶段长度 x_0</td><td colspan="2">$x_0 = \frac{i_g}{i_c} L_c$，当 $p_1 = \frac{i_g b}{x_0} \leqslant 0.003$ 时，$x_0 = \frac{i_g b}{0.003} = 330 i_g b$</td></tr>
<tr><td>加宽值过渡 b_x</td><td colspan="2">比例过渡：$b_x = kb$。高次抛物线过渡：$b_x = (4k^3 - 3k^4)b$，其中 $k = \frac{x}{L_c}$</td></tr>
</table>

表 5-16　双车道公路绕路中线旋转超高值计算公式

<table>
<tr><td colspan="2" rowspan="2">超高位置</td><td colspan="2">公　式</td></tr>
<tr><td>双坡阶段（$x\leqslant x_0$）</td><td>旋转阶段（$x>x_0$）</td></tr>
<tr><td rowspan="3">x 处各值计算</td><td>内侧车道边缘</td><td>$b_j i_j - b_x i_g$</td><td>$b_j i_j + \frac{B}{2} i_g - (B + b_x)\left[\frac{x}{L_c}(i_c + i_g) - i_g\right]$</td></tr>
<tr><td>路中线</td><td colspan="2">$b_j i_j + \frac{B}{2} i_g$</td></tr>
<tr><td>外侧车道边缘</td><td colspan="2">$b_j i_j + \frac{B}{2} \frac{x}{L_c}(i_c + i_g)$</td></tr>
<tr><td rowspan="3">全超高阶段</td><td>内侧车道边缘</td><td colspan="2">$b_j i_j + \frac{B}{2} i_g - \left(\frac{B}{2} + b\right) i_c$</td></tr>
<tr><td>路中线</td><td colspan="2">$b_j i_j + \frac{B}{2} i_g$</td></tr>
<tr><td>外侧车道边缘</td><td colspan="2">$b_j i_j + \frac{B}{2}(i_c + i_g)$</td></tr>
<tr><td rowspan="2">中间变量</td><td>双坡阶段长度 x_0</td><td colspan="2">$x_0 = \frac{2 i_g}{i_c + i_g} L_c$，当 $p_1 = \frac{i_g b}{x_0} \leqslant 0.003$ 时，$x_0 = \frac{i_g b}{0.003} = 330 i_g b$</td></tr>
<tr><td>加宽值过渡 b_x</td><td colspan="2">比例过渡：$b_x = kb$。高次抛物线过渡：$b_x = (4k^3 - 3k^4)b$，其中 $k = \frac{x}{L_c}$</td></tr>
</table>

表中　B——路面宽度（m）；

b_j——路肩宽度（m）；

i_g——路拱横坡度；

i_j——路肩横坡度；

i_c——超高横坡度；

L_c——超高缓和段长度（m）；

x_0——与路拱同坡度单向超高点至超高缓和段起点的距离（m）；

x——超高缓和段上任一点至起点的距离（m）；

b——路基全加宽值（m）；

b_x——x 距离处路基加宽值（m）。

表 5-15、表 5-16 中未给出硬路肩和土路肩边缘的超高值，对于有硬路肩的公路，应考虑硬路肩随行车道超高过渡的需要。

在超高时，硬路肩一般采用下面的办法：

1）曲线路段内、外侧硬路肩横坡的横坡值及其方向：当曲线超高小于或等于5%时，其横坡值和方向应与相邻车道相同；当曲线超高大于5%时，其横坡值应不大于5%，且方向相同。

2）硬路肩的横坡应随邻近车道的横坡一同过渡，其过渡段的纵向渐变率应控制在大于1/330至小于1/150。

3）位于直线路段或曲线路段内侧，且车道或硬路肩的横坡值大于或等于3%时，土路肩的横坡应与车道或硬路肩横坡值相同；小于3%时，土路肩的横坡应比车道或硬路肩的横坡值大1%或2%。位于曲线路段外侧的土路肩横坡，应采用3%或4%的反向横坡值。

5.4 横断面视距保证设计

5.4.1 视距曲线

当道路弯道处于隐蔽地段时，驾驶员视线可能被路线内侧的树林、房屋、路堑边坡等阻碍物所阻挡而使行车视距受到影响。因此应该对弯道处进行视距检查。若不能保证该级公路或城市道路的最短视距，则应该将阻碍视线的障碍物清除。如图5-15a所示，AB为要求的行车视距S，汽车行至A点，应能看到B点处的障碍物或对向来车。CD是汽车行驶轨迹，汽车行驶至不同位置，如图5-15b中的1、2、3、4、…各点时，由各点引出一系列视线1-1、2-2、3-3、4-4、…，它们的弧长均等于视距S。与这些视线相切的曲线叫做视距曲线。

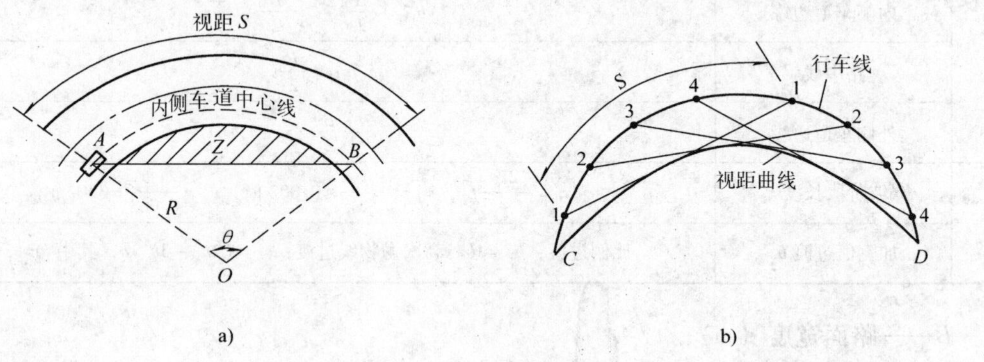

图5-15 视距曲线

5.4.2 横净距及其计算

视距曲线与行车轨迹之间的法向距离叫做横净距。其最大值称为最大横净距。最大横净距可根据要求的视距S、曲线长、行车轨迹半径R_s求出。计算时应按照是否设有缓和曲线和视距是否大于曲线长等不同情况分别计算。

视点的运动轨迹，一般取弯道内侧车道路面边缘（不包括加宽）加1.5m，司机视点离地面高1.2m。

$$R_s = R - \frac{B}{2} + 1.5$$

式中 R——圆曲线半径（m）；

B——路面宽度（m）；

1.5——驾驶员座位距未加宽时路面内边缘的水平距离。

（1）未设缓和曲线时的横净距计算　根据视点轨迹的长度和视距要求值（设计视距 S），可计算出相应的最大横净距 Z。

1）曲线长 L 大于或等于设计视距 S（见图5-16a）。

$$Z = R_s - R_s\cos\frac{\gamma}{2} = R_s\left(1-\cos\frac{\gamma}{2}\right)$$

$$S = R_s\gamma$$

$$Z = R_s\left(1-\cos\frac{S}{2R_s}\right) \approx \frac{S^2}{8R_s}$$

式中　Z——最大横净距（m）；

R_s——视点运动轨迹半径（m）；

S——设计视距（m）；

γ——设计视距 S 所对应的圆心角（rad）。

2）曲线长 L 小于设计视距 S（见图5-16b）。

$$Z = Z_1 + Z_2$$

$$Z_1 = R_s - R_s\cos\frac{\alpha}{2} = R_s\left(1-\cos\frac{\alpha}{2}\right)$$

$$Z_2 = \frac{S-L}{2}\sin\frac{\alpha}{2}$$

则

$$Z = R_s\left(1-\cos\frac{\alpha}{2}\right) + \frac{S-L}{2}\sin\frac{\alpha}{2}$$

展开并整理得

$$Z \approx \frac{L}{8R_s}\ (2S-L)$$

式中　L——视点运动轨迹长，$L = \frac{\pi R_s}{180}$；

α——L 所对应的圆心角（路线转向角）。

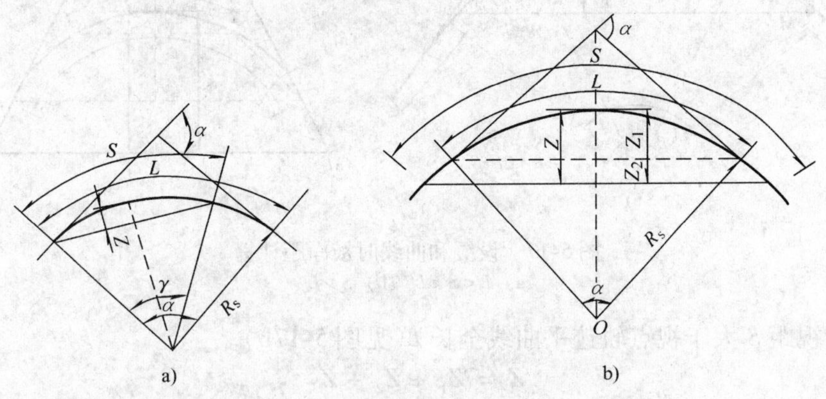

图5-16　未设缓和曲线时横净距的计算
a）$L \geqslant S$　b）$L < S$

（2）设置缓和曲线时的横净距计算

1）视点轨迹圆曲线长 L 大于等于设计视距 S。

$$Z \approx \frac{S^2}{8R_s}(\text{只看圆曲线部}S\text{就可以})$$

2）设计视距 S 介于视点轨迹圆曲线长 L 与视点轨迹平曲线全长 L' 之间（见图 5-17a）。

$$Z = Z_1 + Z_2$$

其中

$$Z_1 = R_s\left(1 - \cos\frac{\alpha - 2\beta}{2}\right)$$

$$Z_2 = (l_s - l_0)\sin\left(\frac{\alpha}{2} - \delta\right)$$

$$Z = R_s - \left(1 - \cos\frac{\alpha - 2\beta}{2}\right) + (l_s - l_0)\sin\left(\frac{\alpha}{2} - \delta\right)$$

式中 l_s——缓和曲线长度（m）；

l_0——车辆计算位置 M（或 N）到缓和曲线起点的距离（m），$l_0 = \frac{1}{2}(L' - S)$；

L'——视点轨迹曲线全长，即转角 α，圆曲线半径为 R_s 时的平曲线全长；

L——视点轨迹圆曲线长（m）；

β——缓和曲线角（rad）；

δ——通过 M(或 N) 点，且与平曲线的切线相平行的直线与过 M 点和 HY 点的弦的夹角（rad），当 $L < S < L'$时，$\delta = \arctan\left\{\frac{l_s}{6R_s}\left[1 + \frac{l_0}{l_s} + \left(\frac{l_0}{l_s}\right)^2\right]\right\}$。

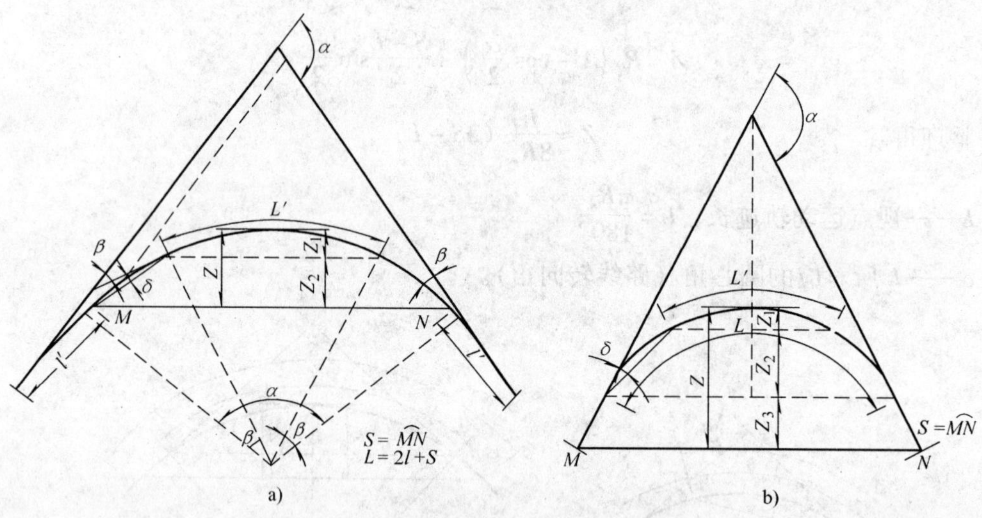

图 5-17 设缓和曲线时横净距计算

a）$L < S < L'$ b）$S > L$

3）设计视距 S 大于视点轨迹平曲线全长 L(见图 5-17b)。

$$Z = Z_1 + Z_2 + Z_3$$

其中

$$Z_1 = R_s\left(1 - \cos\frac{\alpha - 2\beta}{2}\right)$$

$$Z_2 = l_s\sin\left(\frac{\alpha}{2} - \delta\right)$$

$$Z_3 = \frac{S - L'}{2}\sin\frac{\alpha}{2}$$

$$Z = R_s\left(1 - \cos\frac{\alpha - 2\beta}{2}\right) + l_s\sin\left(\frac{\alpha}{2} - \delta\right) + \frac{S - L'}{2}\sin\frac{\alpha}{2}$$

$$\delta = \arctan\frac{l_s}{6R_s}$$

5.4.3　视距切除范围的确定

1. 横断面图上的视距切除

如图 5-18 所示，根据各种情况按公式计算的横净距 Z 若小于行车轨迹至障碍物的距离（即 $Z < Z_0$），视距可以保证；反之，视距不能保证，曲线内侧（$Z - Z_0$）宽度范围内的障碍物应予以清除。

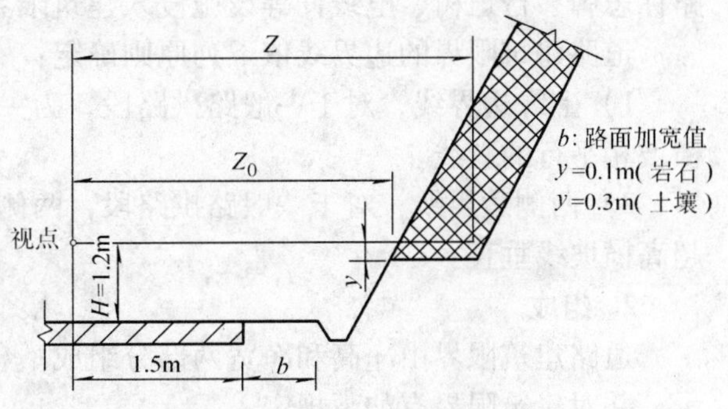

图 5-18　横断面视距切除范围

2. 图解法确定视距切除范围

按公式计算的 Z 值是弯道上需清除的最大横净距，它在曲线终点或中点附近。在曲线上任意位置的横净距是随行车位置的改变而变化的，如果曲线全长上均按最大横净距值清除，则会造成工程上的浪费。对于需要清除的是重要的建筑物或岩石边坡时，多用图解法来确定清除范围。如图 5-19 所示，其方法如下：

1）按一定比例绘制弯道平面图，并示出行车轨迹线的位置。

2）在行车轨迹线上从弯道两端相连直线上距曲线起点（或终点）s 的地方开始，按 s 距离定出多组视线 1－1、2－2、3－3、…、10－10 等。

3）绘出这些视线的包络线（内切曲线）即为视距曲线。

4）量出相应断面位置的横净距，即可按上面的方法确定相应断面上的视距切除范围。

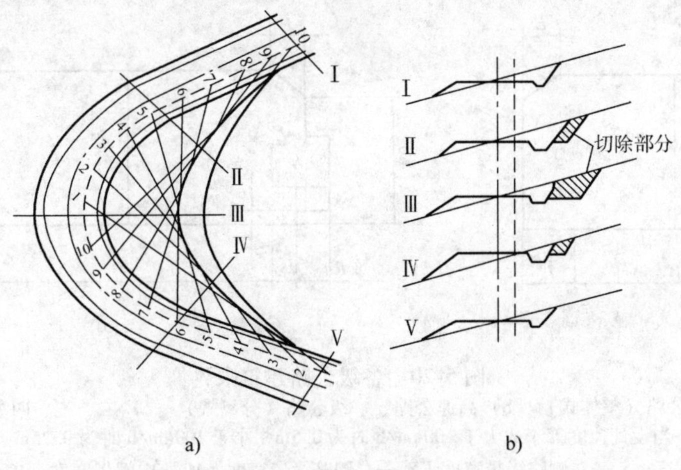

图 5-19　图解法
a）平面　b）横断面

5.5 道路的建筑界限与道路用地

5.5.1 道路建筑限界

1. 定义

道路建筑限界是为保证道路上各种车辆、人群的正常通行与安全，在一定的高度和宽度范围内不允许有任何障碍物侵入的空间范围。

在道路的横断面设计时，应充分研究组成路幅要素的相互关系及道路的各种设施的设置规划，在有限空间内作出合理的安排。绝对不允许桥台、桥墩以及照明、护栏、信号机、道路标志牌、行道树、电线杆等设施侵入建筑限界以内。

道路建筑限界的边界线依下列原则确定：

1）上缘边界线，对于一般路拱路段，为一条水平线；对于设置超高的路段，是与超高横坡相平行的斜线。

2）两侧边界线，对于一般路拱路段，两侧边界线与水平线垂直；设置超高的路段，与超高横坡线垂直。

2. 组成

道路建筑限界由净高和净宽两部分组成。《标准》规定的各级公路建筑限界如图5-20所示，并对建筑限界有如下规定：

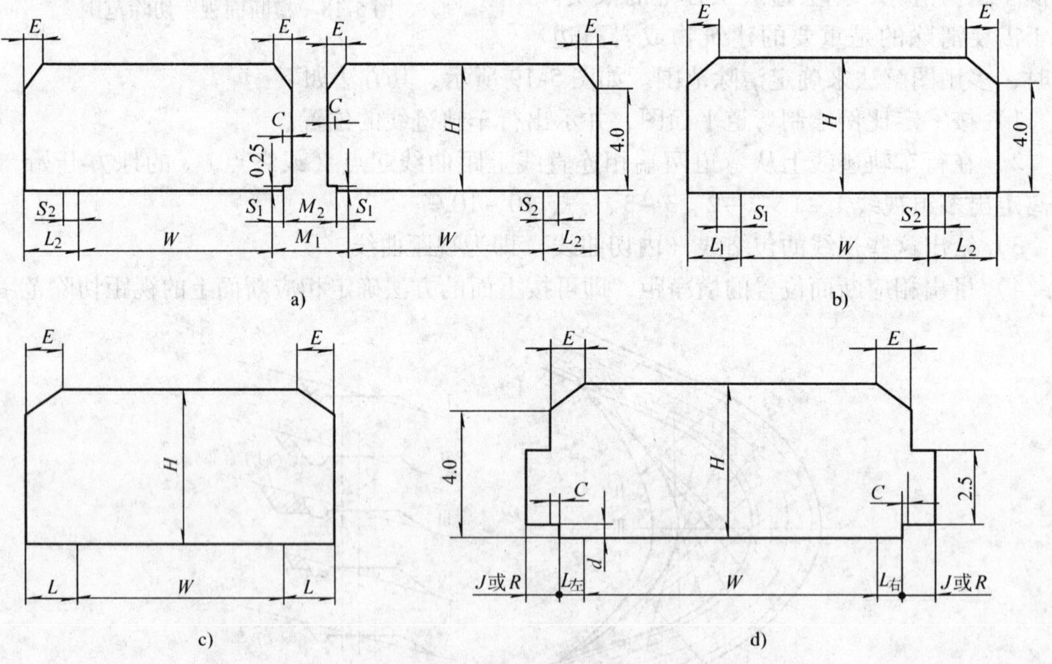

图5-20 各级公路建筑限界

a）高速公路、一级公路（整体式） b）高速公路、一级公路（分离式） c）二、三、四级公路 d）公路隧道

W—行车道宽度 C—当设计速度等于或大于100km/h时为0.5m，小于100km/h时为0.25m L_1—左侧硬路肩宽度

L_2—右侧硬路肩宽度 S_1—左侧路缘带宽度 S_2—右侧路缘带宽度 M_1—中间带宽度 M_2—中央分隔带宽度

J—隧道内检修道宽度 R—隧道内人行道宽度 E—建筑限界顶角宽度，当$L \leqslant 1$m时，$E=L$；当$L>1$m时，$E=1$m H—净高

L—侧向宽度，高速公路、一级公路的侧向宽度为硬路肩宽度（L_1或L_2），其他各级公路的侧向宽度为路肩宽度减去0.25m

1）当设置有加减速车道、紧急停车带、爬坡车道、慢车道、错车道时建筑限界应包括相应部分的宽度。

2）八车道及其以上的高速公路整体式建筑限界应包括左路肩的宽度。

3）桥梁、隧道设置检修道、人行道时建筑限界应包括相应部分的宽度。

4）一条公路应采用同一净高。高速公路、一级公路、二级公路的净高应为5.0m；三级公路、四级公路的净高应为4.5m。

5）检修道人行道与行车道分开设置时其净高应为2.5m。

对于城市道路而言，其建筑限界的划定原理与公路相同，最小净高如下：各种汽车4.5m，无轨电车5.0m，有轨电车5.5m，自行车和行人2.5m，其他非机动车3.5m。

城市道路的建筑限界规定如图5-21所示。

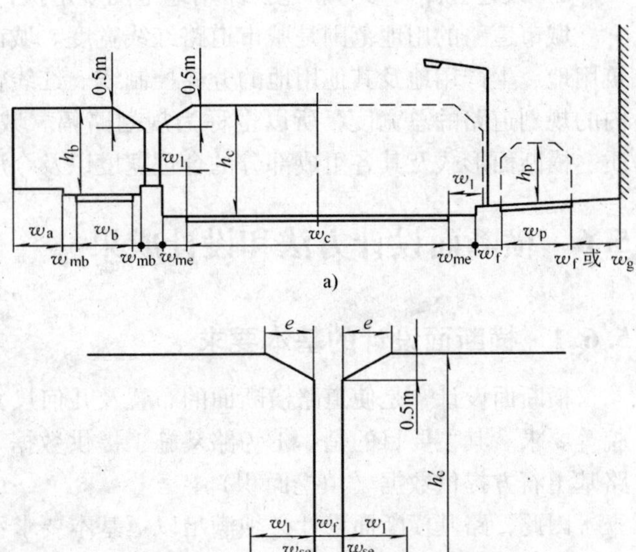

图5-21　城市道路建筑限界

a）无中间带　b）有中间带

w_{sm}—中间分车带宽度　w_{dm}—中间分隔带宽度

w_c—机动车车道宽度或机动车与非机动车混合行驶的车行道宽度

w_l—侧向净宽　w_{me}—机动车道路缘带宽度

w_{mb}—非机动车道路缘带宽度　w_{se}—机动车车行道安全带宽度

w_b—非机动车车行道宽度　w_a—路侧带宽度　w_f—设施带宽度

w_p—人行道宽度　h_c—机动车车行道最小净高

h_b—自行车道、人行道及其他非机动车车行道的最小净高

e—顶角抹角宽度

5.5.2　道路用地

修建道路和养护道路以及布置道路的各种设施都需要占用土地，这些土地的征用必须遵照国家的有关政策办理，既要满足确因建设需要必须使用的地幅，又要精打细算，充分考虑我国珍贵的土地资源，尽可能从设计和施工等方面节省每一寸土地。

在道路用地范围内，不得修建非路用房屋、开挖渠道及其他设施。规定的公路用地范围为

1）新建公路路堤两侧排水沟外边缘（无排水沟时为路堤或护坡道坡脚）以外，或路堑坡顶截水沟外边缘（无截水沟为坡顶）以外不少于1m的土地为公路用地范围。在有条件的地段，高速公路、一级公路不少于3m，二级公路不少于2m的土地为公路路基用地范围。

2）高填深挖路段，可能因取土、弃土以及在路基的开挖填筑和养护过程中占用更多的土地，加之路基可能产生的沉陷、变形等原因，所以在这种地段应根据计算确定用地范围。

3）在风沙、雪害及特殊地质地带，需设置防护林，种植固沙植物，安装防沙或防雪栅栏以及设置反压护道等设施时，应根据实际需要确定其用地范围。

4）桥梁、隧道、互通式立体交叉、分离式立体交叉、平面交叉、交通安全设施、服务设施、管理设施、绿化以及料场、苗圃等，应根据实际需要确定其用地范围。

5）有条件或根据环保要求种植多行林带的路段，应根据具体情况确定公路用地范围。

6）改建公路可参考新建公路用地范围规定执行。

城市道路的用地范围是城市道路红线宽度。城市道路红线指划分城市道路用地和城市建筑用地、生产用地及其他用地的分界控制线。红线宽度为包括车行道、人行道、绿化带等在内的规划道路的总宽度，所以也称为规划路幅。城市道路的红线规划考虑道路的功能与性质、横断面形式及其各组成部分的合理宽度以及今后发展的需要，由城市规划部门确定。

5.6 横断面设计方法和设计成果

5.6.1 横断面设计的基本要求

横断面设计，是使道路横断面的布置及几何尺寸能满足交通、环境、用地经济、城市面貌等要求。其主要目的是：①为路基施工提供数据（即提供路基横断面设计图）；②为计算路基土石方提供数据（填挖面积）。

因此，路基横断面设计必须满足以下基本要求：

1）路基的结构设计应根据其使用要求和当地自然条件（包括水文地质条件和材料情况），并结合施工条件进行设计，使路基既要有足够的强度和稳定性，又要利于施工，经济节约。为此，在设计前要认真做好调查研究工作，充分搜集沿线地质、水文、地形、气象资料。在山岭区要特别注意地形和地质条件的影响，选择适当的路基断面形式、边坡坡度及防止病害的措施；在平原区注意路基最小填土高度，并设置必要的排水设施。

2）路基的断面形式和尺寸应根据公路等级、设计标准和设计任务书的规定以及公路的使用要求，结合具体条件确定。一般路基可参考标准横断面图设计，特殊路基则应进行单独设计。

3）路基设计应兼顾当地农田基本建设的需要。在取土、弃土、取土坑设置、排水设计等方面与农田改土、农田水利、灌溉沟渠等相配合，尽量减少废土占地、防止水土流失和淤塞河道。

5.6.2 标准横断面

在具体设计每个横断面之前，先确定路基的标准横断面（或称“典型横断面”）。在标准横断面图中，一般要包括：路堤、路堑、半堤半堑、护肩路基、挡土墙路基、砌石路基等，断面中的边坡坡率、边沟尺寸、挡墙断面等必须按现行《公路路基设计规范》的规定办理，对于高填、深挖、特殊地质、浸水路堤等应单独设计，详见《路基路面工程》。

5.6.3 横断面设计步骤

1）点绘横断面的地面线。地面线是在外业现场测绘的，若是纸上定线，可从大比例尺的地形图上内插获得。在计算机辅助设计中，可通过数字化仪或键盘向计算机输入横断面各变化点相对于中桩的坐标，由计算机自动绘制。横断面图的比例尺一般是1∶200。

2）根据路线及路基资料，将横断面的填挖值及有关资料（如路基宽度、加宽值、超高坡度、缓和段长度、平曲线半径等）注写在相应桩号的断面上。

3）根据地质调查资料，示出土石界限，设计边坡坡度，并确定边沟形状和尺寸。

4）绘出设计线："戴帽子"。根据现场调查所得来的"土壤、地质、水文资料"，参照"标准横断面图"，画出路幅宽度，填或挖的边坡坡线，在需要设置各种支挡工程和防护工程的地方画出该工程结构的断面示意图。具体方法按如下步骤进行：①依据所抄入的路基中心填挖高度，由中桩地面点量出填挖高度，画一条水平线，即为设计高程；②确定左右侧路基宽度，在设计高程线上截取左右路基边缘位置；③绘出路拱，按路中线、路基或路面边缘与设计高程的差值绘出；④绘出路基边坡线；⑤绘出防护及加固设施的断面图。

5）根据综合排水设计，画出路基边沟、截水沟、排灌渠等的位置和断面形式，必要时需注明各部分尺寸。此外，对于取土坑、弃土堆、绿化等也尽可能画出。经检查无误后，修饰描绘。

6）计算横断面填挖面积。横断面面积的计算方法将在下一节介绍。

7）土石方数量计算与调配。土石方数量计算与调配方法将在下一节中介绍。

对于分离式断面的公路和具有变速车道、爬坡车道、紧急停车车道的断面，可参照上述步骤绘制。

一条道路的横断面图数量极大，为提高手工绘制的工作效率，可事先制作若干透明模板，但根本的解决办法是"路线 CAD"，它不但能准确自动绘制横断面图，而且能自动计算横断面面积（关于路线 CAD 的介绍，参见本书第 13 章）。

上面所介绍的横断面设计方法，仅限于在"标准横断面图"范围以内的那些断面，其操作比较机械，所以形象化地称之为"戴帽子"。对特殊情况下的横断面，则必须按照路基课程中所讲述的原理和方法进行特殊设计，绘图比例尺也应按需要采用。

5.6.4 横断面设计成果

（1）标准横断面图　一条公路在全线范围内，应选择有代表性的典型横断面，作出路基标准横断面图。图中应注明用地界、绿化、护栏、防护网位置、路基和路堑边坡以及横断面各组成部分的详细尺寸和布置，作为施工标准图式，其比例一般为 1∶100 或 1∶200，如图 5-22 所示（见全文后插页）。

（2）路基横断面设计图　路基横断面图是每一个中桩位置的法向剖面图，它反映每一个桩位处横断面的尺寸及结构，是路基施工及横断面面积计算的依据。图中应绘出地面线和设计线（包括边沟、边坡、开挖台阶、视距台等），并注明地界，挡土墙、护坡、护脚等构造物可只绘出形状不标注尺寸，边沟可只绘出形状。横断面设计图应按从下到上、从左到右的顺序进行布置，一般采用 1∶200 的比例，如图 5-23 所示（见全文后插页）。

（3）路基设计表　"路基设计表"是路线设计和路基设计成果的体现，在道路设计文件中占有重要地位，示例见表 5-17。表中，前半部分是平面与纵断面设计的成果，后半部分是横断面设计成果。横断面设计完成后，再将"边坡"、"边沟"等栏填上。其中，如边沟沟底纵坡与路线纵坡一致，"边沟"一栏的"坡度"可以不填写；如果不一致，则需另外填写。

（4）土石方计算表　路基土石方是公路工程的一项主要工程量，所以在公路设计和路线方案比较中，路基土石方数量的多少是评价公路测设质量的主要技术经济指标之一，也是编制公路施工组织计划和工程概预算的主要依据。因此，在填表和计算中要注意每一栏的相互关系，做到填表、计算、复核三个环节统一，以保证数据的准确性，示例见表 5-18。

表 5-17 路基

桩号	平曲线		坡度及竖曲线		地面高程	设计高程				
	左	右	凸	凹		未设竖曲线设计高	改正值 +	改正值 −	改正后的路面设计高	路基设计标高
YZK37 +518.81				SZYK37 +532.13	2151.23	2151.71			2151.71	2151.28
K37 +530.00				−1.05%/189.99 2150.99	2151.03	2151.59			2151.59	2151.16
K37 +550.00				K37 +545.90	2151.07	2151.53	0.07		2151.60	2151.17
K37 +570.00				$R=700$ $T=13.78$	2151.66	2152.11			2152.11	2151.68
K37 +590.00				$E=0.14$ 2.88%/102.63	2152.55	2152.69			2152.69	2152.26
K37 +600.00				SYZK37 +559.68	2152.53	2152.98			2152.98	2152.55
K37 +610.00			SZYK37 +633.95		2152.79	2153.27			2153.27	2152.84
ZYK37 +629.55		JD144	2.88%/102.63 2153.95		2153.51	2153.83			2153.83	2153.40
QZK37 +648.70		$\alpha=19°49'35''$ $R=110.70$	K37 +648.54		2153.90	2154.32		0.25	2154.07	2153.64
YZK37 +667.85		$L=38.30$	$R=350$ $T=14.59$		2152.52	2153.32			2153.32	2152.89
K37 +680.00			$E=0.30$ −5.46%/82.42		2152.13	2152.66			2152.66	2152.23
K37 +700.00			SYZK37 +663.13	SZYK37 +710.88	2151.42	2151.57			2151.57	2151.14
K37 +720.00				−5.46%/82.42 2149.45	2150.77	2150.51	0.02		2150.53	2150.10
K37 +740.00				K37 +730.96	2150.21	2149.88	0.04		2149.92	2149.49
K37 +760.00				$R=800$ $T=20.08$	2149.79	2149.75			2149.75	2149.32
ZYK37 +769.48	JD145			$E=0.25$ −0.44%/204.36	2149.74	2149.71			2149.71	2149.28
QZK37 +779.72	$\alpha=29°20'33''$ $R=40.00$			SYZK37 +751.04	2149.55	2149.67			2149.67	2149.24
YZK37 +789.97	$L=20.49$				2149.52	2149.62			2149.62	2149.19
K37 +800.00					2149.48	2149.58			2149.58	2149.15
K37 +820.00					2149.45	2149.49			2149.49	2149.06
K37 +840.00					2149.33	2149.41			2149.41	2148.98
K37 +860.00					2149.26	2149.32			2149.32	2148.89
K37 +880.00					2149.31	2149.23			2149.23	2148.80
ZYK37 +886.01	JD146				2149.23	2149.20			2149.20	2148.77
K37 +888.80	$\alpha=31°03'43''$				2149.24	2149.19			2149.19	2148.76
QZK37 +902.27	$R=60.00$ $L=32.53$			SZYK37 +918.92	2149.26	2149.13			2149.13	2148.70
YZK37 +918.53				−0.44%/204.36 2148.56	2149.35	2149.06			2149.06	2148.63
K37 +930.00					2149.36	2149.01	0.06		2149.07	2148.64

设计表

填挖高度/m		路基宽度/m		路边及中桩与设计高之高差/m			施工时中桩/m		边坡1:*m*		护坡道				边沟						坡脚坡口至中桩距离		备注
											护坡道宽		边坡1:*n*		坡度(%)		形状	底宽/m	沟深/m	内坡			
填	挖	左	右	左	中桩	右	填	挖	左	右	左	右	左	右	左	右					左	右	
0.05		3.75	3.95	−0.07	+0.00	−0.08	0.05																
0.13		3.75	3.75	−0.07	+0.00	−0.07	0.13																
0.10		3.75	3.75	−0.07	+0.00	−0.07	0.10																
0.02		3.75	3.75	−0.07	+0.00	−0.07	0.02																
	0.29	3.75	3.75	−0.07	+0.00	−0.07		0.29															
0.02		3.75	3.75	−0.07	+0.00	−0.07	0.02																
0.05		3.75	3.75	−0.07	+0.00	−0.07	0.05																
	0.11	3.75	4.15	0.07	+0.00	−0.08		0.11															全超高值：2%
	0.26	3.75	4.15	0.07	+0.00	−0.08		0.26															半加宽值：0.4m
0.37		3.75	4.15	0.07	+0.00	−0.08	0.37																
0.10		3.75	3.75	0.07	+0.00	−0.07	0.10																
	0.28	3.75	3.75	0.03	+0.00	−0.08		0.28															
	0.67	3.75	3.75	0.00	+0.00	−0.07		0.67															
	0.72	3.75	3.75	−0.04	+0.00	−0.07		0.72															
	0.47	3.92	3.75	−0.08	+0.00	−0.08		0.47															
	0.46	4.35	3.75	−0.09	+0.00	−0.07		0.46															全超高值：5%
	0.31	4.35	3.75	−0.09	+0.00	−0.07		0.31															半加宽值：0.7m
	0.33	4.35	3.75	−0.09	+0.00	−0.07		0.33															
	0.33	4.25	3.75	−0.09	+0.00	−0.07		0.33															
	0.39	3.75	3.75	−0.08	+0.00	−0.08		0.39															
	0.35	3.75	3.75	−0.08	+0.00	−0.08		0.35															
	0.37	3.75	3.75	−0.07	+0.00	−0.07		0.37															
	0.51	4.17	3.75	−0.08	+0.00	−0.07		0.51															
	0.46	4.35	3.75	−0.09	+0.00	−0.08		0.46															
	0.48	4.35	3.75	−0.09	+0.00	−0.07		0.48															全超高值：4%
	0.56	4.35	3.75	−0.09	+0.00	−0.07		0.56															半加宽值：0.6m
	0.72	3.98	3.75	−0.08	+0.00	−0.07		0.72															
	0.72	3.75	3.75	−0.08	+0.00	−0.08		0.72															

桩号	平曲线		坡度及竖曲线		地面高程	设计高程				
	左	右	凸	凹		未设竖曲线设计高	改正值 +	改正值 -	改正后的路面设计高	路基设计标高
K37 +950.00				K37 +935.32 $R=1000$ $T=16.40$ $E=0.13$ 2.84%/124.68 SYZK37 +951.72	2149.72	2149.41	0.00		2149.41	2148.98
ZYK37 +953.01		JD147 $\alpha=29°25'38''$ $R=40.00$ $L=20.55$			2149.80	2149.49			2149.49	2149.06
QZK37 +963.29					2150.09	2149.79			2149.79	2149.36
YZK37 +973.56					2150.29	2150.08			2150.08	2149.65
K37 +980.00					2150.53	2150.26			2150.26	2149.83
K38 +000.00					2151.07	2150.83			2150.83	2150.40
K38 +020.00			SZYK38 +047.21 2.84%/124.68 2152.11		2151.45	2151.40			2151.40	2150.97
K38 +040.00					2151.93	2151.97			2151.97	2151.54
K38 +060.00			K38 +060.00 $R=500$ $T=12.79$ $E=0.16$ -2.27%/97.17 SYZK38 +072.79		2152.36	2152.53		0.16	2152.37	2151.94
K38 +080.00					2152.03	2152.08			2152.08	2151.65
K38 +100.00					2151.56	2151.63			2151.63	2151.20
K38 +120.00				SZYK38 +145.57 -2.27%/97.17 2149.90	2151.19	2151.17			2151.17	2150.74
K38 +140.00					2150.46	2150.72			2150.72	2150.29
K38 +160.00				K38 +157.17 $R=4000$ $T=11.60$ $E=0.02$ -1.69%/165.13 SYZK38 +168.77	2150.06	2150.28	0.01		2150.29	2149.86
K38 +180.00					2149.54	2149.94			2149.94	2149.51
K38 +200.00					2149.19	2149.61			2149.61	2149.18
K38 +220.00					2149.04	2149.27			2149.27	2148.84
ZYK38 +234.17		JD148 $\alpha=27°20'25''$ $R=50.00$ $L=23.86$			2148.81	2149.03			2149.03	2148.60
QZK38 +246.10					2148.55	2148.83			2148.83	2148.40
YZK38 +258.03					2148.30	2148.63			2148.63	2148.20
K38 +270.00					2148.66	2148.43			2148.43	2148.00
K38 +290.00				SZYK38 +307.33 -1.69%/165.13 2147.12	2147.88	2148.09			2148.09	2147.66
K38 +310.00					2147.64	2147.75	0.00		2147.75	2147.32
K38 +330.00				K38 +322.30 $R=2500$ $T=14.97$ $E=0.05$ -0.49%/227.95 SYZK38 +337.27	2147.43	2147.51	0.01		2147.52	2147.09
K38 +350.00					2147.23	2147.41			2147.41	2146.98
K38 +370.00					2147.08	2147.31			2147.31	2146.88
K38 +390.00					2146.64	2147.21			2147.21	2146.78
K38 +410.00					2146.89	2147.12			2147.12	2146.69
K38 +430.00					2147.03	2147.02			2147.02	2146.59

（续）

填挖高度/m		路基宽度/m		路边及中桩与设计高之高差/m			施工时中桩/m		边坡1:m		护坡道				边沟						坡脚坡口至中桩距离		备注
											护坡道宽		边坡1:n		坡度（%）		形状	底宽/m	沟深/m	内坡			
填	挖	左	右	左	中桩	右	填	挖	左	右	左	右	左	右	左	右					左	右	
	0.74	3.75	4.25	−0.07	+0.00	−0.08		0.74															
	0.74	3.75	4.35	−0.07	+0.00	−0.09		0.74															全超高值：5%
	0.73	3.75	4.35	−0.08	+0.00	−0.09		0.73															半加宽值：0.7m
	0.64	3.75	4.13	−0.07	+0.00	−0.08		0.64															
	0.70	3.75	3.75	−0.07	+0.00	−0.07		0.70															
	0.67	3.75	3.75	−0.07	+0.00	−0.07		0.67															
	0.48	3.75	3.75	−0.08	+0.00	−0.08		0.48															
	0.39	3.75	3.75	−0.07	+0.00	−0.07		0.39															
	0.42	3.75	3.75	−0.07	+0.00	−0.07		0.42															
	0.38	3.75	3.75	−0.08	+0.00	−0.08		0.38															
	0.36	3.75	3.75	−0.07	+0.00	−0.07		0.36															
	0.45	3.75	3.75	−0.07	+0.00	−0.07		0.45															
	0.17	3.75	3.75	−0.07	+0.00	−0.07		0.17															
	0.20	3.75	3.75	−0.07	+0.00	−0.07		0.20															
	0.03	3.75	3.75	−0.07	+0.00	−0.07		0.03															
	0.01	3.75	3.75	−0.07	+0.00	−0.07		0.01															
	0.20	3.75	3.75	−0.07	+0.00	−0.07		0.20															
	0.21	3.75	3.75	−0.07	+0.00	−0.07		0.21															全超高值：5%
	0.15	3.75	3.75	−0.07	+0.00	−0.07		0.15															半加宽值：0.6m
	0.10	3.75	3.75	−0.07	+0.00	−0.07		0.10															
	0.66	3.75	3.75	−0.07	+0.00	−0.07		0.66															
	0.22	3.75	3.75	−0.07	+0.00	−0.07		0.22															
	0.32	3.75	3.75	−0.08	+0.00	−0.08		0.32															
	0.34	3.75	3.75	−0.07	+0.00	−0.07		0.34															
	0.25	3.75	3.75	−0.08	+0.00	−0.08		0.25															
	0.20	3.75	3.75	−0.07	+0.00	−0.07		0.20															
0.14		3.75	3.75	−0.07	+0.00	−0.07	0.14																
	0.20	3.75	3.75	−0.07	+0.00	−0.07		0.20															
	0.44	3.75	3.75	−0.07	+0.00	−0.07		0.44															

表 5-18 路基土石方

桩号	横断面面积（或为半面积）/m^2 挖	横断面面积 填 土	横断面面积 填 石	平均面积/m^2 挖	平均面积 填 土	平均面积 填 石	距离/m	总数量	挖方分类及数量/m^3 土 松土 (%)	松土 数量	普通土 (%)	普通土 数量	硬土 (%)	硬土 数量	石 软石 (%)	软石 数量	次坚石 (%)	次坚石 数量	坚石 (%)	坚石 数量
1	2	3	4	5	6	7	8	9	10	11	12	13	14	15	16	17	18	19	20	21
K14 +000	60.0																			
+017	82.2			71.1			17	1209			20	242	10	121			50	604	20	242
+025	86.4		10.0 4.0	84.3		5.0 2.0	8	674				135		67				337		135
+037		78.0		43.2	39.0	5.0 2.0	12	518				103		52				259		104
+041		69.6			73.8		4													
+050	78.4			39.2	34.8		9	353					20	71				176	30	106
+060	34.4			56.4			10	564						113				282		169
+072	86.8			60.6			12	727						145				364		218
+080	25.0			55.9			8	447						89				224		134
+086		24.6	54.6	12.5	12.3	27.3	6	75						15				37		23
+094		28.0	56.0		26.3	55.3	8													
+100		20.0	56.0		24.0	56.0	6													
+108		24.0	44.0		22.0	50.0	8													
+114	24.0		2.0	12.0	12.0	22.0 1.0	6	72						14				36		22
+124	46.0		1.0	35.0		1.5	10	350						70				175		105
+140	16.0	8.0		31.0	4.0	0.5	16	496						99				248		149
+160	42.0	6.0		29.0	7.0		20	580						116				290		174
+180	62.0			52.0	3.0		20	1040						208				520		312
+190	14.0	21.0		38.0	10.5		10	380						76				190		114
+200		36.0		7.0	28.5		10	70						14				35		21
小计							200	7555						1270				3777		2208

注：1. 24、30 栏中的“（）”表示以石代土。

2. 31、32、33、34 栏中分子为数量，分母为运距。

3. 31、32 栏系指普通土和次坚石，如有不同，须加注明。

数量计算表

填方数量/m³		利用方数量/m³ 及运距（单位）							借方数量/m³ 及运距（单位）		废方数量/m³ 及运距（单位）		总运量/m³（单位）	
		本桩利用		填缺		挖余		远运利用纵向调配示意						
土	石	土	石	土	石	土	石		土	石	土	石	土	石
22	23	24	25	26	27	28	29	30	31	32	33	34	35	36
								调至上 公里土						
						363	846	236				346/③		1038
	40 16		56			202	416	石： 500				329/③		987
468	60 24	155 （279）	84	34				土202 石87						
295				295				石（40）						
313		71 （242）					40							
						113	451					443/②		886
						145	582							
						89	358							
74	164	15	60	59	104									
210	442			210	442			土347 石882（66）					694	1896
144	336			144	336									
176	400			176	400			土105					105	609
72	132 6	14	58	58	80			石480 （129）						
	15		15			70	265							
64	8	64	8			35	389					45		
140		115 （24）					440					440		
60		60				148	832				148	832		
105		76 （29）					275					60		
285		14 （56）		215				石（215） 十654石1362（537）						
2406	1574 60	585 （630）	281	1191	1362	1165	4894				148	2495	799	5416

（5）其他成果　对于特殊情况下的路基（如高填深挖路基、侵河路基、不良地质地段路基等）应单独设计，并绘制特殊路基设计图。图中应示出地质、各种防护工程设施及构造物布置大样图。比例尺用1:100～1:500，必要时加绘比例尺为1:200～1:2000的平面图及水平比例1:200～1:2000，垂直比例1:20～1:200的纵断面图。

对于高等级公路还应绘制超高方式图，详细示出超高方式、布置及主要尺寸。设有中间带的公路还应绘出中间带设计图，图中应示出缘石大样，中央分隔带开口设计图等。

5.6.5 城市道路横断面设计

城市道路横断面设计关系到交通、环境、景观和沿线公用设施的协调安排，所以除根据道路等级、交通量确定断面形式外，还应特别注意以下几点：

1）路幅应与沿街建筑高度相协调。从日照、通风、防震及建筑艺术要求，一般认为沿街建筑物高度与路幅宽度之比为1:2左右为宜。

2）横断面的布置应与道路功能相协调。不同功能的道路应有不同的风貌与建筑艺术。例如，商业性大街，沿街有大型商店、影剧院等，一般以客运与行人交通为主，禁止过境载货汽车入内，断面布置时，车行道一般为四车道，并应考虑车辆沿街停靠，且人行道宜宽。

3）横断面布置应与地形相协调。

4）应有利于道路排水及地上地下管线的布置。

5）横断面应与路上的交通性质与组成相协调。由于城市道路主要由机动车、非机动车、行人交通以及公共交通站等组成，因此横断面要依据机动、非机动车辆与行人交通量的比例，并考虑公交线路及车辆的停靠等问题进行布置设计。

1. 横断面设计图

当按照城市道路的交通性质、地形条件以及近期与远期相结合的原则确定了横断面组成和宽度以后，即可绘制横断面设计图。城市道路的横断面设计图与公路横断面图的作用是相同的，即指导施工和计算土石方数量。

城市道路横断面设计图一般要用的比例尺为1:100或1:200，在图上应绘出红线宽度、行车道、人行道、绿带、照明、新建或改建的地下管道等各组成部分的位置和宽度，以及排水方向、路面横坡等，如图5-24所示。

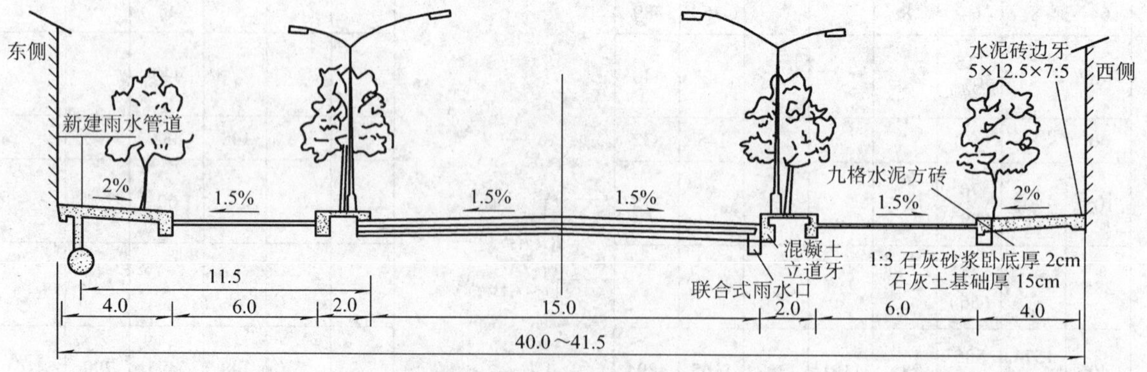

图5-24　城市道路横断面设计图（单位：m）

2. 横断面现状图

沿道路中线每隔一定距离绘制横断面地面线。若属旧街道的改建，实际上就是横断面的现状图。图中包括地形、地物、原街道的各组成部分、边沟、路侧建筑等。比例尺为 1∶100 或 1∶200，有时为了更加明显地表现地形和地物高度的变化，也可采用纵、横不同的比例尺绘制。

3. 横断面施工图

在完成道路纵断面设计之后，各中线上的填挖高度则为已知。将这一高度点绘在相应的横断面现状图上，然后将横断面设计图以相同的比例尺画于其上。此图反映了各断面上的填、挖和拆迁界线，是施工时的主要根据，如图 5-25 所示。

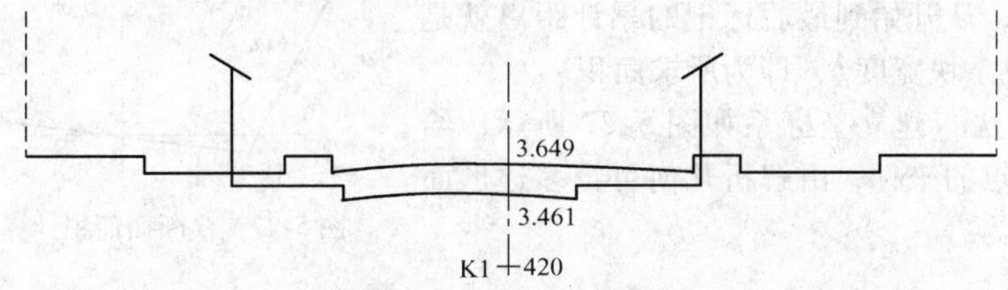

图 5-25　城市道路横断面施工图

5.7　路基土石方数量计算及调配

路基土石方是公路工程的一项主要工程量，它影响公路的造价、工期、用地等许多方面，是主要技术经济指标之一。土石方的数量及其调配，关系到取土或弃土地点、公路用地范围，同时对工程造价、所需劳动力和机具设备的数量以及施工期限有一定影响。

土石方计算与调配的主要任务是计算每公里路段的土石数量和全线总土石方工程数量，设计挖方的利用和填方的来源及运距，为编制工程预（概）算、确定合理的施工方案以及计量支付提供依据。

由于自然地面起伏多变，填挖体积不可能是一个简单的几何体，所以在公路的测设过程中，土石方的计算通常采用近似方法，计算的精确度取决于中桩间距、测绘横断面时采点的密度和计算公式与实际情况的接近程度等。一般情况下，横断面的面积以 m^2 为单位，取小数点后一位，土石方的体积以 m^3 为单位，取至整数。

5.7.1　横断面面积计算

路基填挖的断面积是指断面图中地面线与路基设计线所围成的面积，高于地面线者为填，低于地面线者为挖，两者应分别计算，一般常用的计算方法如下：

（1）积距法　积距法的原理是把断面面积垂直分割成宽度相等的若干条块，由于每一条块的宽度相等所以在计算面积时，只需量取每一条块的平均高度，然后乘以宽度，即可得出每一条块的面积，如图 5-26 所示。

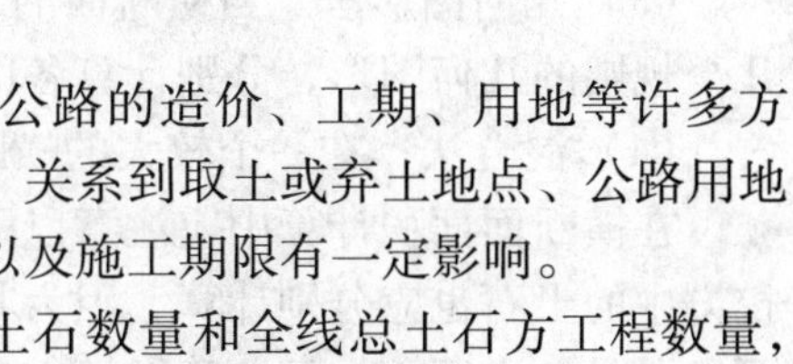

图 5-26　横断面面积计算（积距法）

$$A_1 = b \times h_1, A_2 = b \times h_2, A_3 = b \times h_3, \cdots, A_i = b \times h_i$$

总面积

$$A = \Sigma A_i = b\Sigma h_i \tag{5-6}$$

式中　A——横断面面积（m^2）；

b——横断面所分成各条块的宽度，通常用1m或2m；

h_i——横断面所分成第i条块的平均高度（m）。

由此可见，积距法求面积就是在实际操作中转化为量取h_i的累加值，这种操作可以用分规按顺序连续量取每一条块的平均高度h_i，分规最后的累计高就是Σh_i，将条块宽度乘以累计高度Σh_i，即为填或挖的面积。积距法也可以用厘米格纸拆成窄条作为量尺，每量一次h_i，在窄条上画好标记，从开始到最后标记的累计距离就是Σh_i，然后乘以条块宽度b，即为所求面积。

（2）坐标法　建立坐标系如图5-27所示，给定多边形各顶点的坐标，由解析几何可得多边形面积的计算公式为

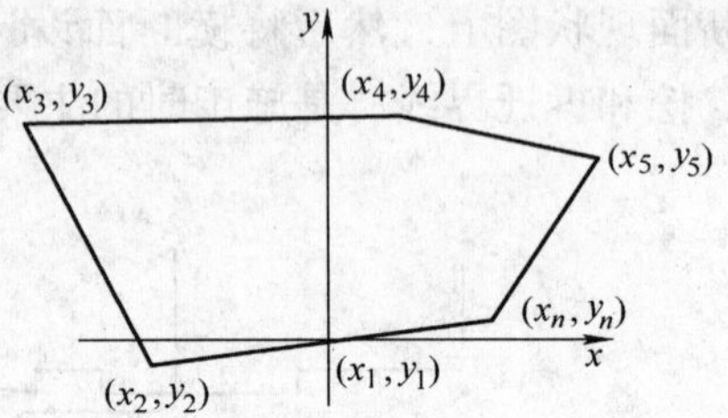

图5-27　横断面面积计算（坐标法）

$$A = \frac{1}{2}\Sigma(x_i y_{i+1} - y_i x_{i+1}) \tag{5-7}$$

式中　x，y——设计线和地面线围成面积的各顶点的坐标（m）。

坐标法精度较高，方法较繁，适用于计算机计算。

（3）几何图形法　当横断面的地面线较规则且横断面面积较大，可将路基横断面分为几个规则的几何图形，分别计算各图形面积后相加得到总面积。

（4）混合法　在一个较大的横断面中，几何图形法和积距法共用，以加快计算速度。

在横断面面积计算中应注意以下几个问题：①填方和挖方的面积应分别计算；②填方或挖方中的土石也应分别计算，因为其工程造价不同；③有些情况下横断面上的某一部分面积可能既是挖方面积，又要算做填方面积，例如，遇到既要挖除，又要回填其他材料的情况。

5.7.2　填挖方体积计算

路基土石方计算工作量较大，加之路基填挖变化的不规则性，要精确计算土石方体积是十分困难的，在工程上通常采用近似计算。即假定相邻断面间为一棱柱体，则其体积为

$$V = (A_1 + A_2)\frac{L}{2} \tag{5-8}$$

式中　V——体积，即土石方数量（m^3）；

A_1、A_2——相邻两断面的面积（m^2）；

L——相邻断面之间的距离，即桩号之差（m）。

此种方法称为平均断面法，如图5-28所示。用平均断面法计算土石方体积简便、实用，是公路上常采用的方法。但其精度较差，只有当A_1、A_2相差不大时才较准确。当A_1、A_2相差较大时，则按棱台体公式计算更为接近，其公式如下

$$V = \frac{L}{3}(A_1 + A_2)\left(1 + \frac{\sqrt{m}}{1+m}\right) \tag{5-9}$$

式中，$m = A_1/A_2$，其中$A_1 < A_2$。

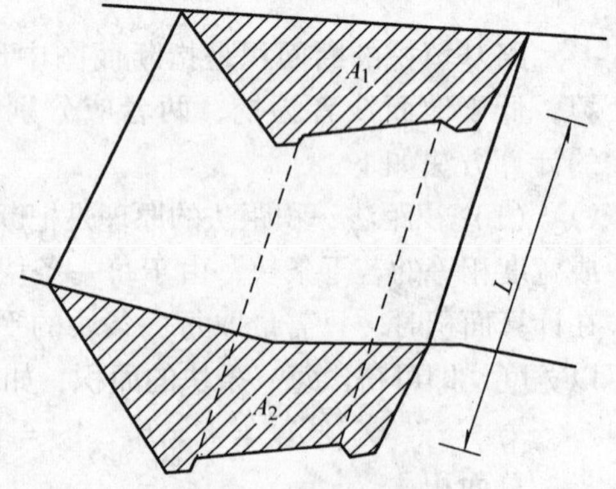

图5-28　平均断面法

第二种方法精度较高，应尽量采用，特别适用于计算机计算。

用上述方法计算的土石方体积中，是包含了路面体积的。若所设计的纵断面有填有挖基本平衡，则填方断面中多计算的路面面积与挖方断面中少计算的路面面积相互抵消，其总体积与实际体积相差不大。但若路基是以填方为主或以挖方为主，则最好是在计算断面面积时将路面部分计入。也就是填方要扣除、挖方要增加路面所占的那一部分面积。特别是路面厚度较大时更不能忽略。

计算路基土石方数量时，应扣除大、中桥及隧道所占路线长度的体积；桥头引道的土石方，可视需要全部或部分列入桥梁工程项目中，但应注意不要遗漏或重复；小桥涵所占的体积一般可不扣除。

路基工程中的挖方按天然密实方体积计算，填方按压实后的体积计算，各级公路各类土石方与天然密实方换算系数见表5-19，土石方调配时注意换算。

表5-19　路基土石方换算系数

公路等级	土石类别				
	土方				石方
	松土	普通土	硬土	运输	
二级及二级以下公路	1.23	1.16	1.09	1.19	0.92
三、四级公路	1.1	1.05	1.00	1.08	0.84

5.7.3　路基土石方的调配

在路基的施工过程中，就某一断面的土石方而言，会发生三种情况：一是挖去多余的土，形成路基，或者本桩有填有挖，利用了本桩的土后，还有多余，需要调走（挖余）；二是借其他地方的土，形成路基，或者本桩有填有挖，利用了本桩的土后，还不够，需要借土（填缺）；三是本桩有填有挖，利用本桩的土填挖平衡（本桩利用）。

针对这些情况，“挖余”有两种处理方法：调至其他断面利用或弃土废方。“填缺”也有两种解决办法：从其他断面调土或从路外借土。土方调配就是要解决这些问题。

1. 调配原则

路基土石方调配时，应遵循以下原则：

1）先横向后纵向，填方首先考虑本桩利用，以减少借方和调运方数量。

2）综合考虑不同的施工方法、运输条件、地形情况等因素，采用合理的经济用距。

3）保护生态环境，避免或防止由于取土或弃土导致水土流失、河道堵塞、塌方等生态环境的恶化，要把保护生态环境放在重要的位置。这样工程造价可能有所提高，但远低于由于生态破坏后为恢复生态环境所付出的代价。

4）土和石应分别调配。不同性质的土石应分别调配，以便分层填筑，分别计价。

5）考虑到施工的因素，土石方一般不跨深沟或上坡调运；借土、废方要考虑借土还田，整地造田，排灌养殖，使公路建设和其他相关方面形成良性循环。

2. 调配计算中的几个问题

（1）免费运距　根据公路工程概算定额和预算定额，土方作业包括挖、装、运、卸等工序，这里的”运”是指在规定的距离范围内，只按土石方数计价，计价中包括了挖、装、运、卸的所有工作，而不再计算运费，这个不再计算运费所规定的距离就是免费运距。施工方法不同，免费运距也不同，如人工作业时，人工运输的免费运距为20m，铲运机的免费运距为100m，各种作业方法的免费运距可以在《公路工程概算定额》和《公路工程预算定额》中查到。

（2）经济运距　填方用土来源，一是路上纵向调土，二是路外就近借土。一般情况下，调运路堑挖方来填筑距离较近的路堤是比较经济的，但如果调运距离过长，以致运价超过了在填方附近借土所需费用时，这种以挖作填就不如在附近借土经济。因此，采用“调”还是“借”，有个限度距离，这个限度距离称为“经济运距”，可按下式计算

$$L_{经} = \frac{B}{T} + L_{免} \tag{5-10}$$

式中　$L_{经}$——经济运距（m）；

B——借方单价（元/m^3）；

T——超运运费单价（元/m^3·m）。

式（5-10）的含意是在考虑了免费运距之后，调土的费用和借土的费用相等时的距离称为经济运距。换言之，纵向调土超过了经济运距，就不如借土合算了。

在计算运距时注意预算定额的规定：土石方的运距，第一个20m（指人工运输）为免费运距，如不足20m也按规定20m计，此后每增加10m为一个超运运距单位，尾数不满5m时不计，满5m时按10m计。这个超运运距单位称为“级”。

（3）平均运距　调土一般是分段进行的，从挖方段体积重心到填方段体积重心之间的距离，称为平均运距。判断调土是免费运距还是经济运距，只需和平均运距比较即可。为了简化计算，通常用挖方段的中心到填方段的中心，来表示平均运距。在纵向调运中，当其平均运距超过免费运距时，应按其超运运距计算土石方运量。

（4）运量　调配土石方的数量与调运距离的乘积称为运量。在这里调运距离是指超运运距，而不包括免费运距，而且运距在计价中是按“级”来计算的，所以运量为

$$W = QN \tag{5-11}$$

$$N = (L - L_m)/T$$

式中　W——运量（m^3）；

Q——调配土石方数量（m^3）；

N——平均超运距单位（m）；

L——平均运距（m）；

L_m——免费运距（m）；

T——超运运距单位（m）。人工运输，$T=10$m；铲运机运输，$T=50$m。

（5）计价土石方数量　在土石方计算与调配中，所有挖方均应计价，但填方则应按土的来源决定是否计价，如果是路外借土就应计价，如果是移“挖”作“填”的纵向调配利用方，则不应再计价。否则形成双重计价（即路堑挖方和路堤填方两次计价）。

计价土石方数量为

$$V_{计} = V_{挖} + V_{借}$$

式中　$V_{计}$——计价土石方量（m^3）；

$V_{挖}$——挖方数量（m^3）；

$V_{借}$——借方数量（m^3）。

3. 调配方法

路基土石方数量计算表调配法是土石方调配常用的方法之一，它具有简捷、方便、清晰、精度符合要求的特点，如表5-18所示。调配的方法与步骤如下：

（1）填表计算　在完成了路基土石方数量计算并复核无误后，计算并填写路基土石方计算表中的“本桩利用”、“填缺”、“挖余”各栏，其闭合式为

填方 = 本桩利用 + 填缺

挖方 = 本桩利用 + 挖余

（2）分析判断　根据“填缺”、“挖余”的分布情况，分析调土的方向和大致的数量，然后按施工方法、运输方式，选定经济运距，并以此综合其他因素确定最大调运距离，确定调配方向和数量。经纵向调运后如有填方不足，应考虑借方，本桩利用后又未调运的挖方按废方计。

（3）填写表格　在分析的基础上进行计算，并把结果填入相应栏中。在“远运利用纵向调配示意”栏内，用箭线表示调配方向，并标注调运土石方数量及超运运距的级数（一级记为①，二级记为②，以此类推），在“借方数量及运距”和“废方数量及运距”栏内分别填入本桩路外借土的数量和本桩的废方，分母填入相应的级数。最后计算总运量。总运量是本桩弃方、借方、调运数量与级数乘积的总和。

（4）复核　调配完成后按下式分页核算：

填缺 = 远运利用 + 借方

挖余 = 远运利用 + 弃方

每公里核算:（跨公里调入方）+ 挖方 + 借方 =（跨公里调出方）+ 填方 + 弃方

每公里土石方数量计算与调配完成后，填写《路基每公里土石方数量表》，并进行全线总计和复核。

思考与练习

5-1　什么是公路横断面图？横断面设计的主要内容有哪些？

5-2　简述新建公路的用地范围是怎样确定的？

5-3　横断面设计的基本要求是什么？

5-4　简述横断面设计的方法与步骤。

5-5　简述路基土石方计算的方法与调配原则。

5-6　路基土石方计算与调配的任务是什么？土石方调配时如何进行校核？

5-7　在某三级公路某曲线上，设计速度为40km/h，曲线半径$R=150$m，曲线起点ZY位于桩号K12+120处，路面宽度$b=7.0$m，路基宽度$B=8.5$m，路拱坡度2%，超高横坡度为6%，试计算：

（1）如果超高过渡采用绕车道内侧边缘旋转，求需要的超高过渡段长度L_C。

（2）如果超高过渡采用绕道路中线边缘旋转，求超高过渡段起点的桩号。

5-8　已知某二级公路（山岭区、积雪寒冷地区）有一弯道，半径$R=200$m，$Ls=60$m，偏角$\alpha_R=35°15'24''$，$JD=$K12+452.68，路拱横坡为2%，试计算超高缓和段起点、超高横

坡为0%、2%、3%、缓和段终点等特征点的里程桩号及曲线加宽值（按高次抛物线过渡）。

5-9 完善以下路基土方计算表。

表5-20 路基土方计算表

桩号	挖方面积/m^2	填方面积/m^2	挖方平均面积/m^2	填方平均面积/m^2	距离/m	挖方体积/m^3	填方体积/m^3	本桩利用/m^3	填缺/m^3	挖余/m^3
+300	0	35.4	—	—	—				—	—
+350	33.6	21.2								
+368.45	42.5	10.2								
+380	52.8	0								
合计	—	—	—	—						

第 6 章　道路选线方法

6.1　概述

道路选线是在路线起、讫点之间的大地表面上，根据计划任务书规定的使用任务和性质，综合考虑各方面因素，依据拟定的技术标准，选定道路中线位置的工作过程。

选线的任务是在道路规划确定的路线起终点之间选定一条技术上可行、经济上合理、能符合技术标准、满足使用要求的道路中心线。选线需要面对自然因素、社会环境、经济条件、环境影响等多种要素的复杂组合。为此，选线必须进行全面、综合的考虑并进行多方案比较和筛选。

选线的过程首先要全面布局确定路线的走向；选定出路线的走廊带和拟定多个路线方案；全面考虑多种选线要素，最后选定具体路线；然后进行定线设计。从路线带的选择到逐段线位安排，需要逐步深入、由浅入深、分阶段、分步骤、逐段分析比较、不断优化，才能选出较为合理、最优的路线来。

本章所讲述选线的内容主要适用于公路选线，而城市道路的路线主要取决于城市交通路网及红线规划。

6.1.1　道路选线的一般原则

路线是道路的骨架，它的几何构成优劣直接关系到道路本身的使用功能和在路网中是否能起到应有的作用。如前所述，影响路线设计除自然条件外还受诸多社会、经济等因素的制约，选线要综合考虑多种因素，妥善处理好各方面的关系。道路选线的基本原则如下：

1）多方案选择。在道路设计的各个阶段，应运用各种先进手段对路线方案作深入、细致的研究，在多方案论证、比选的基础上，选定最优路线方案。

2）工程造价与营运、管理、养护费用综合考虑。路线设计应在保证行车安全、舒适、迅速的前提下，做到工程量小、造价低、营运费用省、效益好，并有利于施工和养护。在工程量增加不大时，应尽量采用较高的技术指标，不要轻易采用极限指标，也不应不顾工程大小，片面追求高指标。

3）处理好选线与农业的关系。选线应注意同农田基本建设相配合，做到少占田地，并应尽量不占高产田、经济作物田或穿过经济林园（如橡胶林、茶林、果园）等。

4）路线与周围环境、景观相协调。通过名胜、风景、古迹地区的道路，应注意保护原有自然状态，其人工构造物应与周围环境、景观相协调，处理好重要历史文物遗址。

5）工程地质和水文地质的影响。选线时应对工程地质和水文地质进行深入勘查，弄清它们对道路工程的影响。对严重不良地质路段，如滑坡、崩坍、泥石流、岩溶、泥沼等地段和沙漠、多年冻土等特殊地区，应慎重对待，一般情况下应设法绕避。当必须穿过时，应选择合适位置，缩小穿越范围，并采取必要的工程措施。

6）选线应重视环境保护。选线应重视环境保护，注意由于道路修筑，汽车运营所产生的影响和污染，如路线对自然景观与资源可能产生的影响，占地、拆迁房屋所带来的影响，路线对城镇布局、行政区划、农业耕作区、水利排灌体系等现有设施造成分割引起的影响，噪声对沿线居民生活的影响以及汽车尾气对大气、水源、农田所造成的污染及影响等。

7）对于高速路和一级路，由于其路幅宽，可根据通过地区的地形、地物、自然环境等条件，利用其上、下行车道分离的特点，本着因地制宜的原则，可考虑灵活、合理地利用上、下行车道分离的形式设线。

6.1.2 选线的步骤和方法

一条路线的起、讫点确定以后，它们之间可以有多种路径选择。选线的任务就是在这众多的方案中选出一条符合设计要求、经济合理的最优方案。

因为影响选线的因素很多，这些因素有的相互矛盾，有的又相互制约，各因素在不同场合的重要程度也不尽相同，不可能一次就找出理想方案来。最有效的做法是通过分阶段、分层次、由粗到细反复比选来求得最佳解，选线按其工作内容一般可分三步进行。

1. 路线总体布局和路线带选择

（1）总体布局　路线方案选择主要是解决起、讫点间路线基本走向问题。此项工作通常是先在小比例尺（1:2.5 万~1:10 万）地形图上在较大面积范围内宏观找出各种可能的方案，收集各种可能方案的有关资料，进行初步评选，确定数条有进一步比较价值的方案。然后进行现场勘察，通过多方案比选得出一个最佳方案来。当没有地形图时，可采用调查或踏勘方法现场收集资料，进行方案比选。当地形复杂或选线涉及范围很大时，可以采用航空勘察，采用遥感与航摄资料进行选线。

（2）路线带选择　在路线基本方向选定的基础上，按地形、地质、水文等自然条件对不同区段选定出一些局部区域路线控制点，连接这些控制点，构成一条路线走廊，即构成路线带。

2. 选线

（1）纸上选线　纸上选线是在已经测得的地形图上，进行方案的选择、比选，在纸上确定路线，将此路线再放到实地的选线方法。高速公路、一级公路应采用纸上定线并现场核定的方法。

纸上选线的特点是野外工作量较小，定线不受自然因素干扰；能在室内宏观全面，结合地形、地物、地质条件，综合平衡平面、纵断面、横断面三方面因素，所选定的路线更为合理。但纸上定线必须要有大比例尺的地形图，地形图的测设需花费较大的工作量，并要求具备一定的设备。纸上选线的地形图若用航空摄影成图可大大缩短成图时间。随着航测技术的发展，纸上选线方法开始广泛运用，特别对于高等级公路和地形、地物及路线方案十分复杂的公路更为适用。

纸上选线的一般步骤为：①小比例尺地形图（1:2.5 万~1:10 万）上选定路线布局方案，拟定路线带；②实测路线带地形图（可用人工或航测法）；③纸上选定路线；④实地放线。

实地放线是在现场，依据设定的导线（或参照 GPS 系统的定位），在实地控制点间，将选定路线具体布设到地面的过程。实地放线也将对纸上定线成果进行现场验证，发现问题将反馈到原设计部门进行必要的修改。

（2）实地选线　对地形相对简单，方案基本明确的路段，亦可以现场直接勘测选定，即根据拟定的技术标准，结合现场地形和自然条件等要素，综合考虑平面、纵断面、横断面三方面因素，反复穿线插点，具体定出路线位置的工作即实地选线。

（3）自动化选线　随着航测技术和计算机技术的发展，将航测和电算相结合的自动化选线方法已研制、开发成功。自动化选线的基本做法是：先用航测方法测得航测图片，再根据地形信息建立数字地形模型（即数字化的地形资料），把选线设计的要求转化为数学模型，将设计数据输入计算机，则计算机按照一定的程序进行自动选线、分析比较、优化，最后通过自动绘图仪和打印机将全部设计图表输出。自动化选线用计算机和自动绘图仪代替人工去做大量繁重的计算、绘图、分析比较工作，这样能使选线方案更为合理，省工省时，是今后公路选线的发展方向。

6.1.3　影响路线方案选择的主要因素

路线方案是路线设计中最根本的问题。方案是否合理，不但直接关系到公路本身的工程投资和运输效率，更重要的是影响到路线在公路网中是否起到应有作用，即是否满足国家的政治、经济、国防要求和长远利益。

一条路线的起、讫点及中间必须经过的重要城镇或地点，通常是由公路网规划所规定或领导机关根据社会主义建设需要指定的。这些指定的点称为“据点”，把据点连接成线，就是路线的总方向或称大走向。两个据点之间有许多不同的走法，有的可能沿某河、越某岭，也可能沿某几条河，翻某几个岭；可能走某河的这一岸，靠近某城镇；也可能走对岸，避开某城镇等等。每一种可能的走法就是一个大的路线方案，作为选线工作的第一步就是要在各种可能的方案中，在深入调查的基础上，综合考虑路线方案选择的主要因素，通过方案的比选，提出合理的路线方案。

选择路线方案应综合考虑以下主要因素：

1）路线在政治、经济、国防上的意义；国家或地方建设对路线使用任务、性质的要求；路线是经济发展、综合利用等重要方针的体现。

2）路线在铁路、公路、航道、空运等交通网系中的作用，与沿线工矿、城镇等规划的关系，以及与沿线农田水利等建设的配合及用地情况。

3）沿线地形、地质、水文、气象、地震等自然条件的影响；要求的路线技术等级与实际可能达到的技术标准及其对路线使用任务、性质的影响；路线长度、筑路材料来源、施工等条件以及工程量、三材（钢筋、木材、水泥）用量、造价、工期、劳动力等情况及其对运营、施工、养护等方面的影响。

4）其他如与沿线旅游景点、历史文物、风景名胜的联系等。

影响路线方案选择的因素是多方面的，各种因素又多是互相联系和互相影响的。路线应在满足使用任务和性质要求的前提下，综合考虑自然条件、技术标准和技术指标、工程投资、施工期限和施工设备等因素，通过多方案的比较，精心选择，提出合理的推荐方案。

6.1.4　路线方案比选的方法和步骤

路线方案是通过许多方案的比较淘汰而确定的。指定的路线起、讫点之间的自然情况越复杂、距离越长，可能的比较方案就越多，需要淘汰的方案也就越多。淘汰的方法，不可能每条路线都通过实地查勘进行，因而要尽可能收集现有资料，先在室内进行研究筛选，然后就最佳的、而且优劣难辨的有限方案进行调查或踏勘。

路线方案选择的做法通常是：

1）搜集与路线方案有关的规划、计划、统计资料及各种比例尺的地形图、航测图、水文、地质、气象等资料。

2）根据确定了的路线总方向和公路等级，先在小比例尺（1∶50000 或 1∶100000）的地形图上，结合搜集的资料，初步研究各种可能的路线走向。研究重点应放在地形、地质、地物复杂，外界干扰多，牵涉面大的段落。比如可能沿哪些溪沟，越哪些垭口，路线经城镇或工矿区时，是穿过、靠近、还是避开而以支线连接等，要进行多种方案的比选，提出哪些区段应进行实地踏勘。

3）按室内初步研究提出的方案进行实地调查，连同野外调查中发现的新方案，对进行实地调查的各比选方案，必须坚持跑到、看到、调查到，不遗漏一个可能的方案。

4）分项整理汇总调查成果，编写工程可行性研究报告（内容参见交通部制订的《水运、公路建设项目可行性研究报告编制办法》），为上级编制或补充修改设计任务书提供依据。

野外调查要求做到以下几点：

1）初步落实各路线依据点的具体位置，路网规划所指定的控制点如确因干扰或技术上有很大困难或发现不合理确需变动，应及时反映，并经过分析论证提出变动的理由，报有关部门审定。

2）对路线、大桥、隧道均应提出推荐方案，对于确因限于调查条件不能肯定取舍的比较方案，应提出进一步勘测比较的范围和方法。

3）提出需分段采用技术标准和主要技术指标的意见。

4）在深入调查的基础上，通过比较，选定路线必经的控制点，如越岭的垭口、跨较大河流的桥位、与铁路或其他公路交叉地点，以及应绕避的城镇及长大的不良地质地段等。对于地形、地质、地物情况复杂的地区，应提出路线具体布局的意见。

5）分段估算各种工程量，如路基土石方数量，路面工程量，桥梁、涵洞、隧道、挡土墙等的长度、类型和工程数量等。

6）经济方面，应调查路线联系地区的资源情况及工矿、农、林、牧、副、渔业以及其他大宗物资的年产量、年输出量、年输入量、货运流向以及运输季节和运输工具，路线联系地区的交通网系规划，预计对路线运量发展的影响，沿线人口、劳动力、运输力、工资标准等资料，供估算交通量、论证路线走向及控制点的合理性和拟定施工安排等参考。

7）其他如沿线民族习惯、居住、生活供应、水源、运输条件、气候特征、沿线林木覆盖、地形险阻、有无地方病疫和毒虫害兽等情况也应进行调查，为下一步勘测提供情况。

6.1.5 路线方案比选示例

图 6-1 所示为某干线公路，根据公路网规划要求拟按二、三级路标准进行设计，共拟定了四个方案，各方案的主要技术经济指标汇总见表 6-1。

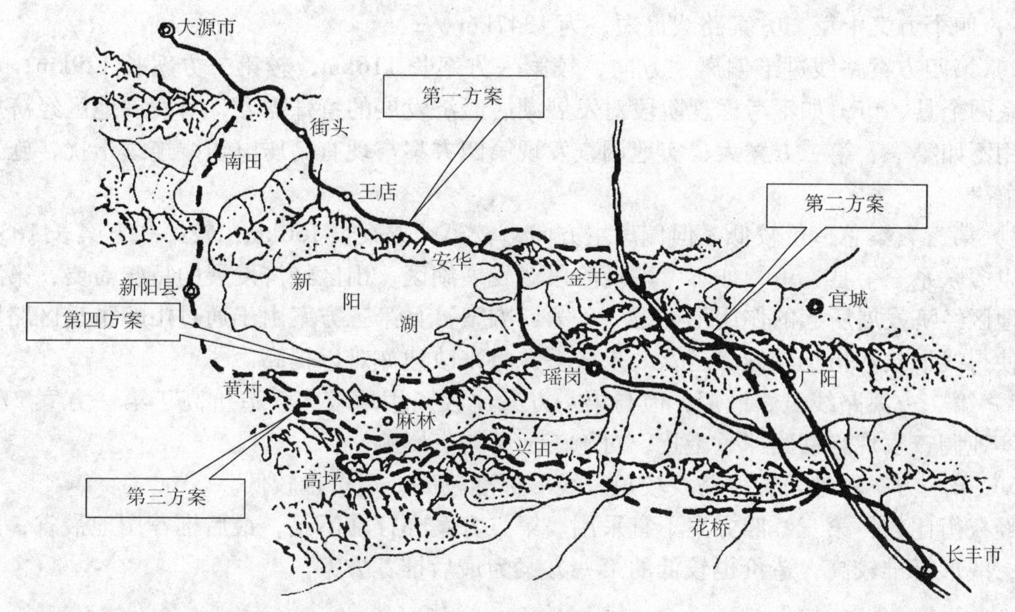

图 6-1 路线方案比选示意图

表 6-1 各方案的主要技术经济指标汇总

比较内容		单位	第一方案	第二方案	第三方案	第四方案
通过县（市）		个	29	29	32	31
路线长度		km	1360	1347	1510	1476
其中：新建		km	133	200	187	193
改建		km	1227	1147	1323	1283
地形：平原、微丘		km	567	677	512	615
山岭、重丘		km	793	670	998	861
用地		km^2	1525	1913	2092	1928
工程数量	土方	$\times 10^4 m^3$	382	492	528	547
	石方	$\times 10^4 m^3$	123	75	82	121
	次高级路面	km^2	5303	5582	4440	5645
	大、中桥	m/座	1542/16	1802/20	1057/13	1207/15
	小桥	m/座	1084/57	846/54	980/52	1566/82
	涵洞	道	977	959	1091	1278
	挡墙	m^3	73530	53330	99770	111960
	隧道	m/处	300/1	—	290/1	—
材料	钢材	t	1539	1963	1341	1469
	木材	m^3	18237	19052	18226	19710
	水泥	t	30609	39159	31288	33638
劳动力		万工日	1617	1773	1750	1920
总造价		万元	5401	5674	5189	5966
比较结果			推荐			

由路线方案比选示意图和各方案的主要技术经济指标汇总表可以看出：

1）四个方案中第二方案路线最短，为1347km。

2）第四方案路线过于偏离主方向，较第一方案长116km，较第二方案长129km；可以多联系两个县、市，如不考虑现阶段对发展湖区经济发展的特殊需要，对发展地区经济所起的作用不如第一、第二方案大；实地调查发现第四方案与现有高压电缆线连续干扰，施工时不易解决。

3）第三方案总造价较低，但偏离主方向，较第一方案长150km，较第二方案长163km；但可以多联系三个县、市，如不考虑现阶段对发展湖区、山区经济发展的特殊需要，第三方案对地区经济发展所起的作用不如第一、第二方案；且第三方案由于通过山岭重丘区路段较长，使得线形技术指标较低，运营效果较差，将来改建亦难以提高。

4）第二方案路线虽然最短，但与第一方案比较，用地较多，造价高于第一方案273万元，实地调查发现与铁路严重干扰，对施工运营均有影响。

5）第一方案用地最省，路线较短，线形标准较高，造价也较低。

经权衡比较：第三、四方案不宜采用。第二方案亦存在不足，最后推荐用地最省，路线较短，线形标准较高，造价也较低的第一方案为最后推荐方案。

6.2 路线总体设计

总体设计是指在公路设计之初，对公路的走向、布局、路线方案、公路等级、标准、技术指标、工程方案、景观、环保等方面进行的总体安排和设计构思工作。

总体设计是公路具体设计的依据和基础，总体设计的好坏直接影响公路的设计、施工、营运的质量，是公路设计重要的前期工作。特别是高速公路，总体设计已成为公路设计文件的重要组成部分之一。

6.2.1 总体设计的任务

公路是一条绵长的带状三维构造物，是敷设于自然条件下的实体工程结构。因此，公路设计不仅要满足运营功能需求，还要研究大自然中各种相关的复杂因素。总体设计的任务就是要宏观考虑公路自身的功能要素和大自然的各种因素，对这些要素进行综合分析，最后使其达到系统化、有机化整合的综合运筹过程。最终使建造的公路做到经济合理，既能满足其使用功能要求，又能与大自然相融合，达到和谐与统一的目的。

6.2.2 道路选线的影响因素

影响道路选线的自然因素主要有地形、气候、水文、地质、土质及植被覆盖情况等；影响道路选线的因素还有社会环境、经济条件、环境影响等。

1. 地形

地形决定了选线条件，并在很大程度上影响道路的技术标准。按道路布线范围内地形形态、相对高差、倾斜度及平整度对各类地形特征分述如下：

（1）平原、微丘地形

1）平原，地形平坦，无明显起伏，地面自然坡度一般在3°以内。

2）微丘地形指起伏不大的丘陵，地面自然坡度在20°以下，相对高差在100m以下，公路布线一般不受地形限制。

3）河湾顺适，地形开阔且有连续的宽缓台地的河谷地形。河床坡度大部分在5°以下，地面自然坡度在20°以下。沿河布线一般不受限制，路线纵坡平缓或略有起伏。

（2）山岭、重丘地形

1）重丘地形指连绵、起伏的山丘，具有深谷和较高的分水岭，地面自然坡度一般在20°以上，路线平面、纵断面大部分受地形限制。

2）山岭地形指山脊、陡峻山坡、悬崖、峭壁、峡谷、深沟等。地形变化复杂，地面自然坡度大部分在20°以上。路线平面、纵断面、横断面大部分受地形限制。

3）高原地带的深侵蚀沟，以及有明显分水线的绵延较长的高地。地面自然坡度多在20°以上，路线平面、纵断面、横断面设计时大部分受地形限制。

2. 气候

气候条件直接或间接地影响到地面水的数量、地下水位高度、大气降水量及其强度和时间分布、路基水温状况、泥泞期、冬季积雪和冰冻延续期。气候条件在一定程度上限制了施工期限和条件。

3. 水文及水文地质

水文情况决定着沿线排水结构物的数量和大小，水文地质情况决定了含水层的厚度和位置、地基或路基岩层滑坍的可能性。

4. 地质条件

地质构造，决定着地基及路基附近岩层的稳定性，选线时需判定有无滑坍、碎落和崩坍的可能；地质条件也影响到土石方工程施工难易程度和筑路材料的质量，影响到沿线构造物（挡土墙等）工程材料的来源，直接影响到公路工程的造价。

5. 土质

土是路基与路面基层的材料，它影响路基形状和尺寸的设计，也影响着路面形式和有关结构的确定。

6. 植被情况

地面的植物覆盖直接影响到沿线暴雨径流的形成、水土流失程度的判定，地面已有经济种植物对征地费用的影响在一定程度上也会影响到路线的走向。

上述所有因素，都有着相互间密切的联系和制约，而且由于经常相互作用使得某些因素处于不断变化的过程中。因此，道路选线时要实地勘察、充分调研，综合考虑各种自然因素、现存条件、发展需求等对拟建道路的影响；并充分考虑各种因素对建成道路在今后运营、养护等方面的影响；保证道路在复杂的自然条件下，能够达到设计要求，运输畅通无阻。

总体设计的任务可主要归纳为实现“三个协调”：通过总体设计实现公路与各自然、社会因素的协调、公路与周围环境的协调、公路自身各单项工程的协调。

6.2.3 总体设计的原则

（1）坚持围绕生态环境保护这一主题进行路线方案论证比选的原则　多方案论证比选是合理确定路线方案的前提条件。山区复杂的地形、地质、水文和生态环境条件严重制约着路线方案的布置。因此，在路线设计的各个阶段都必须对各个路线方案做深入、细致地研究，在论证比选时，不仅要着眼于路线和工程方案本身，还应将生态环境保护列为重要的比选内容，使拟定的方案具有利于环保、技术可行、经济合理的优点。

（2）坚持技术指标与地形条件相互协调的原则　在设计中采用较高的技术指标有利于车辆的良好运行，采用较低的技术指标则会对行车条件产生不利影响。而山区复杂的自然条件决定着技术指标的采用，较高的技术指标必然会使填挖工程量增大，直接影响到区域的生态环境，同时工程构造物的数量也会增多，导致工程造价增加。因此，应在保证行车安全的前提下，强调因地制宜选用技术指标，坚持路线与地形条件相互协调的原则，不应片面追求高指标。

（3）坚持按地质条件选线的原则　山区地质构造复杂，地质灾害的类型多，分布面广，且成因复杂。有些灾害具有极强的隐蔽性，在路线测设的某个阶段中有时不会被人们所认识，但这些灾害会对公路施工和运营带来不可估量的影响。同时，地质灾害的发生将直接影响到区域的自然环境，造成水土流失，甚至会诱发其他新的灾害，形成连锁式的不良反应。在路线方案拟定过程中，往往由于地质灾害的可治性及治理费用的原因，使得在其他方面表现较优的方案最终被舍弃。因此，在路线布线时，应首先研究路线走廊内的地质条件，并应坚持优先按地质条件选线的原则。

（4）坚持对典型工程方案进行综合比选的原则　在山区高速公路设计中不可避免地会出现一些典型工程，一般有高路堤、高架桥、深路堑、隧道、高边坡、半边桥或纵向桥等。这些工程不仅对路线总体方案和工程造价有极强的控制作用，而且不同工程方案在山体开挖及土石方数量方面有较大差异，从而严重影响区域的生态环境，同时还会影响道路的安全运营。因此，在山区高速公路设计中必须强调对典型工程方案的综合比选。

（5）正确处理公路建设与自然景观、人文景观的关系　山区独特的自然条件往往是名胜古迹的诞生地，优美的生态环境也会形成独特的自然景观，是人们休闲、度假、旅游的好去处。因此，公路总体设计应从自然和人文景观这一重要因素出发，不仅要做到与周围环境、景观的相互协调，讲求美感，还要有利于开发当地的旅游资源。

（6）正确处理公路建设与占地、拆迁的关系　虽然山区的土地资源较为丰富，但用于农业耕作的土地却十分贫乏，高产农作物耕地大多分布于山间平原或河谷阶地，同时居民的居住地也往往分布于此，而这些区域往往也是较为优越的路线走廊。因此，无论在平原还是在山区，公路总体设计应尽量少占高产田、经济作物田或经济林园，以保护当地人民赖以生存的土地资源，并应综合考虑占地、拆迁与路线绕避及增加结构物比选方案，合理确定造地还田和居民搬迁的实施方案。

（7）综合考虑路线与水源地、水利设施的关系　山区独特的地形和生态环境形成了丰富的水资源条件，为了充分利用水资源，人们建设了各种水利设施，以满足生产、生活的需要。目前，由于全球气候环境的变化，生态环境的脆弱，以及人们对水资源的过度开采、使用等原因，局部水资源已相当贫乏。因此，公路设计必须重视保护水源地，避免污染，尽量减少对既有水利设施的损坏，并做好水土保持工作。

（8）合理利用路线走廊资源，充分进行分期修建的论证　山区路线走廊资源十分贫乏，公路建设一般采用一次建成的方案。对处于边远区域的高速公路，由于区域自身的交通总量较小，大部分交通为过境交通，且增长速度较慢，采用一次建成方案所需的资金量巨大，此时可考虑采取分期修建方案，并应进行充分分析论证。分期修建分为纵向分期修建和横向分期修建两种。纵向分期修建主要根据交通增长的需求予以确定，即分析各个路段现有道路的通行能力，按此路段交通量的增长情况计算分期修建的实施年限。横向分期修建是先建成半幅，若干年后再建设另半幅或其余部分的修建方式，也要考虑道路通行能力与交通量增长的关系，计算分期修建的实施年限。对于山区高速公路，分期修建还要从以下几方面进行分析论证：

1）在充分研究地形、地质等自然条件的基础上，分析二期工程的实施对一期工程的影响。

2）分析二期工程的实施对一期工程环境保护措施的影响，以及对自然环境造成的新的破坏程度及其恢复环境的代价。

3）分析二期工程对一期工程道路运营的影响。

平面相隔较远的分离式路基或长大分体式隧道工程具有实施分期修建的条件时，应对交通适应性、建设环境、建设资金等进行综合分析后予以确定。

(9）综合考虑铁路、管线、公路等的交叉处理　由于考虑到地形、地质、区域经济布局、公路施工及运营等方面的原因，拟建公路往往与既有的铁路、公路、管线等位于同一走廊带，出现平行或交叉情况，对此一般应采取切实的保护措施。与铁路交叉的上跨桥梁，除留有足够的净空外，还应考虑如电气化、复线等改扩建的需求；与管线交叉时应设置检修通道。既有公路是高速公路建设中各种物资十分重要的运输通道，也是高速公路建成后交通来源的路径，应注意保护。

(10）减少土石方数量，做好土地复垦、弃方造地和恢复植被的设计　山区高速公路建设中的最大问题是土石方工程数量较大，往往出现挖方大于填方的情况，从而导致大量弃方。挖方和弃方不仅直接破坏了山体植被，影响区域生态环境，而且极易造成水土流失。因此，在设计时要重点寻求开挖土石方利用的路径和途径，讲求土石方平衡。除合理布设路线方案、恰当运用技术指标外，还要对“以桥代路、以隧代路”以及为减少边坡开挖率所采取的工程措施进行全面地评价比选，从各个角度出发，综合寻求减小土石方数量的途径。对于取土场应做好土地复垦和植被恢复设计；对于弃土场，首先应做好防洪设计，防止水土流失，进而做好造地工作；进行植被防护种植设计；并将由此而发生的工程全部计入公路工程中，进行综合造价比选。

6.2.4　总体设计的要点

在路线走向和公路等级确定后，应对全线总体布局做出设计，其要点如下：

1）根据公路功能、等级、交通量、沿线地形与自然条件等，论证并确定设计速度。

2）路线起、讫点除必须符合路网规划要求外，对起、讫点前后一定长度范围内的线形必须做出接线方案和近期实施的具体设计。

3）合理划定设计路线长度，恰当选择不同设计路段的衔接地点，处理好衔接处前后一定长度范围内的线形设计。

4）根据设计交通量论证并确定车道数，以及全线（各路段）路基、桥梁、隧道等标准横断面宽度。

5）调查沿线主要城镇规划，确定同其连接方式、地点。

6）根据公路网规划，OD 调查资料，相交公路的功能、等级，地形和地质条件，社会与经济因素等，确定互通式立体交叉位置及其形式。

7）根据路线所在地区地形、地质的复杂程度，调查各种路基断面形式对路基稳定、水土保持、取弃土石方等给环境带来的影响，并提出解决的技术方案。必要时应对建隧道、架桥的方案进行比较，选择合理、可行的方案。

8）调查沿线重大工程地质病害的情况，了解工程地质病害的范围、分布、程度，论证并确定绕避或整治原则。

9）根据公路的功能、等级、交通量，确定交通工程及沿线设施等级及其各项设施的配置标准与规模。

10）收费公路应在论证收费制式的基础上，确定收费方式和收费站的布设位置。

11）应综合考虑互通式立体交叉、服务区、停车区、公共汽车停靠站、大桥、中长隧道等的位置和间距，以保证交通运行安全所需的最小距离。

12）拟分期修建的工程，必须在近远期规划技术标准做出总体设计的基础上，制定分期修建方案，并做出分期实施的设计。

13）测量、勘察应采用先进技术，工程结构及设施应采用新工艺、新材料，使之总体协调、配套，并提高总体设计质量。

14）公路景观设计。

公路景观设计应使公路线形、桥梁、隧道、立体交叉、沿线设施等人工构造物，构成同自然景观相协调的建筑群体，设计中应注意以下几个方面：

①通视良好：路线平、纵、横各组成部分的空间具有足够的视距与视野，使驾乘人员感到线形流畅、景观协调、安全舒适。

②诱导视线：各种设施所构成的系统，应使驾驶员在视觉上连续，能预知行车前进方向和路况的变化，并能及时地采取安全行驶的措施。

③景观协调：公路的各种构造物不仅要造型美观，而且要同自然景观融为一体，减少和消除对自然景观及植被的影响。

④建筑风格：应充分利用各种沿线设施和绿化等手段改善沿线景观，并在不同地域及自然景观路段，形成与当地景观协调的各具特色的建筑风格。

15）公路环境设计。

公路环境设计要点如下：

①公路环境保护设计应贯彻保护优先、预防为主、防治结合、综合治理的原则，在工程设计开始即主动考虑环境保护问题，通过设计上的努力，开发利用环境，尽可能地改善和提高公路环境的质量。

②总体设计中应充分考虑到交通量变化对环境所带来的影响。如噪声的影响，对沿线农田水利设施与水土保持的影响；开挖或填筑路基对自然植被覆盖的影响；处理工程地质病害、开挖隧道等改变水文地质情况对农作物的影响；路线对生态环境、行政区划、农业耕作区、水利排灌系统等现有设施造成分割所产生的影响；同城镇规划的配合及其影响；对文物、遗址、古迹、风景区等及路域景观的影响；线位与环境敏感点的距离及其影响；施工期间对环境空气、声环境、水环境的影响等因素，设计时应采取相应的措施及对策来防止或减缓这些影响。

16）路线控制点选择。

路线控制点选择要点如下：

①路线起、讫点，指定必须连接的城镇以及指定的特大桥、特长隧道位置，为路线基本走向的控制点。

②大桥、隧道、互通式立体交叉、铁路交叉等的位置，原则上应服从路线基本走向，一般作为路线走向控制点。

③一般构造物及中小桥涵的位置应服从路线走向。

6.2.5　技术标准的确定

技术标准的确定是一项科学性较强、涉及因素广泛的工作，是公路勘察设计的前提。技术标准主要依据公路网规划，从全局出发，按照公路使用任务、功能和远景交通量综合确定。对于山区高速公路，除考虑这些重要因素外，还要着重从路线走廊的地形、地质、水文条件和环境保护的要求等方面入手，从实际出发，以实事求是的观点进行全面地分析论证，确定出合理的技术标准。

1. 影响技术标准的主要因素

（1）路网规划及路网中道路的相互关系对技术标准的影响　公路在区域网中的地位和作用直接关系到公路的性质和功能，是影响公路技术标准的首要因素。公路的技术标准应以公路网规划为基本依据，就路网层次的重要性而言，国家级主骨架路网占主导地位，技术标准的定位往往要高；而省级及区域级主骨架路网有时与国家级路网相重合，但由于国家级路网在一个区域的覆盖范围有限，因此必须建立区域主骨架路网予以补充或完善。一般来讲，这些路网的技术标准要低于国家级路网，但有时由于区域城镇布局、经济组团布局等因素的影响，这些道路往往也是十分重要的。山区路网的密度较低，尤其是主骨架路网更为稀疏，技术标准的拟定应充分考虑这一因素。

（2）公路的使用任务、功能对技术标准的影响　路网规划的层次性对技术标准的拟定有较大的影响作用，但即使是位于同一路网层次的公路，其技术标准也不尽相同，因此应对拟建公路的使用任务及功能做进一步分析。对于高速公路按其使用任务、功能可分为四种：

1）远离经济发展中心区域的公路。这类公路是因连接两个相距较远的重要经济中心的需要而建设的，往往是国家主骨架路网的组成部分，但其技术标准的定位不高。

2）连接两条主骨架道路的高速公路。由于主骨架道路承担了主要方向的交通，拟建项目仅起到路网的连接作用，因此这种公路的技术标准也不须过高。

3）连接区域内经济组团或位于中心城市外围的进出口公路。这类公路是十分重要的，应选择较高的技术标准，即使在公路远景设计年限的20年内所预测的交通量不高的情况下，也应从城市远期总体布局发展和区域经济发展的角度进行综合考虑，一般不宜选择较低的技术标准。

4）旅游或兼有旅游性质的高速公路。由于公路多位于风景名胜区，过高的技术标准会对自然景观产生不利影响，而较高的车速也不利于游客的观光情绪，所以应选择适当的技术标准。

（3）设计交通量对技术标准的影响　设计交通量是确定公路等级和技术标准的基本依

据，在确定技术标准时，应根据拟建项目在某一拟定的技术标准条件下公路的技术参数和交通组成，分析拟建项目的通行能力，结合预测的远景交通量选择合理的技术标准，必要时应按照交通量各特征年的预测值加以分析。同一技术标准所适应的交通量的变化范围的级差和相邻技术标准所适应的交通量也有一定的重叠范围，对此应引起注意。

(4) 路线走廊的选择对技术标准的影响　路线走廊不同，交通吸引能力亦不同，因此路线走廊的选择对技术标准的拟定会产生一定的影响。在山区，由于路所处的地理位置及所处路网的特殊性，一般情况下，不同路线走廊对交通吸引能力的差异不大，对技术标准拟定的波动性影响较弱，而路线走廊内复杂的自然条件是影响技术标准拟定的关键因素。因此，应充分了解和查明走廊内的地形、地质和水文条件，依据初拟的技术标准，按照相应的技术指标要求，对不同路线走廊进行布线，研究在不同技术标准条件下路线平、纵面指标的变化情况，典型工程的分布情况，定量分析拟定标准的合理性。

(5) 环境保护对技术标准的影响　环境保护是评价技术标准运用合理性的重要指标。因此，应首先研究在拟定的技术标准前提下，路线布设对环境的影响程度。在山区要重点分析生态环境和水环境，了解和掌握区域生态环境的特点和水资源的分布情况，结合路线布置情况，从定性和定量两方面综合论证技术标准的合理性。

(6) 工程造价对技术标准的影响　采用较高的技术标准，是道路运营所期望的。但较高的技术标准往往伴随着较高的工程造价。有时采用不同的技术标准其工程造价有较大的差异，此时应慎重考虑采用过高的技术标准；但有时技术标准的变动对工程造价影响的程度不是很大，此时应考虑采用较高技术标准。

道路勘测选线设计中，应综合考虑不同技术标准的工程造价，结合上述因素进行综合分析，根据建设项目投资规模，资金筹措的方式和数量，公路的建设长短期需求，国家、地方的财政投放能力等方面综合考虑技术标准的合理性。

2. 技术指标的掌握

(1) 按区段交通量掌握　同一技术标准交通量的变化幅度过大，其低限和高限值相差也较大，这个差异主要考虑了预测的交通量组成、道路所能达到的技术指标两个因素。因此，在具体路线设计时，应充分考虑远景交通量的大小及其组成情况，依此将整个项目划分为若干个设计路段，交通量处于低限、地形条件较复杂的路段，其技术指标不宜过高。

(2) 按地形条件掌握　在交通量变化不大的路段，地形、地质条件决定着技术指标的选用。因此，应首先对全线的地形、地质条件作出全面分析，将其划分为若干个设计单元，针对每个设计单元选用适当的技术指标。

(3) 技术指标的协调和均衡　按照交通量、地形条件划分的不同设计路段所选用的技术指标，必然存在不均衡现象，这在公路设计是难免的，但应注意不同设计路段之间连接段技术指标的均衡与连续，做到高、低指标的合理过渡。

1)《标准》中，高速公路和一级公路的计算行车速度是以小客车为主，但考虑到高速公路和一级公路上也有相当数量载货汽车行驶，而二级、三级、四级公路上载货汽车和小客车混行的比例还要大一些，所以在制定各级公路的计算行车速度时就已充分考虑了这些因素。目前在我国公路上行驶的车辆种类较为繁杂，但总的说来，汽车的性能有了很大的提高，行车速度有增大的趋势，只要有好的公路，就会促进高性能车辆的发展。

2）《标准》中要求按不同计算行车速度设计的路段不宜过短。一般情况下，高速公路、一级公路不小于20km，二级公路不小于15km，三级公路不小于10km，四级公路不小于5km。设计路段不宜过短，对行车是有利的，因此作定性要求是必要的。但由于各种原因，又很难对路段长度作出十分科学合理的规定，因此，只是根据各地的实践经验，广泛征求多方专家的意见，作出了一般要求。在实际执行中，如果条件受到限制，也不能根据这个设计路段最小长度硬套，允许有一定的灵活运用。

3）《标准》中规定："各级公路需要改变计算行车速度时，应设置过渡段"。这一规定的目的是避免技术指标突变，保证线形的连续性。关于过渡段的计算行车速度，可按10km/h的级差进行，速度相差很大时，可以按20km/h的级差执行，并应设置相应的变速和限速标志。过渡段的长度，设计时可根据具体地形条件，结合各方面的使用效果，灵活确定。

《标准》中还规定："计算行车速度变更点的位置，应选择在驾驶人员能够明显判断路况发生变化而需要改变行车速度的地点，如村镇、车站、交叉道口或地形明显变化等处，并应设置相应的标志"。这是从驾驶员的视觉要求出发考虑的，这样可使驾驶员很自然地知道道路条件发生了变化，以便采取适宜的行车速度。另外，还应注意不同设计路段过渡段的设置。

6.3 平原地区选线

6.3.1 平原区路线特点

平原区是地面高度变化微小的地区，有时有轻微的波状起伏和倾斜，平原地区除泥沼、盐渍土、河谷漫滩、草原、戈壁、沙漠等外，一般多为耕地，城镇、居民点较密，沿线分布有各种建筑设施。在天然河网湖区，还具有湖泊、水塘多，河汊、沟渠纵横交错等特点。虽然地势比较平坦，路线纵坡及曲线半径等几何要素比较容易达到较高的技术标准，但往往由于受当地自然条件和地物的限制，选线时应综合考虑多方面因素。

平原区地形对路线的限制不大，路线的基本线形应是短捷顺直。两控制点之间，如无地物、地质等障碍和应趋就的风景、文物及居民点等，则与两点直接连线相吻合的路线是最理想的。但这只有在戈壁滩里和大草原上，才有此可能。而在一般地区，农田密布，灌溉渠道网纵横交错，城镇、工业区较多，居民点也较稠密。由于这些原因按照公路的使用任务和性质，有的需要靠近它，有的需要绕避，从而产生了路线的转折，虽增长了距离，但这是必要的。因此，平原区选线，先是把路线总方向内所规定经过的地点如城镇、工厂、农场和公社以及文物风景地点作为大控制点；然后在大控制点之间进行实地勘察，了解农田优劣及地物分布情况，确定哪些可穿，哪些该绕以及怎样绕避，从而建立起一系列中间控制点。路线一般应由一个控制点直达另一个控制点，不作任意的扭曲。为了增进路容的美观，需要把路线的平、纵面配合好。在坡度转折处设置适当的竖曲线也是必要的。

平原区路线要充分考虑近期和远期相结合，在线形上要尽量采用较高标准，以便将来提高公路等级时能充分利用原路基、桥涵等工程。

6.3.2 平原区路线布设要点

平原区路线，因地形限制不大，布线应在基本符合路线走向前提下，着重考虑政治、经济因素，正确处理对地物、地质的避让与趋就，找出一条理想的路线。综合平原地区的特点，布线应注意如下要点：

1. 正确处理道路与农业的关系

平原区农田成片，渠道纵横交错，布线应从支援农业着眼，处理好以下问题：

1）平原区新建公路要占用一些农田，这是不可避免的，但要尽量做到少占和不占高产田。布线要从路线对国民经济的作用、对支农运输的效果、地形条件、工程数量、交通运输费用等方面全面分析比较，既不能片面求直占用大片良田，也不能片面强调不占某块田，使路线弯弯曲曲，造成行车条件恶化。

2）路线应与农田水利建设相配合，有利农田灌溉，尽可能少和灌溉渠道相交，把路线布置在渠道上方非灌溉的一侧或渠道尾部。当路渠方向基本一致时，可沿渠（河）堤布线，堤路结合，桥闸结合，以减少占田和便利灌溉。路线必须跨水塘时，可考虑设在水塘的一侧，并拓宽水塘取土填筑路堤，使水塘面积不致缩小。

3）当路线靠近河边低洼的村庄或田地时，应争取靠河岸布线，利用公路的防护措施，兼作保村保田之用。

2. 合理考虑路线与城镇的联系

平原区有较多的城镇村庄、工业及其他设施，布线应分情况，正确处理穿越和绕避问题。过境原则为：靠村（城、镇）不进村，绕民不扰民。连接公路：选择适当位置与城市道路连接或穿越集、镇。

1）国防公路和高等级公路，应尽量避免穿越城镇、工矿区及较密集的居民点。但又要考虑到便利支农运输，便利群众，便利与工矿的联系，路线不宜离开太远，必要时还可修建支线联系，做到“靠村不进村，利民不扰民”，既方便运输又保证安全。

2）一般沟通县、乡、村直接为农业运输服务的公路，经地方同意也可穿越城镇，但应有足够的路基宽和行车视距，以保证行人、行车的安全。

3）路线应尽量避开重要的电力、电信设施。当必须靠近或穿越时，应保持足够的距离和净空，尽量不拆或少拆各种电力、电信设施。

3. 处理好路线与桥位的关系

1）指定的特大桥是路线基本走向的控制点。

2）大桥原则上应服从路线基本走向，可作为路线走向的控制点。

3）中小桥涵的位置应服从路线走向。

4）一般情况下，桥位中线应尽可能与洪水的主流流向正交，桥梁和引道最好都在直线上。特大桥、大桥桥位常常是路线的控制点，但原则上应服从路线总方向并满足桥头接线的要求，桥路综合考虑。位于直线上的桥梁，如两端引道必须设置曲线时，应在桥两端以外保持一定的直线段，并尽量采用较大平曲线半径。当条件受限制时，也可设置斜桥或曲线桥。要注意防止两种偏向：一种是单纯强调桥位，造成路线过多地迂绕，或过分强调正交桥位，出现桥头急弯影响行车安全；另一种只顾线形顺直，不顾桥位，造成桥位不合适或斜交过大，增加建桥困难。

在设计桥孔时，应少压缩水流，尽量避免桥前壅水而威胁河堤安全和淹没农田，尤其上游沿河有宽阔低洼田地时，虽壅水水位提高不多，但淹没范围往往很大。

小桥涵位置应服从路线走向，但遇到斜交过大（一般在桥轴线与洪水流向的夹角小于45°时）或河沟过于弯曲的情况，可采取改河措施或改移路线，调整桥轴线与流向的夹角，以免过分增加施工困难和加大工程投资，选线时应全面比较确定。

路线跨河修建渡口时，应在路线走向基本确定后选择渡口位置。渡口要避开浅滩、暗礁等不良地段，两岸地形应适宜修建码头。

4. 注意土壤水文条件

合理利用地形、地质条件：高地布线。平原地区的土壤水文条件较差，特别是河网湖区，地势低平，地下水位高，使路基稳定性差，因此应尽可能沿接近分水岭的地势较高处布线。当路线遇到面积较大的湖塘、泥沼和洼地时，一般应绕避；如需要穿越时，应选择最窄最浅和基底坡面较平缓的地方通过，在河网湖区应控制最小填土高度，并采取其他有效措施，保证路基的稳定。

5. 正确处理新旧路的关系

平原地区通常有较宽的人行大路或等级不高的公路，当设计交通量很大，需要修建汽车专用公路时，应分情况处理好新旧路的关系。

1）现有一般二级公路由于交通量很大需建汽车专用二级公路时，宜利用、改造原路，并另建辅道供非汽车交通行驶。

2）现有公路等级低于一般二级路标准，宜新建汽车专用路，原有公路留作辅道。

6. 尽量靠近建筑材料产地

平原地区一般缺乏砂石建筑材料，路线应尽可能靠近建筑材料产地，以减少施工、养护、材料运输费用。

7. 通道的布设

平原地区的高等级公路，应考虑沿线群众的耕作、集市等穿越需求，通过调整路基高度，在适当的区间内设立能满足行人、农用车辆穿越需求的通道。

在草原、戈壁地区的高等级公路，应考虑沿线群众的放牧、动物迁栖等穿越需求，通过调整路基高度，设立通道以满足人、畜通行及野生动物迁栖的穿越需求。

6.4 山岭区选线

6.4.1 山岭重丘区的特征

山岭地形指山脊、陡峻山坡、悬崖、峭壁、峡谷、深沟等地形变化复杂，地面自然坡度大部分在20°以上的地形。重丘地形指连续起伏的山丘，且有深谷和较高的分水岭，地面自然坡度一般在20°以上的地形。高原地区的深侵蚀沟，以及有明显分水线的绵延较长的高地，地面自然坡度多在20°以上。山岭重丘区的选线的平面、纵断面、横断面大部分受地形限制。

地形方面：地面横坡陡、高低起伏大、地形变化复杂，路线在平面、纵断面、横断面都受到约束。

地质方面：山区土层薄，岩层厚，岩层产状和地质构造变化复杂。

气候方面：山区暴雨多，山洪急，溪流水位变化幅度大。

山岭地区，山高谷深，坡陡流急，地形复杂。山岭重丘区选线，是公路选线的重点和难点。搞好山岭重丘区的高速公路选线，是目前我国高速公路路网全面贯通攻坚阶段的重要一环。

山岭重丘区的特点是山脉水系清晰，这就给山区选线指明了方向，不是“依山傍水”，就是“翻山越岭”。“依山傍水”的路线按行经地带的部位又可分为沿河（溪）、山腰、山脊等。由于各种线形所处的部位不同，地形特征、地质条件决定了选线过程中要解决的主要问题也不一样，本节重点叙述沿河（溪）线、越岭线、山脊线三种路线的选线布局。而山腰线，由于沿河（溪）的高线和越岭线、山脊线的大部分路线都将处于山腰，已涉及山腰线的布线内容，不再赘述。

6.4.2 沿河（溪）线

沿河（溪）线是沿着溪流、河岸布置的路线。经过大自然水流的优选，溪流、河道形成了较为和缓的坡降。沿溪流、河道两岸，形成了较为开阔的台地和滩涂，是比较适宜公路布线的地貌，如图6-2所示。

1. 沿河（溪）线的特点

山区河流，谷底一般不宽，两岸台地较窄，谷坡时缓时陡，间或为浅滩和悬崖峭壁。河流多具有弯曲的特点，凹岸较陡而凸岸较缓，如沿一侧而行，常常是陡岸缓岸相间出现。两岸均为陡崖处即为峡谷，开阔处常有较宽台地，多是山区仅有的良好耕地。

图6-2 沿河（溪）线

河谷地质情况复杂，常有滑坍、岩堆、泥石流等病害存在，寒冷地区的峡谷因日照少，常有积雪、雪崩和涎流冰等现象。

山区河流，平时流量不大，但一遇暴雨，山洪暴发，洪流常夹带泥沙、砾石、树木等急速下泄，冲刷河岸，毁坏田园，危害甚大。

上述自然条件会给选线工作造成一些困难，但和山区其他线形相比较，由于河流经过大自然的优选，使得“傍水”而行的沿河（溪）线平、纵线形相对较好布设；而且沿河（溪）线便于为分布在溪河两岸的居民点及工农业生产服务，并有丰富的砾石、石料以及充足的水源，可供施工、养护使用。

沿河（溪）设线，只要善于利用有利地形，克服不良的地质、水文等不利因素，在路线标准、工程造价等方面都有可能胜于其他线形。因此，山区选线时，往往可把沿河（溪）线作为优先考虑的方案。

2. 路线布局

沿河（溪）线的路线布局，需主要解决的问题是：①路线选择走河流的哪一岸；②线位放在什么高度；③在什么地点跨河换岸。这三个问题往往是互相联系和互相影响的，选线时要抓住主要矛盾，结合路线性质、等级标准，因地制宜地去解决。

（1）河岸选择　由于河谷两岸情况各有利弊，选线时应比较两岸的地形、地质、水文等条件以及农田水利规划等因素，避难就易，充分利用有利的一岸。当建桥工程不复杂时，为了避开不利地形和不良地质地带，或为了争取缩短里程，提高线形标准，可考虑跨河换岸设线；但河流越大，建桥工程也越大，跨河换岸就越要慎重考虑。河岸的选择一般应结合下列主要因素经过技术经济比较决定：

1）地形、地质条件。路线应选在地形宽坦，有台地可利用，支沟较少、较小，水文及地质条件良好的一岸。这些有利的条件常交错出现在河流的两岸，选线时应深入调查，综合比较，全面权衡，决定取舍。如图6-3所示，乙方案为避让河左岸的两处断续陡崖，跨河利用右岸的较好地形，但过夏村后，右岸出现更陡更长悬崖，路线又须跨回左岸，在3km内，两次跨河，须建中桥两座。甲方案一直走左岸，虽要集中开挖一段石方，但较建两座中桥经济得多，因此不宜跨河换岸。

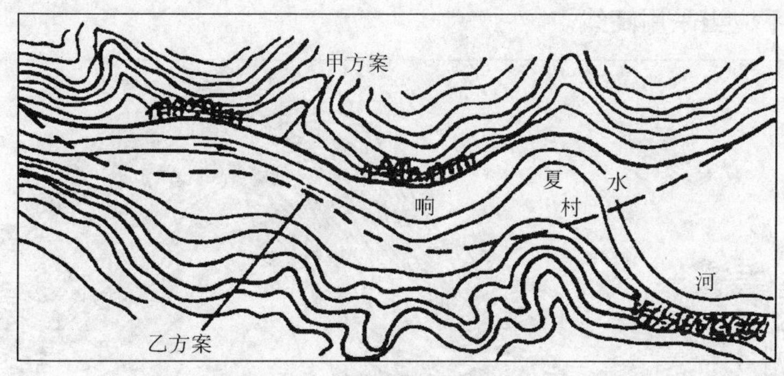

图6-3　沿河（溪）线跨河换岸方案示意图

2）积雪和冰冻地区的选岸。积雪和冰冻地区的阳坡和阴坡，迎风面和背风面的气候差异很大，在不影响路线整体布局的前提下，尽可能选择阳坡和迎风的一岸，以减少积雪、涎流冰等病害。有时即使阳坡工程大些，也应当从增长通车时间和保证行车安全着眼，选择阳坡方案。

3）考虑城镇及居民点的分布。除国防公路外，一般路线应尽可能选择村镇较多、人口较密的一岸，其他如对革命史迹、历史文物、风景区等要创造便于联系的条件。

（2）路线高度　沿河（溪）线的线位高低，是根据两岸地形、地质条件以及水流情况，结合路线等级标准和工程经济来选定的，当然最好是将路线设在地质、水文条件良好，不受洪水影响的平整台地上。但在谷坡陡峻的河谷中，往往缺乏这种有利地形，而必须傍山临河布线，因此，路线的高低必须慎重考虑。

低线一般是指高出设计水位（浪高加安全高度）不多，路基临水一侧边坡常受洪水威胁的路线。低线的优点是平、纵面线形比较顺直、平缓，易争取到较高标准，路基土石方工程也较省，边坡低，易稳定；路线活动范围较大，便于利用有利地形和避让不良的地形、地质；便于在沟口直跨支流，必须跨越主流时也较易处理。其缺点是受洪水威胁，防护工程较多。从千河口到十渡村的十渡旅游公路是位于北京房山区拒马河中上游两侧的旅游公路，沿途在拒马河上要过桥渡水十次，“十渡”因此得名，它是典型的沿河（溪）线公路。

高线是指高出设计水位较多，基本不受洪水威胁的路线。一般多用在利用大段较高台地，或傍山临河低线易被积雪掩埋以及为避让艰巨工程而提高线位等情况。它的优点是不受洪水侵袭，废方较易处理。但由于高线一般位于山坡上，路线必然随山势曲折弯曲，线形差，工程大；遇缺口时，常需设置较高的挡土墙或其他构造物；此外如避让不良地质和路线跨河，都较低线困难。

一般讲，低线优点较多，在满足规定频率的设计水位的前提下，路线越低工程越经济，线形标准也越高，各地有不少采用低线的成功经验，但也有不少水毁的教训。因此，采用低线方案时，要特别注意洪水调查，把路线放在安全高度上，同时要采取切实的防洪措施，以保证路基稳定和安全。

如图6-4所示，原线为避让沿河1.7km的断续陡崖，采用了高线方案。由低线过渡到高线的升坡段很长，且弯急坡陡，行车不安全；经局部改线，坡度虽有所改善，但增加了小半径曲线，线形更加弯曲；最后改走低线直穿陡崖，路线平、纵标准显著改善，还缩短760m，行车顺畅，说明不应当采用高线。

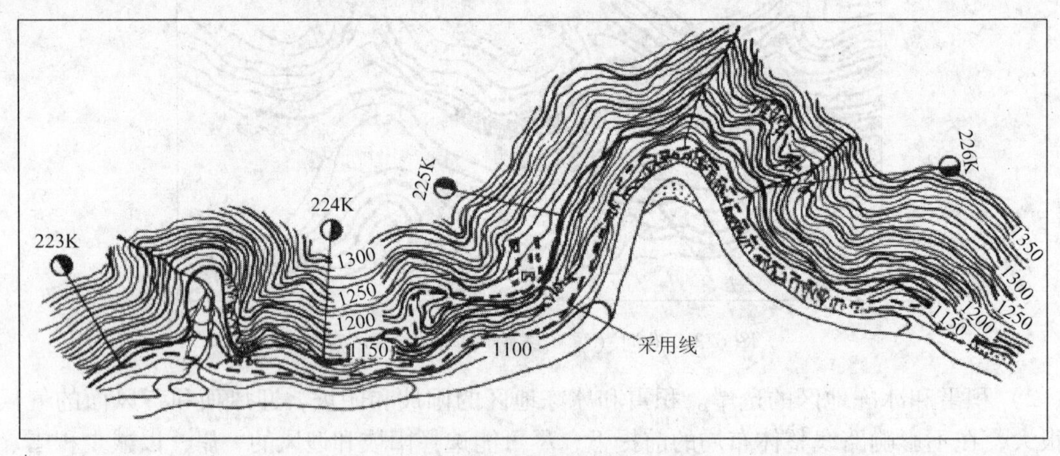

图6-4 沿溪线高低线位示意图

(3) 桥位选择 按路线与河流的关系，有跨支流和跨主流两类桥位。跨支流的桥位选择，一般属于局部方案问题，而跨主流的桥位选择多属于路线布局的问题。跨主流的桥位往往是确定路线走向的控制点，它与河岸选择相互依存、相互影响。当路线由于地形、地质原因需要换岸布线时，如果桥位选择不好，勉强跨河，不是造成桥头线形差，就是增大桥梁工程。因此，在选择河岸的同时，要研究处理好桥位及桥头路线的布设问题。

路线跨越主河，由于路线与河流接近平行，桥头布线一般比较困难。因此，在选择桥位时除应考虑桥位本身水文、地质条件外，还要注意桥头路线的舒顺，处理好桥位与路线的关系。常见有以下几种情况：

1）如图6-5所示，在S形河段腰部跨河，以争取桥轴线与河流成较大交角。本例是个中小桥，采用斜桥方案，则更有利于路桥配合。

2）如图6-6所示，在河湾附近选择有利位置跨越。桥位应选在河道顺直、稳定、狭窄、河槽明显的河段；桥轴线宜与中、高水位的水流正交，当斜交角大于5°时，桥孔长度、墩台冲刷都应考虑河湾水流对桥的影响，采取防护措施。

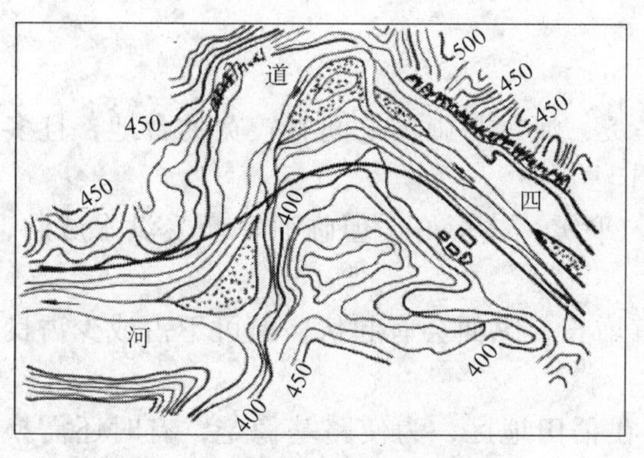

图 6-5 在 S 形河段腰部跨河

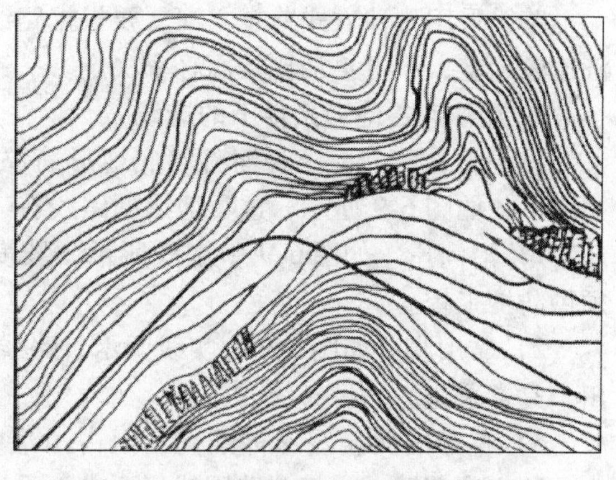
图 6-6 在河湾附近选择有利位置跨越

3）在与路线接近平行的顺直河段上跨河，桥头引道难以舒顺。如图 6-7a 所示桥位应尽量避免。当必须在这种河段跨越时，中、小桥可考虑设置斜桥以改善桥头线形；如为大桥，当不宜设斜桥时，宜把桥头路线做成勺形或布置一段弯引桥，如图 6-7b 所示，或两者兼用。总之，桥头曲线要争取较大半径，以利行车。

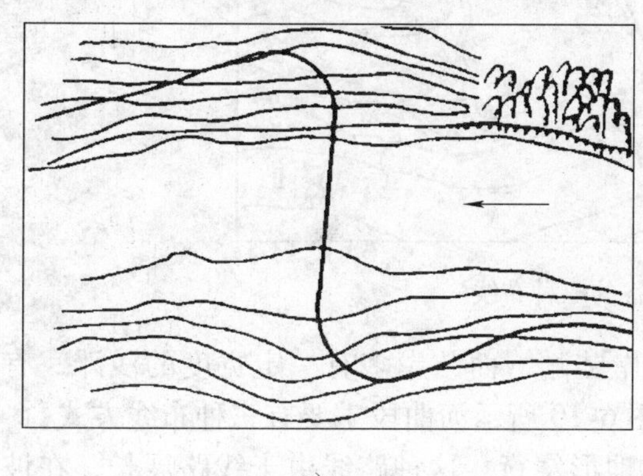
a)

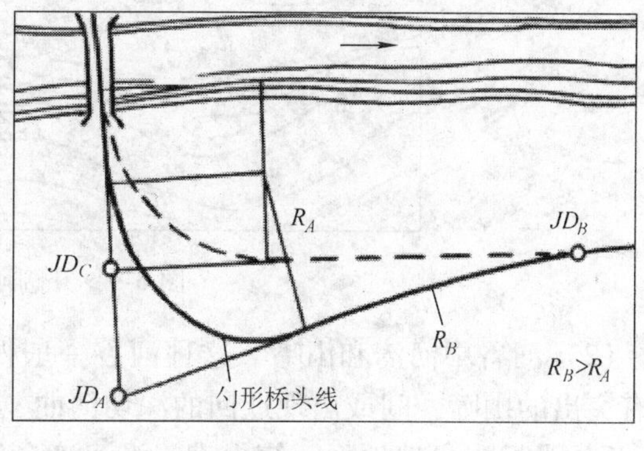

b)

图 6-7 桥头线形的处理

4）路线跨支流的桥位，有从支河（沟）口直跨和绕进支沟上游跨越两种方案，如图 6-8 所示。

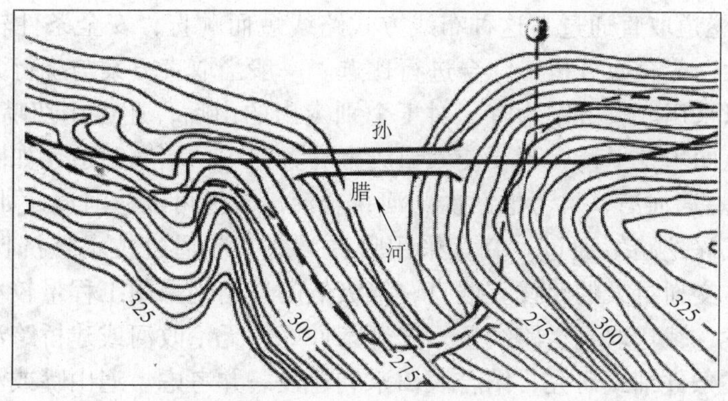

图 6-8 路线跨支流的桥位

路线采用哪种方式跨越主河，要根据路线等级和桥位处的地质、地形条件，经过技术经济比较确定，不可不加比较而轻率决定。

3. 几种河谷地形条件下的选线

（1）开阔河谷　这种河谷谷底地形简单、平缓，河岸与山坡之间有较宽的台地，且多为农田，如图6-9所示，这类地形的路线有三种走法。

1）沿河岸。如图6-9中虚线所示，坡度均匀平缓，线形好，但临河一侧受洪水威胁，须做防护工程。

2）靠山脚。如图6-9中实线所示，路线略有增长，纵面会有起伏，但可不占或少占良田，是常采用的一种布线方案。

3）直穿田间。线形标准高，但占田最多，在稻田地区，为使路基稳定，有时还需换土，除高速公路、一级公路因线形要求而采用外，一般不宜采用。

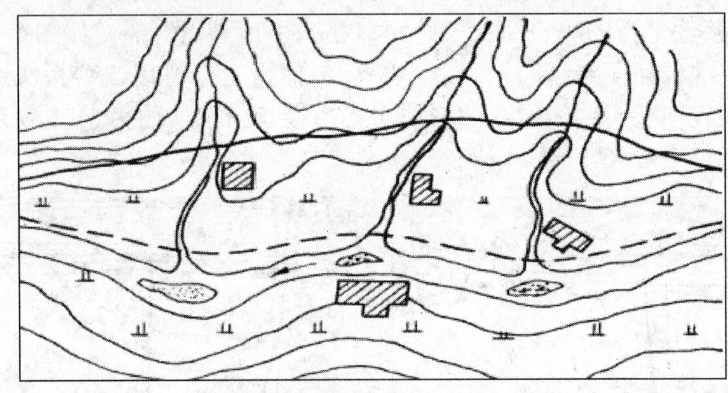

图6-9　开阔河谷的三种布线

（2）河谷中河湾和山嘴　这种河谷一般凹岸陡峭，而凸岸多有一定宽度的浅滩，有时也有突出的山嘴，间或出现迂回的深切河曲，图6-10所示河曲段主要有三种布线方式：

1）沿河岸自然地形，绕山嘴，沿河湾自然地形绕行。这种路线由于线路展长，在坡度受限地段有利于争取高度（隧道情况除外），但易受不良地质的危害和河流冲刷的威胁，路线易受洪水影响，且路线迂回，岸坡陡峭，水流冲刷严重，路基防护工程大，道路运营安全条件较差。对于个别有宽浅河滩的大河湾，为了提高路线标准，可在河滩布线。只要处理得当，还可起护田、造田的作用，但要注意路基防护和加固，防止水流对路基的冲刷破坏。

2）以路堑或隧道取直通过。这种布线方式路线短而顺直，安全条件较好，但隧道较长时，工程造价较大，应全面分析，综合进行比选。一般当取直方案与绕行方案工程量相等或接近的情况下，以采用取直方案为宜。对于个别突出的山嘴，还可用切嘴填湾的办法处理。设线时应该注意纵向填挖平衡，不要使大量废方弃置河中，堵塞河道，如图6-11所示。

3）截弯取直。遇河湾，可考虑两次跨河；若河湾较近可改移河道，如图6-10所示；遇山嘴，采用隧道或深挖路堑通过。究竟采用哪种方式，应通过技术经济比较决定。一般来讲，技术等级高、交通量大的路线宜取直，等级低的道路则采用工程量较小的方案为宜。建桥跨河和改河方案，裁弯取直，路线短，安全条件好。无论改河或建桥跨河方案，均应根据地形、地质、水文条件细致研究，结合农田水利建设一并考虑。遇山嘴或河湾地形是采用绕行还是取直方案，应与道路等级综合考虑。等级较高的道路宜取直以争取较好的线形指标，等级较低的道路采用哪种方案应根据技术和经济条件，比较确定。

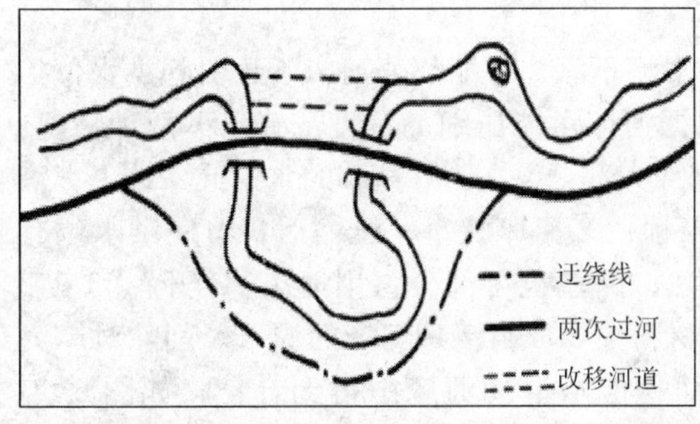

图6-10　建桥和改河截弯取直

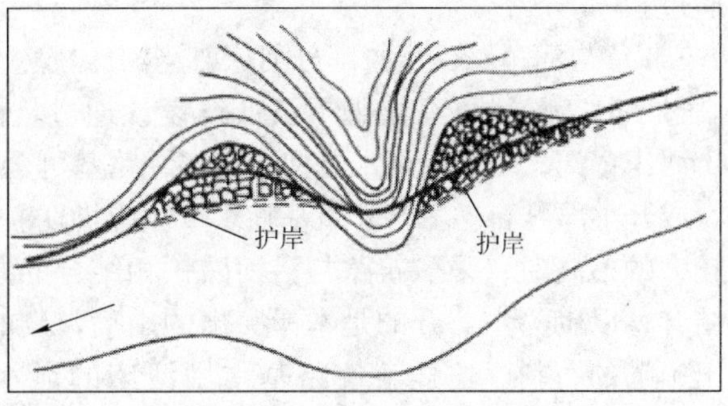

图6-11　路堑或隧道取直

（3）河谷中陡崖峭壁河段　山区河谷常有陡崖峭壁错综地交替出现，两岸都是陡崖峭壁的河段，即为峡谷。峡谷一般河床狭窄，水流湍急。路线通过这种地段有绕避和穿过两种方案，应根据峡谷的水文、地质条件和路线性质、任务、路线标准、工程大小、施工条件等因素通过比较确定。

绕避的方法有两种：一是翻上峡谷陡崖顶部择有利地带通过；一是另找越岭路线。前者需要崖顶有可供布线的合适地形，后者需要附近有基本符合路线走向的低垭口。两种绕避方法的共同点是纵断面上而复下，都需要适合布设过渡段的地段，过渡段的纵坡应缓于该路等级所允许的最大纵坡，这就往往需要一个相当长的过渡段，上下线位高差越大，线路就越长，而且过渡段的工程一般又多比较集中。因此，崖顶过高，就不宜翻崖顶绕避；峡谷不长，只要不是无法通过，两种绕避方法（翻越崖顶和越岭绕避）均不宜采用。但当峡谷较长，且地形困难，工程艰巨，有条件绕避时，则应予考虑。如图6-12所示，河谷曲折迂回，且有近5km长的陡崖，布线困难；而越岭线的瓦窑垭口，方向很顺，且两侧地形、地质条件较好，越岭绕避则是一可取的方案。

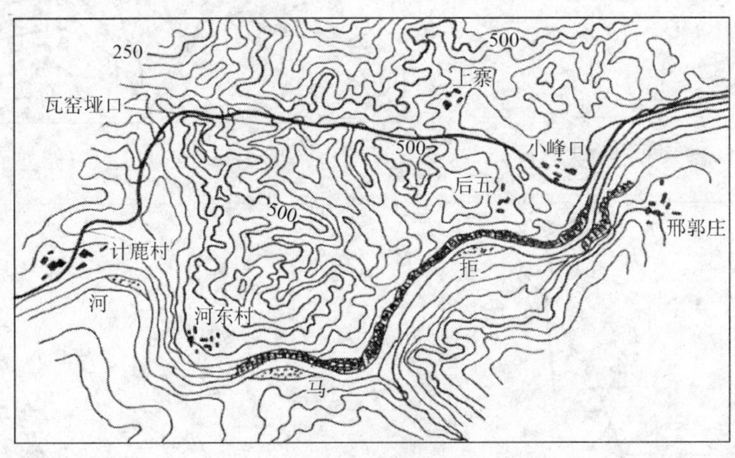

图6-12　越岭绕避布线

直穿陡崖峭壁河段和峡谷的路线，其平、纵面受岸壁形状和洪水位限制，活动余地不大，路线的线位主要决定于根据河床渲泄洪水情况而拟定的合理的横断面。路线一般以低线为宜，如洪水位过高或有严重积雪的情况，则不宜采用这种方案。

直穿峡谷的路线，可根据河床宽窄、水文状况、岸壁陡缓等不同因素采用以下方法通过：

1）与河争路，侵占部分河床。当河床较宽，水流不深，压缩部分河床不致引起洪水位抬高过多时，路线可在崖脚下按低线设计通过。根据河床可能压缩的程度，有以下两种情况：①河床宽阔，压缩后洪水位抬高不多，路基可全部或大部分设在紧靠崖脚的水中或滩地上，借石或开小部分石崖填筑，路基临水一侧应做防护工程；②河床狭窄，压缩后，将使洪水位有较大的抬高时，采取筑路与沿河防护相结合的办法，路基也可部分占用河床，“开”、“砌”结合，以砌为主。开的是本岸突出的山嘴，砌的材料主要取自清理河床的漂石及削除对岸突出山嘴的石料。这样就使路基占用河床的泄水面积能从清理河床中得到补偿，如图6-13所示。

2）硬开石壁。当两岸峭壁逼近，河床很窄，不能容纳并行的河与路时，可硬开石壁通过（见图6-14）。措施如下：①在石壁上硬开路基（见图6-15），造成的大量废方，必须妥善处理，尽可能将大部分废方利用到附近路段，同时要考虑散失在河中的废方对水位的影响，适当提高线位；②岸壁石质良好，可开凿半隧道，以减少石方和废方（见图6-16）；③硬开石壁的路基，对个别缺口或短段不够宽的路段，可用半边桥或悬出路台处理；④当两岸石壁十分逼近（有时仅几米宽），不宜硬开路基时，可建顺水桥通过。

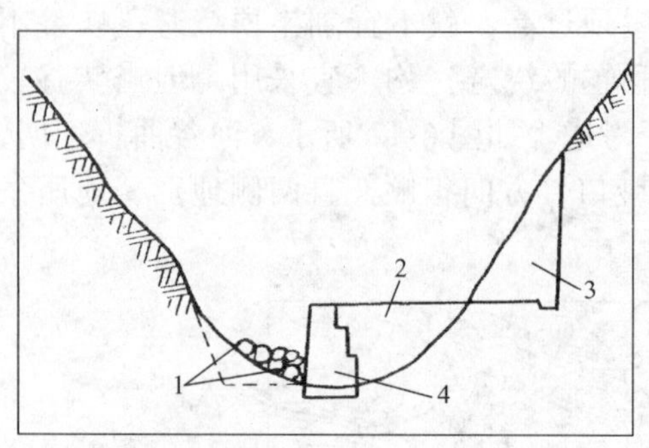

图6-13 路基占用河床

图6-14 石壁上硬开路基示意图

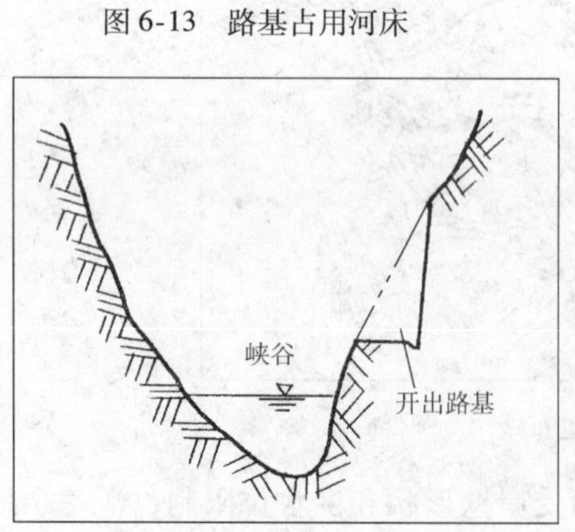

图6-15 石壁上硬开路基

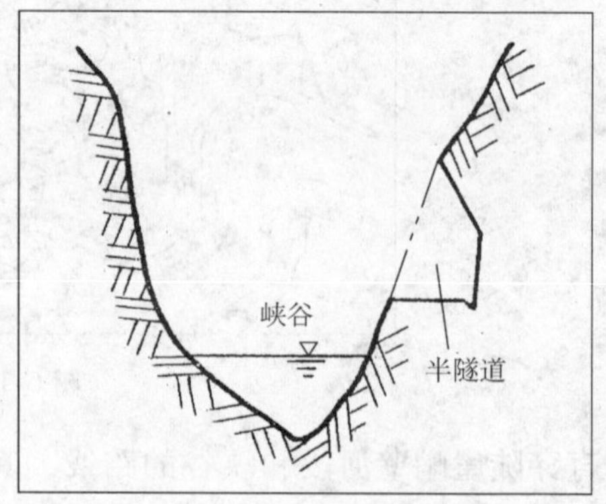

图6-16 半隧道路基

（4）河床纵坡陡峻的河段　在急流、跌水河段，河床纵断面在短距离内突然下落几米以至几十米，形成急流或跌水。路线由急流、跌水的上游延伸到其下游时，线位就高出谷底很多，为了尽快降低线位，避免继续走陡峻的山腰线，可利用急流、跌水下游支沟或平缓的山坡展线下降，如图6-17所示。

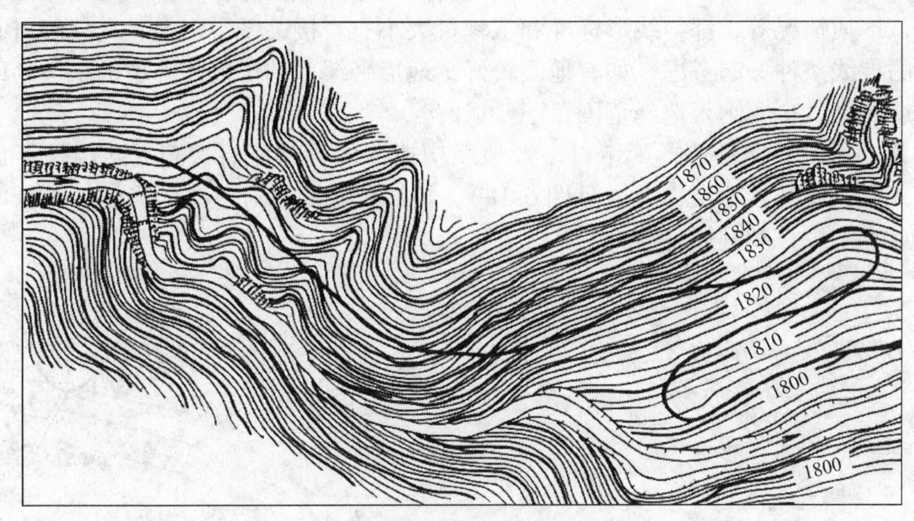

图6-17　河床纵坡陡峻河段的布线

河床纵坡连续陡峻的河段。这类河段多出现在山区河流的上游，是沿溪线和越岭线之间的过渡段，河床纵坡是越上溯越陡，当陡到路线技术标准不允许的程度时，就需要进行展线，展线布线要点详见后面的“越岭线”。

6.4.3　越岭线

从山岭一侧山坡爬上山脊，在适当地点穿过垭口，再沿另一侧山坡下降的路线，称为越岭线。它的特点是：路线在“翻山越岭”的过程中需要克服很大的高差；路线的平面线位除依据路线的整体走向外，重点要考虑“上得去”和“下得来”，越岭线的线形和长度主要取决于路线对纵坡的控制。

越岭线布线需主要解决三个问题：垭口选择、过岭标高选择和垭口两侧路线展线的拟定。它们是相互联系，相互影响的，布线时应相互谐调，综合考虑。

1. 垭口选择

垭口是越岭线布线时首先要确定的重要控制点，应在符合路线走向的较大范围内选择。垭口选择要全面考虑其穿越分水线的位置、越岭标高、地形条件、地质、水文情况和展线条件。

（1）垭口位置选择　垭口位置应与两侧山坡展线方案结合在一起考虑，在基本符合路线走向的前提下，首先考虑标高较低、高差较小的垭口，且展线降坡后能与山下控制点较顺捷地衔接，不需过多增长路线。其次再考虑稍微偏离路线方向，但接线较顺，且不致过于增加里程的其他垭口。

（2）垭口标高选择　垭口海拔高低及其与山下控制点的高差，对路线长短、工程量大小和运营条件有直接影响，一般应选择标高较低、比较瘦削的垭口。在高寒地区，特别是积雪、结冰地区，海拔高的路线对行车很不利。因此，有时为了走低垭口，即使方向有些偏离，距离有些绕远，也应纳入选择范围。但如积雪、结冰不是太严重，对于基本符合路线走向，展线条件较好，接线方向较顺，地质条件较好的垭口即使稍高，也不应轻易放弃。

（3）垭口展线条件选择　山坡展线是越岭线的主要设计内容。而山坡坡面的曲折程度、横坡陡缓，地质情况等，都与线形标准和工程量大小有直接关系。因此，选择垭口必须结合两侧山坡的展线条件一起考虑。如有地质较好，地形平缓，利于展线降坡的山坡，即使垭口位置略偏或较高，也要纳入选择范围，不要遗漏。

（4）垭口的地质条件选择　垭口一般地质构造薄弱，常伴有裂隙、断层等不良地质存在，应深入调查研究其地层构造（见图6-18），摸清其性质和对道路的影响。设计中采取相应措施，重点防护，顺利通过。

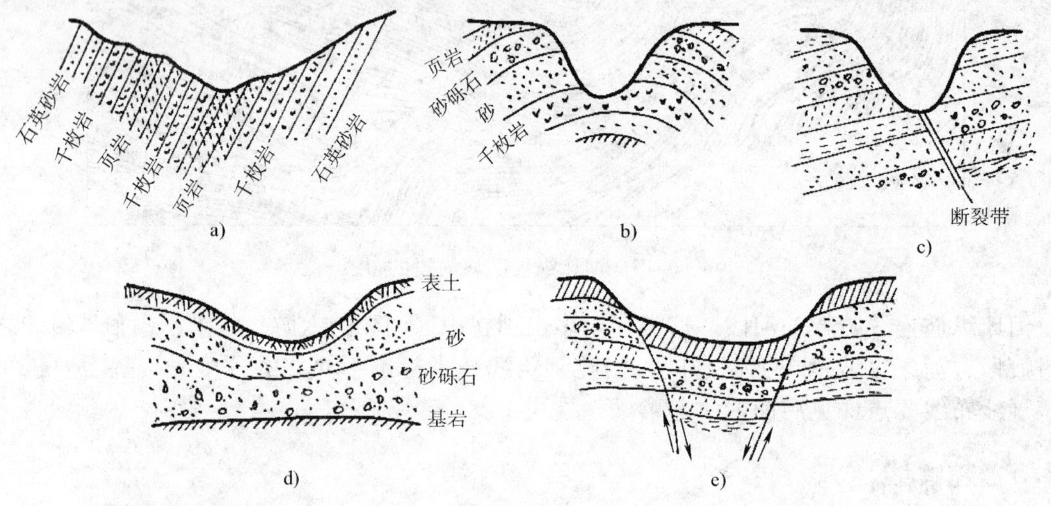

图6-18　垭口的地质剖面示意图
a）软弱层型　b）构造型　c）断层破碎带型　d）松软层型　e）断层陷落型

1）对软弱层型、构造型和松软层型垭口，只要注意到岩层产状及水的影响，采取适当的防护措施，路线通过一般问题不大。

2）对断层破碎带型及断层陷落型垭口，一般应尽量避开。必须通过时，应查清破碎带的大小及程度，选择有利部位通过，同时采取可靠工程措施（如设置挡土墙，明洞等）以保证道路的稳定和安全。

3）对地质条件恶劣的垭口，局部移动路线或采取工程措施亦不解决问题时，应予以放弃。

2. 越岭标高的选择

路线通过分水线——过岭，常用开挖路堑或隧道通过。过岭标高越低，路线就越短，但路堑或隧道就越深、越长，工程量也越大。过岭标高的确定，应结合道路技术标准、越岭区段的地形、拟用过岭方式、地质情况以及两侧展线方案等因素经过技术经济比较来选定。由于诸多因素互相影响，必须全面分析研究各种可能的比较方案，作出合理的选择。

主要过岭方式及越岭标高的选择：

（1）浅挖低填　遇到过岭地段山坡平缓，垭口宽而厚（有的达到一二公里，有时还有沼泽出现）的地形，两侧山坡展线容易，宜采用浅挖低填的方式过岭，过岭标高基本上就采用垭口标高。

（2）深挖垭口　当垭口比较瘦削时，常用深挖的方式过岭。深挖垭口，虽局部土石方工程量加大，但由于降低了过岭标高，相应缩短了展线长度，总工程量并不一定增加。即使工程量有所增加，但如果能改善行车条件，即可以从节约运营费中得到补偿。挖深程度，应视地形、地质、气象条件以及展线对垭口标高的要求等因素而定。现有资料一般挖深在20m以内，地质情况良好时，还可深些。垭口越瘦，越宜深挖。但垭口通常地质条件较差，挖深应以不致危及路基稳定，保证运营安全为度。否则应采取有效措施，以防止产生遗留病害。考虑环保等综合因素，有条件时，应尽量采用隧道通过。

过岭标高是越岭线布局的重要控制因素，不同的过岭标高就有不同的展线方案。如图6-19所示，路线通过垭口，由于选用不同的挖深出现了三个可能方案。甲方案挖深9m，需要设两个回头弯；乙方案挖深13m，需一个回头弯；丙方案可顺山势布线，不需回头弯，丙方案线形好，路线最短，有利于行车和节约运营费用，但挖深为20m，若地质情况良好，可采用丙方案。深挖垭口，工程量集中，往往要处理大量废方，施工条件差，影响施工期限，这些都应在选定过岭标高时充分考虑。

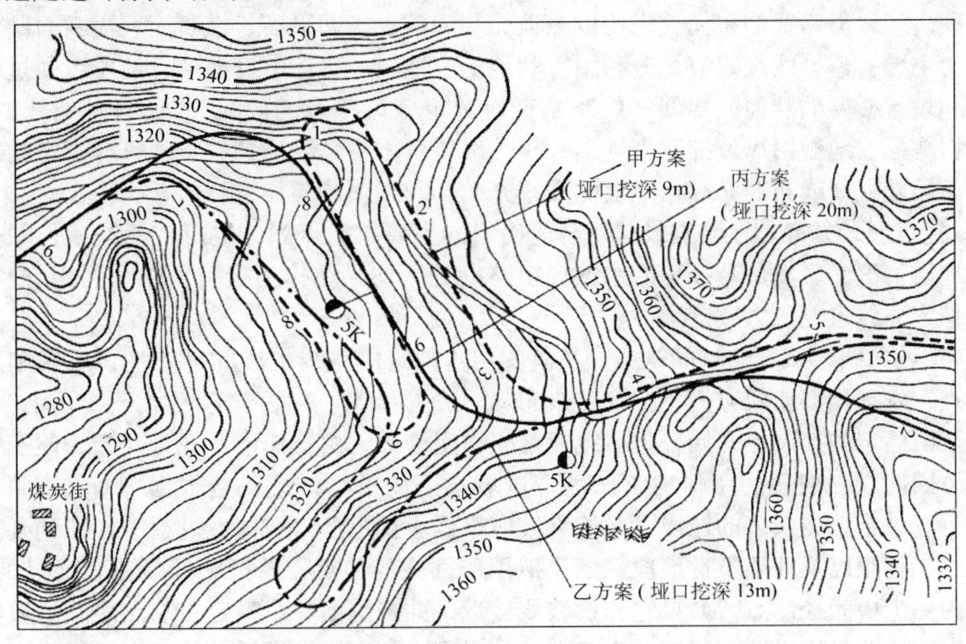

图6-19　不同的方案有不同的挖深

（3）隧道穿越　当垭口挖深大于20m时，采用隧道往往比明挖路堑经济，特别是垭口瘦薄时，采用不长的隧道能大大降低路线爬升高度，缩短里程，提高路线线形指标，在经济上比较合理。另外，为了避让严重不良地质以及减轻或消除高山严重积雪、冰冻对公路的不良影响，也应结合施工条件及施工期限，考虑采用隧道通过的方案。高速公路、一级公路、有特殊要求的国防公路，优先考虑隧道方案。考虑环保要求，为减少对山区植被的破坏，亦应优先采用隧道方案。

一般情况下，隧道标高越低，路线越短，技术指标也越易提高，对运营也越有利。但标高降低，隧道就会加长，造价就增高，工期会延长。因此，隧道标高的选定，通常需要根据越岭地段的地质条件，并以临界标高作为选线研究的基础。临界标高就是隧道造价和路线造价总和最小的过岭标高。设计标高如高于临界标高，则路线延长费用将多于隧道缩短的费用；设计高如低于临界标高，则隧道加长费用将多于路线缩短费用。但隧道设计标高的降低，将来可节约运营费用，这对交通量大的路线意义颇大，也应作为比选的考虑因素。

隧道标高的选定不能单纯着眼于经济方面，还应考虑以下因素：

1）地质和水文地质条件是对选择标高有决定意义的因素，要尽可能把隧道放在较好的地层中。

2）隧道标高应设在常年冰冻线和常年积雪线以下，以保证施工和行车安全。

3）隧道长度要考虑施工期限和施工技术条件等。

4）在不过多增加工程造价的情况下，要适当考虑远景的发展需求，尽可能把隧道标高降低一些。

3. 垭口两侧路线的展线

越岭线通过垭口的高程主要是由两侧山坡上的展线来实现的，虽然山坡地形千差万别，线形多种多样，但路线的布局首先要以纵坡控制为前提，即平面、纵断面、横断面结合要以纵断面为主导。越岭线选线应充分利用有利地形、地质，避让不良地形、地质，通过合理调整坡度和设置必要的几何曲线线形线来实现对选定垭口“有的放线”。而各种曲线的布置，也要根据地形、地貌由纵坡控制来选定，越岭线展线方案其纵坡参数必须符合拟定的纵坡技术标准。因此，展线布局必须从纵坡的安排开始，其工作步骤如下：

1）拟定展线方案。在调查或踏勘阶段确定的主要控制点间，进行广泛勘察，调查周围地形及地质情况，现场用带校正的水准仪粗略勘定平均纵坡作为指引，注意利用有利地形、地质，拟定路线可能的大致走法。

2）试坡布线。试坡的目的是进一步落实初步拟定的路线走法的可能性，发现和加密中间控制点，发现局部比较方案，拟定路线布局。

试坡由已定的控制点开始，越岭线通常先固定垭口，由上而下，视野开阔，便于争取有利地形。因此，一般多由垭口向下试坡。试坡选用的平均坡度，应根据《标准》的规定，地形曲折、小半径曲线多的地段，平均纵坡应略低于规定值。在试坡过程中，遇到必须避让的地物、工程艰巨及地质不良地段，以及拟用作回头的地点，要把路线最适宜通过的位置，暂时作为一个中间控制点。如果它和试坡线接近，并与前面一个暂定控制点之间的坡度不致超过最大坡度或过于平缓，就把这个点大致的里程、高程以及可活动的范围记录下来，供以后调整落实时参考；如果这个点和试坡线的高差较大，则应返回重新试坡，或修改前面的暂定控制点，认为合适后再向前试坡。如经过修改后的路线纵断面或路线行经地带不够理想，应另寻比较线。这就是通过试坡布设控制点和局部比较线的大致过程，当一系列中间控制点暂定下来后，路线布局大体就有个轮廓了。主要控制点间，可能有几个方案，要经过比选，遴选出一、两个较好的方案，以备进行下一步定线工作。

3）分析、落实控制点，决定布局方案。控制点有固定和活动之分：一种是位置和高程都不能改变，如工程特别艰巨地点的路线和某些受限制很严的回头地点、必须利用的桥梁、必须通过的街道等；另一种是位置固定，高程可以调整，如垭口、重要桥位等；第三种是位置、高程都有活动余地的，如侧沟展线的跨沟地点，宽阔平缓山坡的回头地点等。

第一种情况较少，第二、三种情况居多。也就是说控制点大多是有活动余地的，但活动范围有大有小。对活动范围小的控制点，可视为固定控制点，把位置、高程确定下来。然后再去研究固定控制点之间的、活动范围较大的那些控制点，以便通过适当调整，达到既不过于增大工程量而又能使线形更加合理的目的。

活动控制点的调整落实，有下面两种情况和做法：①活动性较大的回头地点，可从前后两个固定控制点以适当的坡度分头放坡交会得出；②两固定控制点间的非回头的活控制点，应在其可活动的范围内调整，以使固定控制点间的坡度尽量均匀些。

4. 展线方式

越岭线的展线方式主要有自然展线、回头展线、螺旋展线三种。

（1）自然展线　自然展线是以适当的坡度，顺着自然地形，绕山嘴、侧沟来延展距离，克服高差。自然展线的优点是：走向符合路线基本方向，行程与高程升降统一，路线最短；与回头展线相比，线形简单，技术指标一般也较高；特别是路线不重叠，对行车、施工、养护均有利。如路线所经地带地质稳定无割裂地形阻碍，布线应尽可能采用这种方案。自然展线的缺点是：避让艰巨工程或不良地质的自由度不大，只有调整坡度这一途径。如遇到高崖、深谷或大面积地质病害很难避开，而不得不采取其他展线方式。

（2）回头展线　当控制点间的高差大，靠自然展线无法取得需要的距离以克服高差，或因地形、地质条件限制，不宜采用自然展线时，路线可利用有利地形设置回头曲线进行展线，如图6-20所示。回头展线的缺点是在同一坡面上，上、下线重叠，尤其是靠近回头曲线前后的上、下线相距很近，对于行车、施工、养护都不利。其优点是便于利用有利地形，避让不良地形、地质和难点工程。回头地点对于回头曲线工程量大小和道路运营质量关系很大，应慎重选择。

图6-20　设置回头曲线进行展线

回头曲线的形状取决于回头地点的地形，一般利用以下三种地形设置：①直径较大、横坡较缓、相邻有较低鞍部的山包或平坦的山脊（见图6-21a、b）；②地质、水文地质良好的平缓山坡（见图6-21c）；③地形开阔，横坡较缓的山沟或山坳（见图6-21d）。

为了尽可能消除或减轻回头展线对于行车、施工、养护的不利影响，要尽量把回头曲线间的距离拉长，以分散回头曲线，减少回头个数。回头展线对不良地形、地质的避让有较大的自由度，但不要遇见难点工程，不分困难大小和能否克服就轻易回头，致使路线在小范围内重叠盘绕。

（3）螺旋展线　当路线受到限制，需要在某处集中地提高或降低某一高度才能充分利用前后有利地形时，可考虑采用螺旋展线。螺旋展线一般多在山脊利用山包盘旋，以旱桥或隧道跨线，图6-22所示为上线桥跨螺旋展线，图6-23所示为下线隧道螺旋展线。

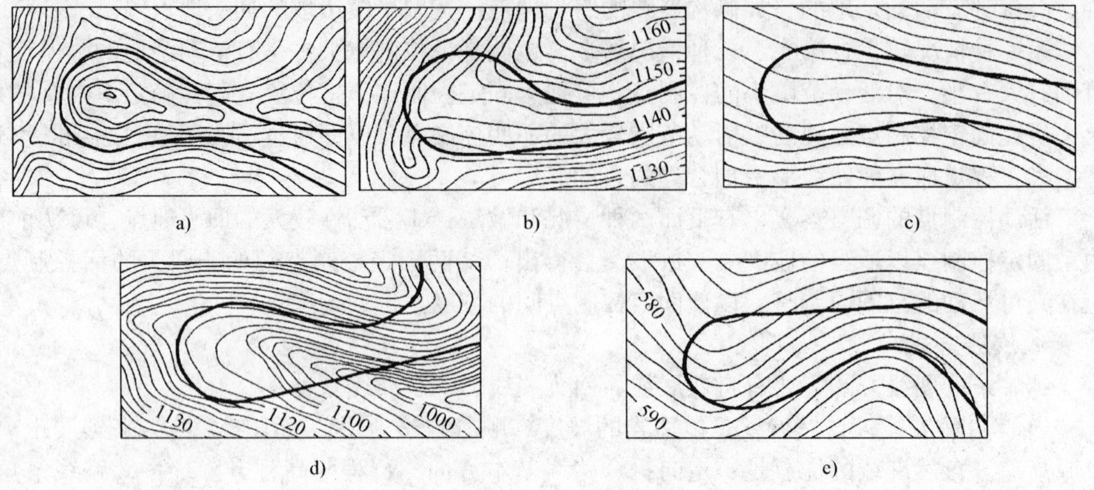

图 6-21　可设置回头曲线的地形

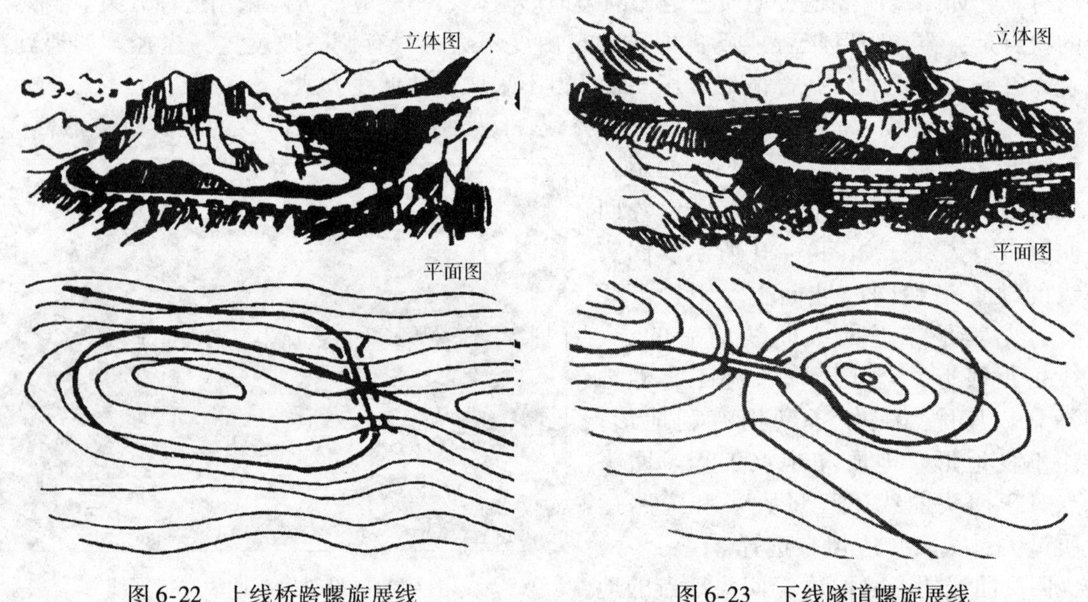

图 6-22　上线桥跨螺旋展线

图 6-23　下线隧道螺旋展线

螺旋展线目前作为公路选线的一种展线方式，亦可视为回头展线的一种变革，在某种地形条件下用以代替一组回头曲线。它比回头线具有线形较好，避免路线重叠的优点，但因需建隧道或高桥、长桥，造价很高，因而较少采用。必须采用时，应根据路线性质和任务，与回头展线的方案作详细比较。

6.4.4　山脊线

1. 山脊线的特点及选择条件

大体走势是沿分水岭布设的路线，称为山脊线。分水线顺直平缓，起伏不大，岭脊肥厚的分水岭是布设山脊线的理想地形，路线可大部或全部设在分水岭上。但高山地区的分水岭常常是峰峦、垭口相间排列，有时相对高差很大，这种地形的山脊线，则为一些较低垭口所控制，路线须沿分水岭的侧坡在垭口之间穿行，线位大部分设在山腰上。山脊线，一般线形大多起伏、曲折，其起伏和曲折程度则视分水岭的形状、控制垭口间的高差和具体地形而异。

山脊线一般具有土石方工程小，水文和地质情况较好，桥涵构造物较少等优点。但是否采用山脊线方案主要应考虑以下条件：①分水岭的方向不能偏离路线总方向过远；②分水岭平面不能过于迂回曲折，纵断面上各垭口间的高差不过于悬殊；③控制垭口间山坡的地质情况较好，地形不过于陡峻零乱；④上下山脊的引线要有合适的地形可以利用，这是能否采用山脊线的主要条件之一，往往山脊本身条件很好，但因上下引线条件差而不得不放弃。

由于完全具备上述条件的分水岭不多，所以很长的山脊线比较少见，而往往是作为沿河线或山腰线的局部比较线及越岭线的两侧路线的连接段而出现。

山脊线线位较高，一般远离居民点，不便于为沿线工农业生产服务；有时筑路材料及水源缺乏、增加施工困难；另外地势较高，空气稀薄，有云雾、积雪、结冰等对行车和养护不利等缺点，这些都应在与其他路线方案作比较时予以充分考虑。

当决定采用山脊线方案以后，剩下要解决的是山脊线的布设问题。由于山脊线基本沿分水岭而行，大的走向已经明确，布线主要解决以下三个问题：①选定控制垭口；②在控制垭口间，决定路线走分水岭的哪一侧；③决定路线的具体布设（包括选择中间控制点）。选线时应对三者综合考虑。

2. 控制垭口选择

每一组控制垭口代表着一个山脊线的方案，因此选择控制垭口是山脊线选线的关键。当分水岭方向顺直，起伏下大时，几乎每个垭口都可暂定为控制点。如地形复杂，起伏较大，且较频繁，各垭口高低悬殊，则高垭口之间的低垭口一般即为路线的控制点，突出的高垭口可舍去；在有支脉横隔的情况下，相距不远的、并排的几个垭口，则只选择其中一个与前后联系条件较好的垭口。

控制垭口的选择还必须结合分水岭两侧山坡的展线条件综合考虑，通过侧坡选择和试坡布线，对初步选定的控制垭口加以比较，最后择优选取。

3. 侧坡选择

分水岭的侧坡是山脊线的主要布线地带。要选择布线条件较好的那一侧，以达到平、纵线形合理、工程量小和路基稳定的效果。坡面无沟壑、坡度平缓、地质情况好、无支脉横隔的向阳山坡较为理想。除非两个侧坡优劣十分明显，否则对两侧坡都要作全面比较，以定取舍。同一侧坡也还可能有不同的路线方案，可通过试坡布线决定。多数初选的控制垭口，在侧坡选择过程中即可决定取舍，少数则需在试坡布线中落实。

4. 试坡布线

在两固定控制点间布线，应力求距离短捷，坡度和缓，山脊线有时因控制点间高差很大，需要展线；也有时为避免路线过于迂绕，要采用起伏坡，以缩短距离。从总体看，山脊线难免有曲折、起伏，但不可使其过于紧促、频繁，平、竖曲线和视距等指标也要掌握得合理，以利行车。山脊布线常见有三种情况：

（1）控制垭口间平均坡度不超过规定　如两控制垭口中间，地形、地质方面没有太大障碍，应以均匀坡度沿侧坡布线。如控制垭口间平均坡度较缓，而其间遇有障碍或难点工程时，可加设中间控制点，调整坡度来避让，中间控制点和各垭口之间仍应以均匀坡度布线。如图6-24所示的甲线，AB、BD两段，地面自然坡度一上一下已经很陡，当适当挖深垭口B后，才分别获得+5.5%和-5%较合理的坡度；BD段两次跨冲沟，需要防治，工程稍大。若要减小防治工程，要在冲沟头上方加设中间控制点，这将使垭口B到垭口D的一段纵坡过陡，不宜采用。

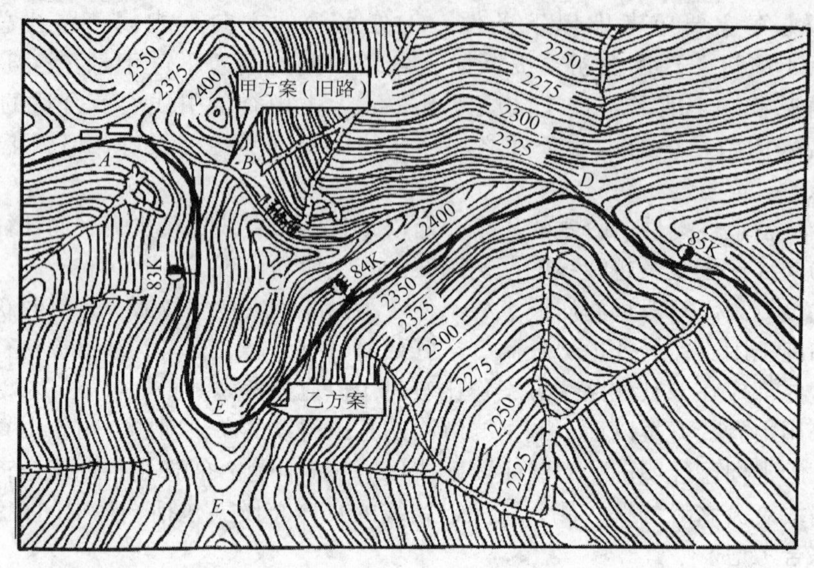

图6-24　山脊线布置比较示意图

(2) 控制垭口间有支脉横隔　路线穿过支脉，要在支脉上选择合适垭口做为中间控制点。该垭口应不致使路线过于迂绕，合理深挖后两翼路线坡度都不超过规定，并使路线能在较好的地形、地质地带通过。有时在支脉上选择的控制垭口虽能满足纵坡要求，但线形过于迂绕，为了缩短距离，控制点就不一定恰好设在垭口上。

如图6-24中的乙线是穿支脉的路线，支脉上有C、E两个垭口，选中间控制点时，首先考虑C，因其位置过高，合理深挖后两翼路线坡度仍超过规定，只好放弃而选择垭口E。E的两翼自然纵坡均低于规定值，为了既保证坡度符合要求，又能尽量缩短距离，从低垭口D以5%～5.5%的坡度沿山坡向垭口E试坡，定出控制点具体位置E'，使乙线得到合理的最短长度。AE'之间则按均匀坡度（约3%）布线，乙线虽较甲线长740m，但工程小，施工较易，当交通量小时，宜予采用。

(3) 控制垭口间平均坡度不超过规定　根据具体地形、地质条件，采用填挖、旱桥、隧道等工程措施来提高低垭口，降低高垭口，也可利用侧坡、山脊有利地形设置回头展线或螺旋展线，如图6-25所示。

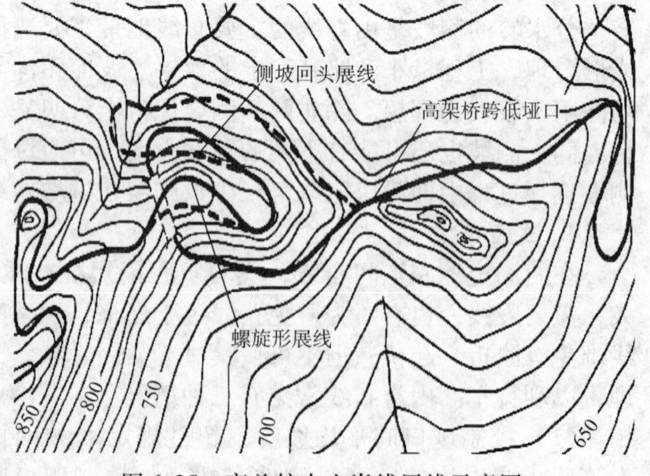

图6-25　高差较大山脊线展线示意图

6.5　丘陵区选线

丘陵区的地貌特点是：山丘连绵，岗坳交错，此起彼伏，平面迂回曲折，岭低脊宽，山坡较缓，丘谷相对高差不大。重丘区接近于山区，不易划出明确界线；微丘区与平原接近，同样难于区别，可见微丘区和重丘区是向平原和山岭的过渡，它包括了缓峻颇为悬殊的地形。

丘陵区的地形决定了通过丘陵区的路线特点是：局部方案多，且为了充分适应地形，路线纵断面将会有起伏，路线平面也必将是以曲线为主体，如图6-26所示。由于丘陵区地形形态复杂，布线方法应随路线行经地带的具体地形而采用不同的布线方式。

6.5.1　路线布设方式

丘陵区选线，根据路线经过地带的具体地形，可归纳为三类地形地带和相应的三种布线方式。

1. 平坦地带——走直线

两个已知控制点间，地势平坦，应按平原区以方向为主导的原则办理。如其间无地物、地质障碍，或应趋就的风景、文物以及居民点，路线应走直线；如有障碍或应趋就的地点，则加设中间控制点，相邻控制点间仍以直线相连，路线转折处设长而缓的曲线。这样的路线是平坦地形上平面、纵断面、横断面三者最好的统一体，如果无故拐弯，就不合理了。

2. 斜坡地带——沿匀坡线布线

“匀坡线”是两点之间，顺自然地形，以均匀坡度定的地面点的连线，如图6-27所示。这种坡线常须多次试放才能求得。在具有较陡横坡的地带，两个已定控制点间，如无地物、地形、地质上的障碍，路线应沿匀坡线布线；如有障碍，则在障碍处加设控制点，分段沿匀坡线布线。

图6-26　丘陵区的道路

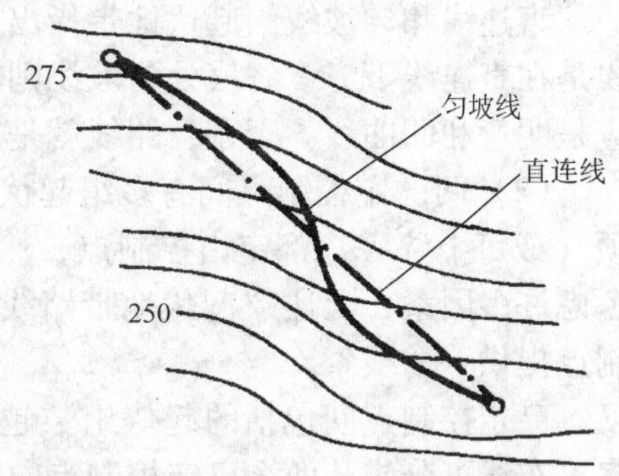

图6-27　丘陵地带的匀坡线和直线布线

上述两类地带的布线方式，与前已论述的平原和山岭区并无明显区别，只在此加以总括，不再详述。唯有起伏地带，却是丘陵区所特有，下面对其布线原则和方法，作重点讨论。

3. 起伏地带——走直连线和匀坡线之间

起伏地带也属于具有横坡的地带，特点是地面横坡较缓，匀坡线很迂回。其布线原则和方法按起伏多少分述如下。

（1）两已定控制点间包括一组起伏时　就是说路线要交替跨越丘梁和坳谷，在两个相邻的梁顶（或谷底）之间，即出现一组起伏，在这种地形上布设路线，如沿直连线走，路线最短，但起伏很大，为了减缓起伏，势将出现高填深挖，增大工程量：如沿匀坡线走，坡度最好，但路线长，工程也要增加，这种“硬拉直线”和“弯曲求平”的做法，都是不正确的。

如果路线走在直连线和匀坡线之间，比直连线的起伏小，比匀坡线的距离短，工程量较前两者将会减少。这样，道路使用质量会有所提高，工程造价将有所降低。故在起伏地带应在直连线与匀坡线之间寻找最合理的路线方案。至于路线在平面上的具体位置，应根据路线等级结合地形作具体分析，争取做到路线平面、纵断面、横断面三者最恰当的结合。

对于较小起伏的丘陵，首先要选择坡度和缓的线形，在这个前提下，再考虑平面与横断面之间的关系。大体说，低等级路工程宜小，平面上稍多迂回增长些距离是可以的，即路线可离直连线远些；高等级路则宁可多做些工程，尽可能减短一些距离，把路线定得离直连线近些，如图 6-28 所示。

较大起伏的丘陵，两侧的高差常不相同，高差大的一侧的坡度常常成为决定因素，要根据应采用的合理坡度并结合梁顶的挖深和谷底的填高来确定路线的平面位置，如图 6-29 所示。

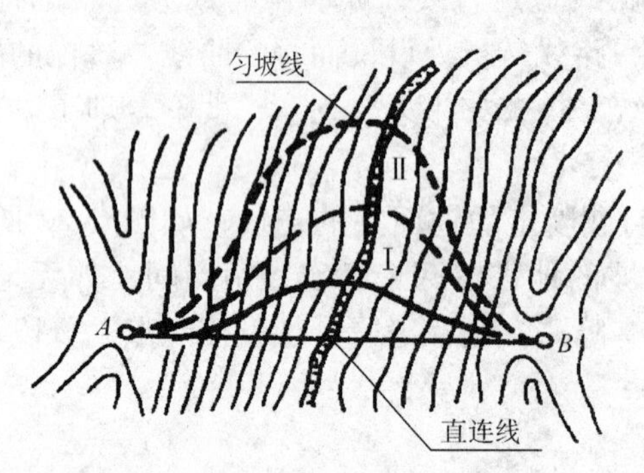

图 6-28　较小起伏丘陵地带路线方案

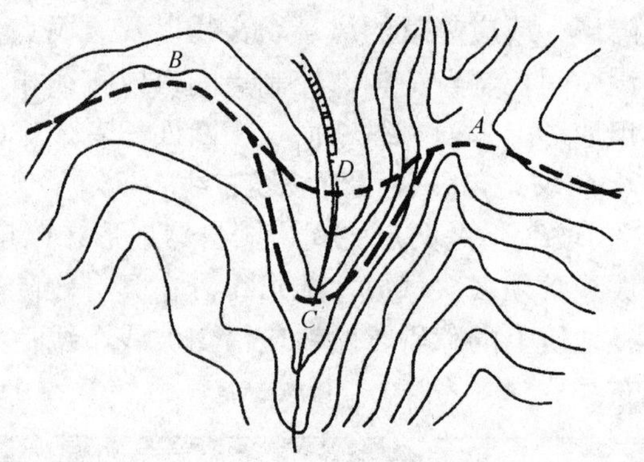

图 6-29　较大起伏丘陵地带路线方案

直连线和匀坡线给起伏地带指出一个布线范围，但不需实地放出。因为确知梁顶处匀坡线是在直连线下方，谷底处匀坡线则在直连线上方；而且在梁顶应是暗弯和凸曲线，在谷底应是明弯和凹曲线。否则，路线就是越出了直连线和匀坡线范围，明显是不合理的。

（2）两已定控制点间有多组起伏时　两个已定控制点间有多组起伏时，需要在每个梁顶（或每个谷底）都定出控制点，然后按上述方法处理各组起伏。如何选定这些控制点要考虑许多因素，上述“起伏地带路线走直连线和匀坡线之间”的原则，可以为寻找这些控制点提供一个线索。

已定控制点间包括的起伏组数越多，直连线和匀坡线所包范围越大，路线的方案也越多。布线可分头从两个已定控制点向中间进行，逐步减少包括的起伏组数，因而也缩小了直连线和匀坡线所包范围，直到最后合拢。

两个已定控制点间，有时因地形、地质、地物上的障碍，路线会突破直连线与匀坡线的范围。这种为避让障碍所定的中间控制点，应视为又增加一个已定控制点，即这一控制点定下来后，实际上是把原来两定点间的路线分割成两段，上述“走直连线和匀坡线中间”的原则分别适用于两段内。

6.5.2 平、纵线形及其配合

丘陵区具体定线时还应注意平、纵线形及其配合。总结丘陵区选线的实践经验，应注意以下几点：

（1）平面　平面上不强拉长直线，而要尽量利用与地形协调的长缓平曲线，路线转折不要过于零碎频繁，相距不远的同向曲线尽可能并为一个单曲线或复曲线，反向曲线间应有一定长度的直线段，否则，可设计成S形。

（2）纵断面　起伏地区路线采用起伏坡形是缩短里程或节省工程的有效方法。但起伏切忌太频繁，太急剧，坡长要放长些，坡度要用得缓些，避免形成锯齿形和短距离的“驼峰”和“陷洼”；陡而长的坡道中间要利用地形插设缓坡段，竖曲线也应像平曲线那样，要长而缓，相离不远的同向曲线尽量连接起来，反向曲线间最好有一段匀坡。

（3）平面、纵断面的配合　长陡下坡尽头避免设小半径平曲线。平、竖曲线的位置，在两者半径很大的情况下，各设在什么地方对行车并无太大影响；但在起伏地形如梁顶、沟底等处，使暗弯与凸竖曲线、明弯与凹竖曲线结合起来，则能增进行车安全感和路容美观。但要注意两者的半径都应尽可能大些，特别是明弯与凹曲线重合处，因为这种地点，车速一般都比较高，半径太小增加驾驶困难。最不好的情况是凸竖曲线与一个小半径平曲线相隔很近，因为凸竖曲线阻碍视线，驾驶者不能预先看到前方的平曲线以早作转弯准备，可能措手不及，发生事故。为避免这种情况，要把平、竖曲线重合起来，即使增加些工程量也是必要的。各类地形条件下的选线要点见表6-2。

表6-2　各类地形条件下的选线要点

<table>
<tr><th colspan="2" rowspan="2">路线</th><th rowspan="2">自然特性</th><th colspan="4">线形设计</th><th rowspan="2">选线要点</th><th rowspan="2">设计高程的控制</th></tr>
<tr><th>指导思想</th><th>平面</th><th>纵断面</th><th>横断面</th></tr>
<tr><td colspan="2">平原区路线</td><td>农田、村庄多，水系、渠网交错，地质条件差，软土、沼泽，地下水位高</td><td>以平面为主导</td><td>顺直</td><td>平缓</td><td rowspan="5">根据实际情况可以以填为主、半填半挖、多填少挖、少填多挖、或考虑支挡防护</td><td>以平面为主安排路线，正确处理路线与农业、城镇、大中桥的关系</td><td>最小填土高度，桥涵通道的设置</td></tr>
<tr><td colspan="2">丘陵区路线</td><td>宽脊低岭，山丘连绵，高差不大，横坡不陡</td><td>平、纵、横综合考虑，线形和缓，局部方案多</td><td>圆滑</td><td>起伏</td><td>与地形配合，与景观协调</td><td></td></tr>
<tr><td rowspan="3">山岭线</td><td>沿溪线</td><td>受洪水威胁大，布线活动范围小，桥梁及防护工程多，施工、养护、营运条件好</td><td>走向明显，平纵线形好，多以横断面控制</td><td>沿河（溪）两侧布线</td><td>平缓</td><td>河岸选择，路线高度，跨河换岸地点，要防止水土流失</td><td>低线位以洪水位控制，宜高于洪水位0.5m以上</td></tr>
<tr><td>越岭线</td><td>山高坡陡林密，沟深谷窄流急，但山脉水系清晰</td><td>以纵坡为主导，纵断面决定平面和横断面</td><td>弯曲</td><td>陡</td><td>垭口选择，过岭高程，垭口两侧展线</td><td></td></tr>
<tr><td>山脊线</td><td>工程数量少，水文地质好，桥涵构造物少，但水源和建材缺乏</td><td>平面沿分水岭前进，纵坡受地形限制</td><td>较顺</td><td>陡</td><td>控制垭口，侧坡选择，垭口间的平均纵坡</td><td></td></tr>
</table>

6.6 公路选线中的环境问题

6.6.1 公路与环境的和谐

公路的建设和营运会对周边沿线环境和自然景观产生影响和破坏，另一方面，环境和自然景观又会对公路产生重要的作用。因此，公路作为环境的一部分，线形选择和设计时，应考虑公路与环境之间的相互关系，使公路线形与沿线景观融为一体，给驾驶员和乘客营造一个良好的运行环境，同时又不会由于公路的存在严重影响沿线的整体景观。

公路与环境的协调包含两方面的含义：①公路建设期间和建成后不严重破坏周围环境的自然美，同时还应保护环境，减少对环境的不良影响；②公路布线应注意合理利用和改良环境，使行车有良好的景观，为行车安全和舒适服务。一条设计良好的公路线形，除了满足技术和经济的基本要求外，还应达到美学上的要求，因而路线的布设，除了考虑地形、地物、地质、水文等因素外，还应考虑环境因素。这些因素包括：

1）自然环境，如水情、森林、农业、野生生物、特殊生态、土地利用等因素。

2）社会环境，如土地开发状况、噪声、公共设施、文物古迹、风景名胜等因素。

6.6.2 环境保护的要求

高等级公路的兴建促进了沿线物资、信息交流，有利于通过地区的经济发展，有利于改善沿线居民的社会生活质量，具有良好的发展前景；然而在另一方面，兴建公路要占用土地，影响天然的植被、地形、水系等，特别是在公路营运期间，车辆排放的尾气、扬尘、废水以及产生的噪声、振动，将会给环境带来长期的不利影响。因此，路线设计不能局限于满足交通运输功能及经济发展的要求，还要重视保护沿线的生态环境，即根据该公路在路网中的作用以及城镇规划、工矿企业布局状况，结合地形、地质、水文、自产筑路材料等自然条件，正确运用公路工程技术标准、规范，慎重确定路线走向和主要技术指标。

1. 对环境产生的主要影响

（1）占用农田及拆迁建筑物　修路将占用大量农田，拆迁一定数量的房屋、电线杆等，影响沿线地区的农业生产和居民生活，还要解决搬迁居民的安置、就业等问题。另外，还要占用满足灌溉或养殖水产品的水域，影响农副业生产及自然环境。

（2）分割城镇、耕地及水利设施　公路延伸长达数十到数百公里，穿越不同的省、市、县，路线对现有的行政区划、城镇布局、农业用地及其排灌系统、林场及水产养殖区等，会造成分割，从而影响到路线两侧的人际交往、信息传递、原料及成品的交流等社会活动。

（3）破坏生态环境及自然平衡　公路建设会使沿线地区的生态环境发生变化，一些有特殊要求的生物种群便向偏僻地方或其他地区迁移；另外，它使动物的活动区域缩小、领地被重新划分，可造成种群变小，种群间交流减少。比如，使野兔及一些鸟类远离公路至少达500m，一些蝴蝶和两栖动物也难以越过宽阔的高速公路；夜间车辆灯光增多，使许多趋光的昆虫死在行车道和路侧，从而影响生态平衡。

(4) 破坏植被、导致水土流失 修建公路需取土填筑路堤、开挖岗丘形成路堑，这必将破坏原有植被，干扰动物栖息环境，破坏土体的自然平衡，引起斜坡失稳、水土流失。在施工期取土、弃土场及暴露的工作面成为水土流失的主要发生源，山区坡面弃土可带来长时间的水土流失，给自然环境造成一定的影响。

(5) 污染环境 在路线施工及使用过程中，产生的噪声、振动及排放的废气、废水、废渣，必将污染大气、土壤、水体及周围环境。特别是路线通车后将吸引附近地区的部分交通量，促进沿线城乡建设的发展，这样就增加了“三废”的排放量，增加了对沿线环境的污染。

2. 环境保护要求选线时应合理解决下列问题

(1) 合理利用土地资源 在公路规划设计阶段，就应对沿线的土地资源进行详细的调查研究，结合当地的发展规划合理开发，选择适宜的路线位置。如在平原区，应尽量不占或少占高产农田、果园，利用荒地、滩涂等荒芜区布线；在山区，应尽量不占或少占经济林区，利用荒岭等贫瘠地区布线。此外，可通过经济技术比较，设置挡土墙、护坡或高架桥等以减少占地数量，节省土地资源。

(2) 保护水资源

1) 水体的保护。水是生命之源，首先，不得占用城镇居民区的饮用水源，避让距离不宜小于100m；其次，对于满足灌溉及养殖水产品用的水库、鱼塘、虾池等也要注意避让，必须通过时，宜将路线布设于水体下游，并采用绿化等隔离防护措施保护水质免受污染；另外，对有重要经济、旅游、保健价值的水体，如温泉、矿泉、瀑布等，公路选线时要注意避让。

2) 天然水系的保护。路线设计应注意保护自然水流，尽量不改变水流方向，不压缩过水断面，更不得堵塞、阻隔水流。设计路线排水系统时，要注意水流方向，路面水、边沟水排入一定的水域，不得随意排入公路两侧的水体或土壤中，以免污染周围的水土资源。

(3) 保护矿产资源 在公路规划设计阶段，就应对沿线的矿产资源（铜、铁、煤、石油、石料等）进行深入细致地调查研究。由于矿产一般埋藏于地下深处，调查研究的难度较大。路线要注意避让储量大、品位高、经济价值高的优质成矿带，便于开发利用。当必须穿过矿区时，应选择开采价值低的贫矿带，并缩短穿越范围；另外要了解废弃的矿井及采空区的分布范围，查清其对公路工程的影响，进行必要的避让和处理，以免公路路线通过时产生路基沉陷、构造物变形等工程病害。

(4) 控制布线走向 路线设计除了合理利用土地资源及水资源之外，应尽可能避免穿越城镇，避开学校、医院、名胜古迹、精密仪器及军事设施等环境敏感区，以创建良好的社会环境。

(5) 控制路线设计高程 路基高度的确定主要受高等级公路与被交道路、机耕路、人行通道对通行高度的要求控制，即被交道路的路面高程尽量不低于原地面高程，以免导致局部路段因积水而影响交通。另外，根据地区经济发展和人民生活的需要对个别高程偏低的路段要进行针对性地防排水设计处理。总之，路基设计高程要综合考虑排灌、蓄防洪的需要，注意保护天然水系。

（6）路线的防护工程设计　公路防护工程不仅可稳定路基，防止或减轻道路病害，确保行车安全，还可节省土地资源，保护环境。在山区，公路可以构成一些有益水土保持的工程。沿溪线靠山体一侧的加固，阻止了山坡土石滚入溪流；在溪边一侧的路基和挡土墙，又形成了护岸，约束由于河道摆动而造成的洪水泛滥、山坡失稳等环境问题。山腰线像一条缓冲阶地，将一泻而下的水流分成上下两部分，有利于进一步的水土治理。在路线经过平原区宽阔的洼地、滩地时，由于地基土含水量高、压缩性大、承载力低、稳定性差，易引起路基沉降等工程问题，必须采用地基加固措施（如砂垫层、砂井等），修建防护工程（如挡土墙、护坡等），以确保公路工程安全、稳定。

（7）路线绿化工程的设计　绿化对于稳定路基、保护斜坡、保持水土等均能起到良好的作用，即绿化具有良好的防护功能，有利于交通安全，从而提高公路的使用价值。另外，绿化还能吸附尘埃、净化空气、涵养水源、降低噪声、美化路容，具有改善公路环境的功能。

（8）筑路材料的取用及废弃土石方的处理

1）取土场的选择。在平原区，高等级公路平均填土高度较大，土源较困难，但不能图方便直接在路两侧取土。以免道路修成后两侧形成沟塘，破坏天然的排水系统，应该结合当地的经济发展规划选择贫瘠地段集中取土。取土时仍应注意保护当地的植被及水土资源，将取土坑与地方水产养殖、农田排灌结合起来，综合利用。

2）弃土的堆放。在山区，高等级公路要达到技术标准的要求，虽然注意到纵向土石方平衡，但较大挖方工程量仍然会产生较多的弃方。为此，选用弃土场时应尽量减少毁坏植被、侵占农田，并不得阻塞原有的排水系统或污染水体。应对弃土堆及时整平复垦或绿化，以提高其使用价值。

6.6.3 桥梁隧道设计

1）桥址的选择，应结合考虑接线设计，注意与水源保护地及城镇饮用水集中取水口保持足够的距离，同时注意防洪、排涝等环境问题。

2）隧址的选择应综合考虑接线设计、洞内外排水系统、弃渣处理、施工和营运管理等，并提出必要的环保措施。

3）隧址通过含有害气体的地层或有放射性矿床时，应预测对施工、营运的影响，并提出防治措施。

4）隧址应避开或保护储水结构层和蓄水层，保护地下水径流和地表植被等。

5）山区高等级公路设计中，应考虑在填挖较深处，适当增加桥隧，减少对山区脆弱植被的破坏。

6.6.4 服务区、管理设施设计

1）对生活污水、废弃物等应进行综合治理，做到达标排放。

2）污染防治措施应进行多方案比选。

3）拟分期实施的防污染设施应进行经济技术论证并确定实施年限。

4）结合周围的环境特征，进行景观与绿化工程的专项设计。

6.6.5 公路沿线生态环境保护

公路环境保护设计所称的生态环境是指公路中心线两侧各200m范围内的自然保护区、水源保护地、森林、草原、湿地和野生生物及其栖息地等。公路应绕避生态环境中所列的保护对象。公路对生态环境中的保护对象产生干扰时，应结合受保护对象的特性提出保护方案，将不利影响减少到最低的限度。有条件时，宜进行环境补偿。

1. 生物及其栖境的保护

公路中心线距省级以上自然保护区边缘宜不小于100m。当公路必须进入自然保护区时，应遵照国家有关规定执行。公路通过林地时应严格控制林木的砍伐数量，严禁砍伐公路用地范围之外不影响视线的林木。公路用地范围内，应按绿化设计要求进行栽植。有条件时，填方边坡的植被覆盖率如秦岭、淮河以南地区应达到70%以上；秦岭、淮河以北地区应达到50%以上。

公路经过草原时，应注意保护草原植被，并设置游牧通道。取土、弃土场地应选择在牧草生长差的地方，公路进入法定保护的湿地时，工程方案应避免造成生态环境的重大改变。施工废料应弃于湿地之外。

在有国家级保护的野生动物出没路段，应设置预告、禁鸣等标志，并为动物横向过路设置通道。

2. 水资源、自然水流形态的保护

应调查和搜集公路中心线两侧各200m范围内的地表水资源分布、容量以及水体的主要功能。路面径流不得直接排入饮用水体和养殖水体，不得占用居民集中地区的饮用水体；当路基边缘距饮用水体小于100m、距养殖水体小于20m时，应采取绿化带或者其他隔离防护措施。公路在湖泊、水库等地表径流汇水区通过时，应采取措施防止公路对地表径流的阻隔。公路经过瀑布上游、温泉区等特殊水体时，应符合国家现行的有关规定，确定避让距离。在作饮用水的地下水水源保护区设置的排、渗水构造物可能造成地下水水质污染时，应采取措施隔离地表污水。应注意保护自然水流形态，做到不淤、不堵、不留工程隐患。跨越溪、河、沟的桥涵的过水断面，应保证泄洪能力。公路跨越山谷时，应根据山谷宽、深及汇水面积等选择通过方式，有条件时宜优先采用桥梁跨越。工程废方弃置进行设计，避免阻塞河道水流或造成水土流失。

3. 水土保持

应充分调查沿线的工程地质、地形地貌、气候条件、植被种类及覆盖率、水土流失现状等，综合采用生物防护和工程防护措施，做好水土保持工作。在山区公路地质病害地段，当采取生物防护措施进行水土保持时，应考虑当地区域水土保持规划。山区、丘陵区公路应尽可能与原有地形、地貌相配合，减少开挖面、开挖量，注意填挖平衡。弃土场应做好排水防护设计，以避免成为新的水土流失源。取土点宜选择荒山、荒地。暴雨强度较大、岩体风化严重、节理发育的石质挖方边坡或松散碎（砾）石土填挖方边坡地段，宜采用植物与工程综合防护措施。做好公路综合排水设计，应充分利用地形和天然水系将路界范围内地表径流引入自然沟中。各种排水沟渠的水流不应直接排放到水源、农田、园林等地。应注重高速公路绿化设计，选用适合当地生长的花草、灌木、乔木等植物，对路堤边坡、弃土等进行绿化，防止水土流失。

6.6.6 沿线环境保护设计的论证

1. 平原、微丘区公路应着重论证的环境因素

1）填方、取土、弃土对农业资源、当地基本农田保护、耕地占用等农业生产所造成的影响。

2）对农田水利排灌系统的影响。

3）路面径流对饮用水源以及养殖水体的影响等。

2. 重丘、山岭区公路应着重论证的环境因素

1）高填方、深挖方路段对自然景观、植被的影响。

2）公路的分割与阻隔对野生保护动物资源的影响。

3）填挖方路基新增边坡坡面以及取土、弃土（渣）场地对当地水土流失的影响。

4）开挖、弃方、爆破作业等诱发地质灾害的影响等。

3. 绕城线或接城市出入口的公路应着重论证的环境因素

1）拆迁与再安置给相应居民生活质量的影响。

2）阻隔出行、交往的影响。

3）交通噪声及车辆排放废气的影响等。

在具体选线及设计中，要综合考虑线形及工程的各个方面。平、纵线形组合设计除了满足公路技术标准、满足汽车运动学的要求，还要满足人们视觉和心理上连续舒适、迅速安全的要求。同时必须满足环境保护的要求，一方面尽可能少破坏周围的天然植被、地形地貌，避免高填深挖，另一方面充分利用天然景点（如孤山、湖泊、高大树木）或人工构筑物（如古建筑、园林、水坝）等，美化公路环境，使公路与大自然融为一体。最后，为了美化环境，作为公路工程有机的组成部分，路线与桥梁、隧道、立体交叉、沿线设施等构造物，应组成有特定风格的建筑群体，并利用绿化或雕塑等设施改善它们与沿线地形地物的配合，消除因兴建公路而造成的对自然景观的破坏。大型的构造物（如特大桥、互通立交）及其附属设施（带状公园、雕塑群）将成为新的旅游景区。

6.6.7 公路沿线文物保护

应搜集公路沿线已发现的文物、遗址、名胜古迹、风景区等的位置和保护级别，并拟订环境保护设计对策。公路应绕避省级以上文物、遗址等保护区。公路对文物、遗址等保护区产生干扰时，应按《中华人民共和国文物保护法》中的有关规定执行。

思考与练习

6-1 简述公路选线的基本步骤及各步骤的一般要求和要点。

6-2 综述公路选线的目的、任务和一般方法。

6-3 公路选线的原则有哪些？为什么说公路选线中重视环境保护工作是一条重要的原则？

6-4 试根据平原区的地形、地物特征简述平原区的路线特征，并简要回答平原区选线的要点。

6-5 山区的主要自然特征有哪些？在这些自然特征影响下路线的一般特征是什么？根据不同的地形特征路线布置有哪些基本形式？

6-6 什么叫沿河（溪）线？沿河（溪）线布线的关键问题是什么？布线应掌握哪些要点？

6-7 什么叫越岭线？布线时应掌握哪些要点？

6-8 公路越岭展线有哪些基本形式？为什么说回头展线是不理想的展线形式？

6-9 丘陵区公路选线应掌握哪些要点？

6-10 综述公路总体设计的基本原则。

6-11 在确定公路技术标准时主要应考虑哪些因素？

6-12 简述整体式路基与分离式路基、高路堤与高架桥比选的要点。

第 7 章　道路定线方法

定线是在选线布局任务基本完成后，按照已选定的技术标准，在选线布局阶段选定的“路线带”（或叫定线走廊）的范围内，结合细部地形、地质条件，综合考虑平面、纵断面、横断面三者的合理安排，具体（实地、纸上）计算、确定出道路中线的确切位置。它包括在平面上定出路线的交点、转点和平曲线半径，在纵断面上定出变坡点及设计坡度，在横断面上定出中心填挖尺寸及边坡坡率。

定线是公路设计过程中很关键的一步，它不仅要解决工程、经济方面的问题，而且对如何使公路与周围环境相配合，以及公路本身线形的谐调、美观等问题都要在定线过程中给予充分考虑。

公路定线除受地形、地质及地物等客观条件的制约外，还受技术标准、国家政策、社会效益、道路美学（优美的线形）以及其他因素的制约，这就要求设计人员必须具有广博的知识和熟练的定线技巧。最好的设计者也不可能一次试线就能选出最好的线位，复杂条件下的定线可能需要好几个设计方案供定线组全体人员研究比选。因为每一个方案都将是众多相互制约因素的一种折中方案，理想的路线只能通过比较的方法找出。

影响定线的因素很多，涉及的知识面也很广，因而应当吸收桥梁、水文、地质等专业人员参加，也应听取有园林建筑知识的设计人员的意见，发挥、协调各种专业人员的才能和智慧，使定线成为各专业组紧密协作的成果。

公路中线设计成果最终是要在实地地面上布置中线。如前所述，从勘测设计的角度，道路中线的定线设计目前常用的有两种做法：

（1）纸上定线　先在航测或采用其他方法测定的高精度大比例尺地形图上纸上定线，然后按图上与实地路线的比例关系放到实地上（见图 7-1）。这种做法，一般用于高等级公路的勘测和设计。

（2）实地直接定线　直接在实地布置导线（称选线），然后布置中线进而完成整个路线的布置。实地布置的中线是用一个个间距相等或不等的木桩把它标定出来的，标定过程是按“先控制后局部”的原则进行的。

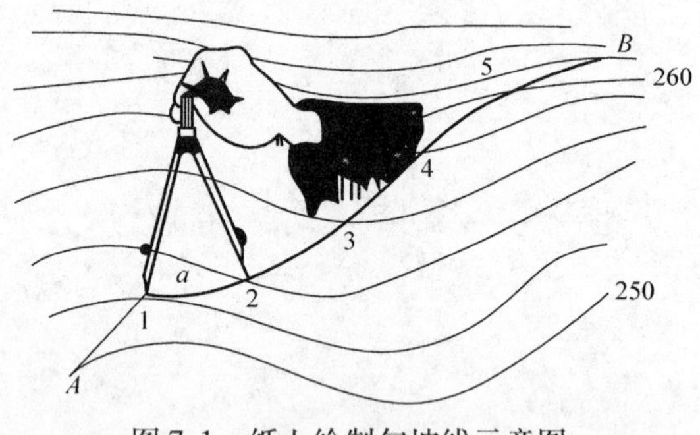

图 7-1　纸上绘制匀坡线示意图

7.1　纸上定线

纸上定线是在大比例尺（一般用 1:500 ~ 1:2000，以 1:1000 为宜）地形图上确定道路中线的位置。

对定线来讲，不同的地形有不同的控制要点。比如平原、微丘陵地区，地形起伏不大，路线一般不受高程限制，定线主要是正确绕避平面上的障碍，力争控制点间路线顺直短捷；山岭、重丘陵地区，地形复杂，横坡陡峻，定线时利用有利地形，避让艰巨工程、不良地质地段或地物，都涉及调整纵坡问题，而山岭区纵坡的限制又是较严的，因此在山区和重丘陵区安排好纵坡就成为首要问题了。这些因地形而异的指导原则，并不因采用的定线方法不同而改变。但定线条件不一样，工作重点会有些不同。现就路线平面、纵断面、横断面均受较严限制的越岭线纸上定线的工作步骤阐述如下。

7.1.1　定导向线

（1）拟定路线　在大比例尺地形图上，仔细研究路线布局阶段选定的主要控制点间的地形、地质情况，选择有利地形，如平缓、顺直的山坡，开阔的侧沟，利于回头的地点等，拟定路线各种可能的走法。

（2）绘匀坡线　图7-1所示为纸上绘制匀坡线的示意图，根据等高线间距 h 及选用的平均坡度 $i_{均}$（5.0%～5.5%，视地形相对高差而定），按 $a=h/i_{均}$ 计算出等高线间平距 a。使两角规的开度等于 a（比例尺与地形图同），从某一固定点如图7-2的 A 点开始，沿各拟定走法在等高线上依次截取 a、b、c 等点，如最后一点的位置和标高均接近另一固定点 D 时，说明这个方案能够成立。否则，修改走法或调整 $i_{均}$，重新试验至方案成立为止。

（3）定导向线　分析匀坡线对地形、地物及艰巨工程和不良地质的避让情况，如有不合理之处，应选择出需避让或利用的中间控制点，调整平均纵坡，重新试坡。经过调整修整后得出的折线，称为导向线。

如图7-2所示，$Aab\cdots D$ 折线从 C 处陡崖中间通过，B 处利于回头的地点也未利用上，如调整一下 F、C 前后路段的坡度，即能避开陡崖和利用上有利的回头地点。因此，可以把 B 定为中间控制点，然后再分段仿照上法截取 a'，b'，...，连接 $Aa'b'\cdots D$ 的折线，示出路线将行经的部位，即为导向线。

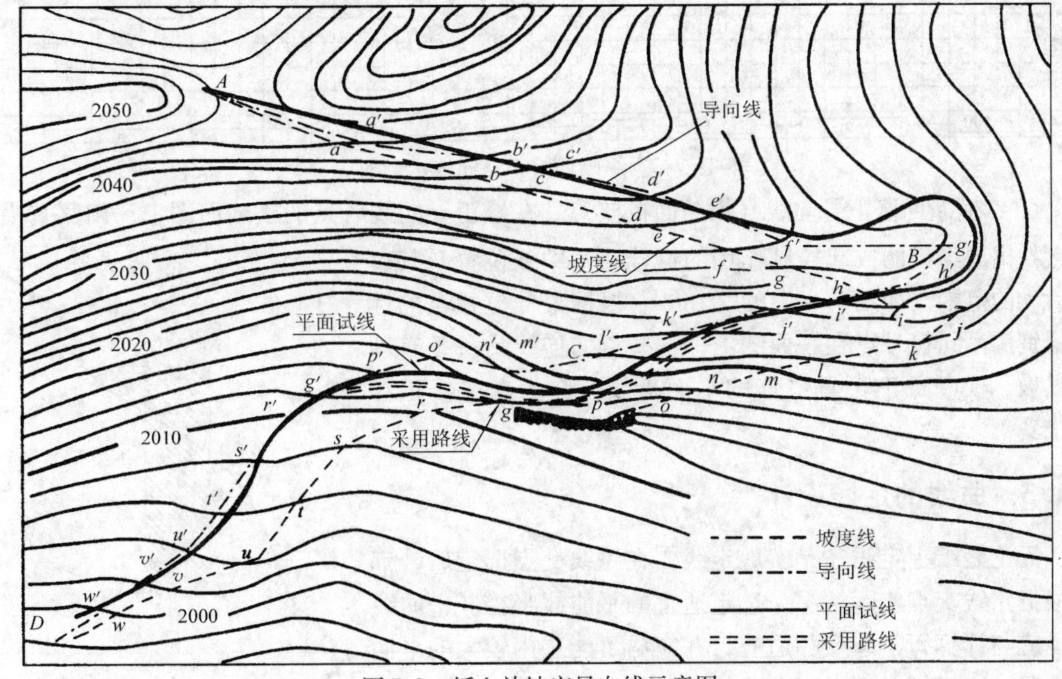

图7-2　纸上放坡定导向线示意图

（4）平面试线

1）穿直线。按照“照顾多数，保证重点”的原则综合考虑平面线形设计的要求，穿线交点，初定路线导线（初定出交点）。

2）敷设曲线。按路中线计划通过部位选取且注明各弯道的圆曲线半径、缓和曲线长度等。平面试线中要考虑平面、纵断面配合，满足线形设计和《标准》的规定和要求，综合分析地形、地物等情况，穿出直线并选定曲线半径。

7.1.2 修正导向线

（1）点绘纵断面草图　在平面试线的基础上量出地形变化特征点桩号及地面标高，点绘出粗略纵断面地面线（可用分规直接在图纸上量距，确定地面标高），进行初步纵坡设计，检查各桩的大概设计标高。

（2）纵断面修正导向线　根据纵断面设计的填挖情况，调整平面线形，对纵断面地面高程进行修正（挖方过大，降低地面高程；填方大，升高地面高程），在平面线形上对应路段进行平面线位调整，称为修正导向线（见图 7-3）。

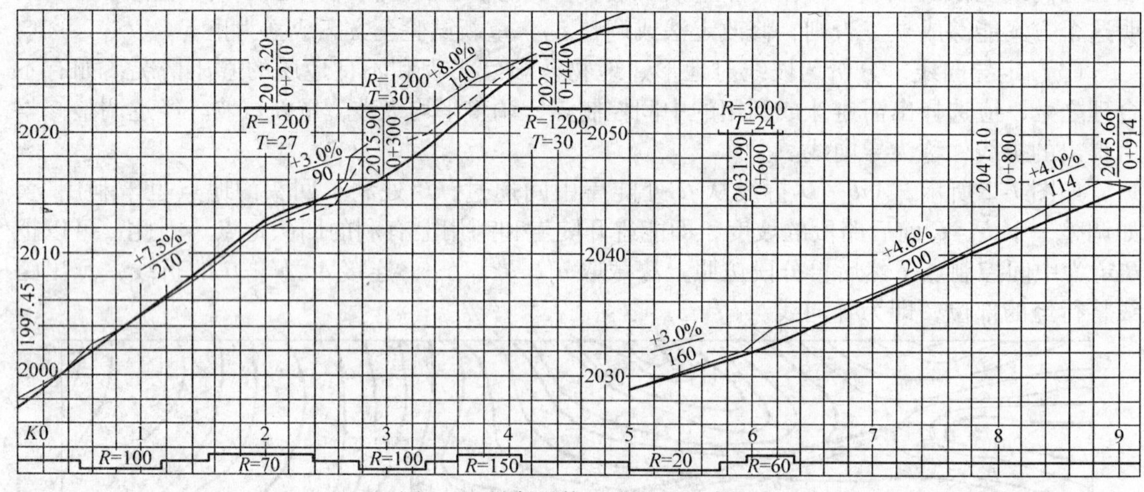

图 7-3　纵断面修正导向线示意图

（3）横断面修正导向线（横断面校核）　在修正导向线各点的横断面图上，用路基模板逐点找出最经济的或起控制作用的最佳路基中线位置及其可以活动的范围，如图 7-4 中的②和③。根据最佳位置点的性质分别用不同符号点在平面图上，这些点的连线是一条有理想纵坡、横断面上位置最佳的平面折线，称为二次修正导向线。

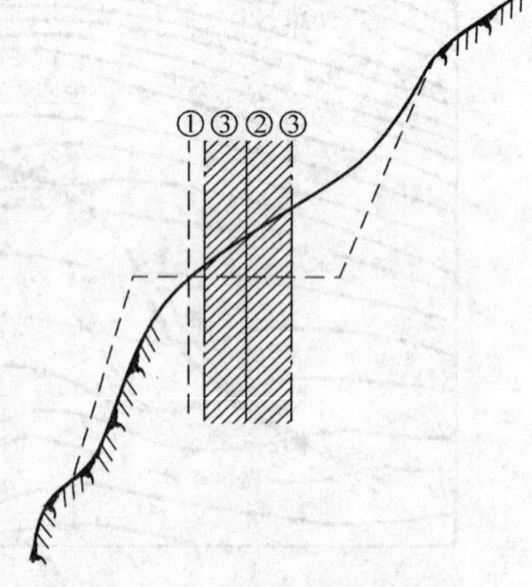

图 7-4　横断面修正导向线
①修正导向线　②适宜的路基中线
③可左右移动的范围

7.1.3 曲线的定线设计

无论是纸上定线还是实地定线，在路线交点选定后，都要根据路线交点实际情况，选定适宜的平曲线半径。平曲线半径应与计算行车速度相适应，并应尽可能选用较大的平曲线半径。一般情况下，当布线不受地形地物约束时，宜选用大于技术标准所规定的不设超高的平曲线半径；当受到地形、地物或其他条件限制时，可采用半径小一些的设超高的平曲线，不要轻易采用技术标准中的极限最小半径平曲线。

有条件限制时平曲线半径的选定，除要与弯道本身所在位置的地形、地物条件相适应，使曲线沿理想的位置通过外，还要考虑与弯道前后的线形标准相协调。如在长而陡的坡道下端和长直线中间不宜插设小半径平曲线，以及在陡坡上设小半径平曲线要考虑纵坡折减的影响等。现将常用的有条件限制情况下平曲线设定的方法归纳如下：

1. 平曲线半径的选取和确定

（1）无缓和曲线平曲线半径确定

1）由外距 E 控制半径。在交点内侧有固定建筑物或平曲线线位受地形制约时，其半径的选定通常可以先在现场定出平曲线预期通过的理想线位，然后按平曲线要素几何关系来推算适应上述线位要求的相应半径值，根据预期中点线位（QZ）至交点的实测距离 E_k 按下式计算

$$R=\frac{E_k}{\sec\frac{\alpha}{2}-1} \tag{7-1}$$

式中　E_k——实测控制的外距（m）。

上式求得的 R 值，一般取 5m 或 10m 倍数的整数值。

【例 7-1】　图 7-5 所示为山岭区某四级公路，路基宽度为 7m，路线交点受一建筑物限制，已知交点偏角 $\alpha=46°38'$。试在不拆除建筑物的条件下选定适宜的平曲线半径。

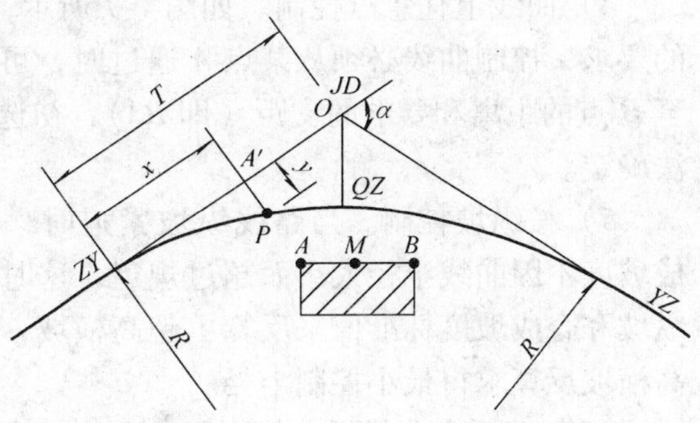

图 7-5　外距（E）控制半径

【解】　根据题目要求，首先应测出交点（JD）到建筑物间的距离（JD）B，实测结果为 14.62m，若弯道加宽暂定 1m，边沟顶宽 1.2m，安全值为 2.0m，则控制平曲线最大外距应不大于下列数值

$$E_k=14.62\text{m}-(7.0/2+1.0+1.2+2)=6.92\text{m}$$

$$R=\frac{E_k}{\sec\frac{\alpha}{2}-1}=\frac{6.92}{1.089-1}\text{m}=77.75\text{m}$$

取整 $R=75$m。

当 $R=75$m，$\alpha=46°38'$时，外距 $E=6.6$m，路面加宽值查《标准》为 1m，能满足要求。

2）由切线长 T 控制半径。平曲线半径的选定，除受地形、地物制约外，有时还应考虑如何适应前后线形的要求。如当同向或反向曲线间直线长度较短时，为解决曲线敷设与衔接，通常采用限制切线长度的方法来推求平曲线半径，如图 7-6a 所示。桥梁或隧道两端的曲线起、终点到桥头或隧道口应留有一定长度的直线段，如图 7-6b 所示，此时平曲线半径也应根据切线来选定。

对采用单交点法选定平曲线半径，一般应首先留出《标准》规定的直线长度（当反向或同向曲线径向连接时，直线长度 $D=0$），然后选定出地形、地物控制较严的一侧曲线半径，再根据切线差反算相邻曲线半径，计算公式为

$$R = \frac{T}{\tan\dfrac{\alpha}{2}} \tag{7-2}$$

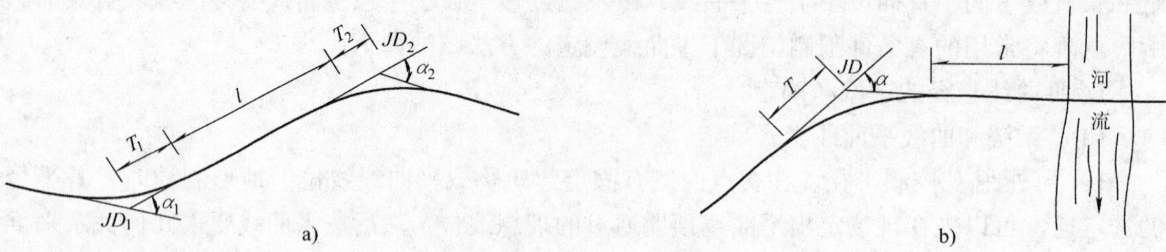

图 7-6　切线长（T）控制半径

3）由曲线长 L 控制半径。当已知交点偏角，其他条件未受限制时，如果平曲线半径选得过小，则曲线长度 L 太短对行车不利。此时应用平曲线的最短允许长度来控制半径，其计算公式为

$$R = \frac{180L}{\alpha\pi} \tag{7-3}$$

4）曲线上任意点控制。如图 7-7 所示，有时路线由于桥涵人工构造物位置或原路改建的要求，控制曲线必须从某点 A 通过时，可用试算法选择半径。其办法是：先实地量出 JD 至 B 点的距离和要求的支距（即 BA），初选半径，用试算法确定。

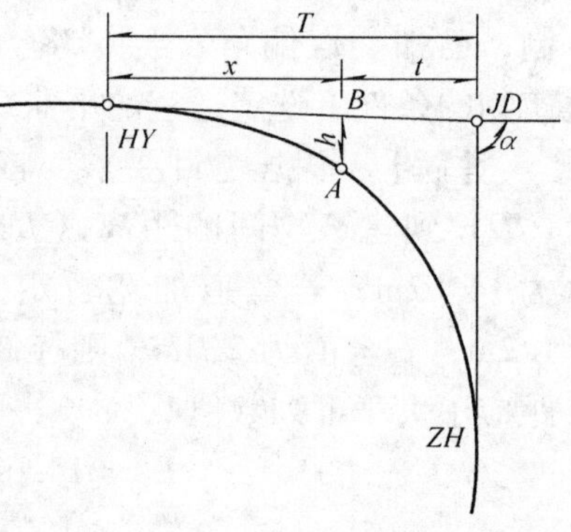

图 7-7　曲线上任意点控制

5）按纵坡控制。当路线纵坡紧迫时，为使弯道上合成坡度不因曲线半径太小而超过规定，这时应根据已定的纵坡和合成坡度标准值来反算出超高横坡，再按控制的超高横坡反算求得最小控制半径。

（2）有缓和曲线平曲线半径的确定　有缓和曲线的平曲线半径的确定，较无缓和曲线的平曲线半径的确定要复杂一些，但其在有条件选定曲线半径时，参照无缓和曲线的平曲线半径的确定方法，同样可以划分为：由外距 E 控制半径、由切线长 T 控制半径以及由曲线长 L 控制半径几种情况。

1）由外距 E 控制半径。已知基本型带缓和曲线的平曲线，路线转角 α，外距 E，假定缓和曲线长 l_s，求基本型带缓和曲线的平曲线半径 R。其计算公式为

$$\left(\sec\frac{\alpha}{2} - 1\right)R^2 - ER + \frac{l_s^2}{24}\sec\frac{\alpha}{2} = 0 \tag{7-4}$$

解此一元二次方程，计算 R，结果取较大者。

2）由切线长 T 控制半径。已知基本型带缓和曲线的平曲线，路线转角 α，切线长 T，假定缓和曲线长 l_s，求基本型带缓和曲线的平曲线半径 R。由基本型平曲线公式，建立一元二次方程，其计算公式为

$$\tan\frac{\alpha}{2}R^2 - \left(\frac{l_s}{2} - T\right) + \frac{l_s^2}{24}\tan\frac{\alpha}{2} = 0 \tag{7-5}$$

解此一元二次方程，计算 R，结果取较大者。

3）由曲线长 L 控制半径。已知基本型带缓和曲线的平曲线，路线转角 α，曲线长 L，假定缓和曲线长 l_s，求基本型带缓和曲线的平曲线半径 R。由基本型平曲线公式，建立一元二次方程，其计算公式为

$$2l_s + \left(\frac{\pi\alpha}{180} - \frac{l_s}{R}\right)R = L$$

$$R = \frac{L - l_s}{\frac{\pi}{180}\alpha} \tag{7-6}$$

以上基本型带缓和曲线的平曲线半径的计算公式，在计算出曲线半径后，应结合《标准》和《公路路线设计规范》及线形协调等方面的要求进行检查，直到满足要求为止。

【例7-2】 某三级公路交点 JD_5，路线转角为33°59′15″，欲设置基本型带缓和曲线的平曲线，假定缓和曲线长 $l_s=40\text{m}$。由于受相邻同向曲线间最小直线长度限制，要求切线长应小于65m，试确定该平曲线半径的取值范围。

【解】

$$T = \left(R + \frac{l_s^2}{24R}\right) \times \tan\frac{\alpha}{2} + \frac{l_s}{2}$$

$$65 = \left(R + \frac{40 \times 40}{24R}\right) \times \tan\frac{33^\circ59'15''}{2} + \frac{40}{2}$$

解此一元二次方程，得 $R_c = 146.79\text{m}$。

取最大值 $T = 65.00\text{m}$，令 $R = R_c = 146.79\text{m}$，带入验算求得 $T = 64.98\text{m} \neq 65.00\text{m}$。

需提高精度，则依据

$$T = \left(R + \frac{l_s^2}{24R}\right) \times \tan\frac{\alpha}{2} + \frac{l_s}{2} + \frac{l_s^3}{240R^2}$$

$$65 = \left(R + \frac{40 \times 40}{24R}\right) \times \tan\frac{33^\circ59'15''}{2} + \frac{40}{2} + \frac{40^3}{240 \times 146.79^2}$$

解一元二次方程，得：$R_c = 146.83\text{m}$。

由《标准》查得：三级公路（$V=40\text{km/h}$），平曲线 $R_{min}=60\text{m}$，

$$\alpha > 2\beta = 2 \times \frac{90}{\pi} \times \frac{l_s}{R}$$

根据设置基本型平曲线几何条件得

$$33^\circ59'15'' > 2 \times \frac{90}{\pi} \times \frac{40}{R}$$

解得，$R > 67.43\text{m}$

所以，$67.43\text{m} < R < 146.83\text{m}$，可在此范围内选定该交点的平曲线半径 R。

（3）双交点法（即虚交点法）曲线　当路线偏角很大及交点受地形或地物障碍限制，无法布设交点时，可在前后直线上选两个辅助交点 JD_A、JD_B 来代替交点 JD 敷设曲线半径。JD_{AB} 直线叫基线。具体做法有两种：

1）切基线法。当选择基线可以控制曲线位置，能使所选定的曲线与基线相切时，称为切基线法。如图7-8所示，GQ 为公切点，量出转角 α_A、α_B 和基线长度 AB 后可按下式反算

半径，即

$$R = \frac{AB}{\tan\frac{\alpha_A}{2} + \tan\frac{\alpha_B}{2}} \tag{7-7}$$

选择半径后还要检查是否合乎标准的要求。切基线法，方法简便，容易控制线位，计算容易，是生产中较常用的方法。

2）非切基线法。当选择基线不能控制曲线线位或切基线计算的半径不能满足标准的要求时，则所设曲线不能与基线相切，只能按非切基线的办法来选择半径。如图 7-9 所示，其方法是：先根据标准要求初选半径 R，测量 α_A、α_B，基线 AB，计算出 T_A、T_B；由计算出的 T_A、T_B，即可根据 JD_A、JD_B 量距定出曲线的起、终点 ZH、HZ，并用切线支距 x、y 检查曲线上任一点的线位。如与实际情况相符，则所定半径合适，反之则应再调整、计算。

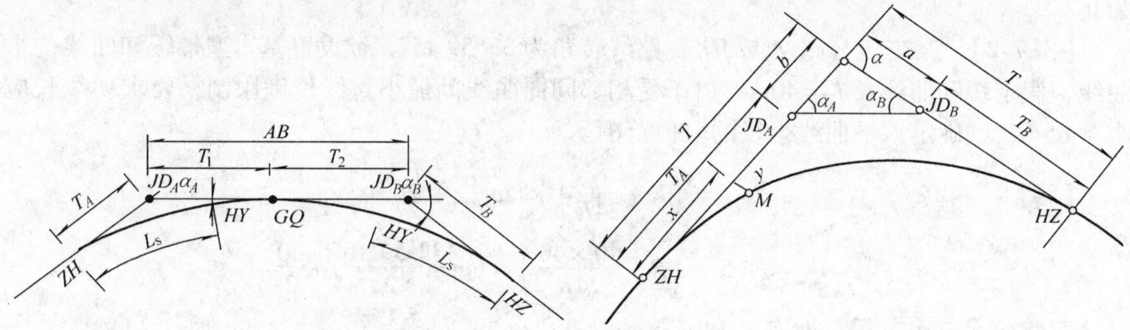

图 7-8　切基线的双交点法　　　图 7-9　非切基线的双交点法

（4）回头曲线定线法　一般来讲，有回头曲线的地方，路线受地形约束较大，主曲线和辅助曲线的平纵面控制较严，定线时稍有不慎，对线形和工程量影响很大，插设时必须反复试线，才能得到满意的结果。回头曲线定线的方法很多，通常采用切基线的双交点法。按照放坡的导向线，先确定辅助曲线交点 JD_1、JD_2 和上下线位置，如图 7-10 所示，然后反复移动基线 JD_A—JD_B，控制确定主曲线，直到满意为止。

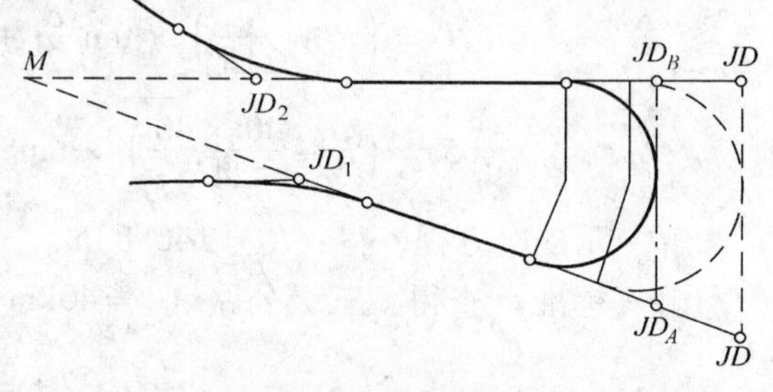

图 7-10　回头曲线定线法

7.1.4　常用纸上定线方法

经过几次修正导向线后，最终确定出满足《标准》、平纵线形都比较合理的路线导线，最终定出交点位置（一般由交点坐标控制）。纸上定线应该既符合该级路规定的几何标准，又能充分适应当地地形，尽可能多地避开不合理布线的障碍物。为此定线必须在分析、研究二次修正导向线上各特征点的性质和可活动范围的基础上，反复试线才能得到满意的结果。

常用纸上定线的操作有两种方法：

（1）直线型法（传统法）　利用导向线各点的可活动性，按照“照顾多数，注意重点”的原则，掌握与该路等级相应的几何标准，先用直线尺试穿出与较大地形相适应的一系列直线，然后用适当的曲线把相邻直线连接起来。地形复杂转折较多或转弯处控制较严时，也可先定曲线，后用直线把曲线顺滑地连接起来。

（2）曲线型法 根据导向线上各点控制的要求，参照设计路线标准，先用一系列圆弧去拟合地形复杂、对路线约束较多的地段或部位，然后把这些圆弧用适当的缓和曲线连接起来。

上述两种方法，并无本质上的区别。一般来讲，前者适用于地形简易的平原微丘地区，后者适用于地形、地物复杂的丘陵、山岭地区。

7.1.5 设计纵断面

从地形图依据等高线读出路线每一桩号处的高程，绘制纵断面图的路线地面线。根据地形图，把竖向需要控制的各特征点（如为保证桥涵净空的最小高度等）的高程，按主次程度用不同符号注在图上作为填挖控制点，然后用试坡的方法确定纵坡设计线。纵坡要符合选定的公路技术标准，同时应满足各种竖向控制以及纵坡线形与平面线形的配合。

经反复试坡和检查有关横断面，对需要调整的局部平面线形进行平面移线修改。纸上定线是一个反复调整的过程，直到无论采取什么措施都不能显著节省工程或增进美感时，才可认为纸上定线工作完成。

当平面线形确定后，即可以进行各交点曲线的设计计算，同时在地图上进行中桩的布设。解析计算方法是中桩布设中常用的方法，其原理见《测量学》。依据解析计算原理编制的设计计算程序已普遍应用在日常设计中，大大减轻了设计人员重复、繁琐的计算工作。

7.2 实地放线

实地放线是将纸上定好的路线敷设到地面上，供详细测量和施工之用。把纸上路线放到地面上的方法很多，常用的有穿线交点法、拨角法、直接定交点法、坐标法等，应根据路线复杂程度和精度要求、测设仪具设备、地形难易等具体条件选用。

7.2.1 穿线交点法

穿线交点法是根据平面图上路线与施测地形时敷设的控制导线（以下简称导线）的关系，把纸上路线的每条边逐一而独立地放到实地上去，延伸这些直线交出交点，构成路线导线。由于放线的方法不同，又可分为支距法和解析法两种。

1. 支距法

通常所指的穿线交点定线，多为此法，适用于地形不太复杂，路线离开导线不远的地段。其工作方法如下：

①量支距。在图上量得纸上路线与导线的支距，如图7-11中导1—A，导2—B等。注意纸上每条导线边至少应取三个点，并尽可能使这些点在实地上能互相通视。

②放支距在现场找出各相应的导线点，根据量得的支距用皮尺和方向架定出各点，如图7-11中A、E、C等点，插上旗子。

③穿线主点放出的各点，由于量距和放线工作的误差，不可能恰好在一条直线

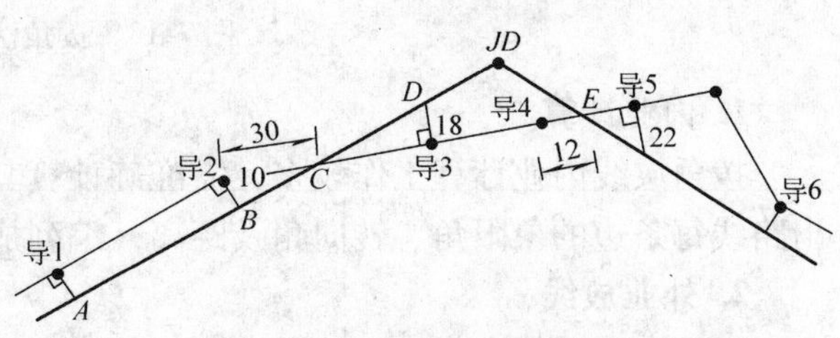

图7-11 支距法放线示意图

上，必须穿直，穿直线多用花杆进行（长直线或地形起伏很大时可用经纬仪），穿出直线后要根据实际地形审查路线是否合理，否则现场修改，改善线路位置。两相邻直线的交点即为转角点，如交点距路线很远或交在不能架设仪器的地方，可插成虚交形式，所有交点和转点都应钉桩以标定路线。

2. 解析法

解析法是用坐标计算纸上路线与导线的关系，此法较为准确。在地形复杂和直线较长、路线位置需要准确控制时用此法，如图7-12所示。此法计算比较麻烦，但精度较高，实际工作中亦可用比例尺从平面图上直接量取距离。

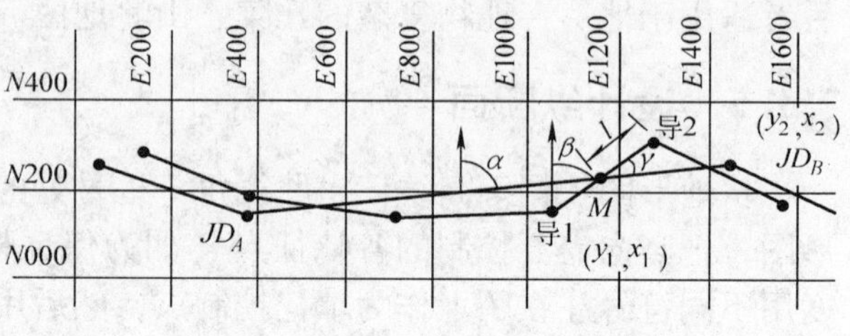

图7-12 解析法放线示意图

7.2.2 拨角法

拨角放线也是根据纸上路线在平面图上的位置与导线的关系，用坐标计算每一条线的距离、方向、转向角和各控制桩的里程，放线时就按照这些资料直接拨角量距，不穿线交点，外业工作较为迅速，但此法所根据的资料要可靠准确（见图7-13）。

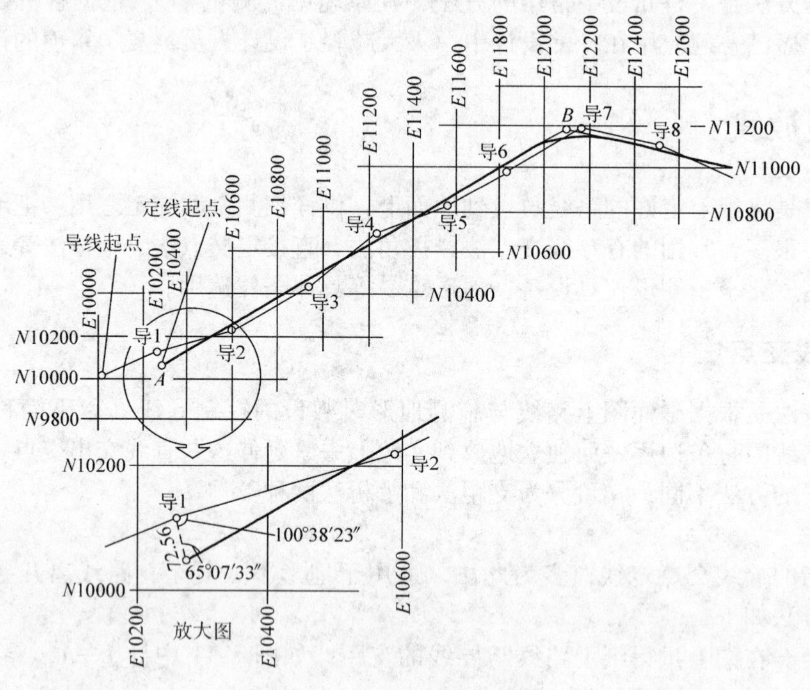

图7-13 拨角法放线示意图

1. 内业计算

拨角放线内业计算工作较多，需准确计算其线段长度和象限角等。依据其几何关系计算出路线每条边的象限角、转向角及距离，编列成表以便放线之用。

2. 外业放线

根据内业计算资料，按照夹角 α_A 和距离 l，先从导1上放出路线起点 A 和第一边 AB，以后各边按转向角及距离直接定出。

拨角定线的精度主要决定于定线所依据的原始资料是否可靠准确和放线误差积累的大小。因此现场放线时，必须十分注意路线实际位置是否合宜，高度是否恰当，必要时要现场变动改善。为了消除拨角量距误差积累增大的影响，放线时应视现场具体情况，每隔一定距离，与导线联系闭合一次，并进行调整。

7.2.3 直接定交点法

在地形平坦，视线开阔，路线受限不十分严格，路线位置能根据地面目标明显确定的地区，可依纸上路线和地貌地物的关系，现场直接将交点定出。如图7-14所示，从图上得知交点*JD*离河岸约200m，位于已有公路曲线内侧，一端切线距公路桥头50m，另一端切线距房屋25m，这样便可根据这些关系，直接于现场定出*JD*。

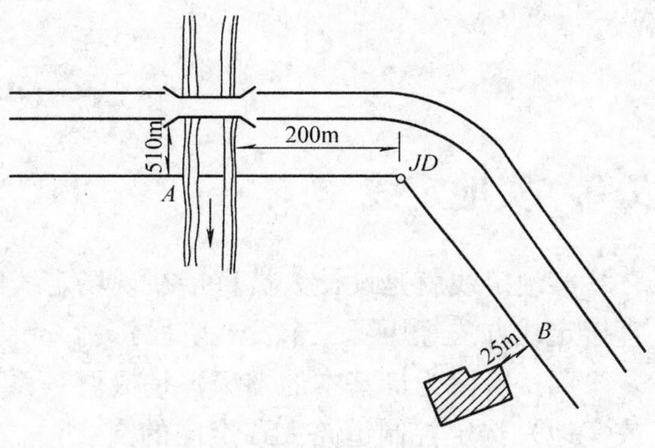

图7-14 直接定交点法放线示意图

在有些情况下，并没有上例这样明显的条件，路线的平面和高程位置需要视地形、地质情况根据现场选线的原则，定出交点，做法参见现场直接定线。

综上所述，穿线交点定线费时较多，拨角定线误差积累，为了弥补这些工作方法的缺点，取长补短，可以两者结合应用，即拨角定线到一定距离后，再用穿线交点法放线相交，这样又拨又交，既能提高工作进度，又能截断拨角定线的误差累积。

上述三种方法中，穿线交点和直接定交点法，放线资料大都来自图解，准确度不高，适用于活动余地较大的路线。拨角法放线资料虽较准确，但放线误差累积，也影响定线的精度。三种方法都只用于路线导线的标定，路线的曲线部分还须用传统的曲线敷设方法标定，只适用于直线形定线方法。

7.2.4 坐标法

采用统一的坐标系统（如用GPS测定控制点坐标）对路线导线进行坐标计算（计算导线点坐标），或实测地形图，并进行纸上定线后，计算路线中线上各桩号的坐标（逐桩坐标），然后按逐桩坐标表进行实地放线。

坐标法放线，首先至少需要两个导线点才能开始进行坐标放样，一般常采用极坐标法（即拨角测距法）。坐标法放线一般采用全站仪进行。根据控制导线的坐标和计算得到的逐桩坐标表，用全站仪可方便地放出各中桩的桩位，精度高、速度快。它利用全站仪的坐标计算功能，只需输入置仪点、后视点、待放点的坐标值即可，现场不需做任何手工计算，而是由仪器内程序自动完成角度和距离等有关数据计算。

如图7-15所示，放线的具体操作步骤如下：①在置仪点T_i安置仪器，T_{i-1}为后视点；②键入置仪点和后视点坐标$T_i(X_0, Y_0)$、$T_{i-1}(X_h, Y_h)$，完成定向工作；③键入待放点坐标$P(X, Y)$；④转动全站仪镜头瞄准，使水平角为0°0′0″，完成待放桩P点定向；⑤置反射棱镜于P点方向上，沿全站仪镜头瞄准的方向移动反射棱镜，直至全站仪面板上显示0.000m

时，即为 P 点的精确定位。重复③～⑤步，可放出其他中桩位。当改变置仪点的位置后，要重复①～⑤步。

坐标法放线数据全部来自于精确计算，放线精度高，可用于现场直线和曲线桩位的设定。

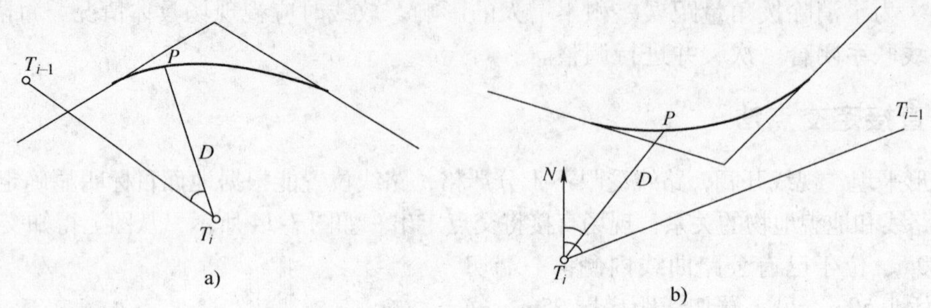

图 7-15　极坐标法放线示意图

7.3　实地定线

实地定线就是设计人员直接在现场定线的过程，定线的指导原则与纸上定线相同。实地直接定线方法经历了三个发展阶段：

第一阶段为最基本的方法，是根据一系列技术和经济上的要求，先由选线组（在纸上或实地）选定控制道路大致走向的交点和转点，再由测角组将这些交点和转点准确地标定后再测定前后导线的夹角，随后由中线组经过计算后把道路中心线用木桩准确地标定到实地上。这是一种至今还沿用的最基本的方法。这种方法测设所使用的仪器主要为经纬仪、水准仪、钢尺等简单仪器和工具。

第二阶段是现在常用的方法，它是随着全站仪的采用应运而生的一种方法，它沿道路布置了两套导线，即由…C_1～C_{n+1}、…组成的与高级控制点连测的高级控制导线，再由此导线位置测定沿道路中线导线位置，进而完成整个道路中线的位置。

第三种方法是随着现代测设技术的不断提高和国内外 GPS 技术的采用，由线控制改用网控制的测设方法，它是按由大到小逐级控制测量的步骤进行。具体做法是先在测区外围找一些高级 GPS 控制点（如图 7-16d

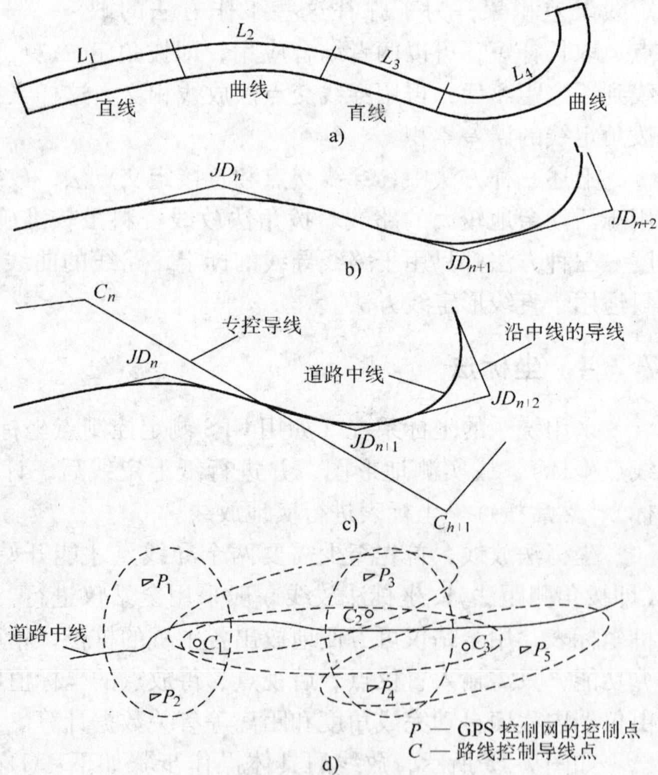

图 7-16　实地定线

a）道路中线　b）道路中线的控制导线与道路中线

c）与国家控制网连接的道路专控导线与道路中线

d）用 GPS 网控制的道路中线

中的 P_1，P_2 等），这些高级控制点类似我国在全国范围布置的三角点，在美国每隔 3′经纬差就有 GPS 点（我国目前还没有这样密的 GPS 点），然后于道路附近布置“道路控制点”。

道路定线质量很大程度上取决于采用的定线方法，技术标准高、地形、地物复杂的路线必须使用“纸上定线”，然后把纸上路线敷设在地面上。“直接定线”省去了纸上定线这一步，但由于其局限性，所以只适用于标准较低的和较短的路线定线。

按地形条件难易与复杂程度不同，路线大体可分为自由坡度地段与紧束坡度地段两种类型定线。

所谓自由坡度地段，是指地形比较平坦、无集中高程障碍的平原和微丘地区，地面最大的自然纵坡缓于最大设计纵坡的平缓地形。在这类地形条件下的公路定线，主要以平面线形为主导，在相邻控制点间，一般多按短直方向定线。只有中间存在不易穿越的障碍时，才选择适当地点设置转角予以绕避，但应尽量采用较小的偏角，提前拨角绕越，避免路线接近障碍时方开始转向绕行。

所谓紧束坡度地段，是指丘谷显著、地形陡峻、起伏大、地质条件复杂、地面自然纵坡陡的山岭重丘地区。在这类地形条件下定线受地形制约较严，必须综合考虑平面、纵断面、横断面三者的协调关系来合理选定路线。对于一条具体路线，平面、纵断面、横断面究竟哪一方面是主要矛盾，要根据道路等级，结合地形条件来判断，明确主次关系，抓住主要矛盾。一般说来，山区道路定线以高差和纵坡为主要矛盾，但也不是绝对的，如山区沿溪（河）线由于高度和纵坡一般较容易，主要应根据平面、横断面两方面进行安排。由此可见，对于平面、纵断面、横断面要针对具体条件做具体分析，抓住主要矛盾，辩证地去布设路线，一定要防止片面盲目性。合理的路线选定要求是平面线形顺适，纵坡配合适当，横面稳定，填挖经济。

7.3.1　一般情况下（自由坡度地段）的定线

当路线不受纵坡限制时，定线以平面和横断面为主安排路线。其要点是以点定线，以线交点。以点定线，就是在全面布局和逐段安排确定的控制点间，结合各方面因素进一步确定影响公路中线位置的小控制点，然后根据这些小控制点，大致穿出路线直线的方法。以线交点，就是在大致穿出的直线的基础上结合路线标准和前后路线条件，穿出直线，并延长交出交点。

（1）控制点的加密　两大控制点之间，由于受到地形、地物、地质等条件的限制，一般不可能作成直线，常常需要设置交点，设置平曲线，从而避开障碍物，利用有利地形，以达到技术经济的目的。加密控制点，就是在实地寻找控制和影响路中线位置的具体点位。一般中间控制点有经济性、控制性两种控制点。

（2）穿线定点　考虑平面线形受各种因素限制，导致平面位置控制点比较多，而且这些点在平面上的分布又没有一定的规律，另一方面路线受技术标准和平面线形组合的限制，不可能照顾到每一个控制点。因此，穿线定点就是根据技术标准和线形组合的要求，满足控制点和照顾多数经济点，前后考虑，用穿线的办法延长直线，交出转角点。

7.3.2　地面坡度较陡的路段定线

1. 拟定路线的大致走法

在选线布局定下的控制点间，沿拟定的方向，考虑纵坡要求粗略定出沿线应穿越、避让的中间控制点，定出路线的轮廓方案。

2. 放坡，定导向线

按照要求的设计纵坡（或平均坡度），在实地找出地面坡度线的工作叫做放坡（工作管理与纸上定线相当）。放坡是要解决控制点间纵坡合理安排问题，实质上就是现场设计纵坡。纵坡安排和选择坡值应考虑如下几点：

1）纵坡线形要符合《标准》要求（如坡长限制、设置缓坡、合成坡度等），并力求两控制点间坡度均匀（缓变，少变），避免设反坡。

2）要结合地形选用坡度，尽可能不用极限坡，但也不应太缓，一般以接近控制点间平均坡度为宜，地形整齐地段可稍大，曲折多处宜稍缓。

放坡由受限较严的控制点开始，一人用带校正水准仪，对好与选用坡度相当的角度，立于控制标高处指挥另一持花杆的人在山嘴、山坳等地形变化处、计划变坡处及顺直山坡上每隔一定距离定点，插上坡度旗，旗上最好注明选用的坡值。如果一边放坡一边插线，必须先放完一定长度（一般不应少于4条导线边长）的坡度点之后，定线人员再利用返程进行下一步工作。

照上述方法定出的这些坡度点的连线，如图7-17中的A_0、A_1、A_2等点，相当于纸上定线的匀坡线，也起指引路线方向的作用，称为导向线。

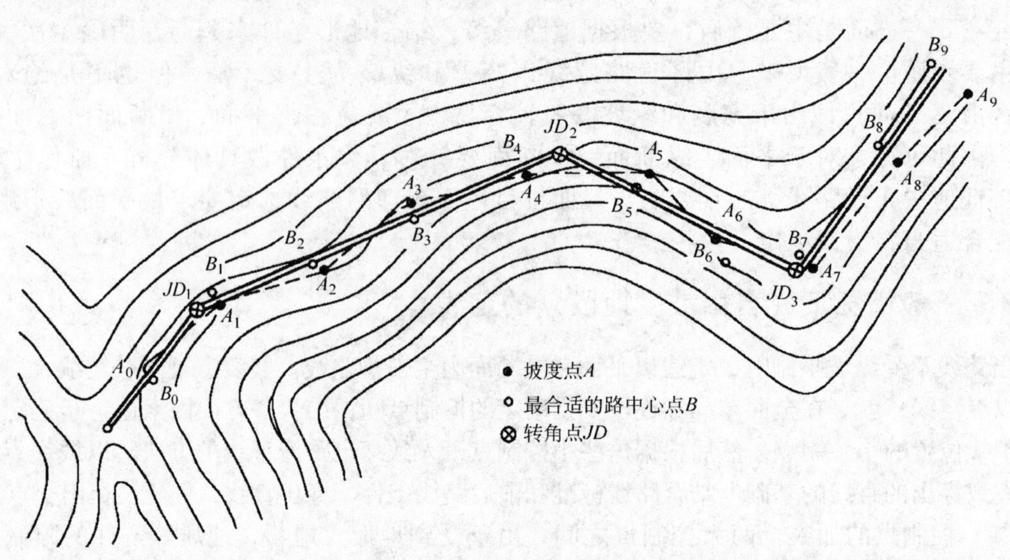

图7-17 放坡定线示意图

放坡时要估计平曲线的大概位置和半径，以便考虑坡度折减。对计划要跨的山沟和要穿的山嘴或山脊，放坡时应“跳”过去，计划绕行时，距离要加长，坡度要放缓。

7.3.3 修正导向线

坡度点就是概略的路基设计高程，由于各点的坡度陡缓不一，线位放上放下对路基的稳定和填挖工程量影响很大，故应根据路基设计的要求，在各坡度点的横断面方向上选定最合适的中线位置，插上标志，如图7-17中的B_0、B_1、B_2等点，这些点的连线即为修正导向线（相当于纸上定线的二次修正导向线）。

有定线经验的人，常常把7.3.2、7.3.3两步工作并为一步来做，即一次完成修正导向线，这样在丛林地段定线能省去大量清除障碍的工作。

7.3.4　穿线交点

修正导向线是具有合理纵坡，横断面上位置最佳的一条折线，穿线要从平面线形要求着眼，尽可能多地靠近或穿过导向线上的特征点。特别要注意控制性严的点宜裁弯取直，使平面、纵断面、横断面三者恰当组合，穿出与地形相适应的若干直线，延伸这些直线定出交点，即为路线导线，如图7-17中 JD_1—JD_2—JD_3。这步工作很重要，定线人员必须反复试插、修改，才能定出合理的路线。

7.3.5　平曲线半径的选取和确定

实地定线由于设计人员直接在现场，所以平曲线定线设计更为直观，可根据实地情况，参照第7.1.3节，完成平曲线半径的选取和确定过程。

7.3.6　纵断面设计

在现场确定路线平面位置后，经过量距定桩和测得各桩地面高程，就可以绘制路线纵断面图并进行纵断面设计，再检查平面、纵断面线形配合是否适宜。如果不理想，可调整纵断面设计，如调整纵坡无法满足要求时，应调整平面线形，再进行纵断面设计，直到符合要求为止。

思考与练习

7-1　简述何为定线？定线的方法有哪些？

7-2　什么是实地定线？简述实地定线的方法。

7-3　简述纸上定线的方法和步骤。

7-4　简述实地放线的方法和步骤。

7-5　定线中，有条件限制时曲线半径如何确定？

第 8 章　道路平面交叉设计

8.1　交叉口设计概述

路与道路（或铁路）在同一平面上相交的地方称为平面交叉，又称为交叉口。交叉口是道路系统中的重要组成部分，是相交道路上各种车辆、行人交通汇集的咽喉，是道路通行能力与交通安全上的卡口。在交叉口上由于不同方向的车流和行人的相互影响和干扰，不但会使车速降低影响通行能力，而且也容易发生交通事故。据统计，公路交通事故半数以上就发生在交叉口，在城市中这一比例高达 60% 以上，另外，半数以上的行车时间延误也发生在交叉口的附近。因此，正确设计交叉口，合理组织交通，对于提高道路通行能力、减少交通事故、避免交通阻塞，具有重要意义。

8.1.1　平面交叉的构成

1）交叉口，指相交道路的共同部分，一般为转角缘石（或路面内缘）切点以内部分。

2）交叉连接段，指与交叉口紧连的出入口道路。

3）附加车道，指为提高交叉口通行能力，改善其使用功能，在交叉口入口处增设的车道。

4）导流路，主要是为非主流的左、右转弯交通行驶的车道。

5）交通岛，指为控制车辆行驶位置或为保护行人，在车道之间设置的岛状区域。在交叉口内，中央分车带或外侧分车带都认为是交通岛，一般设置在交叉口的“死区”，即行车轨迹走不到的范围。

8.1.2　交叉口设计的基本要求和主要内容

交叉口设计的基本要求：①保证车辆与行人在交叉口能以最短的时间顺利通过，使交叉口的通行能力能与各条道路的通行能力相适应；②正确的交叉口立面设计，保证转弯车辆的行车稳定；③交叉口的设计要满足排水的要求。

交叉口设计的主要内容：①选择交叉口的形式，确定各组成部分的几何尺寸（包括行车道宽度、缘石转弯半径、绿带交通岛等）；②进行交通组织，合理布置各种交通设施（包括交通信号标志、行人横道线、公共交通停靠站等）；③验算交叉口行车视距，保证安全通视条件；④交叉口立面设计，布置雨水口和排水管道。

8.1.3　交叉口的交通分析

1. 进出交叉口的车辆可能产生的交错点

进出交叉口的车辆，由于行驶方向的不同，车辆与车辆之间的交错方式也不相同，可能产生的交错点也不一样。

1）分流点，指同一行驶的车辆向不同方向分离行驶的地点。

2）合流点，指来自不同行驶方向的车辆以较小的角度，向同一方向汇合行驶的地点。

3）冲突点，指来自不同行驶方向的车辆以较大的角度相互交叉的地点。

上述三类交错点都存在相互尾撞、挤撞或碰撞的可能性，是影响交叉口行车速度、通行能力和发生交通事故的主要原因。其中冲突点对交通的干扰和行车的安全影响最大，其次是合流点，再次是分流点。因此，在交叉口设计时，应采取措施尽可能消灭冲突点和合流点，尤其要减少或消灭冲突点。

无交通管制时，三路、四路和五路相交平面交叉的交错点分布情况如图8-1所示，其数量见表8-1。

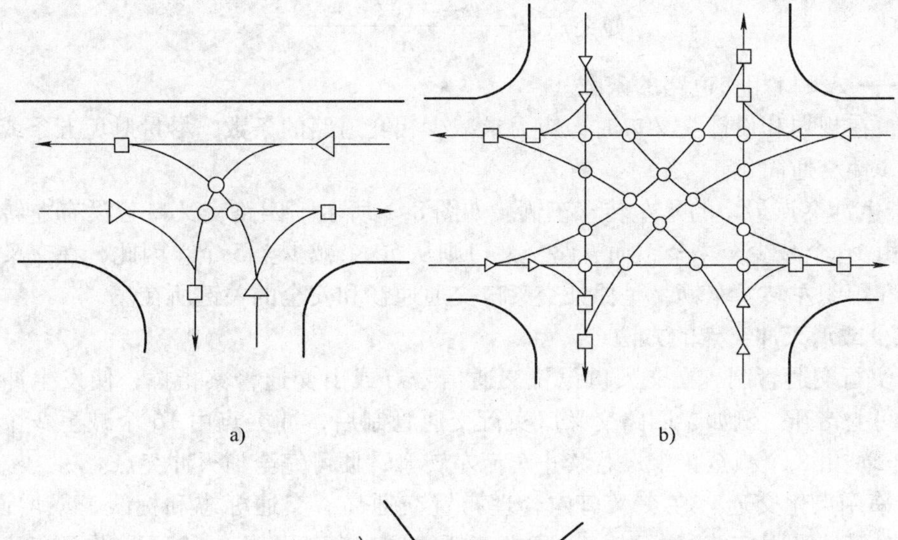

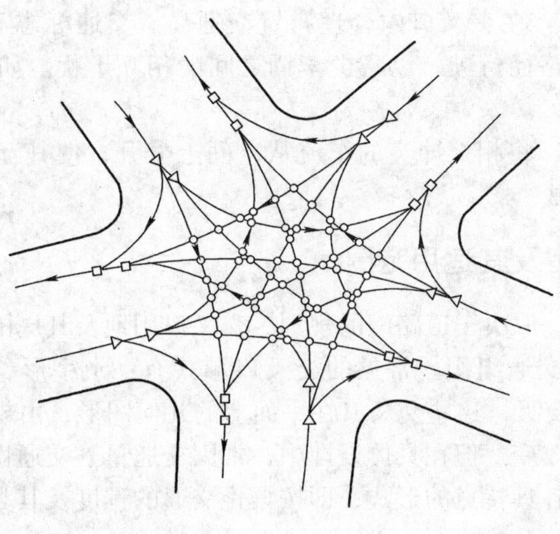

图8-1　平面交叉口交错点

a）三路交叉口　b）四路交叉口　c）五路交叉口

○—冲突点　△—分流点　□—合流点

表 8-1 平面交叉口交错点数量表

交叉口类型	交错点数量/个			
	冲突点	分流点	合流点	总数
三路交叉口	3	3	3	9
四路交叉口	16	8	8	32
五路交叉口	50	15	15	80

分析上述图表可得出以下两点结论：

1）在无交通管制的交叉口，各种交错点都存在。其数量随相交道路条数的增加而显著增加，其中增加最快的是冲突点。当相交道路均为双车道时，各交错点的数量可用下式计算

$$分流点 = 合流点 = n(n-2)$$

$$冲突点 = \frac{n^2(n-1)(n-2)}{6} \tag{8-1}$$

式中 n——交叉口相交道路的条数。

因此，在规划和设计交叉口时，应力求减少相交道路的条数，尽量避免五条或五条以上道路相交，使交通简化。

2）产生冲突点最多的是左转弯车辆。如图 8-1 所示，四路交叉口若没有左转车流，则冲突点可由 16 个减少至 4 个，而五路交叉口则从 50 个减少至 5 个。因此，在交叉口设计中如何处理和组织左转弯车辆，是保证交叉口交通通畅和安全的关键所在。

2. 减少或消灭冲突点的方法

（1）实行交通管制　在交叉口设置交通信号灯或由交通警察指挥，使发生冲突的车流从通行时间上错开。例如，四路交叉口实行交通管制后，冲突点由 16 个减至 2 个，分流点与合流点分别由 8 个减至 4 个；若禁止车流左转弯，便可完全消灭冲突点。

（2）采用渠化交通　在交叉口内合理布置交通岛、交通标志和标线，或增设车道等，引导各方向车流沿固定路径行驶，以减少车辆之间的相互干扰。如环形平面交叉可消灭冲突点。

（3）修建立体交叉　将相互冲突的车流从空间上分开，使其互不干扰。这是解决交叉口交通问题最彻底的办法。

8.1.4 交叉口的类型及其适用范围

平面交叉口的形式，取决于道路网的规划、交叉口用地及其周围的地形、地物情况，以及交通量、交通性质和交通组织。常见的交叉口形式有：十字形、T 形及其演变而来的 X 形、Y 形、错位、多路交叉。这些交叉口在平面上的几何图形，由规划道路网和街坊建筑的形状所决定，一般不易改变。但在具体设计中，常因交通量、交通性质以及不同的交通组织方式，把交叉口设计成各具特点的形式，即按渠化交通的程度及其类型可将平面交叉口分为如下四类：

（1）加铺转角式　交叉口用适当半径的圆曲线平顺连接相交道路的路基和路面，如图 8-2所示。

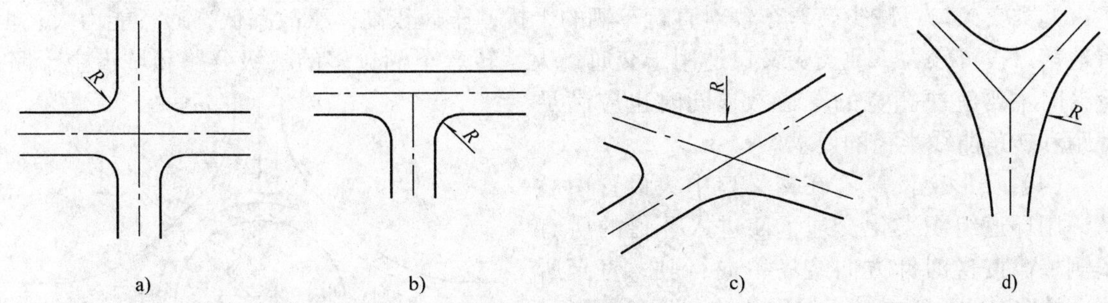

图 8-2　加铺转角式

a）十字形　b）T 形　c）X 形　d）Y 形

此类交叉口形式简单，占地少，造价低，设计方便；但行车速度低，通行能力小。此类交叉口只适用于交通量小、车速低、转弯车辆少的三、四级公路或地方道路，也可用于转弯交通量较小的主要道路与次要道路交叉。设计时主要解决合适的转角曲线半径和足够的视距问题。

（2）分道转弯式　通过设置导流岛、划分车道等措施，使单向右转或双向左、右转车流以较大半径分道行驶的平面交叉，如图 8-3 所示。

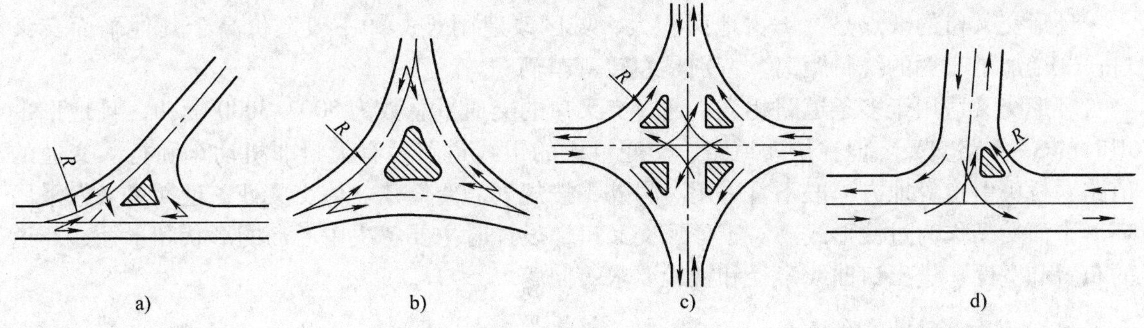

图 8-3　分道转弯式

此类交叉口转弯车辆，尤其是右转弯车辆行驶速度和通行能力都较高，适用于车速较高、转弯车辆较多的一般道路。设计时主要解决分道转弯半径、保证足够的视距和满足导流岛端部半径的要求。

（3）扩宽路口式　为使转弯车辆不影响其他车辆的正常行驶，在交叉口连接部增设变速车道和转弯车道的平面交叉，如图 8-4 所示。

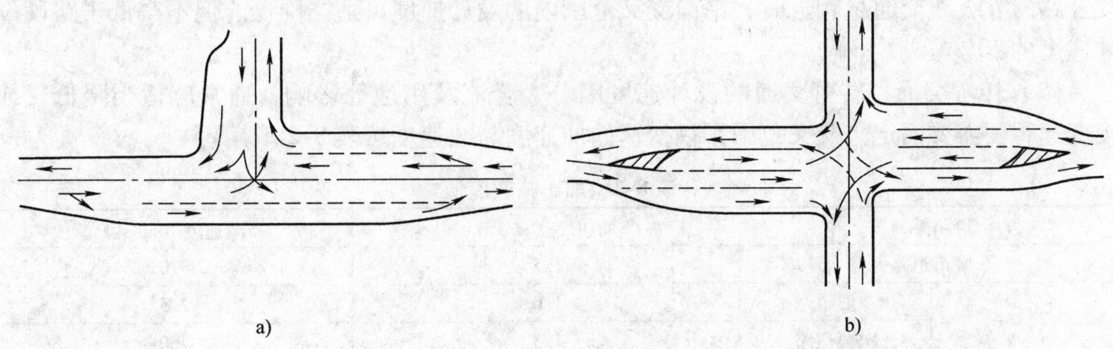

图 8-4　扩宽路口式

此类交叉口可减少转弯车辆对直行车辆的干扰，车速较高，事故率低，通行能力大；但占地多，投资较大。此类交叉口适用于交通量大、转弯车辆较多的二级公路和城市主干路。设计时主要解决拓宽的车道数，同时也应满足视距和转角曲线半径的要求。

（4）环形交叉口　在交叉口中央设置中心岛，用环道组织渠化交通，使进入环道的所有车辆一律按逆时针方向绕岛单向行驶，直至所要去的路口的平面交叉，俗称“转盘”，如图 8-5 所示。

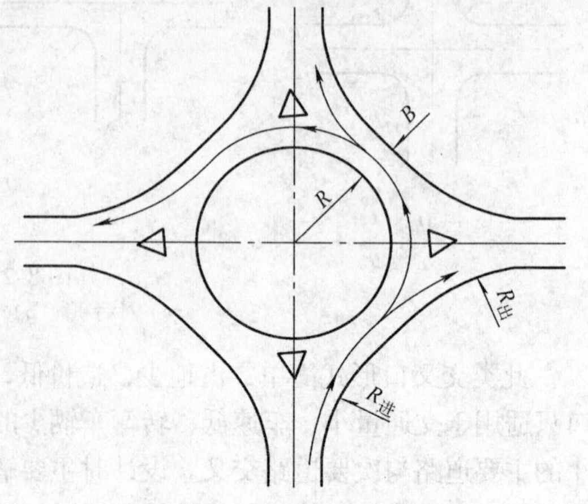

图 8-5　环形交叉口

环形交叉口的优点是：①驶入交叉口的各种车辆可连续不断地单向行驶，没有停滞，减少了车辆在交叉口的延误时间；②环道上消灭了冲突点，只有分流点与合流点，提高了行车的安全性；③交通组织简便，不需信号管制；④对多路交叉和畸形交叉，用环形交叉更为有利；⑤中心岛绿化可美化环境。

环形交叉口的缺点是：①占地面积大，城区改建困难；②一般造价高于其他平面交叉口；③增加了车辆的绕行距离，特别是左转弯车辆。

环形交叉适用于多条道路相交，通过交叉口的交通量总数为 500 ~ 3000 辆/h，且地形平坦时的 3 ~ 5 路交叉。但在快速道路、交通量大的干线道路、有大量非机动车和行人交通的道路、桥头引道等地方一般不宜采用。另外，按规划需要修建立体交叉处，近期可考虑采用环形平面交叉作为过渡形式。对于环形交叉口，设计时主要解决中心岛的形状和半径、环道的布置和宽度、进出口曲线半径和视距要求等问题。

8.1.5　交叉口的计算行车速度

交叉口的计算行车速度与路段的计算行车速度密切相关，两者速差大时会因减速过大而影响行车安全；对于车辆、行人较多的交叉口，当速差小而路段车速又高时，仍有行车危险。因此，确定交叉口的计算行车速度要格外慎重，主要根据以下原则：

（1）交叉口范围内直行交通　交叉口范围内直行交通的计算行车速度，原则上应与路段计算行车速度相同，若受限制必须降低车速时，与路段速度之差不应大于 20km/h；两相交公路的等级或交通量相近时，平面交叉范围内的设计速度可适当降低，但不得低于路段设计速度的 70%。

（2）转弯交通　转弯交通的设计速度因分、合流及用地等影响，通常应适当降低，或按变速行驶需要而定。交叉范围车辆变速的加速度与减速度按表 8-2 取用。

表 8-2　加、减速度值

道路类别		加速度/(m/s^2)	减速度/(m/s^2)
城市道路		1.5	3.0
公路	主要道路	1.0	2.5
	次要道路	1.5	3.0

（3）城市道路　对于城市道路，《城市道路设计规范》规定：交叉口内的计算行车速度应按各级道路计算行车速度的0.5～0.7倍计算，直行车取大值，转弯车取小值。

8.2 交叉口的通行能力和交通组织设计

8.2.1 车辆交通组织方法

为了保证交叉口上车辆行驶安全、通畅，提高交叉口的通行能力，就要对交叉口进行交通组织设计。常用的交通组织方法有限定车流行驶方向、设置专用车道、渠化交叉口、实行信号管制等。

1. 设置专用车道

组织不同行驶方向的车辆在各自的车道上分道行驶，互不干扰。如图8-6所示，根据行车道宽度和左、直、右行车辆的交通量大小可作出多种组合的车道划分：

1）左转、直行、右转车辆组成均匀，各设一专用车道。

2）直行车辆很多且左转、右转车辆也有一定数量时，设二条直行车道和左、右转各一条车道。

3）左转车多而右转车少时，设一条左转车道，直行和右转车共用一条车道。

4）左转车少而右转车多时，设一条右转车道，直行和左转车共用一条车道。

5）左转和右转车辆都减少时，分别与直行车合用车道。

6）行车道宽度较窄，不设专用车道，只设快、慢车分道线。

7）行车道宽度很窄时，快、慢车也不划分。

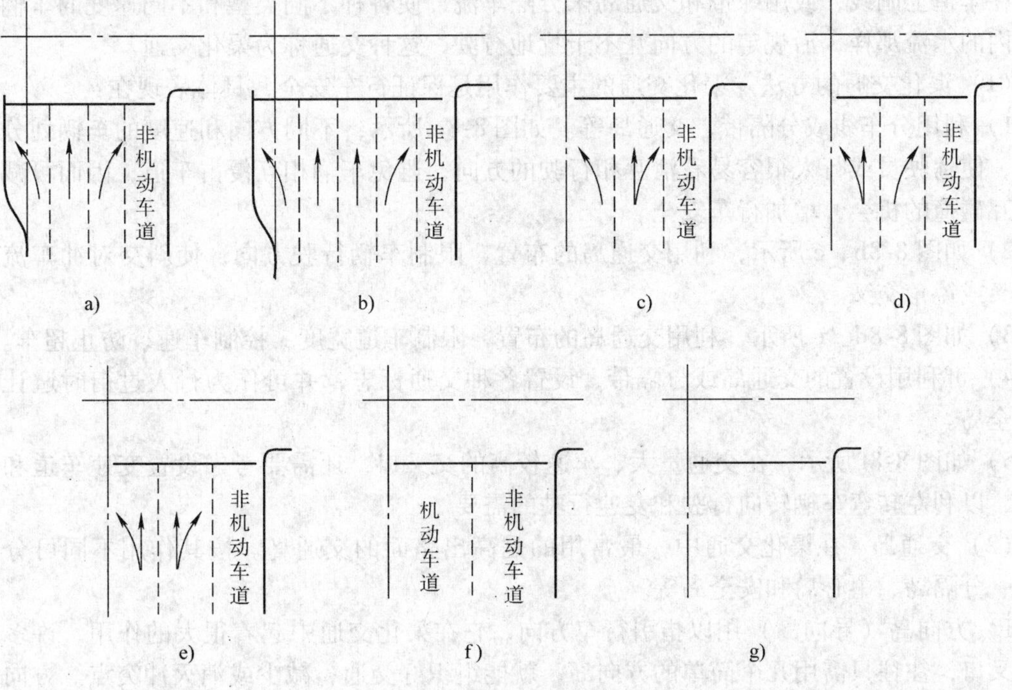

图8-6　交叉口车道划分

2. 左转弯车辆的交通组织

左转弯车辆是引起交叉口车流冲突点增多的主要原因，合理地组织左转弯车辆的交通，是保证交通安全，提高交叉口通行能力的有效方法。左转弯车辆的交通组织方法主要有以下几种：

（1）设置专用左转车道　左转车辆在交叉口等候通过时，为了避免影响其后直行和左转的车辆通过，在行车道内仅靠中线划出一条左转车道供左转车辆运行，如图8-6中a、b、c所示。

（2）实行交通管制　通过信号灯控制或交通警察手势指挥，在规定时间内不准左转。

（3）变左转为右转　对于环形交通（见图8-7a），利用环道，车辆逆时针单向交通，变左转为右转。对于街坊绕行（见图8-7b），使左转车辆环绕邻近街坊道路右行以实现左转。

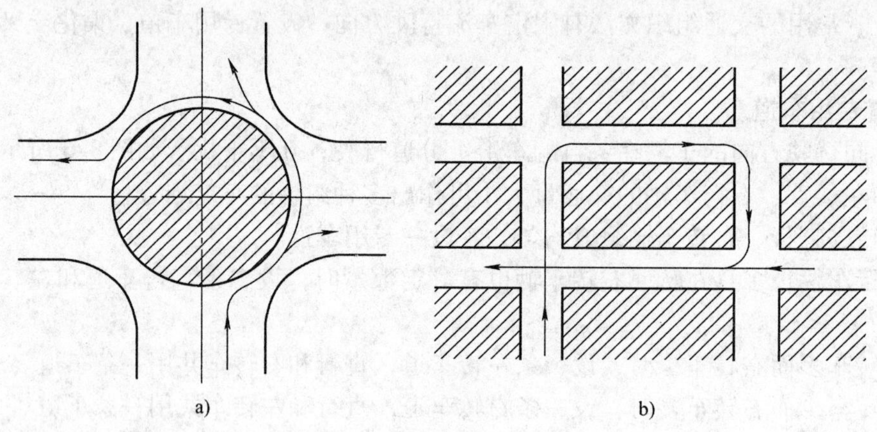

图8-7　变左转为右转

3. 渠化交通

在车道上画线，或用绿带和交通岛来分隔车流，使各种不同类型和不同速度的车辆能像渠道内的水流那样，沿规定的方向互不干扰地行驶，这种交通称为渠化交通。

（1）渠化交通的方法　渠化交通的主要作用是保证行车安全，具体表现在：

1）利用分车线或分隔带、交通岛等。如图8-8a所示，不同方向和速度的车辆划分车道行驶，使驾驶员或行人很容易看清互相行驶的方向，避免车辆相互侵占车道，因而可减少车辆相互碰撞的机会，增加行车安全。

2）如图8-8b、c所示，利用交通岛的布置，限制车辆行驶方向，使斜交对冲车流为直角交叉或锐角交叉。

3）如图8-8d、e所示，利用交通岛的布置，限制车道宽度，控制车速，防止超车。

4）可利用设置的交通岛或分隔带，设置各种交通标志，并可作为行人过街时避让车辆的安全岛。

5）如图8-8f所示，在交通量大、车速较高的交叉口，还需要考虑设置变速车道和候驶车道，以利左转弯车辆转向行驶和变速行驶的需要。

（2）交通岛　在渠化交通中，最常用的是高出路面的交通岛。按其作用不同可分为方向岛、分隔岛、中心岛和安全岛等。

1）方向岛（导向岛）用以指引行车方向，它在渠化交通中起着很大的作用，许多复杂的交叉口，往往只需用几个简单的方向岛，就能组织好交通，减少或消灭冲突点。方向岛还可用于约束车道，使车辆减速转弯，保证行车安全。

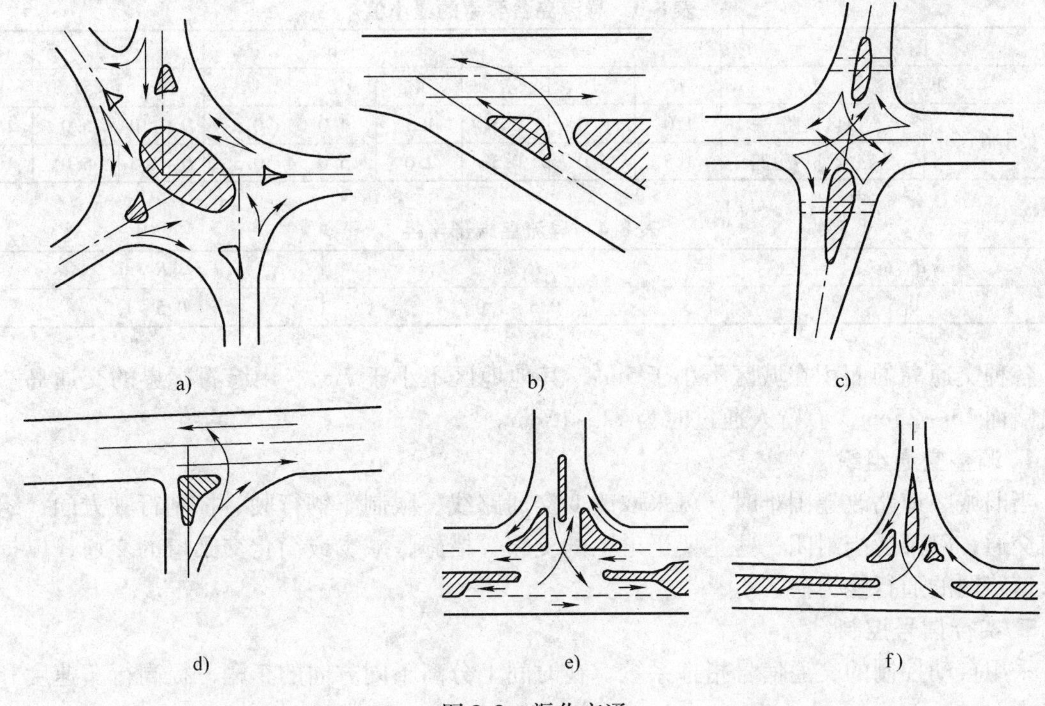

图 8-8　渠化交通

2）分隔岛是用来分隔机动车和非机动车、快速车和慢速车，以及对向行驶的车流，保证行车速度和交通安全的长条形交通岛，有时也可在路面上画线来代替分隔岛。

3）中心岛是设在交叉口中央，用来组织左转弯车辆和分隔对向车流的交通岛。

4）安全岛供行人过街时避让车辆之用。在宽阔、交通繁忙的街道上，宜在人行横道线中央设置安全岛，以保证行人过街的安全。

（3）交通岛的形状与尺寸　交通岛的形状为直线与圆曲线的组合图形。导流用的交通岛（方向岛、分隔岛）的要素如图 8-9 所示，其最小尺寸规定见表 8-3 和表 8-4。

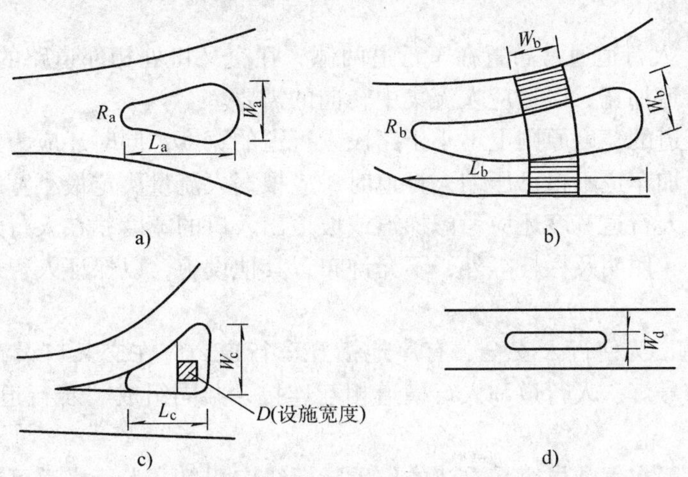

图 8-9　交通岛

a）只分隔交通流时　b）作安全岛时　c）设置设施时　d）无渐变段的分隔带

表 8-3 导流岛各要素的最小值

图示		a			b			c		d
要素名称		W	L	R	W	L	R	W	L	W
最小值	市区道路	1.0	3.0	0.5	1.5	4.0	0.5	$D+1.0$	5.0	1.0
	公路及郊区道路	1.5	5.0	0.5	2.0	5.0	0.5	$D+1.5$	5.0	1.5

表 8-4 导流岛端部半径

R_0/m	R_1/m	R_2/m
0.5	0.5 ~ 1.0	0.5 ~ 1.5

各种交通岛的面积在城区不小于5m²，其他地区不小于7m²。用缘石标界的交通岛一般高出路面15 ~25cm，有行人通过时为12 ~15cm。

4. 调整交通组织

当旧城区道路改建困难时，可采取改变交通路线、限制车辆行驶、控制行驶方向、组织单向交通，以及适当封闭一些主要干道上的支路等措施，减少或简化交叉口的交通，以提高整个道路网的通行能力。

5. 实行信号控制

采用自动控制的交通信号指挥系统，在时间上分离不同方向的车辆，提高行车速度和通行能力。

8.2.2 行人及非机动车交通组织

公路设计以机动车为主，往往不考虑行人和非机动车交通。但对城市道路因大量行人和非机动车的存在，因此合理组织行人和非机动车交通，是消除交叉口交通堵塞，保证交通安全的最有效方法。

1. 行人交通组织

行人交通组织的主要任务是组织行人在人行道上行走，在人行横道线上安全过街，使人、车分离，干扰最小。

（1）人行道　人行道通常布置在车行道两侧，在交叉口处相邻道路的人行道互相连通，并应将转角处人行道加宽，以适应人流集中转向的需要。

交叉口处人行道的宽度原则上不小于路段人行道的宽度，同时还应为过街行人提供等待场地；若因设置附加车道不得已压缩人行道时，应根据人流量决定最小宽度；当采用人行天桥或人行地道时，人行道宽度还应考虑梯道或坡道出入口的宽度；在人行道上除了必要的道路标志、交通信号、照明及栏杆等外，不允许布置其他设施，以保证人行道的有效宽度满足要求。

（2）人行横道　为使行人安全、有序地横穿车行道，应在交叉口设置人行横道，人行横道两端应设置信号灯。人行道和人行横道相互连接，共同组成“步行道网”，应保证行人能到达任何地点。

人行横道应设置在驾驶员容易看清的位置，标线应醒目。人行横道可布置在交叉口人行道的延续方向后退4 ~5m 的地方（见图 8-10a）；当转角半径较大时可将人行横道设在圆弧段内（见图 8-10b）。原则上人行横道应垂直于道路设置，这样可使行人过街距离最短；但如道路斜交时，人行横道可与相交道路平行（见图8-10c）。T形和Y形交叉口的人行横道可按图8-10d、e设置。

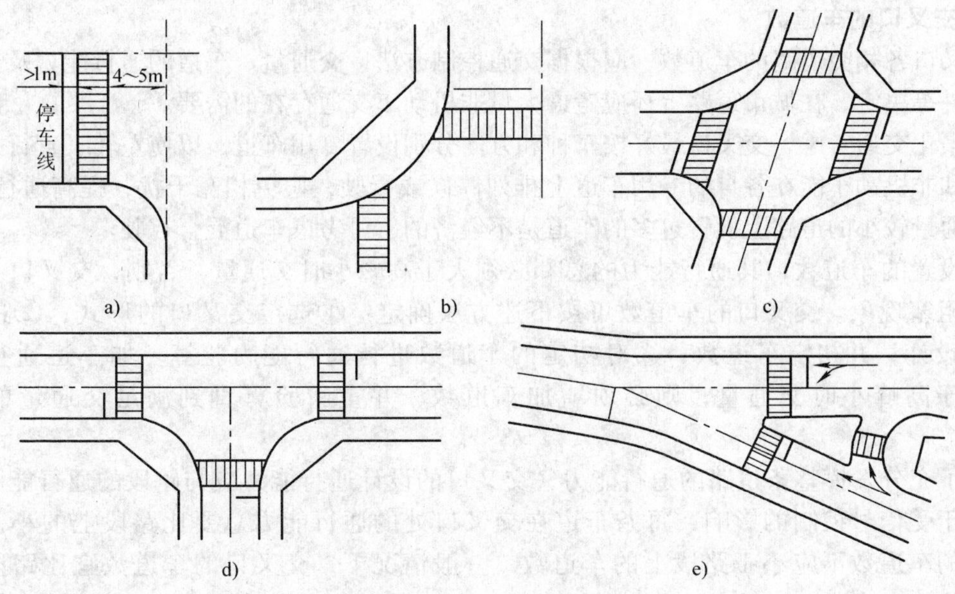

图8-10　人行横道的布置

人行横道的宽度主要取决于过街人流量的大小，一般应比路段人行道宽些。其最小宽度为4m；当过街人流量较大时，可适当加宽，但不宜超过8m。

人行横道的长度应有所限制。当一次横穿距离较长时，会使过街行人思想紧张，感到很不安全。因此，作出如下规定：当机动车车道数大于或等于6条，或人行横道长度大于30m时，应在道路中线附近设置安全岛，其宽度不小于1m。

在设置信号灯控制或设置停车标志的交叉口，应在路面上标绘停车线，指明停车位置。当有人行横道时，停车线应布置在人行横道线后至少1m处，如图8-10a所示，并应与人行道平行；对无人行横道的交叉口，停车线应尽量靠近交叉口，以减少交叉口的范围，提供通行能力，但不得影响相交道路的交通。

（3）人行地道与人行天桥　当交叉口宽阔、人流量多、车流量大且车速高时，可考虑设置人行地道或人行天桥，这是解决行人交通安全最彻底、最有效的办法。

2. 非机动车交通组织

在交叉路口，非机动车道通常布置在机动车道与人行道之间。

1）当车流量不大时，非机动车随机动车按交通规则在右侧行驶，不设分离设施。

2）当车流量较大时，可采用分隔带或墩将机动车与非机动车分离行驶，减少相互干扰。上述两种情况，非机动车的交通组织与机动车共同考虑。

3）当车流量很大、机动车与非机动车之间干扰十分严重时，可考虑采用立体非机动车交通组织形式，并与人行天桥或人行地道一起考虑。一般行人宜用梯道形升降方式，非机动车应采用坡道形；当因地形或其他原因受限制时，可采用梯道带坡道的混合形升降方式。

8.2.3 交叉口的车道数和通行能力

1. 交叉口的车道数

交叉口各相交道路的车道数，应根据交通控制方法、交通量、车道的通行能力及交叉处用地条件等决定，在城市道路上还应考虑大量非机动车交通存在的需要。

从渠化交通考虑，交叉口最好按车种和方向分别设置专用车道，以使左转、直行、右转机动车和非机动车能在各自的专用车道上排列停候或行驶，避免相互干扰，提高通行能力。但在交通量较小的道路上设置过多的车道是不经济的，可考虑车道混合行驶。

所设置的车道数，其通行能力的总和必须大于高峰小时交通量，否则，交叉口会产生拥挤或阻塞现象。交叉口的车道数可按下述方法确定：①选定交叉口的形式；②进行交通组织设计，并初定车道数；③对初定的车道数进行通行能力验算。如车道通行能力总和小于高峰小时交通量，则必须增加车道数，并重新验算直到满足交通量的要求为止。

为了充分发挥整条道路的通行能力，交叉口的设计通行能力应与路段的通行能力相适应。由于受信号控制的影响，每条车道在交叉口处的通行能力总要比路段上的小，因此交叉口的车道数不应小于路段上的车道数。一般情况下，交叉口的车道数宜比路段上多设一条。

2. 交叉口的通行能力

道路通行能力是在一定的道路和交通条件下，道路上某一路段适应车流的能力，以单位时间内通过的最大车辆数表示，单位时间通常以小时计（辆/h）。道路通行能力计算方法有车头时距法和车头间距法，见本书第1章。

（1）有信号控制交叉口的通行能力　有信号控制交叉口的通行能力常用“停车线断面法”确定。所谓停车线断面法，就是已知交叉口处车道使用规定、信号显示周期及配时，以进口道停车线为基准断面，凡通过该断面的车辆即认为已通过交叉口。据此来计算通过停车线断面上不同行驶方向车道上的小时最大通过量（即该车道通过能力），各进口车道通行能力之和即为交叉口的可能通行能力。

1）一条直行车道的通行能力 $N_{直}$（辆/h）

$$N_{直}=\frac{3600}{T}\times\frac{T_g-v_s/2a}{t_s} \tag{8-2}$$

式中　T——一个信号周期（s），一般 $T=60\sim90$s；

T_g——一个周期内的绿灯时间（s）；

v_s——直行车辆通过交叉口的车速（m/s）；

a——平均加速度，据观测，小型车为 $0.6\sim0.7\text{m/s}^2$，中型车为 $0.5\sim0.6\text{m/s}^2$，大型车为 $0.4\sim0.5\text{m/s}^2$；

t_s——直行车平均车头时距（s），据观测，车多时为 2.2 ~ 2.3s，车少时为 2.7 ~ 2.8s，平均 2.5s，大型车为 3.5s。

2）一条右转车道的通行能力 $N_{右}$（辆/h）

$$N_{右}=\frac{3600}{t_r} \tag{8-3}$$

式中 t_r——右转车平均车头时距（s），据观测，平均 $t_r=3.0\sim3.5$s。

3）一条左转车道的通行能力 $N_{左}$（辆/h）：

①有左转专用信号显示时

$$N_{左}=\frac{3600}{T}\times\frac{T_1-v_1/2a}{t_1} \tag{8-4}$$

式中 T——信号周期（s），一般 $T=60\sim90$s；

T_1——一个周期内的左转显示时间（s）；

v_1——左转车辆通过交叉口的车速（m/s）；

t_1——左转车平均车头时距（s），取 $t_1=2.5$s。

②无左转专用信号显示时：

a. 利用绿灯时间。当有左转专用车道而无左转信号显示时，驶入左转车道的车辆，可在绿灯时间内，利用对向直行车流中可能出现的空档来实现左转。假设平均两个直行车位的空档可供一辆左转车穿越，则每个周期内可穿越的左转车辆按下式计算

$$n_1=\frac{N'_{直}-N''_{直}}{2} \tag{8-5}$$

式中 n_1——每个周期绿灯时间内可穿越的左转车辆（辆/周期）；

$N'_{直}$——对向直行车道一个周期的通行能力（辆/周期），按下式计算

$$N'_{直}=\frac{T_g-v_s/2a}{t_s}$$

$N''_{直}$——对向直行车道一个周期的实际通行能力（辆/周期）。

b. 利用黄灯时间。黄灯亮时通过车数（辆/周期）为

$$n_2=\frac{T_y-v_1/2a}{t_1} \tag{8-6}$$

式中 T_y——每周期黄灯时间（s）。

因此，一条左转车道的通行能力 $N_{左}$（辆/h）为

$$N_{左}=\frac{3600}{T}(n_1+n_2) \tag{8-7}$$

4）一条直左混行车道的通行能力 $N_{直左}$（辆/h）。一条车道上有直行、左转混合行驶时，因去向不同而相互干扰，应乘以折减系数 K，则

$$N_{直左}=N_{直}\left(1-\frac{1}{2}\beta_1\right)K \tag{8-8}$$

式中 β_1——直左车道中左转车所占比例；

K——折减系数，取 $K=0.7\sim0.9$。

5）一条直右混行车道的通行能力等于一条直行车道的通行能力。

6）一条直左右混行车道的通行能力等于一条直左混行车道的通行能力。

（2）无信号控制交叉口的通行能力　当主要道路与次要道路相交时，若次要道路交通量不大，可不设交通信号控制。根据主要道路优先通行的交通规则，次要道路上的车辆必须等待主要道路上的车辆之间出现足够长的间隔时间时通过交叉口。主要道路上的车流可视为无交叉的连续交通流，车辆间出现的间隔一般服从负指数分布。但并非所有间隔都可供次要道路上车辆汇入或穿过，只有当出现的间隔时间足够大（一般应大于临

界间隔 α）时，次要道路上的车辆才可能汇入或穿过。则次要道路最大交通量 $Q_{次}$（辆/h）可按下式计算

$$Q_{次}=\frac{Q_{主}(e^{-q\alpha})}{1-e^{-q\beta}} \tag{8-9}$$

式中 $Q_{主}$——主要道路双向交通量（辆/h）；

q——主要道路交通流率（辆/s），$q=Q_{主}/3600$；

α——主要道路临界间隔时间（s），对停车标志控制的交叉口为6～8s，对让路标志为5～7s；

β——次要道路最小车头时距（s），对停车标志控制的交叉口为5s，对让路标志为3s。

无信号控制交叉口的通行能力为主要道路的双向交通量 $Q_{主}$ 与次要道路最大交通量 $Q_{次}$ 之和。

8.3 交叉口的平面设计

8.3.1 交叉口的视距

1. 视距三角形

为了保证交叉口上行车安全，驾驶员在进入交叉口前的一段距离内，应能看到相交道路上的行车情况，以便能及时采取措施顺利驶过或安全停车，这段必要的距离应该大于或等于停车视距 S_T。

由相交道路上的停车视距所构成的三角形称为视距三角形。《城市道路设计规范》规定，平面交叉口视距三角形范围内妨碍驾驶员视线的障碍物应清除，如图 8-11 所示阴影部分。视距三角形绘制的方法与步骤为

1）确定停车视距 S_T。停车视距可用前述计算公式计算，或根据相交道路的计算行车速度查表 8-5 确定。一般应采用表 8-5 中的一般值；当受地形、地物等条件限制时，也可采用表中低限值，但必须采取设置限速标志等措施。

表 8-5 停车视距

计算行车速度/(km/h)		100	80	60	50	40	30	20
停车视距/m	一般值	160	110	75	60	40	30	20
	低限值	120	75	55	45	30	25	15

2）找出行车最危险的冲突点。对于不同形式的交叉口，其最危险冲突点的找法不尽相同。对于十字形交叉口，如图 8-11a 所示，靠最右侧第一条直行机动车道的轴线与相交道路最靠中心线的第一条直行车道的轴线所构成的交叉点为最危险的冲突点。对于 T 形或 Y 形交叉口，如图 8-11b 所示，直行道路靠最右侧第一条直行车道的轴线与相交道路最靠中心线的一条左转车道的轴线所构成构成的交叉点为最危险的冲突点。

3）从最危险的冲突点向后沿行车轨迹线各量取停车视距 S_T。

4）连接末端构成视距三角形。

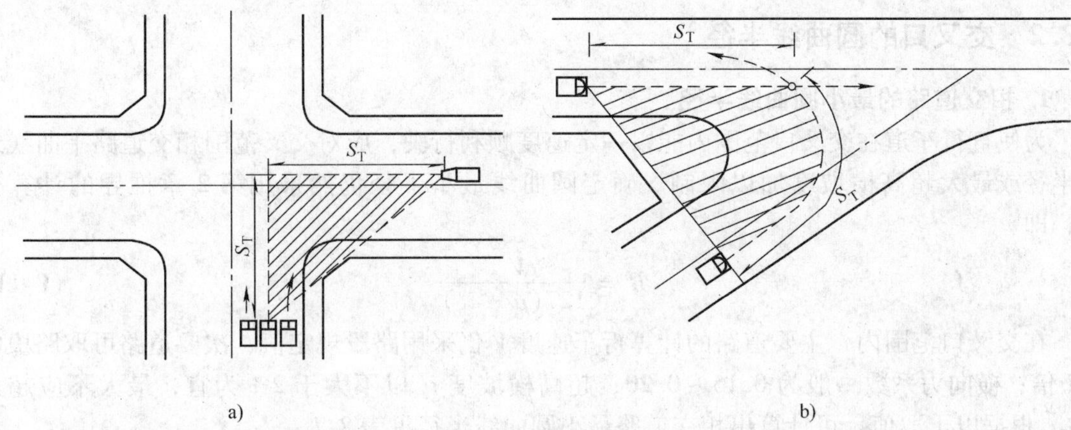

图 8-11 视距三角形
a）十字形 b）T 形

2. 识别距离

为保证车辆安全顺利通过交叉口，应使驾驶员在交叉口之前的一定距离能识别交叉口的存在及交通信号和交通标志等，这一距离称为识别距离。该识别距离随交通管制条件而异。

（1）无信号控制的交叉口 对无任何信号控制的交叉口，通常都是低等级、交通量小及车速不高的次要交叉口，识别距离可采用各相交道路的停车视距（见表 8-5）。

（2）有信号控制的交叉口 对有信号控制的交叉口，识别距离应保证驾驶员能看清交通信号和显示内容，并有足够的时间制动减速直至停车，但这种制动停车决非急刹车。因此，有信号控制的交叉口的识别距离可按下式计算

$$S_S = \frac{V}{3.6}t + \frac{V^2}{26a} \tag{8-10}$$

式中 S_S——交叉口的识别距离（m）；

V——路段计算行车速度（km/h）；

a——减速度（m/s^2），取 $a=2m/s^2$；

t——识别时间（s），在公路上取 10s，在城市道路上取 6s。

（3）停车标志控制的交叉口 对停车标志控制的交叉口，一般为主要道路与次要道路交叉，主次关系明确。其识别距离的计算仍可按式（8-10）计算，取识别时间 $t=2s$。

按上述方法计算的识别视距见表 8-6。同样，在此范围内不能有任何障碍物。

表 8-6 交叉口的识别视距 （单位：m）

设计速度/(km/h)	信号控制交叉口				停车标志控制交叉口	
	公路		城市道路			
	计算值	采用值	计算值	采用值	计算值	采用值
80	348	350	—	—	—	—
60	237	240	171	170	104	105
40	143	140	99	100	54	55
30	102	100	68	70	35	35
20	64	60	42	40	19	20

8.3.2 交叉口的圆曲线半径

1. 相交道路的最小圆曲线半径

为使直行车道在交叉口范围内能以一定速度顺利行驶，应对交叉范围相交道路平曲线最小半径或最大超高横坡度加以限制。确定圆曲线最小半径仍然采用第 2 章推导的计算公式，即

$$R = \frac{V^2}{127(\mu \pm i_h)} \tag{8-11}$$

在交叉口范围内，主要道路的计算行车速度 V 仍采用路段规定值，次要道路可取路段的 0.7 倍；横向力系数一般为 0.15 ~ 0.20；超高横坡度 i_h 以不大于 2% 为宜，最大不应超过 6%。根据以上取值，可计算出相交道路最小圆曲线半径见表 8-7。

表 8-7 相交道路最小圆曲线半径

设计速度/(km/h)		100	80	60	40	30	20
主要道路	一般值/m	460	280	150	60	30	15
	极限值/m	380	230	120	50	25	12
次要道路/m		—	—	60	30	15	15

2. 分道转弯式交叉口最小圆曲线半径

当右转弯车辆较多时，为保证右转车辆能以规定的速度分道行驶，应对最小转弯半径加以限制，见表 8-8。表中数据是取横向力系数 $\mu = 0.16 \sim 0.20$，最小圆曲线半径的一般值采用 $i_h = 2\%$ 计算，极限值采用 $i_h = 6\%$ 计算出来的。

表 8-8 分道转弯式交叉口最小圆曲线半径

右转弯车速/(km/h)		80	70	60	55	50	45	40	35	30	25	20
最小半径	一般值/m	280	210	150	120	100	80	60	50	35	25	15
	极限值/m	230	170	120	100	80	65	50	40	30	20	12

3. 加铺转角式交叉口转弯半径

如图 8-12 所示，为了保证各种右转车辆能以一定速度顺利转弯，交叉口处的缘石或行车道边缘应做成圆曲线或多心复曲线，圆曲线的半径 R_1 称为转角半径，可按下式计算

$$R_1 = R - \left(\frac{B}{2} + F\right) \tag{8-12}$$

式中 B——机动车道宽度（m），一般采用 3.5m；

F——非机动车道宽度（m）；

R——右转车道中心线半径（m），可按上述圆曲线半径计算公式计算。据观测，右转车速一般在 $V = 10 \sim 25$km/h 之间，横向力系数 $\mu = 0.15 \sim 0.20$，超高横向坡度 $i_h = 2\%$。

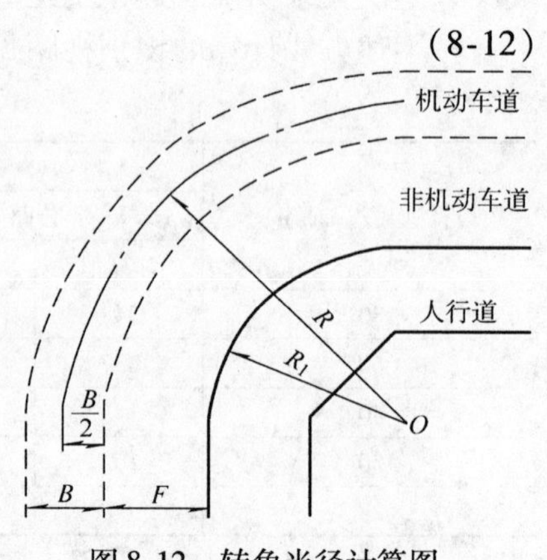

图 8-12 转角半径计算图

表 8-9 为交叉口的最小转角半径。在条件允许时应尽量采用较大转角半径，有利于行车和以后交通发展的需要。

表8-9　交叉口的最小转角半径

右转弯车速/（km/h）	不同交叉角的转角半径/m						
	45°	60°	80°	90°	100°	120°	135°
25	35	32	30	30	29	29	28
20	27	23	20	19	19	18	18
15	25	17	13	12	11	10	10
10	27	20	12	10	9	8	7

8.3.3　交叉口的拓宽设计

当相交道路的交通量较大、转弯车辆较多而车速又高时，若交叉口进口道仍然采用路段上的车道数，会导致转弯车辆和直行车辆受阻，分流与合流困难，且易发生交通事故。此时可向进口道的一侧或两侧拓宽车道，以改善交叉口的通行条件，提高交叉口的通行能力。

拓宽的车道数主要取决于进口道的各向交通量、交通组织方式和车道的通行能力等。一般应比路段单向车道数多增加一至两条车道。进口道车道的宽度，应尽量与路段保持一致。如因占地等条件限制，需要将车道变窄时，最窄不得小于3m，一般为3～3.5m。

交叉口的拓宽设计主要解决拓宽车道的设置条件、设置方法以及长度计算三个问题。

1. 设置条件

平面交叉符合下列条件时应设右转车道：①平面交叉角小于60°，且右转车较多时；②右转交通量大，且为主要交通方向时；③右转车辆所需车速较高时；④有特殊需要时。

平面交叉处下列条件外应设左转车道：①不允许左转弯时；②道路交通量很小，通行能力有富裕时；③相交道路计算行车速度在40km/h以下，设计小时交通量小于200辆；④无对向直行交通，且进口道车道数较路段多一条时。

2. 设置方法

（1）右转车道设置方法　如图8-13所示，一般在进口道的右侧或同时在出口道的右侧拓宽右转车道。

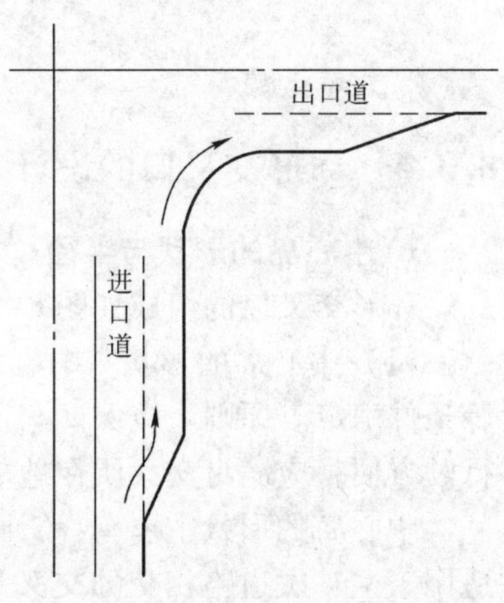

图8-13　拓宽右转车道

（2）左转车道设置方法　左转车道是向进口道左侧拓宽的，依据相交道路是否设置中间带和中间带的宽窄，可分别采取不同的方法实现左转车道拓宽，如图8-14所示。

1）宽形中间带。当设有较宽中间带（一般不小于4.5m）时，如图8-14a所示，将道口一定长度的中间带压缩宽度，由此增辟出左转车道。

2）窄形中间带。当设有较窄中间带（一般小于4.5m）时，如图8-14b所示，压缩中间带后宽度不够，此时可将道口单向或双向车道线向外侧偏移，增加不足部分宽度。

3）无中间带。当相交道路不设中间带时，可通过两种途径增辟左转车道。一是向进口道的一侧或两侧拓宽，增加进口车道路幅总宽度，以便在进口道中心线附近辟出左转车道，如图8-14c所示；二是不扩宽进口车道，占用靠近中心线的对向车道作为左转车道，如图8-15所示。

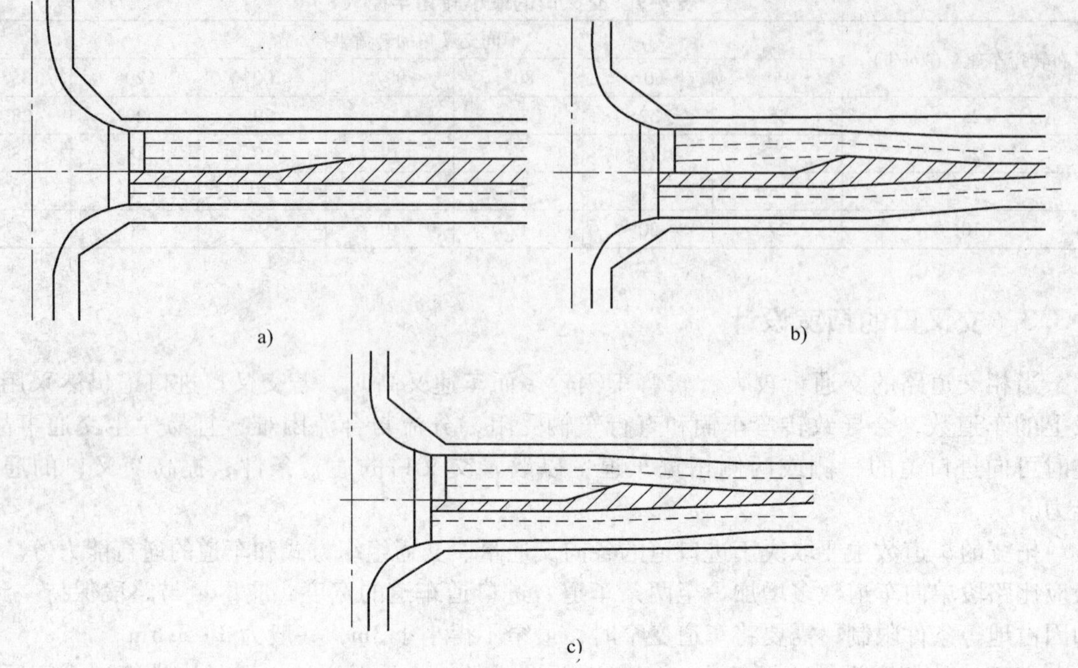

图 8-14 拓宽左转车道

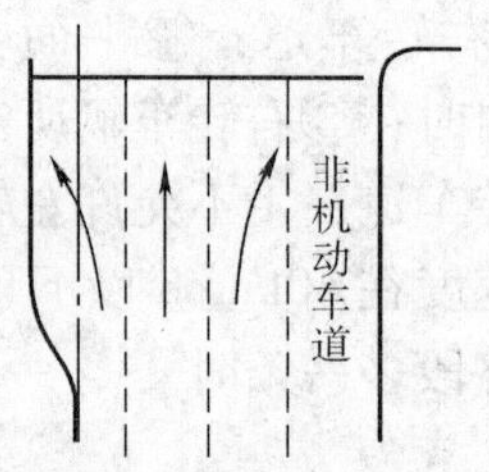

图 8-15 不扩宽进口车道

8.3.4 环形交叉口的设计

1. 中心岛的形状与半径

环形交叉口的组成如图 8-16 所示。

(1) 中心岛的形状 中心岛的形状应根据交通流特性、相交道路的等级和地形、地物等条件确定。原则上应保证车辆能以一定速度顺利完成交织运行，有利于主要道路方向车辆行驶方便，应满足交叉所在地的地形、地物和用地条件的限制。

中心岛的形状主要有：①圆形，采用居多；②圆角方形或菱形，有时采用；③椭圆形，适用于主、次道路相交的交叉口；④复合曲线形，适用于交角不等的畸形交叉；⑤其他形状，可视地形、地物和交角等，采用其他规则或不规则的几何形状。

(2) 中心岛半径 下面以圆形中心岛为例，介绍中心岛半径的计算方法。

1) 按计算行车速度的要求，可由下式计算

$$R = \frac{V^2}{127(\mu \pm i_h)} - \frac{b}{2} \tag{8-13}$$

式中 R——中心岛半径（m）；

b——紧靠中心岛的车道宽度（m）；

μ——横向力系数，大客车$\mu=0.1\sim0.15$，小客车$\mu=0.15\sim0.2$；

i_h——环道横坡度（%），一般采用1.5%；

V——环道计算行车速度（km/h），国外一般采用路段计算行车速度的0.7倍，我国实测资料：公共汽车为0.5倍，载货汽车为0.6倍，小客车为0.65倍。

2）按交织段长度的要求。所谓交织就是两条车流汇合交换位置后又分离的过程。所谓交织段长度是指进环和出环的两辆车，在环道上行驶时相互交织，交换一次车道位置所行驶的距离。交织段长度的大小主要取决于车辆在环道上的行驶速度，应能满足汽车以一定车速相互交织并连续行驶，最小应不小于4s的行驶距离。如图8-17所示，当两个路口之间有足够的距离，此时在该环道上行驶的车辆，均可在合适的时机互相交织，该段距离即为交织段长度，其位置大致可取相邻道路机动车道外侧边缘延长线与环道中心线交叉点之间的弧长。

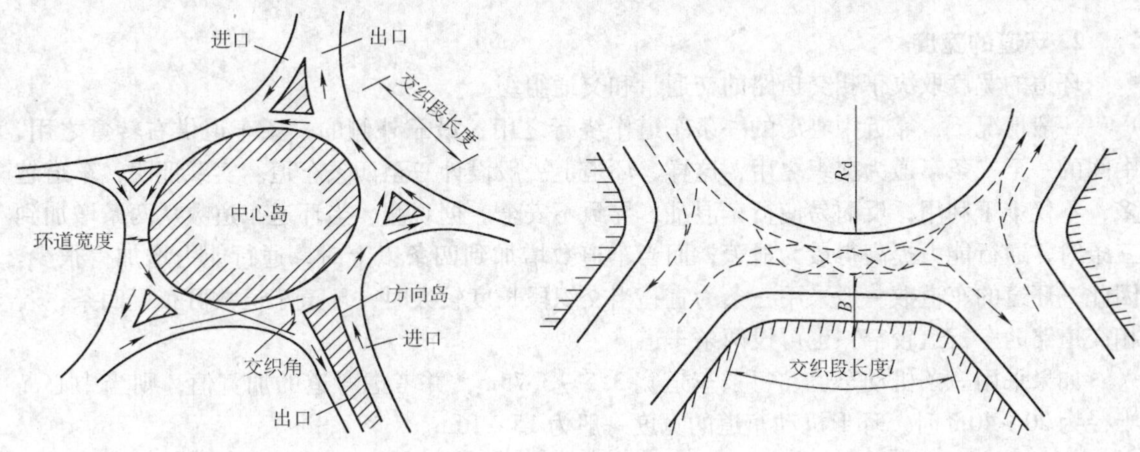

图8-16 环形交叉口的组成

图8-17 交织段长度

中心岛半径必须满足两个路口之间最小交织段长度的要求，否则，在环道上行驶中需要互相交织的车辆，就要停车等候，这是绝对不允许的。环道上所需的最小交织段长度见表8-10。

表8-10 最小交织段长度

环道设计速度/（km/h）	50	45	40	35	30	25	20
最小交织段长度/m	60	50	45	40	35	30	25

按交织段长度所要求的中心岛半径为

$$R_d = \frac{n(l + B_p)}{2\pi} - \frac{B}{2} \tag{8-14}$$

式中 n——相交道路的条数；

l——相邻路口之间的交织段长度（m），可查表8-10；

B——环道宽度（m）；

B_p——相交道路的平均路宽（m）。

由式（8-14）可以看出，交叉口相交道路的条数越多，为保证最小交织段长度的要求，则中心岛的半径就越大，将会大大增加交叉口的用地面积和车辆在环道上的绕行距离，这样既不经济也不合理。因此，环形交叉口的相交道路以不多于六条为宜。

对四路相交的环形交叉口，可用式（8-13）和式（8-14）分别计算中心岛半径，然后选取较大者。对中心线夹角差别较大或多路交叉口，也可以先按式（8-13）确定中心岛半径 R，然后再按下式验算其交织段长度是否符合要求

$$l = \frac{2\pi}{n}\left(R + \frac{B}{2}\right) - B_{\mathrm{p}} \quad 或 \quad l = \frac{\pi\alpha}{180}\left(R + \frac{B}{2}\right) - B_{\mathrm{p}} \tag{8-15}$$

式中 α——相交道路中心线的最小夹角（°）。

当用式（8-15）计算的 l 大于最小交织段长度时，符合要求；否则，增大 R 重新验算，直至符合要求为止。根据实践经验，中心岛最小半径见表 8-11。

表 8-11 中心岛最小半径

环道设计速度/(km/h)	40	35	30	25	20
中心岛最小半径/m	60	50	35	25	20

2. 环道的宽度

环道的宽度取决于相交道路的交通量和交通组织。

一般情况下，靠近中心岛的一条车道作绕行之用，最靠外侧的一条车道供右转弯之用，中间的一至二条车道为交织之用，这样，环道上一般设计三至四条车道。实践证明，车道越多，不仅难于利用，反而易使行车混乱，导致不安全。据观测，当环道车道数从两条增加到三条时，通行能力提高得最为显著；而当车道数增加到四条以上时，通行能力增加得很少。因此，环道的车道数一般采用三条为宜；当交织段长度较大时，环道车道数可布置四条；若相交道路的车行道较窄，也可设两条车道。

如果采用三条机动车道，每条车道宽 3.5～3.75m，并考虑弯道的加宽值，则当中心岛半径为 20～40m 时，环形机动车道的宽度一般为 15～16m。

非机动车可与机动车混行或分行。为保证交通安全，减少相互干扰，一般以分行为宜，可用分隔带、墩或标线等分隔。非机动车道宽度应视具体情况而定，一般不小于相交道路中的最大非机动车行车道宽度，也不宜超过 8m。

3. 交织角

如图 8-18 所示，交织角是进环车辆与出环车辆轨迹的平均相交角度，它以距右转机动车道的外缘 1.5m 和中心岛外缘 1.5m 的两条切线交角来表示。

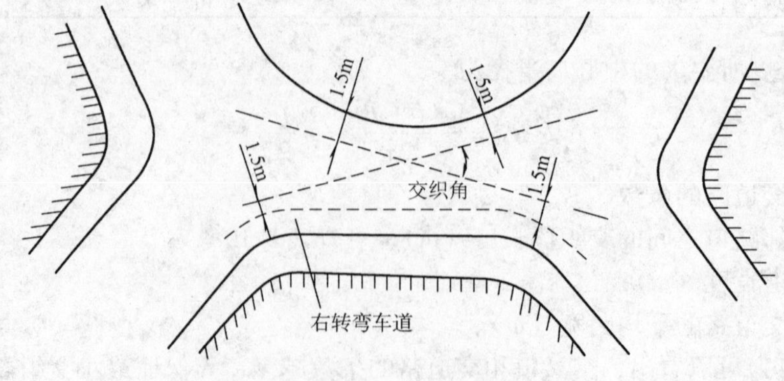

图 8-18 交织角

交织角的大小取决于环道的宽度和交织段的长度。环道宽度越窄，交织段长度越大，则交织角越小，行车就越安全。但交织角越小，需要的交织段长度越大，中心岛半径也就越大，占地要相应增加。所以，交织角要有一个合适的值，一般控制在20°~30°为宜。

4. 环道外缘线形及进出口曲线半径

（1）环道外缘线形　从满足交通需要和工程节约考虑，环道外缘平面线形不宜设计成反向曲线形状（见图8-19中虚线）。据观测，这种形状在环道的外侧约有20%的路面（见图8-19中的阴影部分）无车行驶，这既不合理，也不经济。实践证明，环道外缘平面线形宜采用直线圆角形（见图8-19中的实线）或三心复曲线形状。

（2）环道进出口曲线半径　环道进、出口曲线半径取决于环道的计算行车速度。为使进环车辆的车速与环道车速相适应，应对进环车辆的车速加以限制，一般环道进口曲线半径采用接近或小于中心岛的半径，且各相交道路的进口曲线半径不要相差太大。环道出口的曲线半径可较进口曲线半径大一些，以便车辆加速驶出环道。

5. 环道的横断面

环道的横断面形状对行车的平稳和路面的排水有很大的关系，而横断面的形状又取决于路脊线的选择。通常情况下，环道横断面的路脊线设在交织车道的中间；若机动车与非机动车之间设有分隔带，其路脊线也可设在分隔带上。如图8-20所示，图中虚线为路脊线，箭头指向为排水方向。显然，应在中心岛的周围设置雨水口，以保证环道内不产生积水。另外，进、出环道处的横坡度宜缓一些。

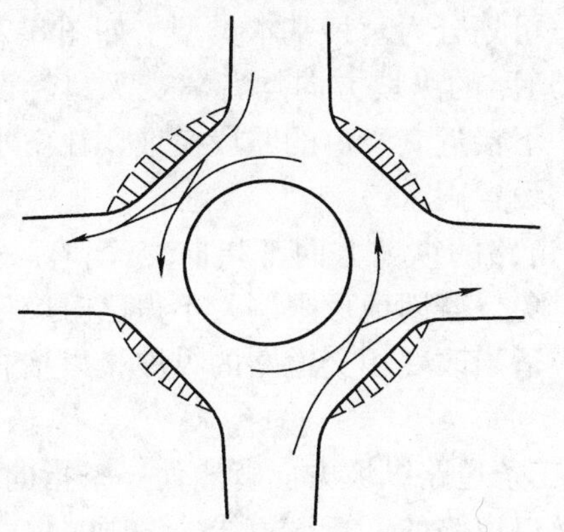

图8-19　环道外缘线形

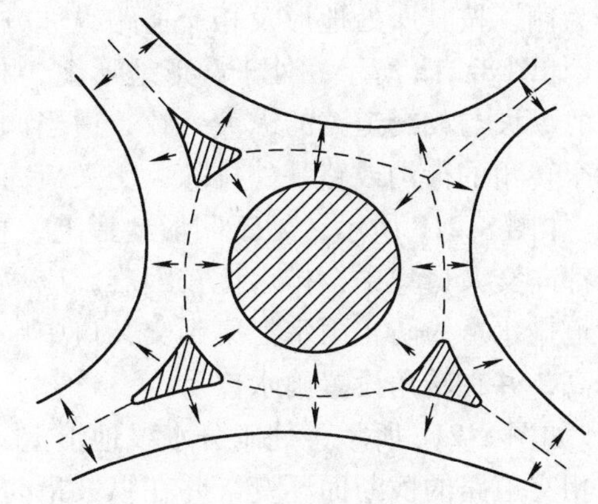

图8-20　环道的路脊线

8.4　交叉口的立面设计

交叉口立面设计也称竖向设计，其目的是要统一解决相交道路之间以及交叉口和周围建筑物之间在立面位置上的行车、排水和建筑艺术三方面的要求。使相交道路在交叉口内能有一个平顺的共同面，便于车辆和行人的交通；使交叉口范围内的地面水能迅速排除；使车行道和人行道的各点标高能与建筑物的地面标高相协调而具有良好的空间观感。

8.4.1　交叉口立面设计的原则和要求

立面设计主要取决于相交道路的等级、交通量、横断面形状、纵坡的大小和反向以及周围地形等。交叉口立面设计的基本要求是：首先应满足主要道路的行车方便，在不影响主要道路行车平顺的前提下，适当变动主要道路的纵坡和横坡，以照顾次要道路的行车需要。交叉口立面设计的一般原则为：

1）相同等级道路相交时，一般维持各自的纵坡不变，而改变它们的横坡度。通常是改变纵坡较小道路的横断面形状，使其横断面的横坡度与纵坡较大道路的纵坡一致。

2）主要道路与次要道路相交时，主要道路的纵、横断面均维持不变，而将次要道路由双坡横断面，逐渐过渡到与主要道路纵坡相一致的单坡横断面，以保证主要道路的交通便利。

3）设计时至少有一条道路的纵坡方向背离交叉口，以利于排水。如遇特殊地形，所有道路纵坡方向都向着交叉口时，必须在交叉口内设置雨水口和排水管道，以保证排水要求。

4）在交叉口范围内布置雨水口时，应不使地面水流过交叉口的人行横道，也不应使地面水在交叉口内积水或流入另一条道路。所以，雨水口应设在人行横道之前或低洼处。

5）交叉口范围内横坡要平缓些，一般不大于路段的横坡，以利于行车。纵坡度宜不大于2%，困难情况下应不大于3%。

6）交叉口立面设计标高应与周围建筑物的地坪标高协调一致。

8.4.2 交叉口立面设计的基本类型

交叉口立面设计的形式，主要取决于交叉范围相交道路的纵坡、横坡及地形。以十字形交叉口为例，按其所处地形及相交道路纵坡方向，可划分为六种基本类型，如图8-21所示。

1）如图8-21a所示，处于凸形地形上，相交道路的纵坡方向均背离交叉口。设计时使交叉口的纵坡与相交道路的纵坡一致，适当调整一下接近交叉口的路段横坡，让雨水流向交叉口四个转角的街沟或路基外排除，交叉口内不需设置雨水口。

2）如图8-21b所示，处于凹形地形上，相交道路的纵坡方向都指向交叉口。这种形式地面水都向交叉口集中，排水比较困难，应尽量避免。若因地形限制，不得已时应设置地下排水管道排水。为防止雨水汇集到交叉口中心，应适当改变相交道路的纵坡，以抬高交叉口中心标高，并在转角设置雨水口。

3）如图8-21c所示，处于分水线地形上，有三条道路纵坡方向背离而一条指向交叉口。设计时相交道路的横断面不变，并在纵坡指向交叉口道路的人行横道线外设雨水口，防止雨水流入交叉口内。

4）如图8-21d所示，处于谷线地形上，有三条道路纵坡方向指向交叉口而一条背离。设计时，与谷线相交的道路进入交叉口之前，在纵断面上产生转折而形成过街横沟，不利于行车，应尽量使纵坡转折点离交叉口远一些。另外，在三条纵坡指向交叉口道路的人行横道线外设雨水口。

5）如图8-21e所示，处于斜坡地形上，相邻两条道路纵坡指向交叉口而一条背离。设计时，所有道路的纵坡均不变，而将指向交叉口的两条道路的横坡在进入交叉口前，逐渐向相交道路的纵坡方向变化，使交叉口上形成一个单向倾斜面，并在纵坡指向交叉口道路的人行横道线外设雨水口。

6）如图8-21f所示，处于马鞍形地形上，相对两条道路纵坡指向交叉口而另两条背离。设计时，相交道路纵、横坡都可按自然地形在交叉口内适当调整，并在纵坡指向交叉口的道路两侧设置雨水口。

以上为几种典型十字形交叉口立面设计形式，对于其他不同形式的交叉口，立面设计的要求和原则是一样的。

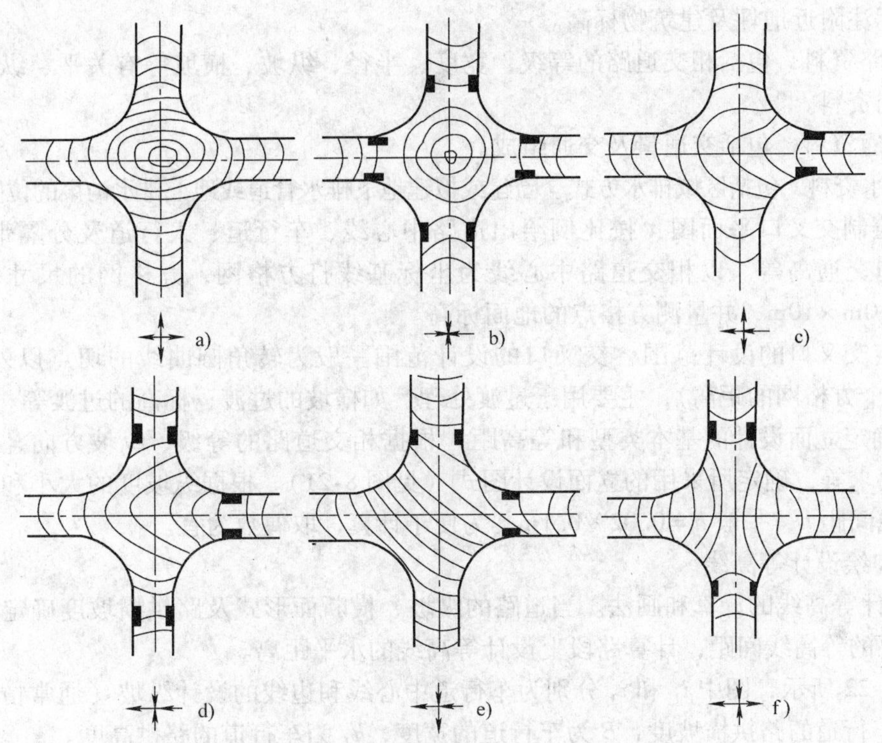

图8-21　交叉口立面设计的基本类型

8.4.3　交叉口立面设计的方法与步骤

1. 交叉口立面设计方法

交叉口立面设计方法主要有方格网法、设计等高线法和方格网设计等高线法三种。

（1）方格网法　在交叉口范围内，以相交道路中心线为坐标基线打方格网，测出方格点上的地面标高，求出其设计标高，标出相应的施工高度。

（2）设计等高线法　在交叉口范围内，选定路脊线和标高计算线网，并计算其上各点的设计标高，勾绘交叉口设计等高线，最后标出各点的施工高度。

（3）方格网设计等高线法　比较上述两种方法，设计等高线法比方格网法更能清晰地反映出交叉口的立面设计形状，但等高线上的标高点在施工放样时不如方格网方便。为此，通常把上述两种方法结合使用，称为方格网设计等高线法，它可以取长补短，既能直观地看出交叉口的立面形状，又能满足施工放样方便的要求。

对于普通交叉口，多采用方格网法或设计等高线法，其中混凝土路面宜采用方格网法，而沥青路面宜采用设计等高线法；对于大型、复杂的交叉口或广场的立面设计，通常采用方格网设计等高线法。在实际工作中，若采用方格网法，则不需勾绘设计等高线，而采用设计等高线法时，可不打方格。下面以方格网设计等高线法为例介绍交叉口立面设计的方法与步骤。

2. 交叉口立面设计步骤

(1) 收集资料

1) 测量资料，包括交叉口的控制标高和控制坐标，收集或实测 1∶500 或 1∶200 的地形图，详细标注附近地坪及建筑物标高。

2) 道路资料，包括相交道路的等级、宽度、半径、纵坡、横坡等有关平、纵、横设计资料和规划资料。

3) 交通资料，包括交通量及交通组成。

4) 排水资料，包括区域排水方式、已建或拟建地下排水管道或地上排水沟渠的位置与尺寸。

(2) 绘制交叉口平面图　按比例绘出道路中心线、车行道、人行道及分隔带的宽度，转角曲线和交通岛等。以相交道路中心线为坐标基线打方格网，方格网的尺寸一般采用 5m×5m～10m×10m，并量测方格点的地面标高。

(3) 定交叉口的设计范围　交叉口的设计范围一般为转角圆曲线的切点以外 5～10m（相当于一个方格网的距离），主要用于过渡处理，如横坡的过渡、标高的过渡等。

(4) 确定立面设计的基本类型和等高距　根据相交道路的等级、纵坡方向、地形情况以及排水要求等，确定所采用的立面设计图式（见图 8-21）。根据纵坡度的大小和精度要求选定等高线间距 h，一般 $h=0.02 \sim 0.1\text{m}$，为便于计算，取偶数为宜。

(5) 勾绘设计等高线

1) 设计等高线的计算和画法。当道路的纵坡、横断面形式及路拱横坡度确定以后，可按照所需要的等高线间距，计算路段上设计等高线的水平距离。

如图 8-22 所示，图中 i_1 和 i_3 分别为车行道中心线和边线的设计纵坡（通常情况下 $i_1=i_3$），i_2 为车行道的路拱横坡度，B 为车行道的宽度，h_1 为车行道的路拱高度。

中心线上相邻等高线的水平距离 l_1 为

$$l_1 = h/i_1 \tag{8-16}$$

设置路拱以后，等高线在车行道边线上的位置沿纵向上坡方向偏移的水平距离 l_2 为

$$l_2 = h_1/i_3 = \frac{B}{2} \times \frac{i_2}{i_3} \tag{8-17}$$

计算出 l_1 和 l_2 后，由 l_1 定出中心线上其余等高线的位置，再由 l_2 定出沿边线相应等高线的位置，最后连接相应等高点，即得用设计等高线表示的路段立面设计图。实际上，如路拱形式为抛物线，等高线应以曲线勾绘，只有直线形路拱可用折线连成等高线，一般为简化起见用图 8-22 中的折线表示。

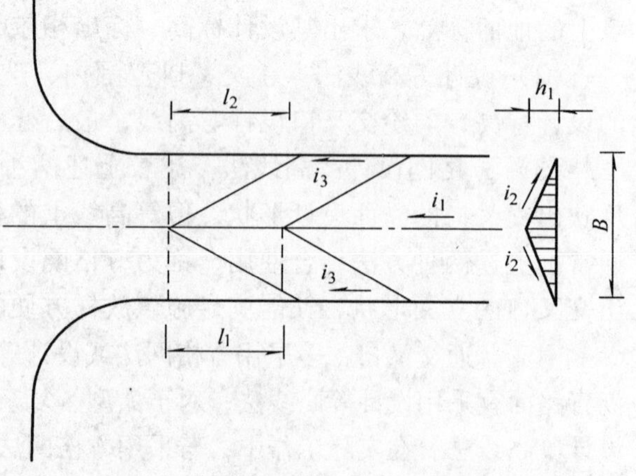

图 8-22　路段设计等高线的绘制

2) 交叉口上设计等高线的计算与画法。

①选定路脊线和控制标高。选定路脊线时，既要考虑行车平顺，又要考虑整个交叉口的均衡美观。路脊线通常是对向行车轨迹的分界线，即行车道的中心线。在

交叉口上，路脊线的交点就是控制标高的位置。

对于斜交过大的T形交叉口，如图8-23所示，其路中心线不宜作为路脊线，应加以调整，如图中的AB'。调整后路脊线的起点A一般为转角曲线切点的断面处，而B'的位置原则上应选在双向车流的中间位置。

交叉口的控制标高应以整个道路系统的立面规划标高为依据，并综合考虑相交道路的纵坡、交叉口周围地形、路面厚度和建筑物的布置等来确定。在定控制标高时，不宜使相交道路的纵坡相差太大，一般要求差值不大于0.5%，可能时尽量使纵坡大致相等，以利于立面设计处理。

②确定标高计算线网。确定交叉口的控制标高以后，路脊线上的设计标高就基本确定了。但是，只有路脊线上的设计标高还不足以反映交叉口的立面形状。实践证明，交叉口立面设计的关键是正确选择路脊线和标高计算线网，如果妥善解决了这两个问题，则各点的标高计算也就迎刃而解了。路脊线按上述方法确定，而标高计算线网的绘制主要有方格网法、圆心法、等分法和平行线法四种。

方格网法如图8-24所示，其标高计算线网就是前述已打了方格的交叉口平面图，该法适用于道路正交的交叉口。

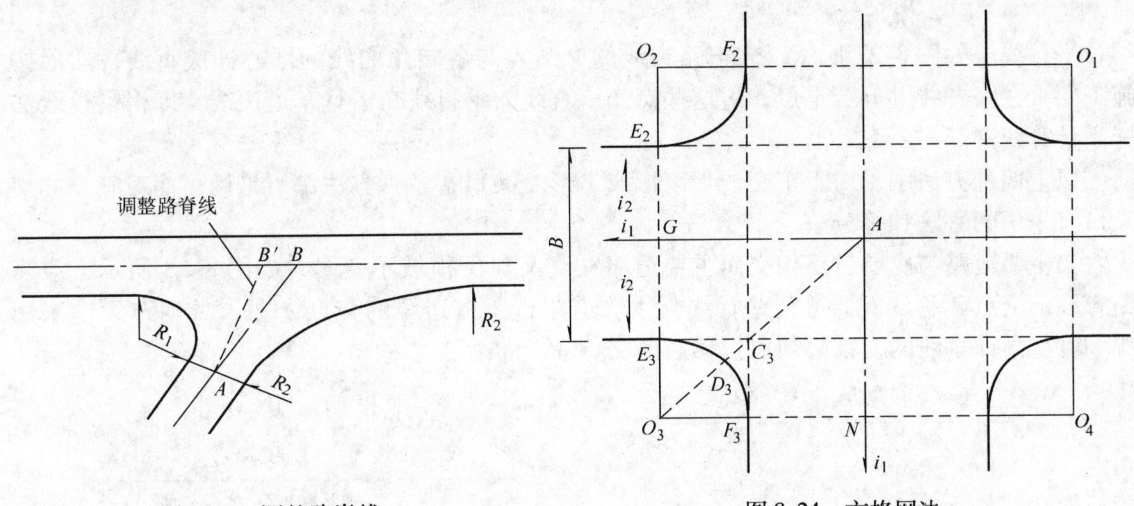

图8-23 调整路脊线

图8-24 方格网法

转角曲线切点横断面上的三点标高为

$$h_G = h_A - AG \times i_1 \quad (8\text{-}18)$$

$$h_{E_3}(\text{或 } h_{E_2}) = h_G - \frac{B}{2} \times i_2 \quad (8\text{-}19)$$

同理，可求得其余三个切点横断面上的三点标高。

由E_3或F_3的标高可推算出车行道边线延长线交叉点C_3的标高，即

$$h_{C_3} = \frac{(h_{E_3} + Ri_1) + (h_{F_3} + Ri_1)}{2} \quad (8\text{-}20)$$

过C_3的A、O_3连线与转角曲线半径相交于D_3，则D_3点的标高为

$$h_{D_3} = h_A - \frac{h_A - h_{C_3}}{AC_3} AD_3 \quad (8\text{-}21)$$

对于其他各点的标高，可根据上述已算出的特征点标高，用补插法求得。

圆心法如图 8-25 所示，在路脊线上，按施工要求每隔一定距离或等分定出若干份，并与转角曲线的圆心连成直线（只连到转角曲线上），即得圆心法标高计算线网。

等分法如图 8-26 所示，将路脊线等分为若干份，相应地把转角曲线也等分为相同份数，连接对应点，即得等分法标高计算线网。

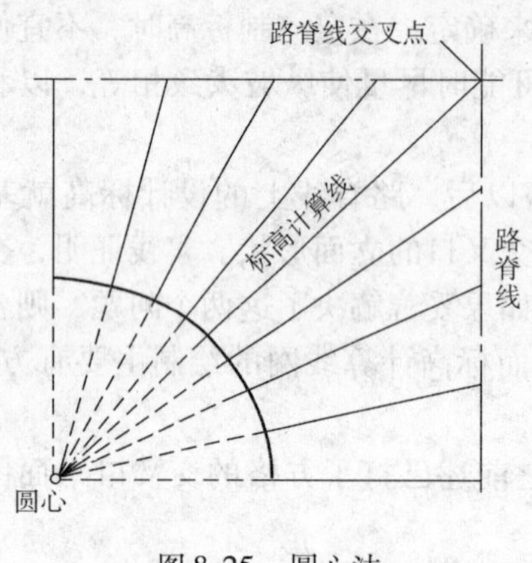

图 8-25 圆心法

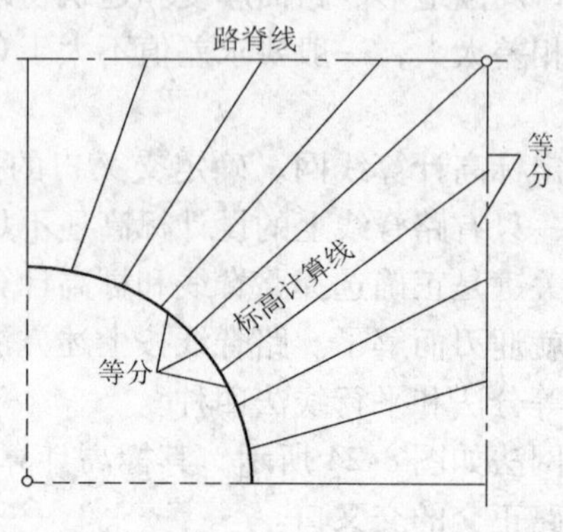

图 8-26 等分法

平行线法如图 8-27 所示，先把路脊线的交叉点与各转角曲线的圆心连成直线，然后按施工要求在路脊线上分若干点，过这些点作该直线的平行线交于行车道边线，即得平行线法标高计算线网。

以上四种方法中，对于正交的十字形或 T 形交叉口，各种方法都可采用；而对斜交的交叉口宜采用圆心法和等分法。

当主要道路与次要道路相交而主要道路在交叉口的横坡不变时，如图 8-28 所示，应将路脊线的交点 A 移到次要道路路脊线与主要道路行车道边线的交点 A' 处。此时，无论采用哪一种标高计算线网，都必须以位移后的交点 A' 为准。

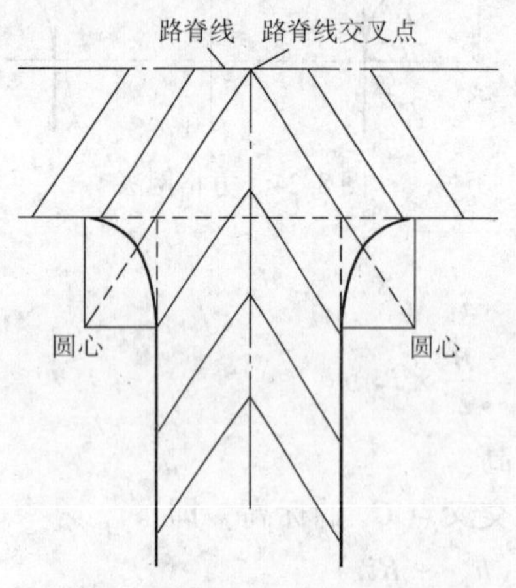

图 8-27 平行线法

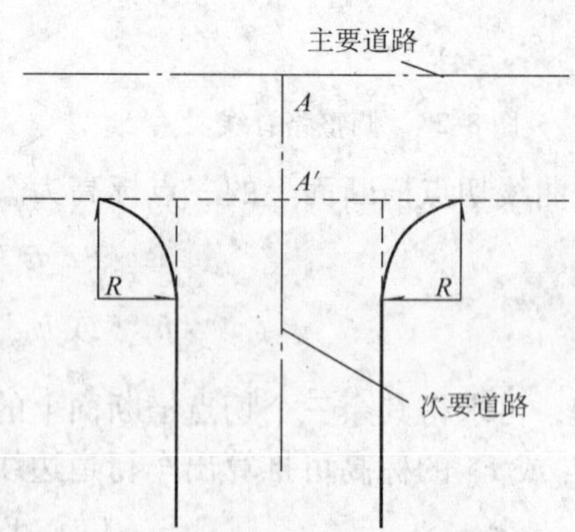

图 8-28 路脊线交点位移

③计算“标高计算线”上的设计标高。每条标高计算线上标高点的数目，可根据路面宽度、施工需要以及等高距来确定。如图 8-29 和图 8-30 所示，对于路宽、坡陡、施工精度要求高的，标高点可多些；反之，则少些。

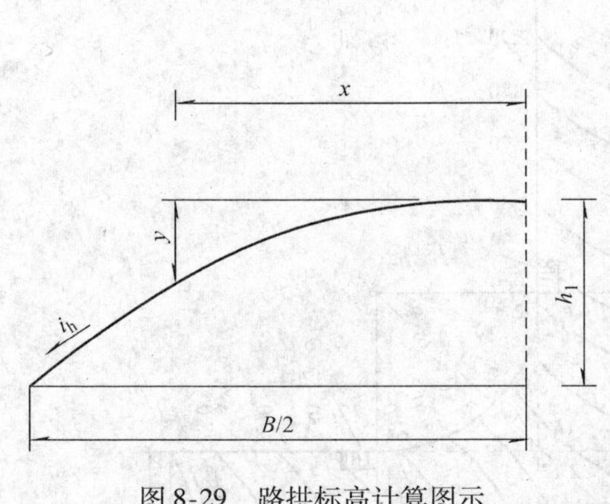

图 8-29　路拱标高计算图示

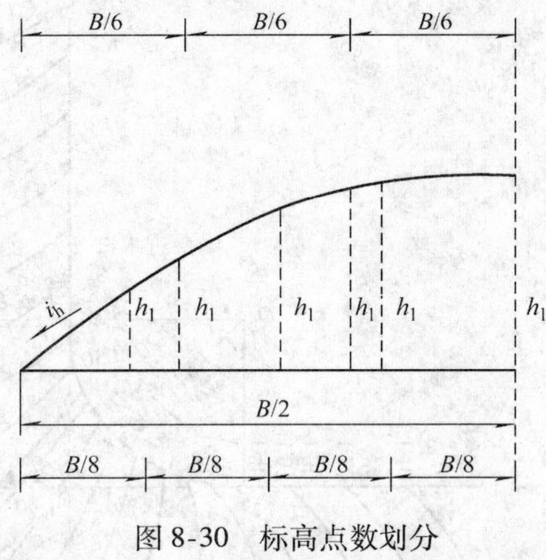

图 8-30　标高点数划分

标高计算线上标高点的方程与所选用的路拱形式有关，当采用抛物线形路拱时，可用下列公式计算

$$y = \frac{h_1}{B}x + \frac{2h_1}{B^2}x^2 \tag{8-22}$$

或

$$y = \frac{h_1}{B}x + \frac{4h_1}{B^3}x^3 \tag{8-23}$$

式中　h_1——路拱高度（m），$h_1 = Bi_h/2$；

B——行车道宽度（m）；

i_h——路拱横坡（%）。

以上两式可根据路面类型来选用，一般宽 14m 以下的次高级路面和中级路面可用式（8-22）计算；宽 14m 以上的高级路面采用式（8-23）计算。

3）勾绘和调整等高线。根据所选立面设计图式和等高距 h，把各等高点连接起来，就得初步的设计等高线图。该设计等高线图应满足行车平顺和立面路面排水畅通的要求。通过调整等高线的疏密（一般中间部分疏一些，而边沟处密一些），使纵、横坡度变化均匀，调整个别不合适的标高，并合理布置雨水口。

（6）计算施工标高　根据设计等高线图，用内插法求出方格点上的设计标高，则施工高度等于设计标高减去地面标高。

【例 8-1】　已知某交叉口位于斜坡地形上，路面为沥青混凝土。相交道路的路中心线及边线的纵坡 $i_1 = i_3 = 3\%$，路拱横坡 $i_2 = 2\%$，车道宽度 $B = 15$m，转角曲线半径 $R = 10$m。交叉口控制标高为 2.05，等高距 h 采用 0.10m，绘制交叉口的立面设计图。

【解】　本例采用方格网设计等高线法进行设计，立面设计图式如图 8-21e 所示，主要设计及计算步骤如下（见图 8-31）。

（1）路段上设计等高线的绘制。

$$l_1 = h/i_1 = 0.1/0.03\text{m} = 3.33\text{m}$$

$$l_2 = h_1/i_3 = \frac{B}{2} \times \frac{i_2}{i_3} = \frac{15}{2} \times \frac{0.02}{0.03}\text{m} = 5.00\text{m}$$

由 l_1 和 l_2 即可绘制路段上的设计等高线。

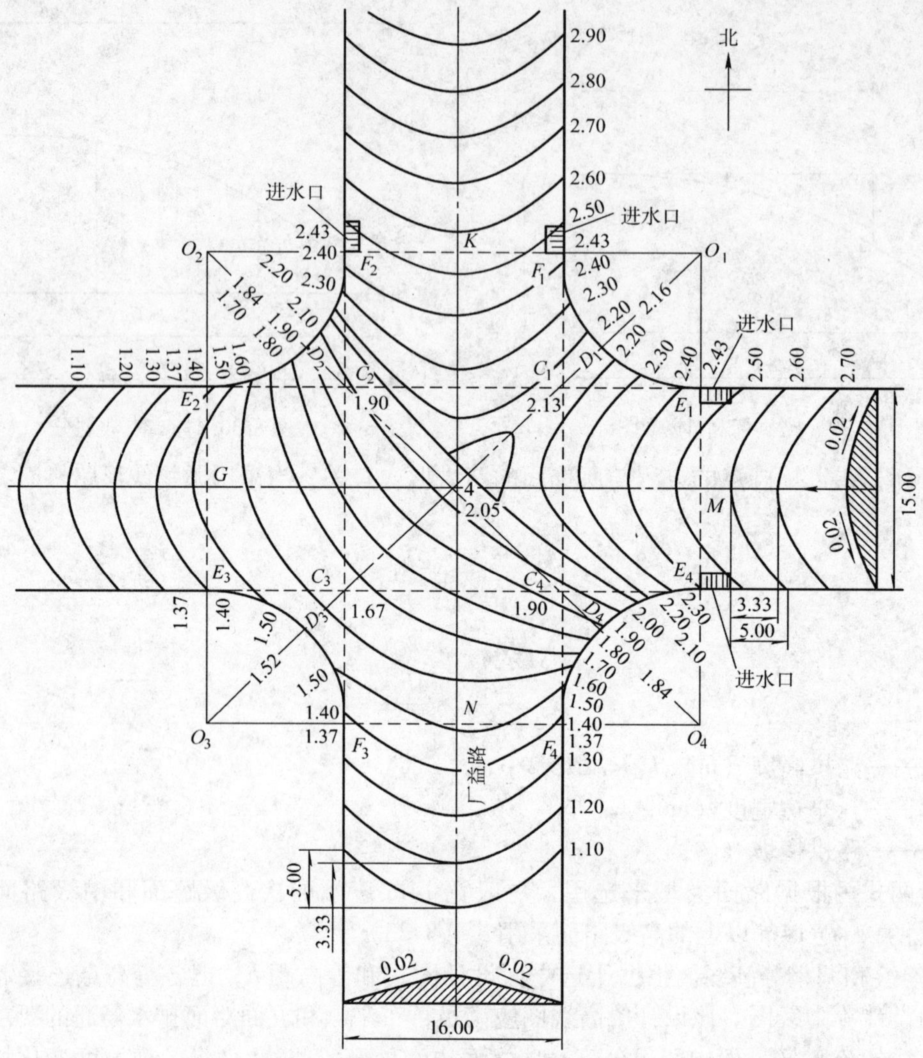

图 8-31 交叉口立面设计图示例

（2）交叉口上绘制等高线的设置。

1）根据交叉口控制标高推算 F_3、N、F_4 三点标高。

$$h_N = h_A - AG \times i_1 = (2.05 - 17.5 \times 0.03)\text{m} = 1.52\text{m}$$

$$h_{F_3} = h_{F_4} = h_N - \frac{B}{2} \times i_2 = \left(1.52 - \frac{15}{2} \times 0.02\right)\text{m} = 1.37\text{m}$$

同理可求得其余道口切点横断面的三点标高分别为

$$h_M = 2.58\text{m}, h_{E_4} = h_{E_1} = 2.43\text{m}, h_K = 2.58\text{m}, h_{F_1} = h_{F_2} = 2.43\text{m}$$

2）根据 A、F_4、E_4 点标高，求 C_4、D_4 等点的设计标高。

$$h_{C_4} = \frac{(h_{F_4} + Ri_1) + (h_{E_4} - Ri_1)}{2} = \frac{(1.37 + 10 \times 0.03) + (2.43 - 10 \times 0.03)}{2}\text{m} = 1.90\text{m}$$

$$h_{D_4} = h_A - \frac{(h_A - h_{C_4})}{AC_4}AD_4 = 2.05\text{m} - \frac{(2.05 - 1.90)}{\sqrt{7.5 \times 7.5 + 7.5 \times 7.5}} \times$$

$$\left[\sqrt{(7.5+10)\times(7.5+10)+(7.5+10)\times(7.5+10)}-10\right]\text{m}=1.84\text{m}$$

同理，可得

$$h_{C_1}=2.13\text{m},\ h_{C_2}=1.90\text{m},\ h_{C_3}=1.67\text{m}$$
$$h_{D_1}=2.16\text{m},\ h_{D_2}=1.84\text{m},\ h_{D_3}=1.52\text{m}$$

(3) 根据 F_4、D_4、E_4 点标高，求转角曲线上等高点标高。

采用平均分配法：

F_4D_4 及 D_4E_4 的弧长为

$$L=\frac{1}{8}\times2\pi R=\frac{1}{8}\times2\times\pi\times10\text{m}=7.85\text{m}$$

F_4D_4 间应有设计等高线为$\dfrac{1.84-1.37}{0.10}=4.70$，约为 5 根

等高线平均间距为$\dfrac{7.85}{5}\text{m}=1.57\text{m}$

D_4E_4 间应有设计等高线为$\dfrac{2.43-1.84}{0.10}=5.90$，约为 6 根

等高线平均间距为$\dfrac{7.85}{6}\text{m}=1.31\text{m}$

表 8-12 等高线根数及等高线间距计算表

弧	E_1D_1	D_1F_1	F_2D_2	D_2E_2	E_3D_3	D_3F_3	F_4D_4	D_4E_4
等高线/根	3	3	6	5	2	2	5	6
间距/m	2.62	2.62	1.31	1.57	3.93	3.93	1.57	1.31

(4) 根据 A、M、K、G、N 各点高程及纵坡 i，可分别求出路脊线 AM、AK、AG、AN 上的等高点的位置。对路脊线上的高程点位置，也可以根据待定等高线高程 A 点高程以及纵坡 i 来确定。如南端高程为 1.70m 的等高点距 A 点在路脊上的距离为

$$(2.05-1.70)/0.03\text{m}=11.67\text{m}$$

(5) 按所选定的立面设计图式，将对应的等高点连接起来，即得到初步立面设计图。

(6) 根据交叉口等高线中间疏一些，边缘应密一些，且疏与密过渡应均匀的原则，对初定立面设计图进行调整，即得图 8-31 所示的交叉口立面设计图。

对简单交叉口的立面设计也可以采用特征断面法，即过路缘石曲线切点作相交道路的横断面，过曲中点作与交叉点连线断面，或绘制其他便于施工放样的典型断面，然后根据相交道路的纵、横坡度，由交叉口控制高程出发，依次推算出各断面的左、中、右点设计高程，由此构成交叉口高程控制。

思考题与练习

8-1 车辆在交叉口上的交错点有哪几种？各代表什么含义？列出它们影响车速和产生事故的次序。

8-2 试述平面交叉口设计的主要内容。

8-3 何谓视距三角形？应如何绘制？

8-4 交叉口缘石半径理论上如何确定？

8-5 何谓渠化交通？其作用如何？

8-6 在布置十字形交叉口行人横道线时应注意哪些问题？

8-7 何谓环形交叉？其优缺点和适用性如何？

8-8 交叉口竖向设计的基本原则是什么？

8-9 已知某交叉口的右转车道宽为 3.5m，卡车行驶速度为 40km/h，右转车速规定为 20km/h，一次红灯受阻直行车为 4 辆。若减速度用 $2.5\mathrm{m/s^2}$，加速度用 $1.0\mathrm{m/s^2}$，试计算右转车道长度和加速车道长度。

8-10 图 8-32 所示为正交十字形交叉口，相交道路设计速度均为 60km/h，双向 6 车道，每条车道宽 4.0m，人行道宽 4.0m，进口道右侧车道供直右行驶，缘石转角曲线半径为 15.0m。拟在转弯处设置一高 2.0m 的售报亭 A，是否合适？

8-11 某五路相交点的道口，拟修建普通环形交叉，各道口的相交角度如图 8-33 所示。已知路段的设计速度是 50km/h，行车道宽均为 14m。若环道宽度为 15m，内侧车道宽为 6m，试确定中心岛半径（取 $\mu=0.15$，$i_h=2\%$，不考虑非机动车）。

8-12 如图 8-33 所示，一公路交叉口，$\Delta=70°$，道路以鞍式列车控制设计，试设计该交叉口路面边缘复曲线。

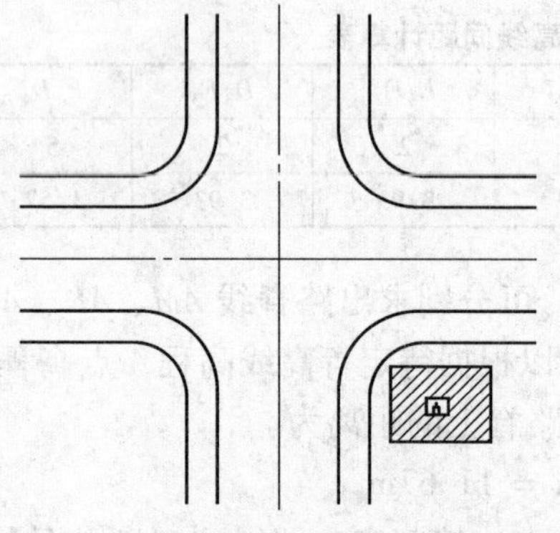

图 8-32 正交十字形交叉口

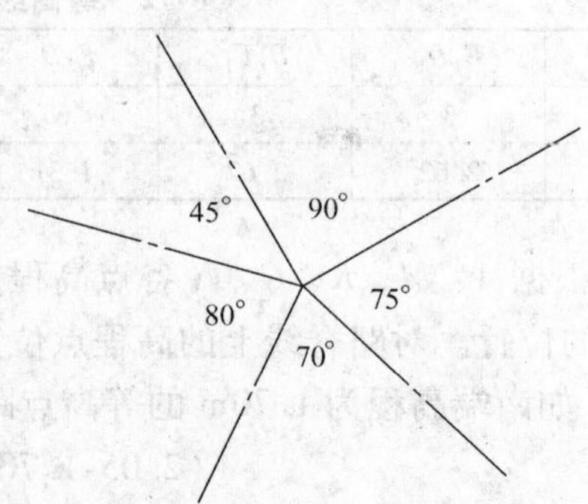

图 8-33 各道口相交角度（单位:°）

第9章　道路立体交叉设计

9.1　道路立体交叉设计概述

9.1.1　立体交叉的概念

立体交叉是指道路与道路、道路与铁路相互交叉时，用跨线桥或地道使两条路线在不同的水平面上通过的交叉形式。立体交叉简称为立交，是高速公路和城市道路必不可少的组成部分。

采用立交可使各方向车流在不同标高的平面上行驶，消除或减少了冲突点；车流可连续运行，提高了道路的通行能力；可节约运行时间和燃料消耗；有效地控制了相交道路车辆的出入，减少了对高速道路的干扰。

由于立体交叉占地面积大、施工复杂、造价高、不易改建，因此，应根据远景规划的要求，经技术、经济及环境效益的比较和分析确定。

9.1.2　立体交叉的组成

立交的主要组成部分如图9-1所示。

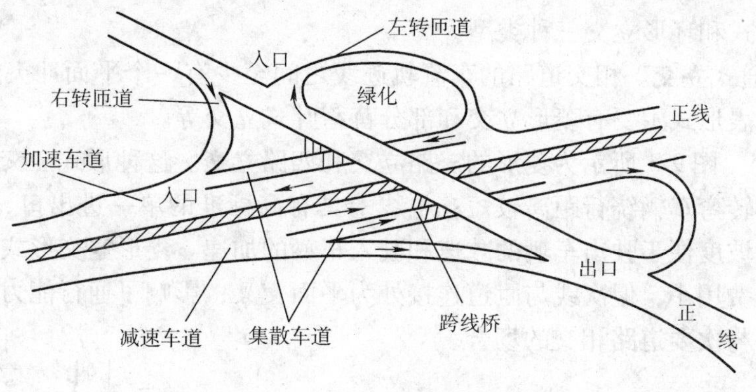

图9-1　立体交叉的组成

1）跨线构造物，是指立交实现车流空间分离的主体构造物，包括设于地面以上的跨线桥和设于地面以下的地道。

2）正线，是组成立交的主体，指相交道路的直行车行道。

3）匝道，是立交的重要组成部分，是指供上、下相交道路转弯车辆行驶的连接道。

4）出口与入口，由正线驶出进入匝道的道口为出口；由匝道驶入正线的道口为入口。

5）变速车道，是指为适应车辆变速行驶的需要，在正线右侧的出入口附近设置的附加车道。出口端为减速车道，入口端为加速车道。

立体交叉的范围一般是指各相交道路出入口变速车道渐变段顶点以内包含的正线与匝道的全部区域。

9.1.3 立体交叉的类型和适用条件

1. 按结构物形式分类

（1）上跨式　用跨线桥从相交道路上方跨过的交叉方式。这种立交施工方便、造价较低、排水易处理，但占地大、引道较长、高架桥影响视线和市容，宜用于市区以外或周围有高大建筑物处。

（2）下穿式　用地道或隧道从相交道路下方穿过的交叉方式。这种立交占地较少、立面易处理、对视线和市容影响小，但施工期较长、造价较高、排水困难、用于市区较为理想。

2. 按交通功能分类

（1）分离式立交　如图9-2所示，仅设跨线构造物一座，使相交道路在空间上分离，上、下道路无匝道连接的交叉方式。这种类形立交结构简单、占地少、造价低，但相交道路的车辆不能转弯行驶，只适用于高速公路型与铁路或次要道路之间的交叉。

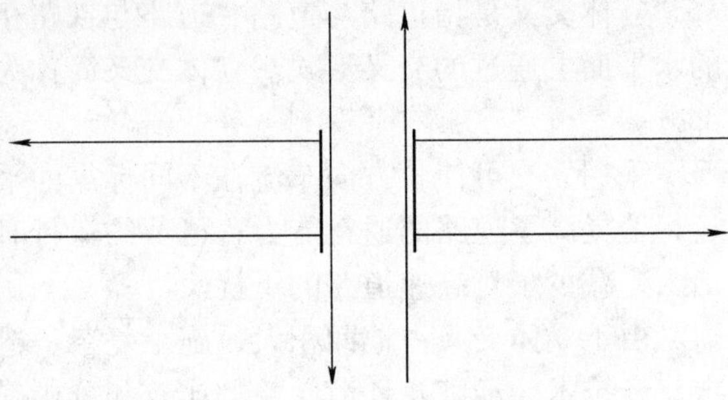

图9-2　分离式立交

（2）互通式立交　不仅设跨线构造物使相交道路在空间上分离，而且上、下道路有匝道连接，以供转弯车辆行驶的交叉方式。这种立交车辆可转弯行驶，全部或部分消灭了冲突点，各方向行车干扰较小，但立交结构复杂、占地多、造价高。互通式立交主要有部分互通式、完全互通式和环形立交三种类型。

1）部分互通式立交。相交道路的车流轨迹线之间至少有一个平面冲突点的交叉。部分互通式立交的代表形式主要有菱形立交和部分苜蓿叶式立交等。

a. 菱形立交。图9-3所示为菱形的三路立交和四路立交。这种形式立交能保证主线直行车辆快速畅通；转弯车辆绕行距离较短；主线上具有高标准的单一进出口，交通标志简单；主线下穿时匝道坡度便于驶出车辆的减速和驶入车辆的加速。菱形立交形式简单，仅需一座桥，用地和工程费用小，但次线与匝道连接处为平面交叉，影响了通行能力和行车安全，只适用于高速公路与次要道路相交的场合。

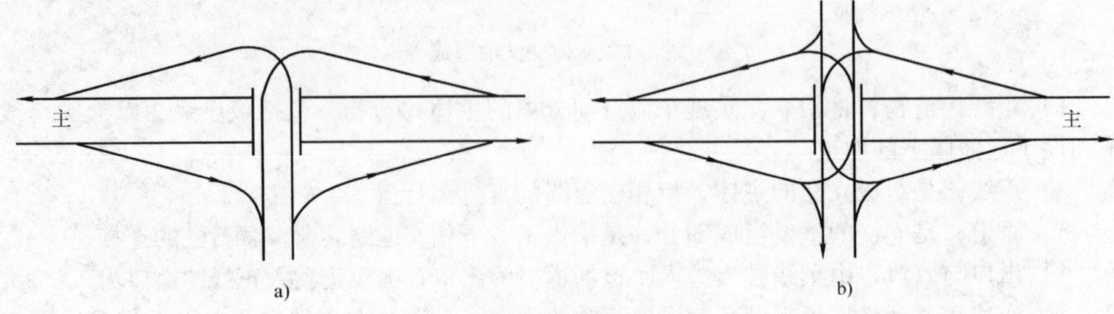

图9-3　菱形立交
a）三路立交　b）四路立交

b. 部分苜蓿叶式立交。如图9-4所示，可根据转弯交通量的大小或场地的限制，采用其中任何一种形式或其他变形形式。

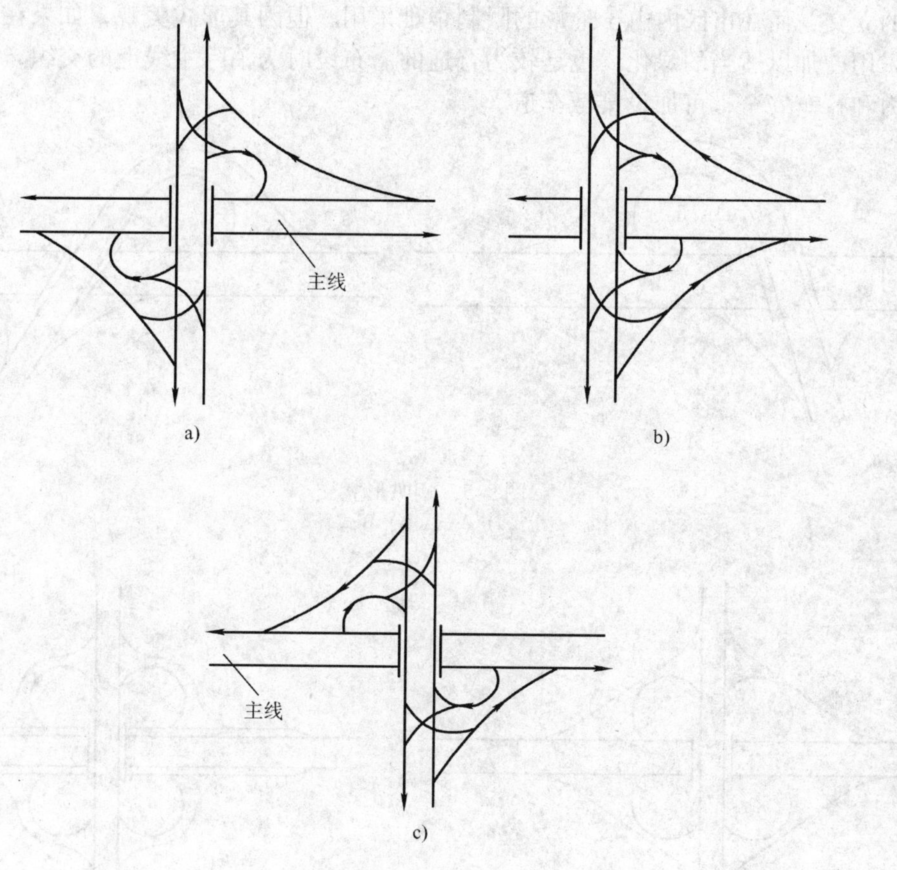

图9-4 部分苜蓿叶式立交

图9-4所示的三种形式立交的主线直行车快速通畅，仅需一座桥，用地和工程费用较小，远期可扩建为全叶式立交，但次线上存在平面交叉，有停车等待和错路运行的可能。

上述部分互通式立交特别适用于高速公路与次要道路相交时，当用地或地形等受限制时，也可考虑采用这种类型的立交。

2）完全互通式立交。相交道路的车流轨迹线全部在空间分离的交叉。它是一种比较完善的高级形式，各转向都有专用匝道，适用于高速公路与高速公路之间以及高速公路与其他高等级道路相交的交叉。其代表形式有喇叭形、苜蓿叶形、子叶形、Y形、X形等。

a. 喇叭形立交。图9-5所示，是三路立交的代表形式，可分为A式和B式。经环圈式左转匝道驶入主线的为A式，驶出时为B式。喇叭形立交只需一座构造物，投资较省；无冲突点，通行能力大，行车安全；造型美观，行车方向容易辨认。喇叭形立交的环圈式匝道车速较低，布设时应将环圈式匝道设在交通量小的方向上，主线交通量大时宜采用A式。次线可上跨或下穿，上跨对转弯交通视野有利，下穿时宜斜交或弯穿。

b. 苜蓿叶形立交。图9-6所示分别为标准形和带集散车道形的苜蓿叶形立交。该立交平面形状酷似苜蓿叶，交通运行连续而自然，无冲突点，仅需一座构造物。但这种立交占地面积大，左转绕行距离长，环圈式匝道适应车速较低，且桥上、下存在交织，多用于高速公路之间的立交，而在市区内由于地形的限制很难采用。但因其形式美观，如果在城市外围的环路上采用，加以适当的绿化，也是较为合适的。布设时为消除主线上的交织，提高立交的通行能力和行车安全，可加设集散车道。

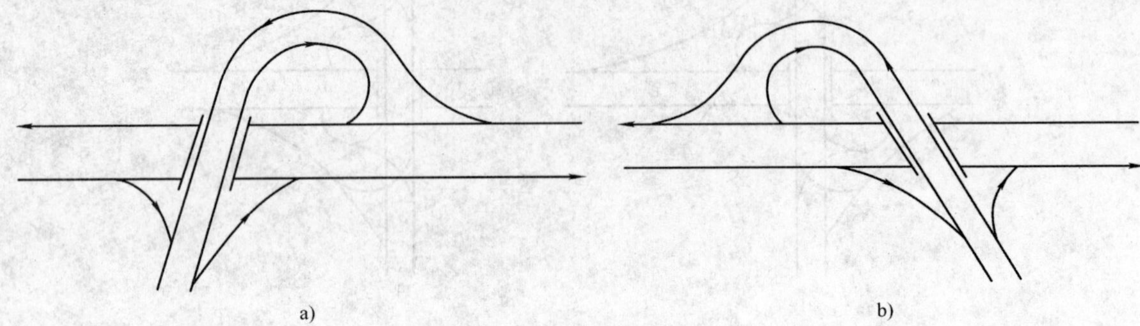

图 9-5 喇叭形立交

a) A式 b) B式

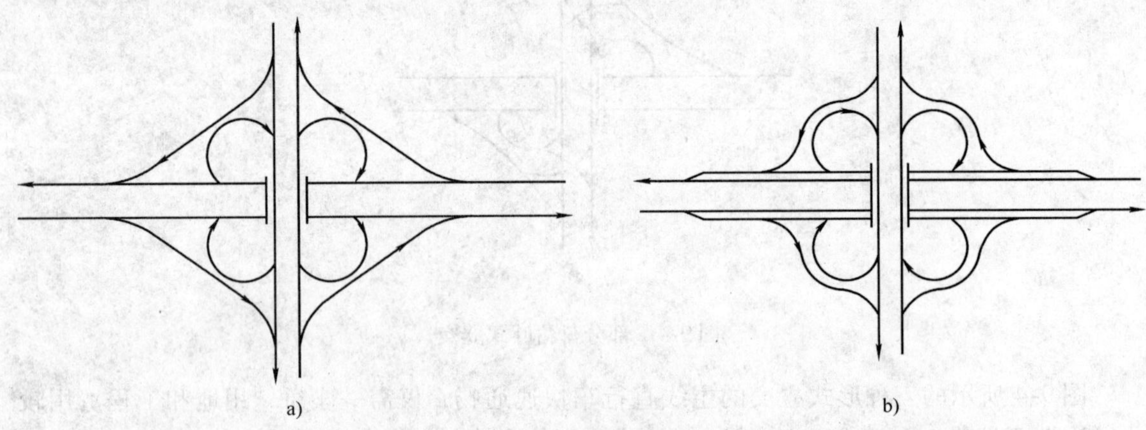

图 9-6 苜蓿叶形立交

a) 标准形 b) 带集散车道形

c. 子叶形立交。如图 9-7 所示，只需一座构造物，造型美观，造价较低。但交通运行条件不如喇叭好，正线存在交织，多用于苜蓿叶形的前期工程。布设时以使正线下穿为宜。

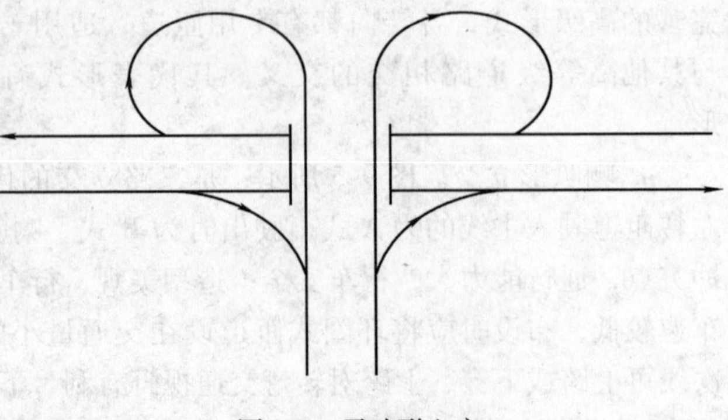

图 9-7 子叶形立交

d. Y 形立交。图 9-8a 所示为定向 Y 形，图 9-8b 所示为半定向 Y 形，右下图为三层式。这种立交转弯车辆的运行速度较高，无交织，无冲突点，行车安全；行车方向明确，路径短捷，通行能力大；正线外侧占地宽度较小，但需要构造物较多，造价较高。

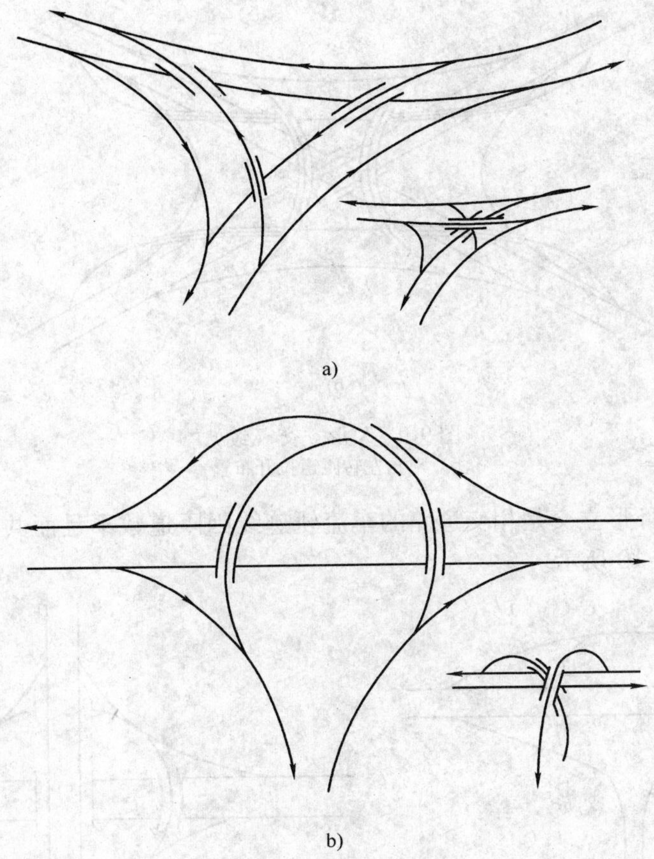

a)

b)

图9-8 Y形立交

a）定向Y形 b）半定向Y形

e. X形立交（又称半定向式立交）。如图9-9所示，各方向运行都有专用匝道，自由流畅，转向明确；无冲突点，无交织，通行能力大；适应车速高的立体交叉。但X形立交占地面积大，层多桥长，造价高，在城区受地形限制很难实现。

除以上形式外还有涡轮式立交和组合式立交。

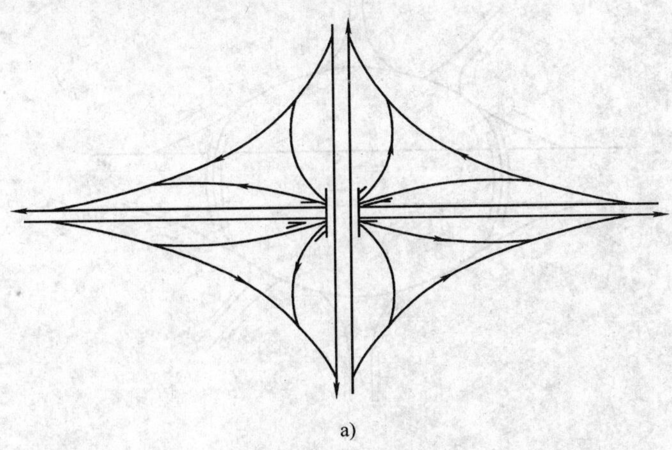

a)

图9-9 X形立交

a）对向左转匝道对角靠拢布置

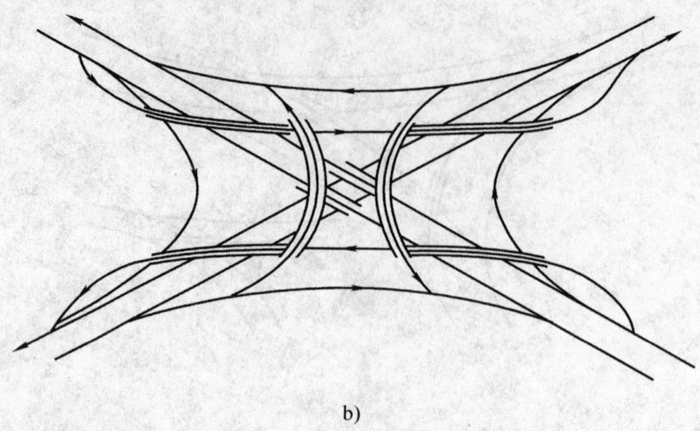

b)

图 9-9　X 形立交（续）
b）对角左转匝道拉开布置

3）环形立交。环形立交是相交道路的车流轨迹线因匝道数不足而共同使用，且有交织路段的交叉，如图 9-10 所示。

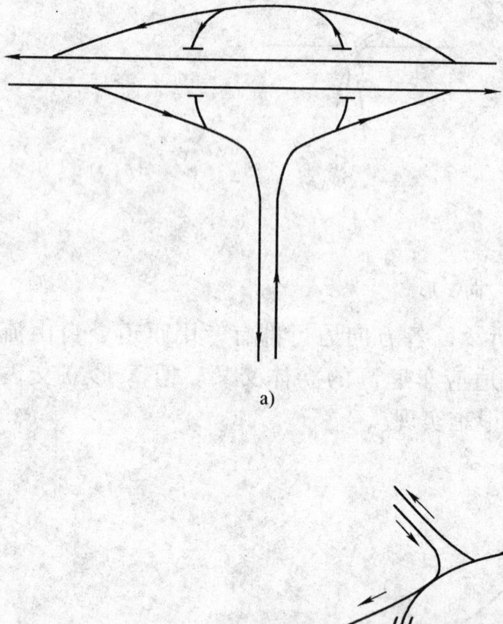

a)

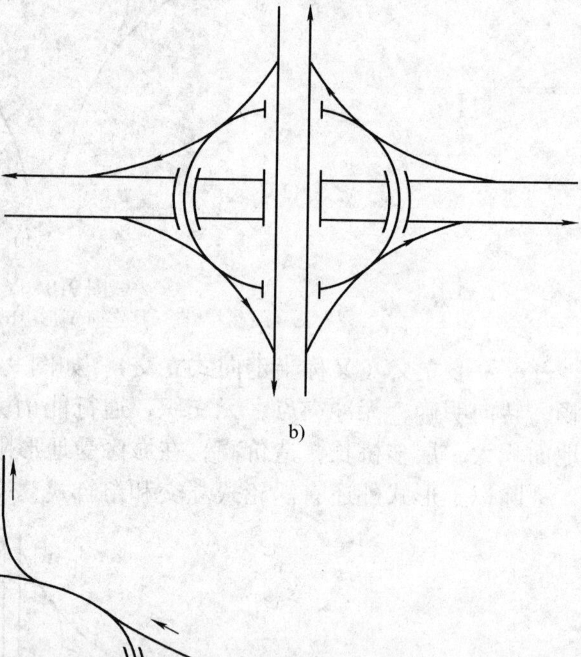

b)

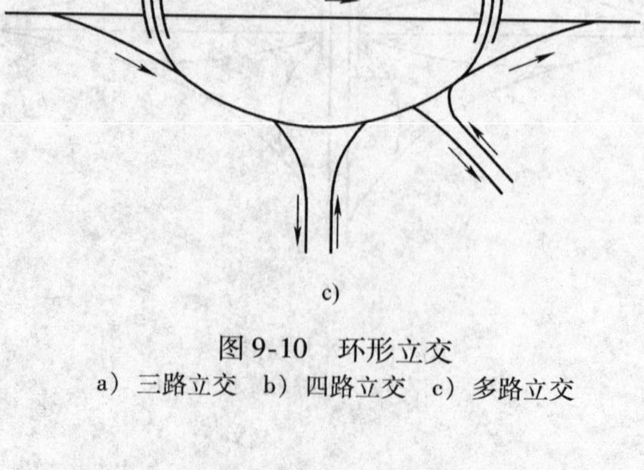

c)

图 9-10　环形立交
a）三路立交　b）四路立交　c）多路立交

环形立交适用于主要道路与一般道路交叉，以用于5条以上道路相交为宜。这种立交能保证主线直通，交通组织方便，无冲突点，占地较少。但次要道路的通行能力受到环道交织能力的限制，车速受到中心岛直径的影响，构造物较多，左转车辆绕行距离长。

当采用环形立交时，必须根据相交道路的性质进行比较研究，看环道的最大通行能力和所采用的中心岛尺寸能否满足远景交通量和车速的要求。布设时应让主线直通，中心岛可采用圆形、椭圆形或其他形状。

9.2 立体交叉的规划与形式选择

9.2.1 立体交叉的布置规划

1. 立交位置的选定

立体交叉位置的选定，应以现有道路网或已批准的规划为依据。在保证主线畅通的条件下，综合考虑立交对地区交通的分散和吸引作用、立交的设置条件、技术上的合理性、经济上的可行性以及拟选立交的形式等，选择较为理想的地带。一般应选择在地势平坦开阔、地质良好、拆迁较少及相交道路具有较高的平纵线形指标处。通常情况下，应根据下列条件选定立交的位置：

1）相交道路的性质。如高速公路与高速公路相交、高速公路与其他各级道路相交、一级公路与交通繁忙的一般公路相交时，均应设置互通式立交。

2）相交道路的任务。高速公路与通往大城市，重要政治、经济、文化中心，重要港口、机场、车站和游览胜地的道路相交处，应设置互通式立交。

3）相交道路的交通量。公路上未作具体规定。城市道路规定：当进入进出口的交通量达4000~6000辆/h（小客车），相交道路为四车道以上，且对平面进出口采取改善措施和调整交通组织均难以奏效时，可采用立交。

4）地形条件。当交叉所在地的地形条件适宜修建立交时可采用，如高填方路段与其他道路交叉处、较高的桥头引道与滨河路交叉处等。

5）经济条件。修建立交的年平均投资费用应小于平面交叉口的年经济损失总额，否则是不经济的。

2. 立交的间距

确定互通式立交间距时，主要应考虑以下影响因素：

1）能均匀地分散交通相邻立交之间的间距，应保持其所担负的交通量均衡。间距过大会使交通联系不便；间距过小则又影响高速道路功能的发挥，且使建设投资增加。

2）能满足交织段长度的要求。相邻立交之间要有足够的交织段长度，以便在相邻立交出入口之间设置足够的加减速车道。

3）满足标志和信号布置的需要。在相邻立交之间的路段，要设置一系列标志和信号，以便连续不断地告知驾驶员下一立交出口的到来及去向。

4）驾驶员操作顺适的要求。相邻立交之间的距离如果过近，特别是在城市道路上，因互通式立交的平面连续变化，纵断面起伏频繁，会对车辆运行、驾驶操作以及景观不利。对互通式立交的标准间距，公路与城市道路不尽相同。公路上，在大城市、重要工业区周围为

5~10km；一般地区为15~25km；最大间距以不超过30km为宜；最小间距不应小于4km。城市道路上互通式立交的间距一般比公路小，但最小间距按正线计算行车速度为80km/h、60km/h和50km/h，分别采用1km、0.9km和0.8km。

9.2.2 立体交叉形式的选择

立交形式选择是否合理，不仅影响立交本身的功能，如通行能力、行车安全和工程经济等，而且对地区规划、地方交通的发挥及市容环境等都有密切关系。

1. 影响立交形式选择的因素

影响因素可概括为道路、交通、环境及自然条件，具体内容如图9-11所示。

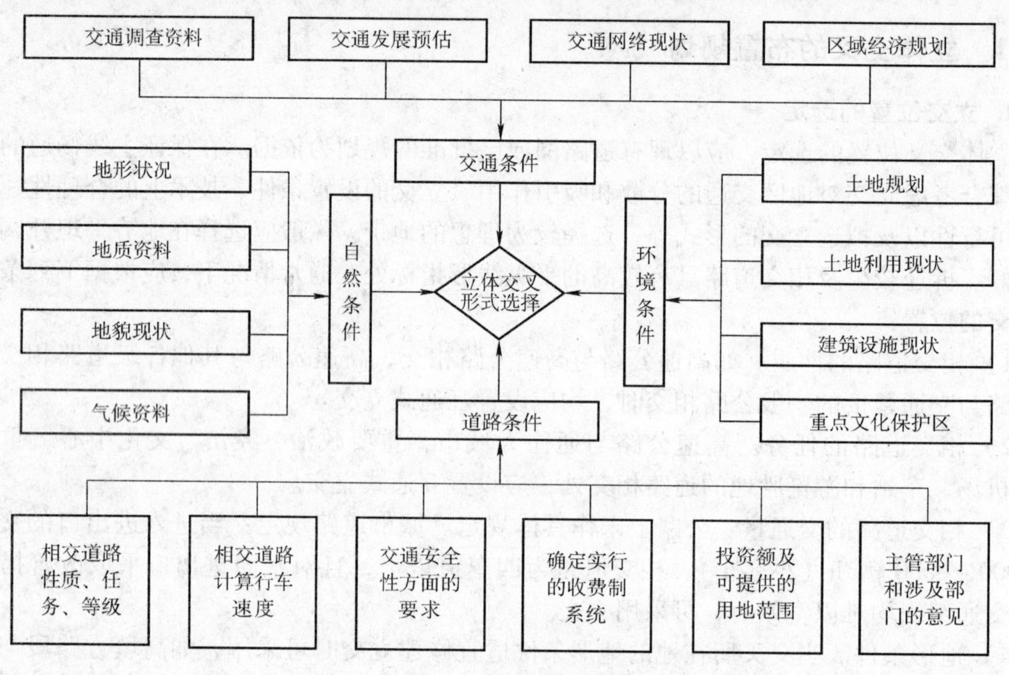

图9-11 影响立体交叉形式的因素

2. 立交形式选择的基本原则

1）立交的形式首先取决于相交道路的性质、任务和远景交通量等，确保行车安全畅通和车流的连续。相交道路等级高时应采用完全互通式立交，且交通量大、计算行车速度高的行车方向要求线形标准高、路线短捷、纵坡平缓。在城市道路上，若使机动车和非机动车流分离行驶，可采用三层或四层式立交。

2）选定的立交形式应与所在地的自然环境条件相适应，要充分考虑区域规划、地形地质条件、可能提供的用地范围、周围建筑物及设施分布现状等。在满足交通要求前提下综合分析研究，力求合理利用地形，与周围环境相协调；力求造型美观，结构新颖合理。

3）立交的形式选择应全面考虑近远期结合，既要考虑近期交通要求，减少投资费用，又要考虑远期交通发展需要。

4）立交的形式选择应从实际出发，有利施工、养护和排水，尽量采用新技术、新工艺、新结构，以提高质量、缩短工期和降低成本。

5）立交的形式选择和总体布置要全面安排，分清主次，充分考虑平面线形指标和竖向标高的要求。如铁路与道路相交，常以铁路上跨为宜，可减少净空高度；高速道路与其他道路相交，原则上高速道路不变或少变，其他道路抬高或降低；城市立交以非机动车道不变或少变，有利于行人及自行车通行。

6）立交的形式选择应与定位相结合。立交的形式随所在位置的地形、地物及条件而异，通常先定位后选形，两者统筹考虑。

3. 立交形式选择的步骤和要点

（1）立交的基本形式　首先选择立交的总体布局，如上跨式或下穿式，完全互通式或部分互通式，二层式、三层式或四层式，机动车与非机动车分行或混行，是否考虑行人交通，是否收费等，在此基础上进一步选择立交的基本形式。表9-1为常用立交形式的选择条件，可供参考。

表9-1　常用立交形式的选择条件

项目 立交形式	计算行车速度/（km/h）			交叉口总通行能力/（辆/小时）	占地面积/公顷	相交道路等级及交叉口情况
	直行	左转	右转			
定向性立交	80～100	70～80	70～80	13000～15000	8.5～12.5	1. 高速公路相互交叉 2. 高速公路与市郊快速路相交
苜蓿叶形立交	60～80	30～40	30～40	9000～13000	7.0～9.0	1. 高速公路相互交叉 2. 高速公路与快速路、主干路相交 3. 用地允许的市区主要交叉口
部分苜蓿叶形立交	30～80	25～35	30～40	6000～8000	3.5～5.0	1. 高速公路与快速路、主干路相交 2. 苜蓿叶形立交的前期工程
菱形立交	30～80	25～35	25～35	5000～7000	2.5～3.5	1. 高速公路与次要公路相交 2. 快速公路与主干路相交
三、四层式环形立交	60～80	25～35	25～35	7000～10000	4.0～4.5	1. 快速路相互交叉 2. 市区口交叉 3. 高等级公路与次要道路相交
喇叭形立交	60～80	30～40	30～40	6000～8000	3.5～4.5	1. 高速路与快速路相交 2. 高等级公路相互交叉 3. 用地允许的市区交叉口
三路环形立交	60～80	25～35	25～35	5000～7000	2.5～3.5	1. 高等级公路相互交叉 2. 市区T形、Y形交叉口
三路子叶式立交	60～80	25～35	25～35	5000～7000	3.0～4.0	1. 高等级公路相互交叉 2. 苜蓿叶形立交的前期工程
三路定向形立交	80～100	70～80	70～80	8000～11000	6.0～7.0	1. 高速公路相互交叉 2. 地形适宜的双向分离式道路相交

确定道路立交的基本形式时，应根据各方面的交通量，结合地形、地物、当地交通条件综合考虑而定，并注意以下几点：

1）直行和转弯交通量均大，相交道路的计算行车速度较高并要求用较高的速度集散时，可采用定向式或半定向式立交。

2）相交道路等级相差较大，且转弯交通量不大时，可用菱形、部分苜蓿叶形或喇叭形。

3）不设收费站的高速公路、一级公路相交时，可用苜蓿叶形。但其规模和用地较大，且应设置集散车道以减少交通堵塞和交通事故。

4）汽车专用公路与一般公路相交，不设收费站时，应优先采用菱形。

（2）立交几何形状及结构的选择　立交的几何形状及结构对行车速度、运行时间、行车视距、视野范围、服务水平及通行能力等影响较大。在基本形式的基础上，通过仔细研究，对立交的总体结构进行安排，并合理布置匝道。

（3）立交方案的比较　有时有几个立交方案可供选择，要经过多方案的技术、经济比较，以选择出满足交通功能要求、适合现场条件、工程量小、投资省的最佳立交方案。

9.3 立体交叉的主要线形设计

9.3.1 匝道设计

匝道是互通式立交必不可少的组成部分。匝道设计的合理与否，直接关系到立交枢纽的功能、营运及安全等。因此，匝道的合理布置与使用合适的线形是至关重要的。

1. 匝道的基本形式

匝道的形式多种多样，按匝道与相交道路的关系，分为右转匝道和左转匝道两大类。

（1）右转匝道　如图9-12所示，从右侧驶出后直接右转约90°，到相交道路的右侧驶入，一般不设跨线构造物。其特点是形式简单，车辆运行方便，直接顺当，行车安全。

（2）左转匝道　车辆需转约270°越过对向车道，至少需要一座跨线构造物。按匝道与相交道路的关系，左转匝道又可分为以下几种基本形式。

1）直接式（又称定向式或左出左进式）。如图9-13所示，左转车辆直接从左侧驶出，左转弯，到相交道路从左侧驶入。直接式的优点是匝道长度最短，可降低营运费用；没有反向迂回运行，自然顺畅；可适应较高车速。其缺点是跨线构造物较多，单行跨线桥二层式二座，或三层式一座；相交道路的车辆之间要有足够的间距，一般车辆驶入，对重型车和慢速车左侧高速驶出困难，左侧高速驶入也困难且不安全。

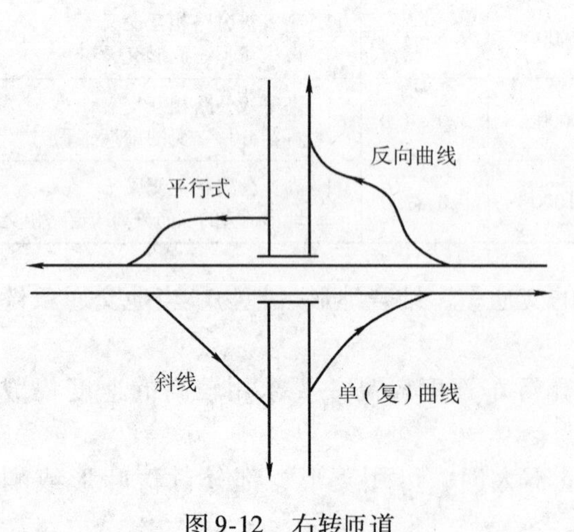

图9-12　右转匝道

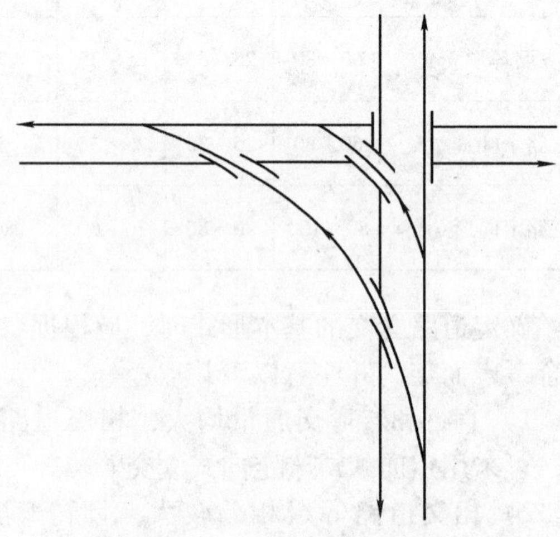

图9-13　定向式或左出左进式

因定向式左转匝道存在左出和左进的不利问题，且与我国右侧行驶规则不相适应，所以除左转交通量很大外，一般不采用。图中两种左转形式可视经济性、线形指标及用地等比较选用。

2）半直接式（又称半定向式匝道）。按车辆由相交道路的进出方式可分为三种基本形式。

①左出右进式。如图9-14所示，左转车辆从左侧直接驶出后左转弯，到相交道路时由右侧驶入。与定向式匝道相比，右进改变了左进的缺点，但仍然存在左出的问题；匝道略绕行。对应图示三种情况，需设二层式单行跨线桥和双向跨线桥各一座，或三层式双向跨线桥一座，或二层式单行跨线桥一座。

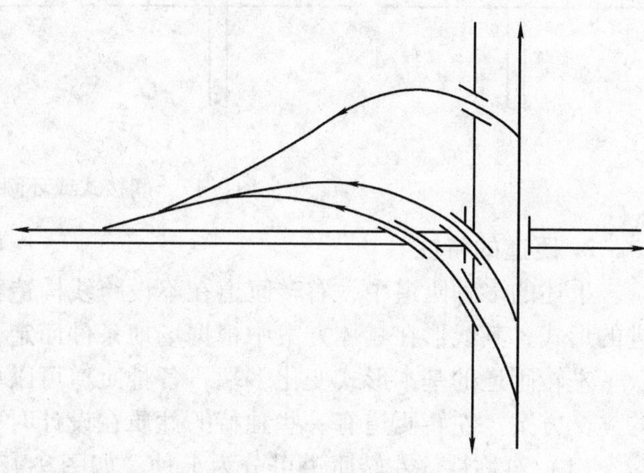

图9-14 左出右进式

②右出左进式。如图9-15所示，左转车辆从右侧右转驶出，在匝道上左转，到相交道路后直接由左侧驶入。右出左进式改善了左出的缺点，但左进仍然存在。

③右出右进式。如图9-16所示，左转车辆都是右转弯驶出和驶入，在匝道上左转改变方向。完全消除了左出、左进的缺点，行车安全。但匝道绕行最长，构造物最多。图中五种形式应视地形、地物及线形等条件确定。

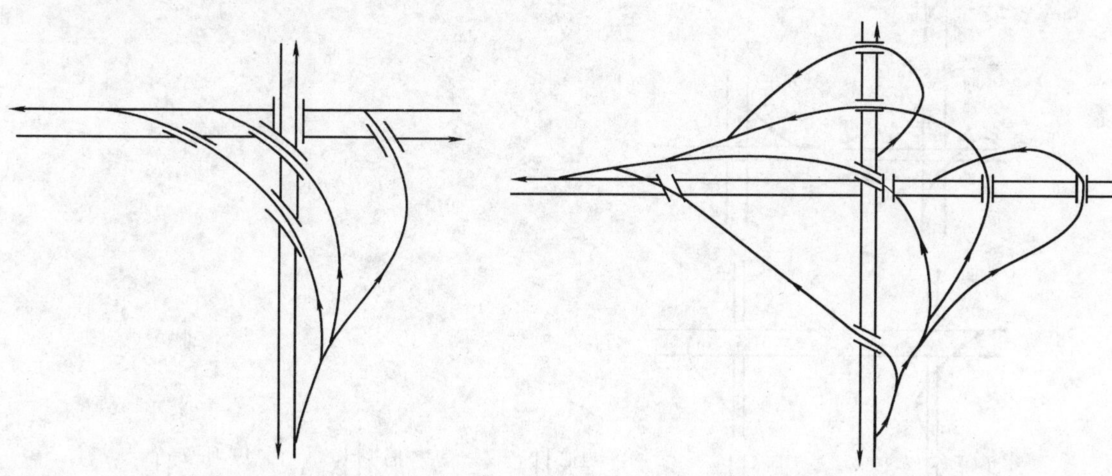

图9-15 右出左进式

图9-16 右出右进式

3）间接式（又称环圈式、反向式）。如图9-17所示，左转车辆先驶过正线跨线构造物，然后向右回转约270°达到左转的目的。其特点是右出右进，行车安全，不需设构造物，造价最低。但最低线形指标差，占地较大，车速和通行能力低，左转绕行较长。

环圈式匝道为苜蓿叶形和喇叭形立交的标准组成部分。图9-17a所示为常用的基本形式，当苜蓿叶形立交设有集散道路时，可用其余三种形式。

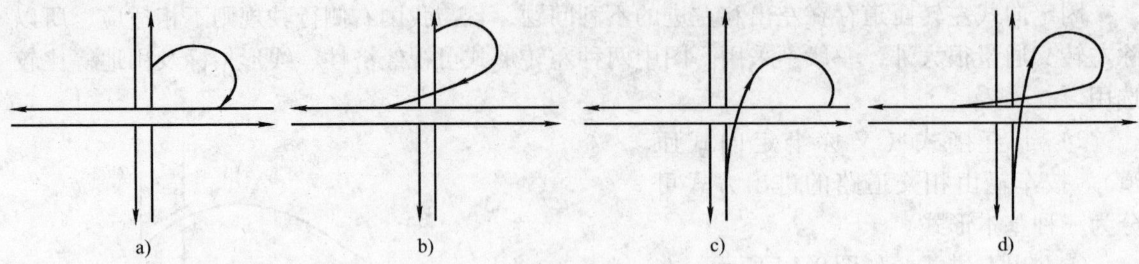

图 9-17　间接式或环圈式、反向式

2. 匝道的特性

上述的多种匝道中，右转匝道在不设跨线构造物的前提下是定形的，几乎都采用右出右进的形式，其线形在具体方案中根据场地条件而定。

左转匝道的基本形式变化多端，各种匝道可以单独使用或组合使用，形成许多不同类型的立交方案。左转匝道有一些独特的性质在设计时要善于利用。

（1）对称性　左转匝道可分为十种，如图 9-18 所示。从外观分析，可归纳为两类：一类自身斜轴对称，如编号为 1、6、7、10 的四种；其他编号的属于另一类，即自身无对称轴，但是可分为相互轴对称的三对。由这两种不同类型的左转匝道可以互相组合成许多对称的造型美观的立交形式。

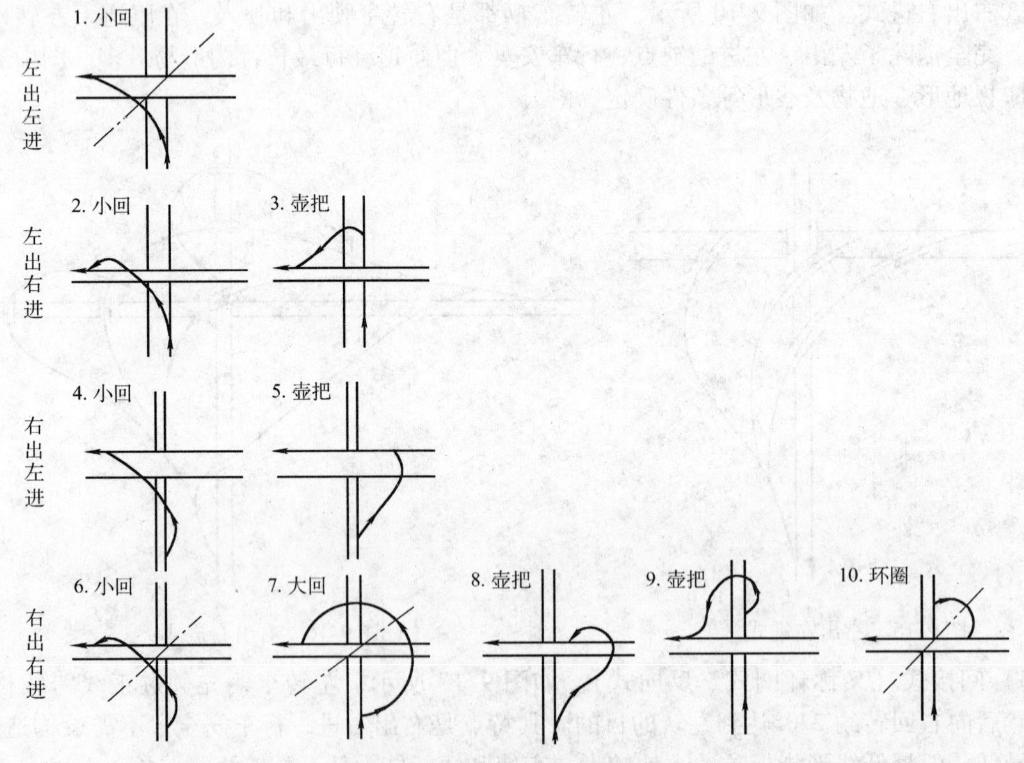

图 9-18　左转匝道的基本形式

（2）可达性　任何一个方向的左转车辆，均可在所有的象限内完成左转运行。如图 9-19 所示，若 A 方向来车拟左转到 B 方向时，可在四个象限内布置左转匝道。

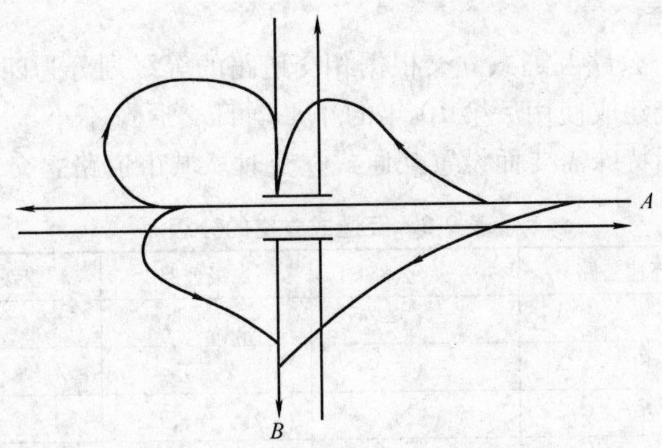

图9-19 一个方向左转匝道布置

（3）局域性 所有行驶方向的左转车辆，均可在部分象限内完成左转弯运行，如图9-20所示。

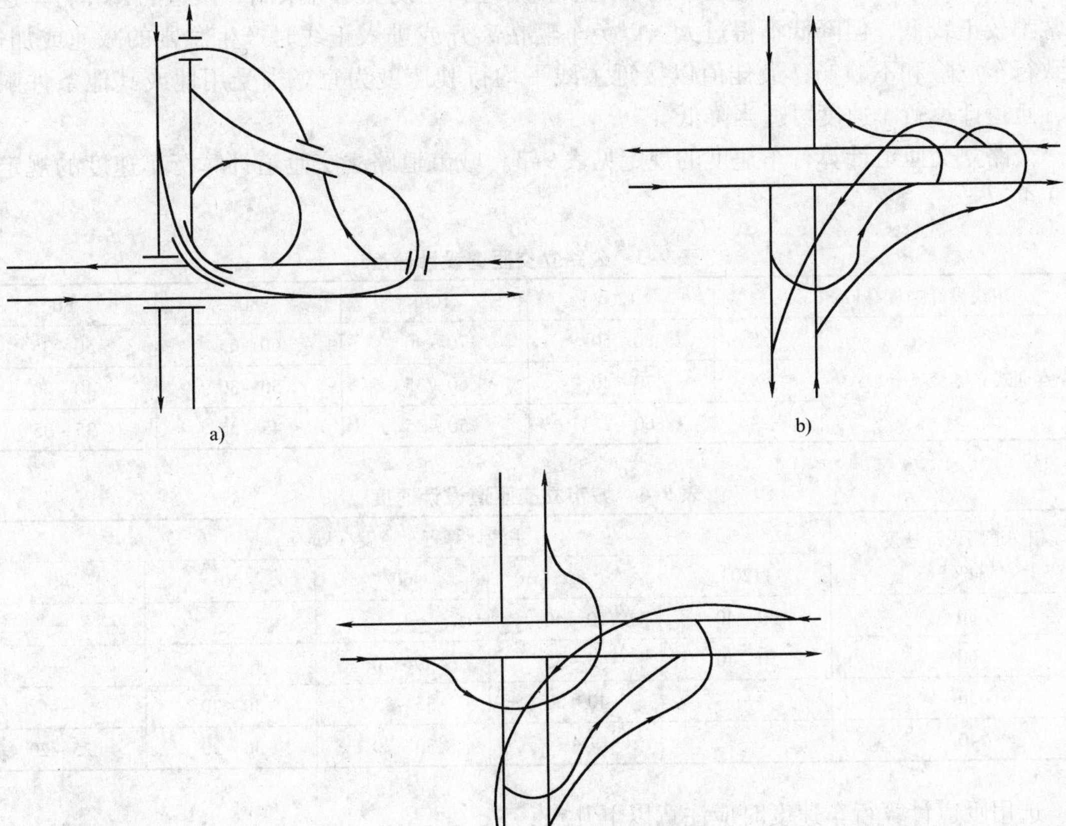

a)

b)

c)

图9-20 部分象限内所有左转匝道布置

a）一个象限内集中布置 b）两个象限内集中布置 c）三个象限内集中布置

3. 匝道的设计依据

（1）立交的等级　公路互通式立交根据相交道路的等级划分为四级，见表9-2。表中括号内等级适用于该立交建成使用后第10年的年平均日交通量不小于10000辆的情况，或交通量虽小于此值，但因特殊需要而设置互通式立交时。城市道路立交未作分级规定。

表9-2　互通式立交的分级

互通式立交分级	高速公路	一级公路	二级公路	三级公路	四级公路
高速公路	一	二（一）	三（二）	三	三
一级公路	二（一）	三（二）	（三）	（三）	（三）
二级公路	三（二）	（三）	—	—	—
三级公路	三	（三）	—	—	—
四级公路	三	（三）	—	—	—

（2）计算行车速度　匝道的计算行车速度主要是根据立交的等级、转弯交通量的大小以及用地和建设费用等条件选定。由于地形、用地和建设费用等限制，匝道的计算行车速度通常都较正线低，但降低不得过大，以免车辆在离开或进入正线时产生急剧的减速或加速，导致行车危险和不顺畅，最佳值以接近主线平均行驶速度为宜。当受用地或其他条件限制时，匝道计算行车速度可适当降低。

公路立交匝道计算行车速度的规定见表9-3。城市道路立交匝道计算行车速度的规定见表9-4。

表9-3　公路立交匝道设计速度

主线设计速度/(km/h)		120	100	80	60
互通式立体交叉分级	一级	80～50	70～40	60～35	50～35
	二级	70～40	60～35	50～30	40～30
	三级	60～35	50～35	45～35	35～35

表9-4　城市立交匝道设计速度

相交道路设计速度/(km/h)	主线计算行车速度/(km/h)				
	120	80	60	50	40
80	60～40	50～40	—	—	—
60	50～40	45～35	40～30	—	—
50	—	40～30	35～25	30～20	—
40	—	—	30～20	30～20	25～20

选用匝道计算行车速度时应注意以下几点：

1）满足最佳车速要求。为确保行车安全及通行能力的要求，并考虑占地及行驶条件，匝道计算行车速度 v_k（m/s）宜接近最佳车速（即匝道达到最大通行能力时的车速），其简化计算公式为

$$v_k = \sqrt{\frac{L + L_0}{C}} \tag{9-1}$$

式中　L——车长（m）；

L_0——安全距离（m），一般取 5 ~ 10m；

C——制动系数（s^2/m），一般取 0.15 ~ 0.3s^2/m。

最佳车速通常为 v_k = 40 ~ 50km/h。

2）按匝道的不同形式选用。同一座立交各条匝道的计算行车速度应有所不同，原则上应根据匝道的形式选用：①右转匝道宜采用上限和中间值；②定向式左转匝道宜采用上限或接近上限值；③半定向式宜采用中间或接近中间值；④环圈式宜采用下限值。

3）适应出、入口行驶状态的需要：①驶出匝道分流端的计算行车速度不能小于主线计算行车速度的 50% ~ 60%；②驶入匝道与加速车道连接处的计算行车速度应保证车辆驶至加速车道末端的速度能达到主线的 70%；③接近收费站或次要道路的匝道末端，计算行车速度可酌情降低。

4）考虑匝道的交通组织。双向无分隔带的匝道应取同一计算行车速度，双向独立的匝道依交通量的不同而分别选用。

（3）设计交通量　匝道设计交通量是确定匝道类型、设计速度、车道数、几何形状、平交或立交以及是否分期修建等的基本依据。设计交通量主要根据相交道路的交通量，结合交通调查资料，来进行直行、左行和右行方向交通量的分配。设计交通量的内容包括交通组成、流量、流向三部分。

（4）通行能力

1）匝道的通行能力。匝道的通行能力取决于匝道本身的通行能力、入口处的通行能力和出口处的通行能力，以三者之中较小者作为采用值。通常出口和入口处的通行能力与匝道本身通行能力相比甚小，故匝道的通行能力主要受出、入口处通行能力的控制，并受主线通行能力、车道数、设计交通量等控制。

2）交织路段的通行能力。交织是互通式立交常用的交通组织方式之一，如环形立交、部分苜蓿叶形或全苜蓿叶形立交本身就存在交织运行。另外，为消除冲突点，常在匝道上为交叉车流设置一段公共匝道，形成交织段。交织段的通行能力可根据计算行车速度和交织段长度求得。

4. 匝道的线形设计标准

（1）匝道的平面

1）匝道平曲线半径。匝道的平曲线半径直接影响着匝道的形式、用地、规模、造价以及行车的安全性与舒适性。匝道圆曲线最小半径计算公式与第 3 章的有关公式相同。表 9-5 为公路立交匝道圆曲线最小半径，通常应选用大于一般值的半径，当受地形条件或其他特殊情况限制时，方可采用极限值，城市立交可参考采用。

表 9-5　匝道圆曲线最小半径

匝道计算行车速度/(km/h)		80	60	50	40	35	30
圆曲线最小半径 R_{min}/m	一般值	280	150	100	60	40	30
	最小值	230	120	80	45	35	25

对环圈式匝道的圆曲线最小半径，除满足上述规定外，还应有足够的长度以保证曲率的缓和过渡以及上下线的展线长度要求，可按下式计算

$$R_{\min} \geqslant \frac{57.3H}{\alpha i} \tag{9-2}$$

式中 H——上下线要求的最小高差（m）；

α——匝道的转角；

i——匝道的设计纵坡度（%）。

2）匝道回旋线参数。匝道及其端部曲率变化较大处均应设置缓和曲线。缓和曲线应采用回旋线，其参数以 $A \leqslant 1.5R$ 为宜，并不小于表9-6所列数值。反向曲线的两个回旋线参数宜相等，不相等时其比值应小于1.5。

表9-6 匝道回旋线参数

匝道计算行车速度/(km/h)		80	60	50	40	35	30
圆曲线最小半径/m	一般值	280	150	100	60	40	30
	最小值	230	120	80	45	35	25

（2）匝道的纵断面

1）匝道最大纵坡。考虑到匝道上行车速度较低，故匝道纵坡一般比正线纵坡大，见表9-7。当机动车与非机动车混行时，考虑非机动车的行车要求，其纵坡不宜大于3%。

表9-7 匝道最大纵坡

匝道计算行车速度/(km/h)		80	60	50	≤40
最大纵坡（%）	一般地区	4	5	5.5	6
	特殊地区	5	6	6	—

2）匝道竖曲线半径。各计算行车速度对应的竖曲线最小半径及最小长度见表9-8。

表9-8 匝道竖曲线最小半径及最小长度

匝道设计速度/(km/h)			80	70	60	50	40	35	30
竖曲线最小半径/m	凸形	一般值	4500	3500	2000	1600	900	700	500
		最小值	3000	2000	1400	800	450	350	250
	凹形	一般值	3000	2000	1500	1400	900	700	400
		最小值	2000	1500	1000	700	450	350	300
竖曲线最小长度/m		一般值	100	90	70	60	40	35	30
		最小值	75	60	50	40	35	30	25

（3）匝道横断面及加宽

1）匝道横断面。匝道横断面由车道、路缘带、硬路肩和土路肩（城市道路不设）组成，对向分离双车道匝道还包括中央分隔带。匝道横断面布置形式如图9-21所示。匝道各组成部分的宽度：车道宽度一般为3.5m、4.0m，公路立交一般多用3.5m；中央分隔带的宽度为1.0m（设刚性护栏时可为0.6m），路缘带宽度为0.5m，土路肩宽度为0.75m或0.5m。单车道匝道应设硬路肩，其宽度包括路缘带为2.5m，特殊情况下可取1.5m，左侧硬路肩宽度为1.0m。匝道的车道、硬路肩宽度与正线不同时，应在匝道范围内设置渐变率为1/30～1/20的过渡段。

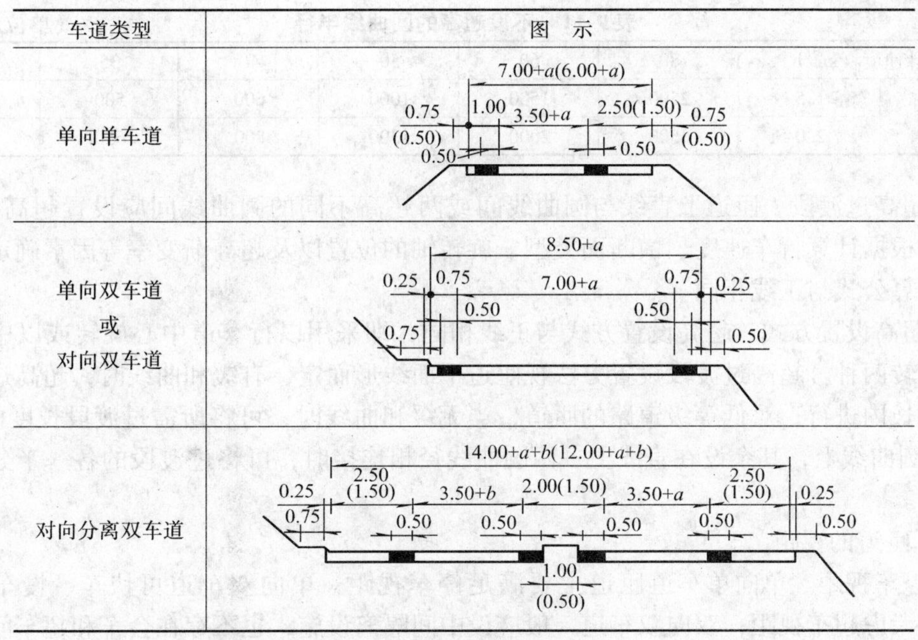

图 9-21　匝道横断面形式

注：图中 a、b 为加宽值。

2）匝道圆曲线的加宽值，应根据圆曲线半径按表 9-9 所示数值采用。

表 9-9　匝道圆曲线的加宽值

圆曲线半径/m																
圆曲线半径/m	单向单车道匝道	≥72	58~72	48~58	42~48	36~42	32~36	29~32	27~29	25~27	23~25	21~23	15~21	—		—
圆曲线半径/m	单向双车道或双向双车道匝道	≥47	43~47	39~43	36~39	33~36	31~33	29~31	27~29	26~27	25~26	24~25	23~24	22~23	21~22	15~21
加宽值/m		0	0.25	0.50	0.75	1.00	1.25	1.50	1.75	2.00	2.25	2.50	2.75	3.00	3.25	3.75

（4）匝道的超高及其过渡

1）超高值。匝道上的圆曲线应根据规定设置必要的超高，超高值按表 9-10 选用。当圆曲线半径大于表 9-11 所列值时，可不设超高。

表 9-10　匝道圆曲线的超高值

匝道的设计速度/(km/h)	圆曲线半径/m							
80	≤280	280~330	330~380	380~450	450~540	540~670	670~870	870~1240	≥1240
60	≤140	140~180	180~220	220~270	270~330	330~420	420~560	560~800	≥800
50	≤90	90~120	120~160	160~200	200~240	240~310	310~410	410~590	≥590
40	≤50	50~70	70~90	90~130	130~160	160~210	210~280	280~400	≥400
35	≤40	40~50	50~60	60~90	90~110	110~140	140~220	220~280	≥280
30	—	≤30	30~40	40~60	60~80	80~110	110~150	150~220	≥220
超高（%）	9~10	8~9	7~8	6~7	5~6	4~5	4	3	2

表 9-11 不设超高的圆曲线半径 （单位：m）

匝道设计速度/(km/h)		80	60	50	40	35	30
路拱坡度（%）	1.5	2500	1500	1000	600	500	350
	2.0	3500	2000	1300	800	650	500

2）超高过渡段。匝道上直线与圆曲线间或两超高不同的圆曲线间应设置超高过渡段，其长度应根据计算行车速度、横断面类型、旋转轴的位置以及超高渐变率等因素确定。超高过渡段计算公式与正线相同。

3）超高设置方式。超高设置方式与正线相同，即采用以行车道中心旋转或以中央分隔带边缘旋转两种。超高过渡段设置方法视匝道平面线形而定，有缓和曲线时，超高过渡在回旋线的全长内进行；对低等级道路的匝道，当无缓和曲线时，可将所需过渡段长度的1/3～1/2设在圆曲线上，其余设在直线上；两圆曲线径相连接时，可将过渡段的各一半分别置于两圆弧内。

（5）匝道的视距

1）停车视距。单向单车道匝道主要满足停车视距；单向双车道可快车、慢车分道行驶，无需考虑超车视距；双向双车道一般应设中间隔离设施，也不存在会车和超车问题，所以，匝道全长只需满足停车视距的要求。匝道停车视距如表 9-12 所示，积雪冰冻地区应大于括号内数值。

表 9-12 匝道停车视距

匝道设计速度/(km/h)	80	60	50	40	35	30
停车视距/m	110（135）	75（100）	65（70）	45	35	30

2）识别视距。分流点之前正线上的识别视距应大于 1.25 倍的正线停车视距，有条件时宜按表 9-13 所列数值选用。

表 9-13 匝道识别视距

正线设计速度/(km/h)	120	100	80	60	40
识别视距/m	350～460	290～380	230～300	170～240	130～180

5. 匝道的线形设计要点

（1）匝道平面线形设计

1）一般要求：①汽车在匝道上的行驶速度是由高到低再到高逐渐变化的过程，相应匝道的平面线形也要与此变速行驶状态相适应；②匝道平面线形应与其交通量相适应，对于交通量大的匝道，应采用较高的技术指标；③出口匝道的平面线形技术指标应高于入口匝道；④分流与合流处应具有良好的平面线形和通视条件。

2）匝道平面线形。匝道平面线形要素仍然是直线、圆曲线及缓和曲线，但由于匝道通常较短，难以争取到较长直线，故多以曲线为主。

对右转匝道及直接式左转匝道，可采用单圆曲线或多心复曲线。当用多心复曲线时，相邻半径之比应满足规范要求，并使两端连接出、入口的圆曲线采用较大的半径，且出口半径应大于入口半径，而中间圆曲线半径可小一些。

对半直接式左转匝道，其平面线形可由反向曲线与单圆曲线或复曲线组成。反向曲线之间最好不插设直线段而以缓和曲线直接相连成 S 形曲线。

对环圈式左转匝道，最好采用曲率半径由大到小再到大的水滴形或卵形曲线，可满足车速变化的要求，但设计计算比较复杂。为简化设计，也可采用单曲线，但与匝道上车速的变化不相适应。另外，考虑减少占地和造价，环圈式匝道常采用最小半径。

（2）匝道纵断面设计

1）一般要求：①匝道及其同正线连接处，纵面线形应尽量连续，避免线形的突变；②匝道上应尽量采用较缓的纵坡，以保证行车的舒适性与安全性，避免采用最大纵坡值；③匝道及端部纵坡变化处应采用较大半径的竖曲线，以保证足够的停车视距，分、合流点及其附近的竖曲线还应满足识别视距的要求。

2）匝道纵面线形。右转匝道纵面线形常由一个以上竖曲线组合而成，但纵坡较小，起伏不大，宜采用较大半径的竖曲线。左转匝道一般由反向曲线或同向竖曲线组成，反向曲线的上端多为凸形，下端多为凹形，中间宜插入直坡段，也可直接连接；同向竖曲线宜加大半径，连成一个竖曲线或复合竖曲线。纵坡设计应尽量平缓，最好一次起伏，避免多次变坡。

（3）匝道平、纵线形组合设计　匝道平、纵线形组合设计的基本要求是使匝道立体线形平顺、无扭曲、视野开阔、行车安全舒适、视觉美观，并与周围环境相协调。设计的原则和要点与正线基本相同，但应注意进、出口处平、纵组合的处理。

在出口处，若是越过凸形竖曲线以下坡驶入匝道，坡顶之后的平曲线不应突然出现在驾驶员眼前，应将凸形竖曲线加长以增大视距，使驾驶员能及早发现平曲线的起点和方向，并有足够的安全运行时间。在入口处，若由匝道上坡驶入道口时，应将连接道口的匝道（一般长度至少 60m）的纵断面与邻近正线基本一致，以使驾驶员能对正线前后一目了然。

9.3.2　端部设计

端部是指匝道两端分别与正线相连接的道口，它包括出入口、变速车道及辅助车道等。两端的道口与中间部分匝道共同组成一条完整的匝道。从主线出入的道口都应是自由流畅式的，而次线上的道口有时则是信号控制式的。

1. 出口与入口设计

（1）主线出、入口　一般情况下，主线出、入口应设在主线行车道的右侧，出口位置应易于识别，一般设在跨线构造物之前。若在其后时，应与构造物保持 150m 以上的距离为宜。为便于车辆减速，出口最好位于上坡路段。入口应设在主线的下坡路段，以利于车辆加速，并在匝道汇入主线之前保持主线 100m 和匝道 60m 的三角形区域内通视无阻，如图 9-22 所示。

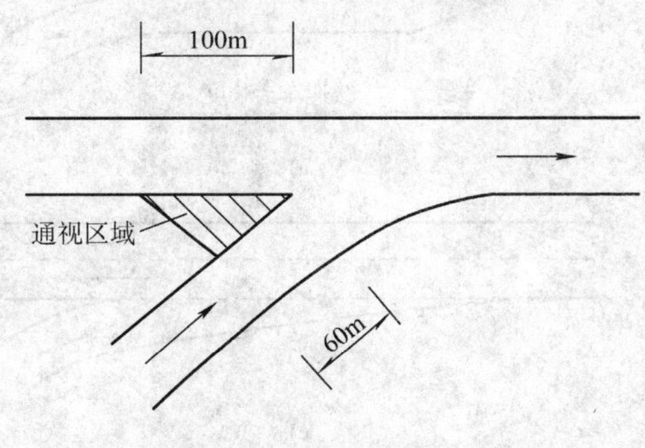

图 9-22　入口处通视区域

主线与匝道分流处，为给误行车辆提供返回的余地，行车道边缘应加宽一定偏置值，如图 9-23 所示。

加宽后主线和匝道的路面边缘用圆弧连接，并用路面标线引导行驶方向。偏置值和楔形端半径可查表得到，楔形端端部后的过渡长度 z_1 和 z_2 可查相关表得到渐变率后再进行计算。

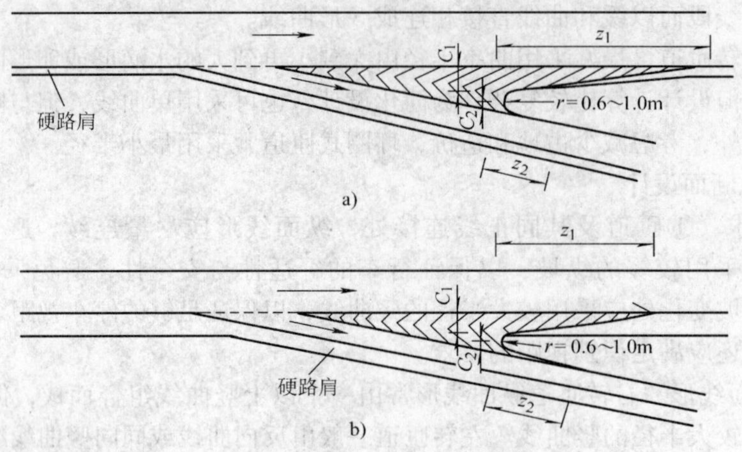

图 9-23 分流处楔形端布置

a）硬路肩较窄时 b）硬路肩较宽时

（2）互通式立交的平面交叉口 互通式立交在次线或匝道上可设置平面交叉口。这种平面交叉口往往决定整个立交的通行能力、服务水平和交通安全，设计时应给予充分重视。在选择互通式立交的形式时，应考虑所含平面交叉的必要性与合理性。设计中应将匝道布置在合适的象限内，使冲突点减至尽可能少的程度。平面交叉应根据交通量、交通组成和行车速度等作出合理布置，并设置必要的标志、标线、分隔带、交通岛、变速车道、转弯车道等。行人及非机动车对平面交叉的通行能力影响最大，必要时应采取专辟车道、渠化交通或立体交叉等措施，与非机动车分离行驶。

2. 变速车道设计

在匝道与正线连接的路段，为适应车辆变速行驶的需要，而不致影响正线交通所设置的附加车道称为变速车道。变速车道包括减速车道和加速车道：车辆由正线驶入匝道时减速所需的附加车道称为减速车道；车辆从匝道驶入正线时加速所需的附加车道称为加速车道。

（1）变速车道的形式 一般分为直接式与平行式两种，如图 9-24 所示。

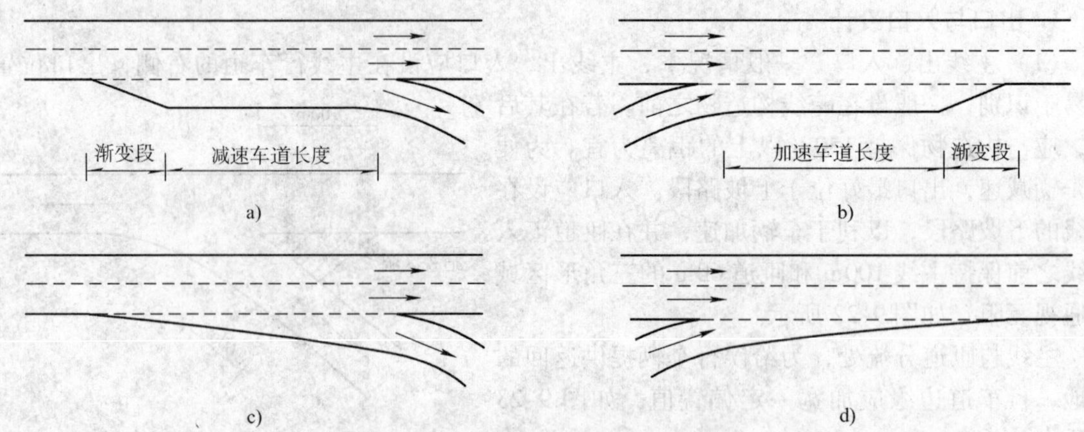

图 9-24 变速车道的形式

a）平行式减速车道 b）平行式加速车道 c）直接式减速车道 d）直接式加速车道

1）平行式，是在正线外侧平行增设的一条附加车道。其特点是车道划分明确，行车容易辨认，但车辆行驶轨迹呈反向曲线对行车不利。原则上加速车道采用平行式，因加速车道较长，平行式容易布置。平行式变速车道端部应设渐变段与正线连接。

2）直接式，不设平行路段，由正线斜向渐变加宽，形成一条与匝道连接的附加车道。其特点是线形平顺并与行车轨迹吻合，对行车有利，但起点不易识别。原则上减速车道采用直接式。另外，加速车道较短或双车道的变速车道宜采用直接式。

（2）变速车道的横断面　变速车道横断面的组成与单车道匝道基本相同，是由行车道、路肩和路缘带组成的。城市道路可不设右路肩，但应保留路缘带。

（3）变速车道的长度　变速车道长度为加速或减速车道长度与渐变段长度之和，平坡时加、减速车道长度可按表9-14查用，并根据正线纵坡度大小，用系数修正。

表9-14　变速车道长度及渐变率

<table>
<tr><td colspan="3">正线计算行车速度/（km/h）</td><td>120</td><td>100</td><td>80</td><td>60</td><td>40</td></tr>
<tr><td colspan="2" rowspan="2">减速车道长度/m</td><td>单车道</td><td>100</td><td>90</td><td>80</td><td>70</td><td>30</td></tr>
<tr><td>双车道</td><td>150</td><td>130</td><td>110</td><td>90</td><td>—</td></tr>
<tr><td colspan="2" rowspan="2">加速车道长度/m</td><td>单车道</td><td>200</td><td>180</td><td>160</td><td>120</td><td>50</td></tr>
<tr><td>双车道</td><td>300</td><td>260</td><td>220</td><td>160</td><td>—</td></tr>
<tr><td colspan="2">平行式渐变段长度/m</td><td>单车道</td><td>70</td><td>60</td><td>50</td><td>45</td><td>40</td></tr>
<tr><td rowspan="4">直接式渐变率</td><td rowspan="2">出口</td><td>单车道</td><td colspan="2" rowspan="2">1/25</td><td rowspan="2">1/20</td><td colspan="2" rowspan="2">1/15</td></tr>
<tr><td>双车道</td></tr>
<tr><td rowspan="2">入口</td><td>单车道</td><td colspan="2" rowspan="2">1/40</td><td rowspan="2">1/30</td><td colspan="2" rowspan="2">1/20</td></tr>
<tr><td>双车道</td></tr>
</table>

（4）渐变段　平行式变速车道渐变段的长度不应小于表9-14所列数值。直接式变速车道渐变段按外边缘渐变率控制，出口端和入口端渐变率规定见表9-14。

3. 辅助车道的设计

（1）基本车道数　是指一条车道或其某一区段内，根据交通量和通行能力的要求所必需的一定数量的车道数。在高速公路、一级公路和城市快速路的全长或较长路段内，必须保持一定的基本车道数。同时在正线与匝道的分、合流处必须保持车道数的平衡，两者之间通过辅助车道来协调。

（2）车道平衡原则　正线的车流量必然会因分、合流的存在而发生变化，分流减少，合流增大。为适应这种车流量的变化，在分、合流处的车道数应保持平衡。其原则为

1）两条车流合流以后正线上的车道数应不小于合流前交汇道路上所有车道数总和减1。

2）正线上车道数应不小于分流以后分叉道路的所有车道数总和减1。

3）正线上的车道数每次减少不应多于一条。

一般按下式检验车道数是否平衡，如图9-25所示，即

$$N_C \geqslant N_F + N_E - 1 \tag{9-3}$$

式中　N_C——分流前或合流后的正线车道数；

N_F——分流后或合流前的正线车道数；

N_E——匝道车道数。

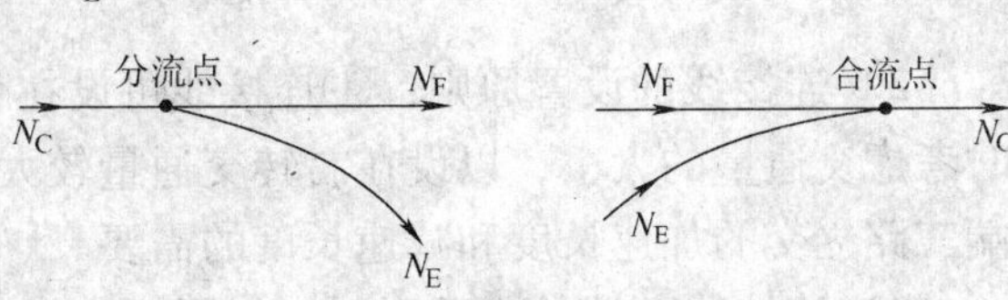

图9-25　分、合流处车道数平衡

（3）辅助车道　在分、合流处，既要保持车道数平衡，又要保持基本车道数，如果两者

发生冲突时，可通过在分流点前或合流点后的正线上增设辅助车道来解决，如图 9-26 所示。

一般规定：辅助车道长度在分流端为 1000m，最小为 600m；在合流端为 600m。另外，当前一个立交加速车道的末端至下一个立交减速车道起点之间的距离小于 500m 时，必须设置辅助车道将两者连接起来。

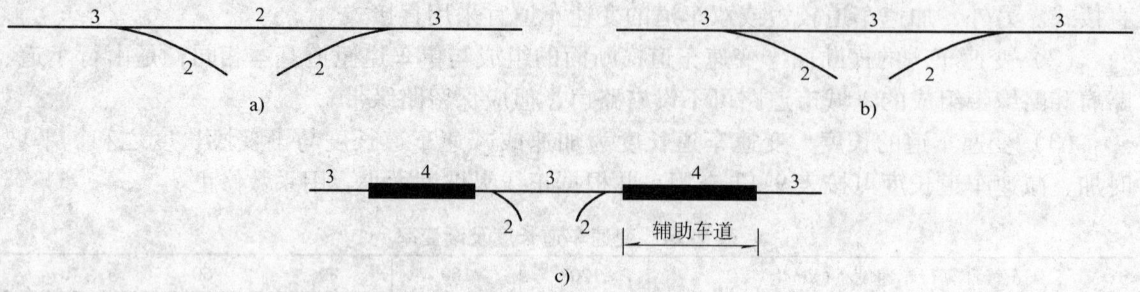

图 9-26 双车道出入口的辅助车道

a）车道数平衡、但基本车道数不连续 b）基本车道数连续但车道数不平衡 c）车道数平衡且基本车道数连续

9.3.3 立体交叉的其他设计

1. 收费站和收费广场

（1）收费道路上立交的布置 收费道路上的立交或需要单独收费的立交，应按收费立交设计。前述均为不收费立交，若要收费则需 2~4 个收费站，而每个收费站都是昼夜工作，需要许多收费人员，管理费用很高。一般应尽量减少收费站的个数，力求管理方便，设备集中，不干扰主线交通。一座立交以设一个收费站为宜，这样收费立交与不收费立交的形式区别较大。

1）收费道路设置立交的方法。设置方法是在距相交道路交叉点适当距离处另设一条连接线，如图 9-27 所示，两端与相交道路交叉处各设一个三路立交或平面交叉口，并使所有转弯车量都集中经由连接线，这样只需在连接线上设置一个收费站即可。

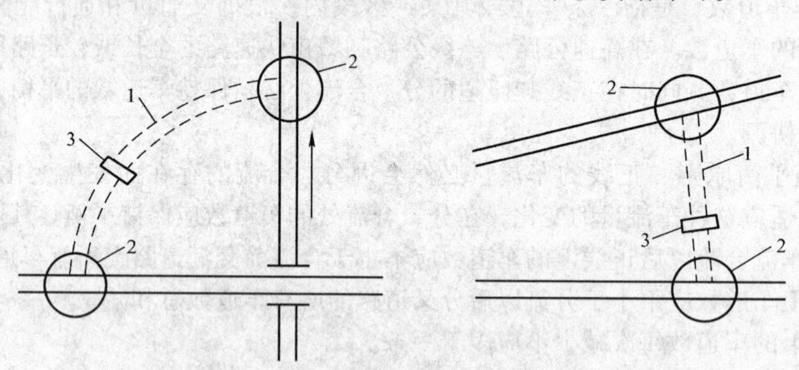

图 9-27 收费道路设置立交的方法

1—连接线 2—三路立交 3—收费站

2）连接线的设置原则：①连接线可设在任一象限，主要取决于地形和地物的限制，同时考虑交通量的大小，以设在右转交通量较大的象限为宜；②连接线的位置和长度应满足两端三路立交的加速长度和减速长度的需要。

3）连接线两端的交叉形式：①平面交叉口，适用于该端与次要道路的连接；②子叶形立交，适用于该端与交通量较小的一般道路连接；③喇叭形立交，适用于该端与主要道路或一般道路的连接，以采用A式为宜；④Y形立交，适用于该端与交通量大的高速道路或一侧距离受到河流、铁路、建筑物等限制的其他道路连接。

4）常用收费立交的形式，如图9-28所示。三路收费立交多采用喇叭形、Y形及子叶形立交，只需一个设在支线上的收费站。四路收费立交需要1~2个收费站。

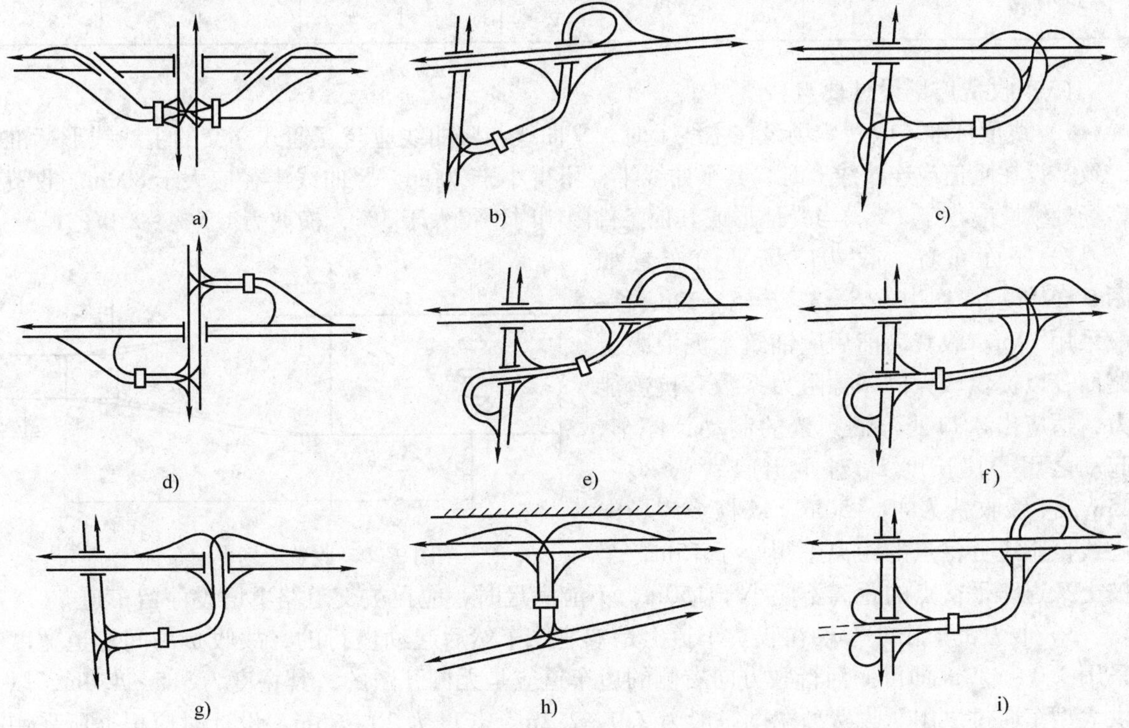

图9-28 常用收费立交形式
a）菱形 b）平交加喇叭形 c）双Y形 d）部分苜蓿叶形 e）双喇叭形
f）Y形加喇叭形 g）平交加菱形 h）平交加Y形 i）喇叭形加子叶形

（2）收费站

1）设置位置。收费立交必须设置收费站，收费站的设置位置一般有两种：一种是直接设在主线上，称为路障式，多用于主线收费路段的出、入口处；另一种是设在立交匝道上或连接线上，一般用于主线收费路段之间的互通式立交。

2）收费站车道数。收费站所需车道数，应根据交通量、服务时间和服务水平三个因素来确定，参见表9-15（*ADT*为年平均日交通量）。

表9-15 收费站出、入口车道数

等待车辆 \ *ADT*		1000	2000	3000	4000	5000	10000	15000	20000	25000
0.5	入口	1	1	2	2	2	3	3	4	4
	出口	1	2	2	2	3	4	6	7	9
1.0	入口	1	1	1	1	2	2	3	4	4
	出口	1	2	2	2	2	4	5	7	8

（续）

等待车辆		ADT 1000	2000	3000	4000	5000	10000	15000	20000	25000
1.5	入口	1	1	1	1	1	2	3	3	4
	出口	1	1	2	2	2	4	5	7	8
2.0	入口	1	1	1	1	1	2	3	3	4
	出口	1	1	2	2	2	4	5	6	8

（3）收费广场设计要点

1）线形标准。收费广场设在主线上时，平曲线与竖曲线应与互通式立交的主线线形标准一致；设在匝道或连接线上时，其平曲线半径不得小于200m，竖曲线半径应大于800m。收费广场处纵坡应小于2%，当受地形或其他条件限制时不得大于3%，横坡为1.5%～2.0%。

2）平面布置。收费广场平面布置如图9-29所示。图中$L/S=3$，$l=5\sim20$m，一般采用10m。收费岛前后应铺筑水泥混凝土路面，以提供较大的摩擦阻力系数和抗剪能力，适应出入口处车辆频繁的制动、停车、起动之用。其长度L_0对匝道收费为20～25m，主线收费为40～50m。从收费广场中心线至匝道分岔点的距离不得小于75m，至被交叉道路平交点的距离不应小于150m，不能满足时，应在被交道路上增设停留车道。

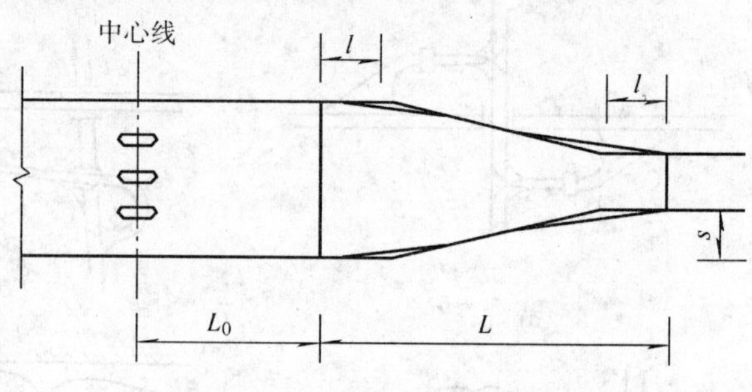

图9-29 收费广场平面布置

3）收费岛。由于车辆在收费车道上是减速停车然后起动慢行的，故收费岛间车道宽度采用3.0～3.2m即可。但行驶方向右侧的边车道应是无棚开敞的，其宽度为3.5～4.0m，以供大型车通过之用。收费岛宽度一般为2.0～2.2m，长度为20～25m，设计时应根据所采用的收费设备情况具体确定。收费岛应具有一定高度并将端部收敛成楔形。收费岛上设置的收费室每侧应较收费岛缩进0.25m，以作为车辆通过的安全净宽度。对交通特别繁忙、收费车道多的收费站，应设置供收费人员上、下岗位的专用地下通道或天桥。

2. 景观设计要点

互通式立交景观设计的目的是使立交造型美观、视认性好，起到引导驾驶员视线、保证行车安全以及可观赏性作用。景观设计主要包括坡面修饰和绿化栽植两种。公路立交多侧重于坡面修饰，而城市立交则重视绿化栽植。

（1）坡面修饰　坡面修饰是将匝道包围区域的边坡修饰成规则、圆滑和接近于自然地形的形状。坡面修饰应保持坡顶圆滑、坡面规则和坡脚顺适。边坡坡顶适当范围内应修成圆滑形状；边坡坡度在接近坡脚的一定高度内应逐渐变缓，使其整齐、美观。在挖方路段应特别注意保证视距的要求，必要时应设视距台。在匝道所围区域内的小山一般应挖除，曲线内侧当有障碍物阻挡视线时应予以清除。

（2）绿化栽植　绿化栽植除了美化环境、点缀城市外，还有诱导交通、提高交通安全的作用，图9-30为立交绿化示意图。绿化内容包括：

1）指示栽植。采用高大独乔木，设在环道和三角地带内，用来为驾驶员指示位置的栽植。

2）缓冲栽植。采用灌木，设在桥台和分流的地方，用来缩小视野，间接引导驾驶员降低车速或在车辆因分流不及时而失控时，缓和冲击、减轻事故损失的栽植。

3）诱导栽植。采用小乔木，设在曲线外侧，用来为驾驶员预告道路线形的变化，引导驾驶员视线的栽植。

4）禁止栽植区。在立体交叉的各合流处，为保证驾驶员视线通畅，安全合流，不能种植树木。其他空地可种花植草，城市立交也可按设计图样摆放不同种类的花盆。

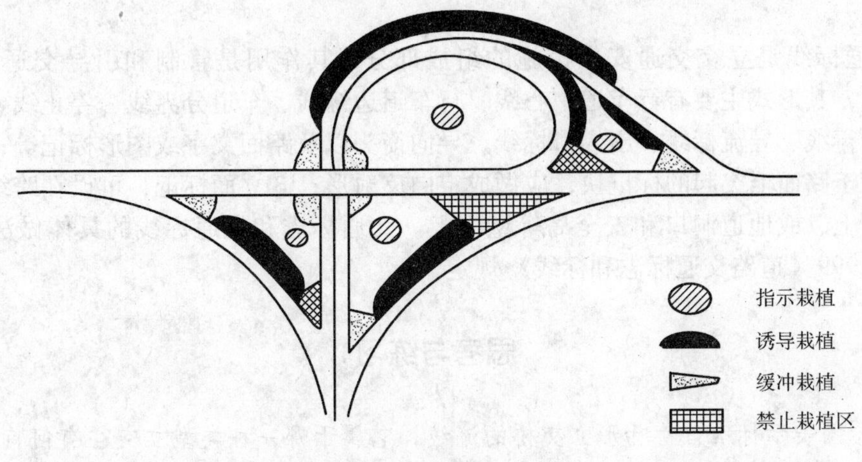

图9-30 立交绿化示意图

3. 立交辅助设施设计要点

（1）立交范围的排水设计　互通式立交范围内的排水，应与相交道路的排水统一设计，以构成完整的排水系统。立交设计（尤其是公路立交）应尽可能采用雨水管自流排水，雨水管出口的管底标高应高于排水沟或河道常水位。

当采用下穿式立交时，地道一般在地面以下较深处，地下水的排除常需设置泵站，为节省投资和管理费用，地道以外的地面水不应流入其内，并应尽量减少积水面积。为此，应在地道两侧设置挡水墙和截水设施。在纵坡设计时应在引道两端适当位置设凸形分水点，引道最低点应设在洞口外适当位置，并在该处设置进水口。为保证排水需要，引道最小纵坡不小于0.3%。

（2）立交范围照明设计　为保证夜间正常通车，立体交叉范围要有完善的照明设计。要求照度均匀，视野清晰，且照度标准应高于路面。各层道路上所产生的光斑应能衔接，使各个部分的照明互相协调。

当立体交叉的相交道路不设连续照明时，在立交的平交口、出入口、弯道、坡道等地段都应设置照明，且照明应延伸到立交范围以外，并逐渐降低亮度以形成过渡照明，以适应驾驶员的视觉要求。

对于环形立交、环圈式匝道及大型立体交叉等，可采用高杆灯照明，即灯具安装高度大于或等于20m的照明。这种照明不仅经济合理，而且照明效果良好。

（3）交通标志和交通标线　立交设计应能为车辆行驶提供明确的线路诱导和必要的交通信息，否则，会造成驾驶员无所适从，感到茫然，极易引起迷路现象和错路运行，甚至导致交通事故。特别是大型复杂的立交，更应合理设置交通标志和交通标线，以保证车辆安全、快速通过。

1）交通标志是立交不可缺少的安全导向设施，主要包括指路标志、指示标志、禁令标志和警告标志。标志的设置地点应在驾驶员容易看到、能准确判读的醒目地点，且应不妨碍交通、不影响视线及便于维修。标志的设置距离应能起到预告、提示和指引的作用，并设置在立交之前的适当位置。如立交的出口标志，公路立交须在2km、城市立交须在1km之前就要设置预告标志，然后在500m、100m处设提示标志，到达出口时应设指示标志，引导车辆驶离主线。

2）交通标线是立交交通安全设施的组成部分，其作用是管制和引导交通，它包括：①路面标线，其形式主要有行车道中心线、行车道边缘线、车道分界线、停止线、人行横道线、减速让行线、导流标线、出入口标线、导向箭头以及路面文字或图形标记等；②突起路标，是固定于路面上突起的标记块，应做成定向反射形；③立面标记，可设在跨线桥的墩柱或侧墙端面上，或地道洞口和安全岛等壁面上。交通标志和交通标线的具体做法应该符合GB 5768—1999《道路交通标志和标线》规定。

思考与练习

9-1 绘图表示标准苜蓿叶形立交桥的流线，它属于哪一种类型立交？有何特点？

9-2 菱形立交属于哪一类立交？有何特点？试分析主线桥下交叉口的交通运行特点。

9-3 什么是枢纽互通式立体交叉和一般互通式立体交叉？

9-4 环形立体交叉有何特点？适用条件是什么？

9-5 设置立体交叉时应考虑的因素有哪些？

9-6 公路立体交叉的最小间距是多少？如果不能满足，而经过论证必须设置时，如何解决？

9-7 左转匝道的基本形式有哪些？具体有哪些特征？

9-8 同一座立体交叉具有不同形式的匝道，各匝道的设计速度是相同的吗？为什么？

9-9 如何理解“主线出入口至匝道平面线形紧迫路段之间，平面线形应与变化着的行驶速度相适应”这句话？

9-10 当匝道上无缓和曲线时，超高过渡段应如何设置？

9-11 举例说明立体交叉次要道路上存在的平面交叉情况，并说明应采取何种措施保证交通畅通和安全？

9-12 变速车道有哪些形式？各有什么特点？

9-13 为什么要保证基本车道数？车道平衡原则是什么？

9-14 用右转匝道及小回和环圈式左转匝道，规划两座互通式立体交叉。

第 10 章　道路排水设计

10.1　道路排水设计概述

公路路基路面的强度与稳定性同水的关系十分密切。路基路面的病害有多种，形成病害的因素也很多，但水的作用是主要因素之一。因此，公路的设计、施工和养护中，必须十分重视排水工程。

城市道路排水是城市排水综合系统的一部分。为了保障生产和人民生活，城市中需要排除的污水除雨雪水外，尚有工业废水和生活污水。

10.1.1　水对道路路基路面的影响

根据水源的不同，影响道路路基路面的水流可分为地面水和地下水两大类。

地面水包括大气降水（雨和雪）以及海、河、湖、水渠、水库水。地面水对路基产生冲刷和渗透，冲刷可能导致路基整体稳定性受损害，形成水毁现象。渗入路基土体的水分，使土体过湿而降低路基强度。

地下水包括上层滞水、潜水、层间水等，它们对路基的危害程度，因条件不同而异。轻者能使路基湿软，降低路基强度；重者会引起冻胀、翻浆或边坡滑坍，甚至整个路基沿倾斜基底滑动。水还可能造成掺有膨胀土的路基工程毁灭性的破坏。

水对路面的危害可以表现为：降低路面材料的强度，在水泥混凝土路面的接缝和路肩处造成唧泥；移动荷载作用下引起的唧泥和高压水冲刷，造成路面基层承载能力下降；在冻胀地区，融冻季节水会引起路面承载能力的普遍下降。

10.1.2　道路排水的任务、分类和要求

道路排水的任务就是将路基范围内的土基湿度降低到一定的限度以内，将路面上的水排除，保持路基路面常年处于干燥状态，确保路基路面具有足够的强度和稳定性。

道路排水可大体上分为地表排水和地下排水两大类。通常地表排水可以划分为路面表面排水、中央分隔带排水和坡面排水三部分。而路面表面排水、中央分隔带排水属于路面排水设施。此外，路面排水还应包括路面的内部排水。坡面排水包括路堤坡面、路堑坡面和倾向路界的自然坡面的排水。

路基设计时，必须考虑将影响路基稳定性的地面水，排除和拦截于路基用地范围以外，并防止地面水漫流、滞积或下渗。对于影响路基稳定性的地下水，则应予以隔断、疏干、降低，并引导至路基范围以外的适当地点。

路面工程的实践证明了路面内部排水的重要性。新建的刚性路面需设置各种接缝，而路面在使用期间又会出现各种裂缝、松散、坑槽等病害。降落在路面表面的排水，会通过路面接缝或裂缝、松散等病害处或者沥青路面面层孔隙下渗入路面结构内部。此外，道路两侧有

滞水时，水分也可能侧向渗入路面结构内部。

10.1.3 道路排水的一般原则

道路排水设计一般应遵循下面的原则：

1）排水设施要因地制宜、全面规划、合理布局、综合治理、讲究实效、注意经济，并充分利用有利地形和自然水系。一般情况下地面和地下设置的排水沟渠，宜短不宜长，以使水流不过于集中，做到及时疏散，就近分流。

2）各种路基排水沟渠的设置，应注意与农田水利相配合，必要时可适当地增设涵管或加大涵管孔径，以防农业用水影响路基稳定，并做到路基排水有利于农田排灌。路基边沟一般不应用作农田灌溉渠道，两者必须合并使用时，边沟的断面应加大，并予以加固，以防水流危害路基。

3）设计前必须进行调查研究，查明水源与地质条件，重点路段要进行排水系统的全面规划，考虑路基排水与桥涵布置相配合，地下排水与地面排水相配合，各种排水沟渠的平面布置与竖向布置相配合，做到路基路面综合设计和分期修建。对于排水困难和地质不良的路段，还应与路基防护加固相配合，并进行特殊设计。

4）路基排水要注意防止附近山坡的水土流失，尽量不破坏天然水系，不轻易合并自然沟溪和改变水流性质，尽量选择有利地质条件布设人工沟渠，减少排水沟渠的防护与加固工程。对于重点路段的主要排水设施，以及土质松软和纵坡较陡地段的排水沟渠，应注意必要的防护与加固。

5）路基排水要结合当地水文条件和道路等级等具体情况，注意就地取材，以防为主，既要稳固适用，又要讲究经济效益。

6）为了减少水对路面的破坏作用，应尽量阻止水进入路面结构，并提供良好的排水措施，以便迅速排除路面结构内的水，也可建筑能承受荷载和雨水共同作用的路面结构。

10.2 公路排水设计

公路路基路面应设置完善的排水设施，排除可能危害公路的地面水和地下水，以保证路基路面结构稳固，防止路面积水影响行车安全。

10.2.1 公路排水的类型

公路排水可划分为五种类型：

1）路界表面排水。排除公路用地范围内的地表水，包括由落在路界范围内的降水形成的地表径流，可能进入公路路界的公路毗邻地带的地表水，以及由相交道路流入路界内的表面排水等。

2）横向穿越路界排水。公路跨越溪沟、河流、渠道、洼地时，将公路上游侧的地表水流穿过路基引排到公路下游侧。

3）地下排水。拦截、排除、降低、疏干危及路基稳定或影响路基路面结构强度和抗变形能力的含水层地下水。

4）路面结构内部排水。排除通过裂缝、接缝、面层空隙下渗到路面结构（面层、基层和垫层）内部，或者由路基或路肩渗入并滞留在路面结构内部的自由水。

5）公路构造物排水。排除公路构造物（桥梁、隧道、支挡结构物等）的表面径流，或者渗入其内部的自由水。

10.2.2　排水设施

1. 路基排水设施

为全面完成路基的排水任务，需要采用不同的排水设施。

（1）地表排水设施　常用的地表排水设施有边沟、截水沟、排水沟、跌水和急流槽等，必要时还有渡槽、倒虹吸及积水池等。这些排水设施分别设于路基的不同部位，各自的主要功能、布置要求或构造形式，均有所差异。

1）边沟。边沟设置在挖方路基的路肩外侧或低路堤的坡脚外侧，多与路中线平行，用以汇集和排除路基范围内和流向路基的少量地面水。平坦地面填方路段的路旁取土坑，常与路基排水设计综合考虑，使之起到边沟的排水作用。

2）截水沟。截水沟又称天沟，一般设置在挖方路基边坡坡顶以外，或山坡路堤上方的适当地点，用以拦截并排除路基上方流向路基的地面径流，减轻边沟的水流负担，保证挖方边坡和填方坡脚不受流水冲刷。降水量较少、坡面坚硬或边坡较低以致冲刷影响不大的路段，可以不设截水沟；反之，如果降水量较多，且暴雨频率较高，山坡覆盖层比较松软，坡面较高，水土流失比较严重的地段，必要时可设置两道或多道截水沟。

3）排水沟。排水沟的主要用途在于引水，将路基范围内各种水源的水流（如边沟、截水沟、取土坑、边坡和路基附近积水），引至桥涵或路基范围以外的指定地点。当路线受到多段沟渠或水道影响时，为保护路基不受水害，可以设置排水沟或改移渠道，以调节水流，整治水道。

4）跌水与急流槽。跌水与急流槽是路基地面排水沟渠的特殊形式，用于陡坡地段，沟底纵坡可达45°。由于纵坡陡、水流速度快、冲刷力大，要求跌水与急流槽的结构必须稳固耐久，通常应采用浆砌块石或水泥混凝土预制块砌筑，并具有相应的防护加固措施。

5）倒虹吸与渡水槽。当水流需要横跨路基，同时受到设计标高的限制，可以采用管道或沟槽，从路基底部或上部架空跨越，前者称倒虹吸，后者为渡水槽，分别相当于涵洞和渡水桥。两者属于路基地面排水的特殊结构物，并且多是配合农田水利所需而采用。

6）蒸发池。气候干旱、排水困难地段，可利用沿线的集中取土坑或专门设置蒸发池排除地表水。蒸发池与路基边沟（或排水沟）间应设排水沟连接。蒸发池边缘与路基边沟距离不应小于5m，面积较大的蒸发池不得小于20m。池中水位应低于排水沟的沟底。

（2）地下排水设施　常用的地下排水设施有盲沟、渗沟和渗井等，主要是以渗流的方式汇集水流，并就近排出路基范围以外，其特点是排水量不大。对于路基及边坡土体中的上层滞水或埋藏很浅的潜水，当其影响路基路面强度或边坡稳定时，可设置盲沟、渗沟和渗井等地下排水设备予以排除和拦截。对于流量较大的地下水，应设置专用地下管道予以排除。

由于地下排水设备埋置地面以下，不易维修，在路基建成后又难以查明失效情况，因此要求地下排水设备能牢固有效。

1）盲沟。相对于地面排水的明沟而言，盲沟又称暗沟，具有隐蔽工程的含义。盲沟的构造特点是在沟内分层填以不同粒径的颗粒材料，利用材料的渗透性将地下水汇集于沟内，并沿沟引至指定地点排出。此种构造相对于管道流水而言，习惯上称之为盲沟，在水力特性上属于湍流。

2）渗沟。采用渗透方式将地下水汇集于沟内，并通过沟底通道将水排至指定地点，此种地下排水设备统称为渗沟。它的作用是降低地下水位或拦截地下水，其水力特性是湍流，但在构造上与上述简易盲沟有所不同。

3）渗井。渗井属于水平方向的地下排水设备，当地下存在多层含水层，其中影响路基的上部含水层较薄，排水量不大，且平式渗沟难以布置，采用立式（竖向）排水，设置渗井，穿过不透水层，将路基范围内的上层地下水，引入更深的含水层中去，以降低上层的地下水位或全部予以排除。

2. 路面排水设施

路面排水的范围包括行车道和路肩。

（1）横坡　通过在行车道和路肩上设置的横向坡度，使表面水流向路基边缘。无中间带或采用分离式路基的公路，在未设超高路段上，行车道路面沿路中心线设置向两侧倾斜的双向横坡；在设超高路段上，应设置向曲线内侧倾斜的单向横坡。设中间带道路，各个行车方向的行车道路面应分别设置单向横坡，但6车道以上的高速公路和一级公路，为避免汇水区过大，也可以每个行车方向设置双向横坡，但超高路段仍为单向横坡。

（2）路堤坡面漫流　在路线纵坡平缓、汇水量不大、路堤较低且边坡坡面不会受到冲刷的情况下，可采用让路面表面水以横向漫流形式向路堤坡面分散排放。

（3）路堤拦水带　在路堤较高，边坡坡面未作防护而易遭受路面表面水冲刷，或者坡面虽已采用防护措施但仍有可能受到冲刷时，可沿硬路肩外侧边缘设置沥青混凝土拦水带，由拦水带和路肩铺面组成浅三角形边沟汇集路面表面水，并通过间隔一定距离设置出水口和沿路堤坡面设置的竖向排水沟（吊沟）排出路堤。

（4）路面内部排水　路面内部排水，为排除通过路面缝隙，或者由路基或路肩渗入并滞留在路面结构内的自由水，可在路面边缘设渗沟或排水基（垫）层。它属于路面结构排水设计的范畴。

3. 中央分隔带排水

中央分隔带排水是高速公路及一级公路地表排水的重要内容，应根据分隔带宽度、绿化和交通安全设施的形式、分隔带表面的处理方式等因素选择不同的排水方式。

（1）宽度小于3m且表面采用铺面封闭　中央分隔带宽度小于3m时，属于凸形中央分隔带，一般采用有铺面的横断面形式。在不设超高路段上，中央分隔带铺面采用与两侧路面相同坡度的双向横坡，降落在分隔带上的表面水排向两侧行车道，进入路面表面排水设施；在超高路段上，可在分隔带上侧边缘处设置缘石或泄水口，或者在分隔带内设置缝隙式圆形集水管或碟形混凝土浅沟和泄水口，以拦截和排泄上侧半幅路面的表面水。

（2）宽度大于3m且表面未采用铺面封闭　中央分隔带宽度大于3m且未采用铺面封闭的，采用分隔带内表面排水方案。分隔带表面可做成向内微凹的横断面形式，降落在分隔带上的表面水汇集在分隔带中央的低洼处，并通过纵坡排流到泄水口或横穿路界的桥涵水道中。

（3）宽度大于3m、未采用表面排水措施且无铺面封闭　表面无铺面且未采用表面排水措施的中央分隔带，降落在分隔带上的表面水，一部分形成表面径流向两侧流向行车道，由路面表面排水设施排走；另一部分表面水则向下渗入分隔带土体内。可通过在分隔带内设置地下排水设施（渗沟和管）汇集渗入水，并通过隔一定距离设置的横向排水管将渗沟内的水引出路界。

4. 横向穿越排水构造物

为将路界（或路基）上侧的地表水横向穿越路基引排到路界（或路基）下侧，可以设置小型排水构造物——涵洞。涵洞设计具体可参考相关设计手册。

10.2.3 排水系统设计

公路路基排水设计时，应先进行总体规划和综合设计，将针对某一水源和满足某个要求而设置的各项排水设施组成统一、完整的综合排水系统，以提高排水效果和降低工程造价。

布置路基排水系统时，应联系道路的平面、纵断面和横断面，查明各种水源，并分析它们对路基路面的危害程度，再根据沿线的地形、地质等条件，因势利导、因地制宜布置适当的排水设施，完善对进出水口的处理，使各项设施衔接配合，形成排水网络，把有害水及时排除掉。同时，要周密考虑每一排水设施的功能，以及在位置和构造等方面的要求，使它们充分发挥预期的效果。

在规划道路排水系统时，要注意地表、地下排水相互协调，路基、路面排水的综合考虑，排水沟管与沿线的天然水系及桥涵等结构物的密切配合。地表排水设计与坡面防护工程也要配合。例如，路表面水采用横向分散漫流排水时，若土路肩和边坡易被浸蚀、冲刷，就要进行有效的防护处理；否则，应采用路肩纵向集中排水。

公路排水还应与当地的农田水利等建设规划结合起来考虑。路基排水要防止冲毁农田或危害其他水利设施，道路侵占的排灌沟应予以恢复，可设置涵洞加以接通或进行迁移，以保证农田排灌系统的正常运行。

路基排水系统的布置，一般利用路线平面图按下列步骤进行：

1）在路线平面图上绘出必要的路堑坡顶线和路堤坡脚线，标明路侧弃土堆和取土坑的位置等。

2）在路基上侧山坡上可设置截水沟等拦截地表径流。为提高截流效果，截水沟宜大体上沿等高线布置，与地面水流方向接近垂直。

3）路基两侧按需要设置边沟或利用取土坑，必要时采用路肩排水系统和中央分隔带排水系统，汇集并排出道路表面的水。

4）根据沿线地下水的情况，设置必要的地下排水设施。

5）将拦截或汇集的水流，用排水沟引排到指定低洼地、河沟或桥涵等处。排水沟应力求短捷，远离路基，与其他水沟的连接应顺畅。

6）选定桥涵的位置，使这些沟渠同桥涵连成一个完整的排水系统。对于穿过路基河沟，一般均应设置桥涵，不要轻易改沟并涵。考虑到路基排水或农田排灌的需要，也可增设涵洞。

公路综合排水系统设计，除在一般的路线平面、纵断面图上分别标明排水设施的名称（类型）、地点、中心里程桩号、沟底纵坡、跨径或宽度、长度、流向、进出口、挡水结构等有关事项外，特别复杂的排水地段应绘制细部设计图。

10.2.4 排水沟渠设计

地表排水沟渠设计的内容包括确定平面位置、沟底纵坡、断面尺寸和结构形式等方面。这几方面是相互关联的，在设计时须统一考虑。

1. 边沟

边沟的平面位置多沿路边缘设置，与路中线平行。边沟的纵坡（出水口附近除外）一般与路线纵坡一致。平坡路段，边沟宜保持不小于0.5%的纵坡；特殊情况允许采用0.3%，但边沟口间距宜减短。当路线纵坡不能满足排水要求时，要调整边沟纵坡或采取其他措施。边沟出水口附近及排水困难路段（如回头曲线和路基超高较大的平曲线等处），应进行特殊设计。

边沟的横断面形式有梯形、矩形、三角形及流线形。土质边沟横断面一般采用梯形，梯形边沟内侧边坡为1:1.0～1:1.5，视土质类别而定。石方路段的边沟宜采用矩形横断面。少雨浅挖地段的土质边沟可采用三角形横断面，其内侧边坡宜采用1:2～1:3。边沟外侧边坡坡度与挖方边坡坡度相同。三角形边坡的水流条件较差，流量较大时沟深宜适当加大。

边沟的排水量不大，一般不须进行水文、水力计算，依据沿线具体条件，选用标准横断面形式。考虑施工方便和满足排水需要，高速公路、一级公路边沟深度及底宽不应小于0.6m，其他等级道路不应小于0.4m。

2. 截水沟

截水沟的位置应尽量与绝大多数地面水流方向垂直，以提高截水效能和缩短沟的长度。截水沟与路堑坡顶或山坡路堤坡脚之间应有一定的距离，以防沟内的水浸湿坡体或坡脚。截水沟与挖方边坡坡顶的距离一般应大于5.0m，地质不良地段可取10.0m或更大。截水沟下侧可堆置挖沟的土方，要求做成顶部向沟倾斜2%的土台，如图10-1所示。山坡填方路段可能遭到上方水流的破坏作用，此时须设截水沟，以拦截山坡水流保护路堤。截水沟与坡脚之间，要有不小于2.0m的间距，并做成2%的向沟倾斜横坡，确保路堤不受水害，如图10-2所示。

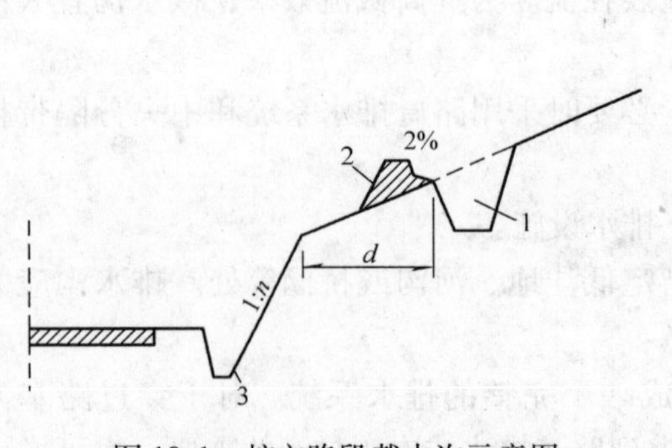

图10-1 挖方路段截水沟示意图
1—截水沟 2—土台 3—边沟

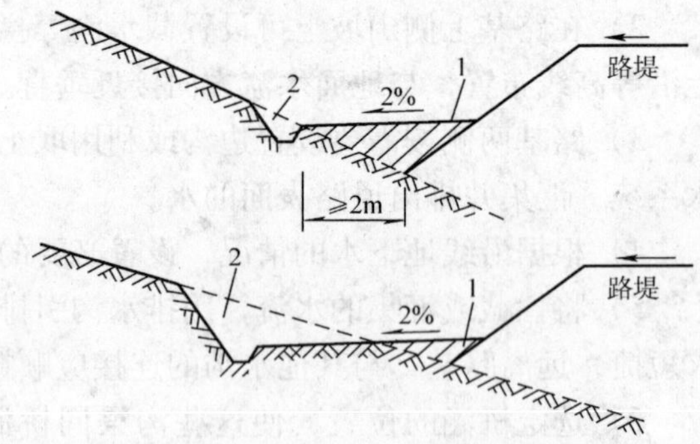

图10-2 填方路段上的截水沟示意图
1—土台 2—截水沟

截水沟应保证水流畅通，就近引入自然沟内排出，必要时配以急流槽或涵洞等结构物将水流引入指定地点。截水沟水流不应引入边沟，当必须引入时，应增大边沟横断面，并进行防护。

截水沟沟底应具有0.5%以上的纵坡，沟底和沟壁要求平整密实、不滞流、不渗水，必要时予以加固和铺砌。截水沟的长度以200～500m为宜。

截水沟的横断面形式，一般为梯形，沟的边坡坡度，因岩土条件而定，一般采用1∶1.0～1∶1.5。沟底宽度不小于0.5m，沟深按设计流量而定，亦不应小于0.5m。

3. 排水沟

排水沟的位置，可根据需要并结合当地地形等条件而定，离路基尽可能远些，距路基坡脚不宜小于2m，平面上应力求直捷，需要转弯时亦应尽量圆顺，做成弧形，其半径不宜小于10～20m，连续长度宜短，一般不超过500m。排水沟水流注入其他沟渠或水道时，应使原水道不产生冲刷或淤积。通常应使排水沟与原水道两者成锐角相交，交角不大于45°，有条件可用半径$R=10b$（b为沟顶宽）的圆曲线朝下游与其他水道相接（见图10-3）。

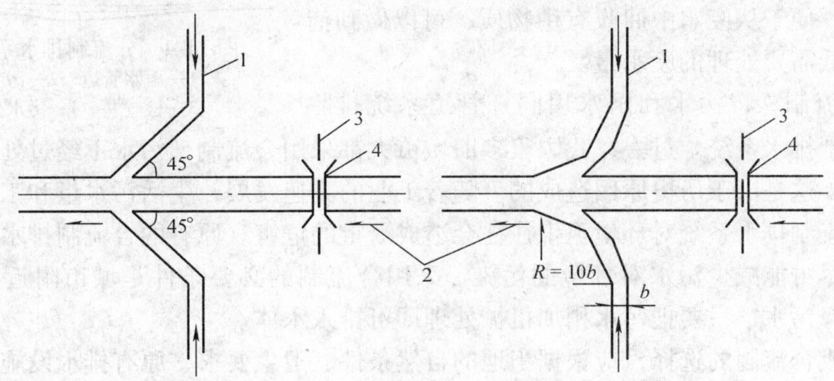

图10-3 排水沟与水道衔接示意图

1—排水沟 2—其他渠道 3—路基中心线 4—桥涵

排水沟应具有合适的纵坡，以保证水流畅通，不致流速太大而产生冲刷，亦不可流速太小而形成淤积，为此宜通过水文、水力计算而择优选定。一般情况下，可取0.5%～1.0%，不小于0.3%，亦不宜大于3%。

排水沟的横断面一般采用梯形，尺寸大小应经过水力、水文计算选定。用于边沟、截水沟及取土坑出水口的排水沟，横断面尺寸根据设计流量确定，底宽与深度不宜小于0.5m，土沟的边坡坡度约为1∶1～1∶1.5。

沟渠具体的水文和水力计算可参考相关教材和设计手册。

10.3 城市道路排水设计

10.3.1 概述

1. 排水系统的制度

城市道路中，为了保证车辆和行人的正常交通，改善城市的卫生条件，以及避免路面的过早损坏，要求迅速地将地面雨雪水排除。所以，城市道路排水是城市道路的一个组成部分。

城市道路排水也是城市排水系统的一部分。为了保障生产和人民生活，城市中需要排除的污水除雨雪水外，尚有工业废水和生活污水。由于废（污）水和雨水的水质不同，所以可分别组织不同的管道系统来排除。排水制度分为分流制和合流制。

（1）分流制　用两个或两个以上的管道系统来分别汇集生活污水、工业废水和雨水的称为分流制排水系统（见图 10-4）。其中汇集和处理生活污水或工业废水的系统称为污水排除系统，汇集和排泄雨水的系统，称为雨水排除系统。分流制排水系统又可分为两种情况：一种情况是分别设置污水和雨水管道系统，另一种情况是只有污水管道系统，不设雨水暗管，雨水沿着地面、街道边沟和明渠排入天然水体。

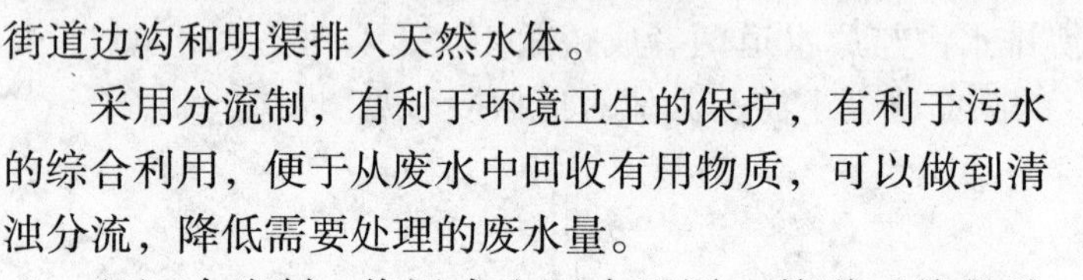

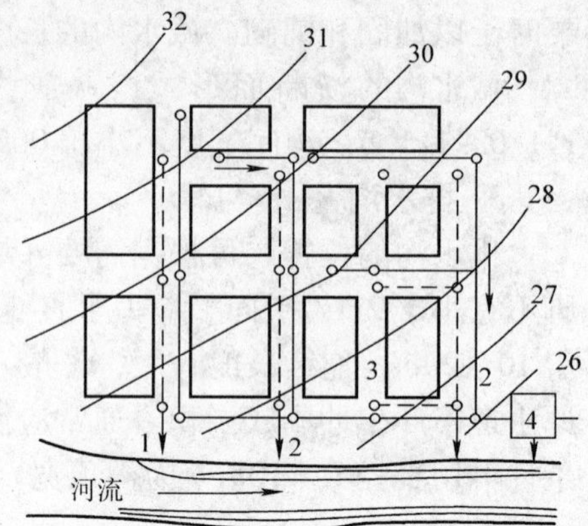

图 10-4　分流制排水系统示意图
1—雨水管道　2—污水管道
3—检查井　4—污水处理厂

采用分流制，有利于环境卫生的保护，有利于污水的综合利用，便于从废水中回收有用物质，可以做到清浊分流，降低需要处理的废水量。

（2）合流制　将污水和雨水用同一管道系统排除的称为合流制排水系统。过去，我国很多旧城市大都采用合流制，污水不经过处理与雨水直接排入水体，这是由于历史原因造成的。随着工业的高速发展，生活污水量和工业废水量急剧增加，合流制排水系统对环境卫生往往会造成严重的危害。原有的合流制排水系统应加以利用，并应尽可能减少污水对环境的污染。采用合流制的必要条件是城市附近有较大的水体，足够稀释污水，只要把污水稍加机械处理即可排入水体。

分流制或合流制的选择，应根据当地的自然条件、卫生要求、原有排水设施、水质和水量、地形、气候、水体和污水利用等条件，从全局出发，综合考虑确定。新建的排水系统一般采用分流制，同一城镇的不同地区可以采用不同的排水制度。在具体实施方面，可根据当地的条件，如雨量少而集中，地面坡度较大，可先建造污水管道系统，用较少的投资将有碍卫生的污水从居住区排出去进行处理，雨水可暂时用明沟排泄，不过在设计时要预先估计到以后添建雨水系统的经济和可能。而在雨量多且雨期长，地形平坦，积水易造成生产和生活上不便时，就需要同时建成雨水管道系统。

本节着重讲述街道雨水管道的布置与设计。有关工业废水与生活污水的处理和排除，可参阅相关排水工程教材。

2. 街道雨水排除系统的类型

根据构造特点，城市干道雨水排除系统可分为下列各类：

（1）明沟系统　与公路地面排水相同，即用明沟排水。在街坊出入口、人行过街等地方增设一些盖板、涵管等过水结构物。纵向明沟可设在路面的两边或一边，也可设在车行道的中间。纵向明沟过长将增大明沟断面和开挖过深，此时须在适当地点开挖横向明沟，将水引向道路两侧的河滨排出，如图 10-5 所示。

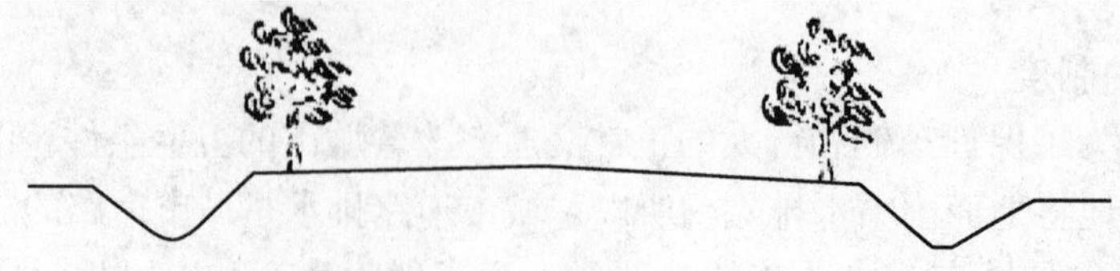

图 10-5　道路明沟排水示意图

明沟的排水断面尺寸，可按照泄水面积依水力学公式计算。明沟一般采用梯形，底宽一般不小于0.3m。边坡视土壤及护面材料而不同，用砖石或混凝土块铺砌的明沟，一般采用1∶0.5～1∶1的边坡。有的城市也采用石砌或砖砌和上面加盖板的矩形明沟。

（2）暗管系统　包括街沟、雨水口、连管、干管检查井、出水口等主要部分。道路上及其相邻地区的地面水依靠道路设计的纵、横坡度，流向车行道两侧的街沟，然后顺街沟的纵坡流入沿街沟设置的雨水口，再由下地的连管通到干管，排入附近河滨或湖泊中去，如图10-6所示。

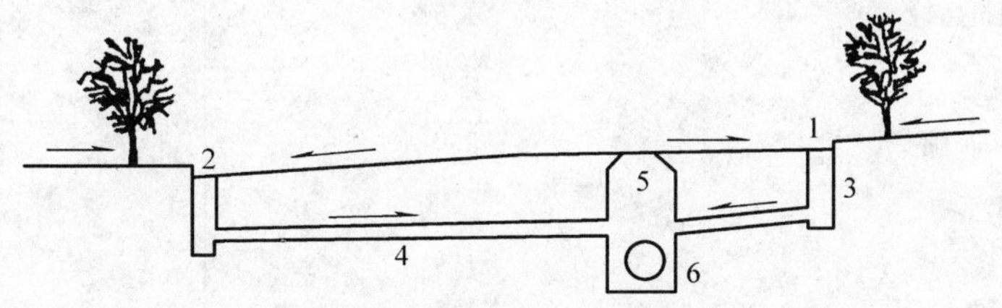

图10-6　暗管排水示意图

1—街沟　2—进水孔　3—雨水口　4—连管　5—检查井　6—雨水干管

（3）混合系统　这是明沟和暗管相结合的一种形式。城市中排除雨水可用暗管，也可用明沟。采用明沟可以降低造价，但在建筑物密度较高和交通频繁的地区，采用明沟往往引起生产、生活和交通不便，桥涵费用增加，占用土地较多，并影响环境卫生。因此，这些地区应采用暗式系统。而在城镇的郊区或其他建筑物密度较小、交通稀少的地区应首先考虑采用明沟。

10.3.2　雨水管道及其构造物沿道路的布置

1. 雨水管的布置

城市道路的雨水管线应平行于道路的中心线或规划红线。雨水干管一般设置在街道中间或一侧，并宜设在快车道以外，当道路红线宽度大于60m时，可考虑沿街道两侧作双线布置。

由于雨水管道施工及检修对交通运输干扰很大，因此，在交通量大的干道上，雨水干管也可直接埋设在绿带或较宽的人行道下，并注意与行道树、杆柱、侧石等保持一定的横向距离。此外，雨水管线还应尽可能避免或减少与河流、铁路以及其他城市地下管线的交叉，避免造成施工困难；必须交叉时，应尽量正交，并保证相互之间有一定的竖向间隙。雨水管道离开房屋及其他管道的最小距离见表10-1。

表10-1　排水管道与其他地下管线（构筑物）的最小净距

名称		水平净距/m	垂直净距/m
建筑物		见注3	
给水管		见注4	见注4
排水管		1.5	0.15
煤气管	低压	1.0	0.15
	中压	1.5	
	高压	2.0	
	特高压	5.0	

（续）

名称	水平净距/m	垂直净距/m
热力管沟	1.5	0.15
电力电缆	1.0	0.5
通信电缆	1.0	直埋0.5 穿管0.15
乔木		
地上柱杆（中心）	见注5	
道路路侧石边缘	1.5	
铁路	见注6	轨底1.2
电车路轨	2.0	1.0
架空管架基础	2.0	
油管	1.5	0.25
压缩空气管	1.5	0.15
氧气管	1.5	0.25
乙炔管	1.5	0.25
电车电缆		0.5
明渠渠底		0.5
涵洞基础底		0.15

注：1. 表列数字除注明者外，水平净距均指外壁净距，垂直净距系指下面管道的外顶与上面管道基础底间净距。

2. 采取充分措施（如结构措施）后，表列数字可以减少。

3. 与建筑物水平净距：管道埋深浅于建筑物基础时，一般不小于2.5m（压力管不小于5.0m）；管道埋深深于建筑物基础时，按计算确定，但不小于3.0m。

4. 与给水管水平净距：给水管管径小于或等于200mm时，不小于1.5m；给水管管径大于200mm时，不小于3.0m。与生活给水管道交叉时，污水管道、合流管道在生活给水管道下面的垂直净距不应小于0.4m。当不能避免在生活给水管道上面穿越时，必须予以加固，加固长度不应小于生活给水管道的外径加4m。

5. 与乔木中心距离不小于1.5m；如遇现状高大乔木时，则不小于2.0m。

6. 穿越铁路时应尽量垂直通过。沿单行铁路敷设时应距路堤坡脚或路堑坡顶不小于5m。

雨水管与其他管线发生平交时，其他管线一般可用倒虹管的办法。如雨水管和污水管相交，一般将污水管用倒虹管穿过雨水管的下方。如果污水管的管径较小，也可在交汇处加建检查井，将污水管改用生铁管穿越而过。当雨水管与给水管相交时，可以把给水管向上做成弯头，用铁管穿过雨水检查井。

由于雨水在管道内是靠本身重力而流动的，所以雨水管道应由上游向下游倾斜。雨水管的纵断面设计应尽量与街道地形相适应，即管道纵坡尽可能与街道纵坡取得一致。这样，不致使管道埋设过深，可节省土方量。因此，在城市道路纵断面设计时，应考虑雨水的排除问题，为排除雨水创造条件。另外，路面上汇集的雨水往往带有尘土、沙、煤屑等物，易于在管道内沉淀，因此要求管道内雨水宜有较高的流速，以防止或减少沉淀，其设计流速常采用自清流速，一般为0.75m/s，这就要求雨水管的最小纵坡不能太小，一般不小于0.3%。为了满足管中雨水流速不超过管壁受力安全的要求，对雨水管的最大纵坡也要加以控制，通常道路纵坡大于4%时，为了不使雨水管纵坡过大，需分段设置跌水井。

管道的埋设深度对整个管道系统的造价和施工影响很大，管道越深则造价越高，施工越困难，所以管道埋深不宜过大。管道最大允许埋深根据技术经济指标及施工方法确定。一般在干燥土壤中，管道最大埋深不超过7~8m；在地下水位较高，可能产生流砂的地区，管道最大埋深不超过4~5m。

雨水管的最小埋深等于管直径与管道上面的最小覆土深度之和，最小覆土深度一般根据的水管可能承受的外部荷载、管材强度、当地冻深以及临街建筑内排水支管的连接要求坡度等，结合实际经验确定。在车行道下，管顶最小覆土深度一般不小于 0.7m。在管道保证不受外部荷载损坏时，最小覆土深度可适当减小。至于北方冰冻地区，则要按防冻要求来确定覆土深度。

不同直径的管道在检查井内衔接时，应使上下游管段的管顶等高，称为管顶平接，这样可以避免在上游形成回水。

2. 雨水口的布置

雨水口是在雨水管道或合流管道上收集雨水的构筑物。地面上、街道上的雨水首先进入雨水口，再经过连接管流入雨水管道。雨水口一般设在街区内、广场上、街道交叉口和街道边沟的一定距离处，以防止雨水漫过道路或造成道路及低洼地区积水，妨碍交通。

雨水口的布设数量，应按汇水面积所产生的流量及雨水口的进水能力确定。在纵断面凹处、街道低洼点、汇水点及人行横道线上游，应设置雨水口。雨水口应避免设在临街建筑物的门口、停车站、分水点及其他地下管道顶上。

（1）雨水口的布设形式　雨水口的布设形式应根据不同的道路横断面形式合理布置。目前国内常见形式有：

1）单幅式，布置两排雨水口，如图 10-7 所示。

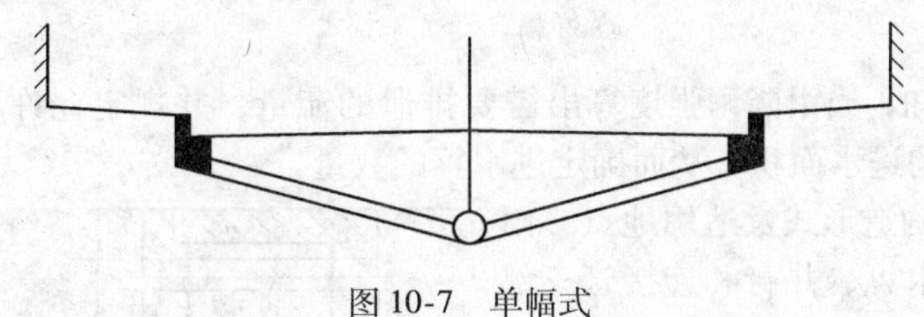

图 10-7　单幅式

2）双幅式，布置两排或四排雨水口，如图 10-8 所示。

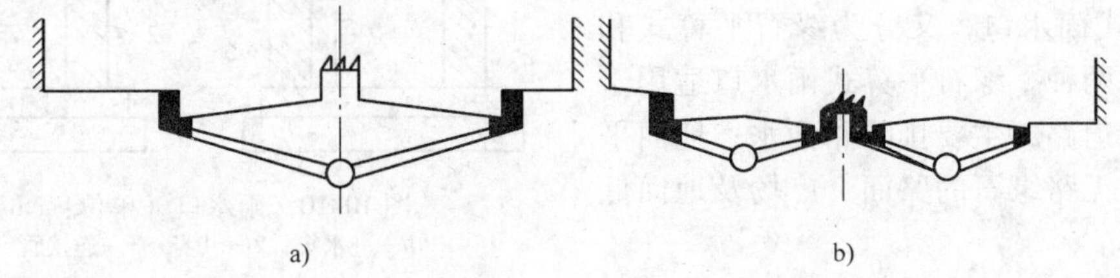

图 10-8　双幅式

a）布置两排　b）布置四排

3）三幅式，布置两排至六排雨水口，又分 A 型、B 型两种，如图 10-9 所示。

（2）雨水口的泄水能力　雨水口的泄水能力按下式计算

$$Q = \omega C \sqrt{2ghk} \tag{10-1}$$

式中　Q——雨水口排泄的流量（m^3/s）；

ω——雨水口进水面积（m^2）；

C——孔口系数，圆角孔用 0.8，方角孔用 0.6；

g——重力加速度；

h——雨水口上允许储存的水头，一般认为街沟的水深不宜大于侧石高度的 2/3，一

般采用 $h=0.02 \sim 0.06\text{m}$；

k——孔口阻塞系数，一般 $k=\frac{2}{3}$。

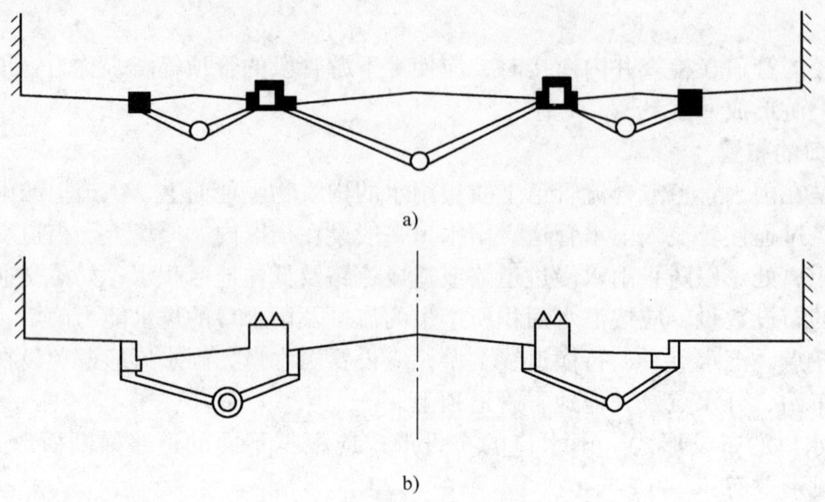

图 10-9 三幅式
a）单幅式 b）双幅式

由式（10-1）知，当由降雨强度算出需要排泄的流量，并规定允许积水深度后就可计算每个雨水口所需的进水面积，从而确定进水箅的数量。

（3）雨水口的构造形式及适用地点 雨水口的构造包括进水箅、井身和连接管三部分（见图 10-10）。根据进水箅布置的不同，雨水口可分为平式、立式和联合式三种。

1）平式雨水口，又分为缘石平箅式和地面平箅式两种。缘石平箅式雨水口适用于有路缘石的道路，主要排除路面水；地面平箅式适用于无路缘石的路面、广场及地面低洼聚水处等。

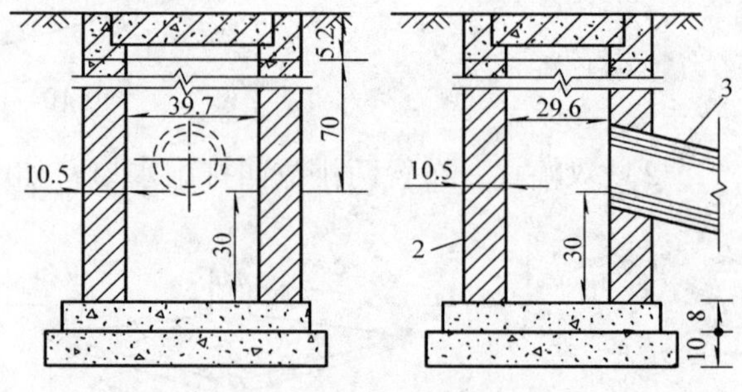

图 10-10 雨水口（单位：cm）
1—进水箅 2—井身 3—连接管

2）立式雨水口，有立孔式和立箅式两种适用于有路缘石的道路。立孔式雨水口适用于箅隙容易被杂物堵塞的地方。

3）联合式雨水口，在水平和垂直方向上均有通水箅，宜用于径流集中且有杂物堵塞处。

（4）雨水口布设 雨水口设计包括雨水口的平面布置、结构形式、间距、竖向高程等设计，其中最重要的是雨水口的布置。这里重点讨论雨水口的平面布置，其布设步骤如下：

1）确定街沟纵断面上低洼积水点和交叉口竖向规划上必需的雨水口。如街道上排水的汇合点，凹形竖曲线的低洼处等，均应设置雨水口。

2）根据道路纵横坡度、街道宽度、路面种类、周围建筑地形及排水情况，选择雨水口形式及布设方式。

3）根据当地暴雨强度、雨水口的排水能力等因素，确定雨水口的数量、位置与间距。

间距一般为30~80m，纵坡较大时，水的流速大，不能充分进入雨水口即行越过；纵坡过小时，往往形成积水，此时均应适当缩小雨水口的间距，减小的数值由计算确定。

4）在交叉口处应根据路面雨水径流情况及方向布置雨水口。

5）雨水口的连接，必要时可以串联，一般不超过两个。雨水口连管最小管径为ϕ200mm，坡度不小于1%，长度不超过25m，覆土高度不小于0.7m。

6）雨水口的标高布置。立式雨水口，应使雨水口圈框低于两侧路面3cm，进水箅面比雨水口圈框再低1cm（联合式雨水口相同）；平式雨水口，应使雨水口圈框低于附近路面3~5cm，并使周围地面坡向雨水口。雨水口井的深度不宜大于1m，冰冻地区，应对雨水口及其基础采取防冻胀措施。在泥沙量较大的地区，可根据需要设置沉泥槽。

3. 检查井的布置

为了对管道进行检查和疏通，管道系统上必须设置检查井；同时检查井还起连接沟管的作用，相邻两个检查井之间的管道应在同一直线上，便于检查和疏通操作。检查井一般设置在管道容易沉积污物以及经常需要检查的地方，如管道改变方向处、改变坡度处、改变高程处、改变断面处和交汇处、跌水处以及直线管段上每隔一定距离，都应布设检查井。检查井在直线段上最大间距根据现行《城市排水设计规范》规定按表10-2采用。

表10-2 雨水管道检查井最大间距

管径或暗渠净高/mm	最大间距/m
<700	75
700~1500	125
>1500	200

10.3.3 雨水管渠设计流量计算

雨水管渠的设计流量一般按下式计算

$$Q = q\psi F \tag{10-2}$$

式中 Q——雨水设计流量（L/s）；

q——设计暴雨强度L/(s·hm²)；

ψ——径流系数；

F——流域汇水面积（hm²）。

采用式（10-2）计算时应注意，在流域内当有生产废水和生活污水排入雨水管渠以及有上游的雨水管渠内的雨水流入设计管段时，都应将其计算在内。

上式中三个参数q、ψ、F的确定：

（1）径流系数ψ 流入雨水管道的雨水称为径流量。某时段内的径流量与同一时段全部降雨量的比值，称为径流系数。影响径流系数的因素很多，其中最主要的是排水地区的地面性质和地面覆盖。在城市排水地区，经常遇到不同种类的地面，所以排水地区的平均径流系数应按加权平均法计算，其计算公式如下

$$\psi = \frac{\psi_1 F_1 + \psi_2 F_2 + \psi_3 F_3 + \cdots + \psi_n F_n}{F_1 + F_2 + F_3 + \cdots + F_n} \tag{10-3}$$

式中 ψ——排水地区内的加权平均径流系数；

F_1，F_2，…，F_n——排水地区内各种地面面积（hm^2）；

ψ_1，ψ_2，…，ψ_n——相应各种地面的径流系数，可按表 10-3 采用。

表 10-3 不同地面的径流系数

地面种类	径流系数	地面种类	径流系数
各种屋面、混凝土和沥青路面	0.90	干砌砖石和碎石路面	0.4
大块石路面和沥青表面处治路面	0.60	非铺砌的土地面	0.30
级配碎石路面	0.45	公园或草地	0.15

（2）汇水面积 F 每条管道都有其所服务的汇水面积，单位以 hm^2 计（$1hm^2=10^4m^2$），各设计管段的汇水面积的区界是根据地形地物决定的。计算汇水面积时，除街坊面积外还包括街道面积。

当地势平坦、街坊、四周的道路都有沟管时，可用各街角的分角线划分汇水面积，各汇水面积内的雨水分别流入相邻的雨水沟管，如图 10-11 所示。

当地势向一边倾斜时，则街坊的雨水流入低侧街道下的管道内。一般不需要把街坊划分成几块面积，但大街坊的两边如都有雨水管道时，也可考虑使雨水流入街坊两侧的管道，如图 10-12 所示。

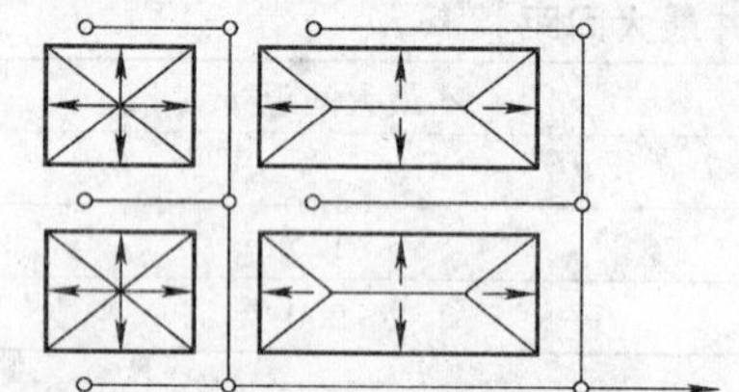

图 10-11 平坦地区汇水面积划分示意图

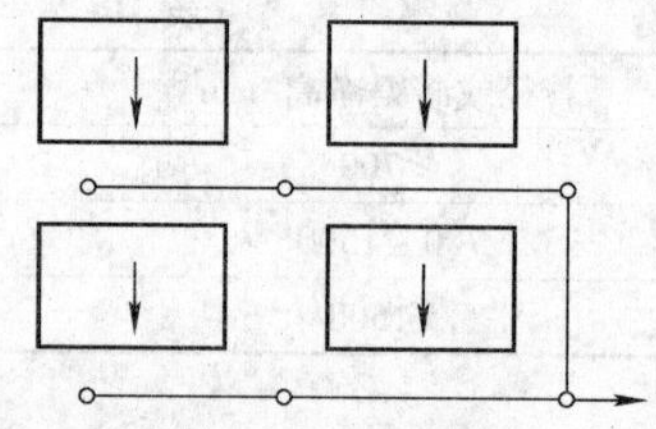

图 10-12 地形倾斜汇水面积划分示意图

（3）设计暴雨强度 q 设计暴雨强度 q 一般是根据 10 年以上的自动雨量记录资料进行计算的。因为降雨量的大小是以暴雨强度 i 表示，其单位为 mm/min。把暴雨强度 i 的单位换算成设计暴雨强度 q，单位为 L/(s · hm^2)，则

$$q=\frac{1\times10000\times1000}{1000\times60}\times i=167i$$

根据长期雨量记录资料的统计分析，可以推求暴雨强度、降雨历时和设计重现期的关系式，即

$$i=\frac{A}{(t+b)^n}$$

其中 $$A=A_1(1+C\lg T)$$

故 $$i=\frac{A_1(1+C\lg T)}{(t+b)^n} \tag{10-4}$$

则 $$q=167i=\frac{167A_1(1+C\lg T)}{(t+b)^n} \tag{10-5}$$

式中 i——暴雨强度（mm/min）；

q——设计暴雨强度 L/(s · hm^2)；

t——降雨历时（min）；

T——设计重现期（年）；

A_1、C、n、b——参数，根据统计方法计算确定，决定于当地的气象。

我国幅员辽阔，各地气候条件不一，暴雨强度计算公式不一，现将部分城市的暴雨强度公式列出，见表 10-4，供参考使用。

表 10-4　我国若干城市暴雨强度公式

城市名称	暴雨强度公式/(L/(s · hm²))	资料年数/年
北京	$q=\dfrac{2001(1+0.811\lg T)}{(t+8)^{0.711}}$	40
上海	$q=\dfrac{5544(T^{0.3}-0.42)}{(t+10+7\lg T)^{0.82+0.07\lg T}}$	41
天津	$q=\dfrac{3383.34(1+0.85\lg T)}{(t+17)^{0.85}}$	50
重庆	$q=\dfrac{2822(1+0.775\lg T)}{(t+12.8T^{0.076})^{0.77}}$	8
广州	$q=\dfrac{2424.17(1+0.533\lg T)}{(t+11)^{0.668}}$	31
长沙	$q=\dfrac{3920(1+0.68\lg T)}{(t+17)^{0.86}}$	20
太原	$q=\dfrac{880(1+0.86\lg T)}{(t+4.6)^{0.62}}$	25
南宁	$q=\dfrac{10500(1+0.707\lg T)}{t+21.1T^{0.119}}$	21
贵阳	$q=\dfrac{1887(1+0.707\lg T)}{(t+9.35T^{0.31})^{0.695}}$	17
成都	$q=\dfrac{2806(1+0.803\lg T)}{(t+12.8T^{0.231})^{0.768}}$	17
银川	$q=\dfrac{242(1+0.83\lg T)}{t^{0.477}}$	6
宝鸡	$q=\dfrac{1838.7(1+0.94\lg T)}{(t+12)^{0.932}}$	20
南京	$q=\dfrac{2989.3(1+0.671\lg T)}{(t+13.3)^{0.8}}$	40
济南	$q=\dfrac{4700(1+0.753\lg T)}{(t+17.5)^{0.898}}$	5
杭州	$q=\dfrac{10174(1+0.844\lg T)}{(t+25)^{1.038}}$	24
南昌	$q=\dfrac{1386(1+0.69\lg T)}{(t+1.4)^{0.64}}$	7
长春	$q=\dfrac{1600(1+0.8\lg T)}{(t+5)^{0.76}}$	25
丹东	$q=\dfrac{1221(1+0.668\lg T)}{(t+7)^{0.605}}$	31

（续）

城市名称	暴雨强度公式/(L/(s·hm²))	资料年数/年
大连	$q=\frac{1900(1+0.66\lg T)}{(t+8)^{0.8}}$	10
哈尔滨	$q=\frac{2889(1+0.9\lg T)}{(t+10)^{0.88}}$	32
齐齐哈尔	$q=\frac{1920(1+0.89\lg T)}{(t+6.4)^{0.86}}$	33
厦门	$q=\frac{850(1+0.745\lg T)}{t^{0.514}}$	7

由式（10-4）、式（10-5）可以看出，当参数 A、C、n、b 已确定时，暴雨强度 i 或 q 取决于设计重现期 T 和设计降雨历时 t，现对这些因素进行讨论。

1）设计重现期 T 是指在一个较长的统计期限内，设计暴雨强度的降雨重新出现一次的平均时间间隔，单位为年。设计重现期越大，则设计暴雨强度也越大，所要求的雨水管管径也要随之增大；反之，则减小。若设计重现期选得过大将造成雨水管管径过大，造价高，虽使用安全但长时间管道内并不满流，因而不经济；相反，若设计重现期选得小则雨水管将经常溢流，造成道路积水，影响正常交通。所以在设计时应恰当地选择设计重现期。

2）设计降雨历时 t 是指设计暴雨所取的某一连续时段，单位为 min。雨水管渠的设计降雨历时应采用管渠中形成最大径流量所需的时间，那么，降暴雨经历多长时间管渠内的流量才是最大的呢？管渠的流量主要受暴雨强度 q 和汇水面积 F 的影响，而降雨历时同时影响着这两个因素。降雨历时 t 越小，q 越大，而 F 却越小。当降雨刚开始时，只有邻近雨水口很小面积的雨水才流到雨水口，随着降雨的继续，降雨历时逐渐增大，越来越多的地面上的雨水流到雨水口，即汇水面积 F 也在逐渐增大。实践证明，在一般条件下，当汇水面积上的雨水还没有全部集中到设计管段内的时候，降雨强度 q 随降雨历时 t 减小的影响，不如汇水面积随降雨历时 t 增加的影响大。当降雨历时超过了全部汇水面积的集水时间后，汇水面积不再增加，而暴雨强度 q 却还会随降雨历时的增加而减小。所以，可以认为，在一次降暴雨过程中只有在汇水面积达到最大时，即汇水面积中最远点的雨水流到设计管渠断面时，管渠内的流量才是最大的。

设计降雨历时包括地面汇流时间和管渠内流行时间两部分。一般可按下式计算

$$t = t_1 + mt_2 \tag{10-6}$$

式中 t_1——地面汇流时间（min），与流域面积大小、地面种类、坡度、覆盖情况等有关，一般 $t_1=5\sim15\text{min}$；

t_2——雨水在管渠内流行时间（min），$t_2=\frac{L}{60v}$；

L——计算管段长度（m）；

v——设计管渠内雨水的流速（m/s）；

m——延缓系数，明渠为 1.2，暗管为 2。

10.3.4 雨水管渠水力计算

雨水管渠的水力计算，主要是根据已求得的设计流量，计算确定雨水管的管径和明渠的

断面尺寸或校核管渠坡度和流速。

在进行水力计算时，常用下列基本公式

$$v = C\sqrt{Ri} = \frac{1}{n} \cdot R^{\frac{2}{3}} \cdot i^{\frac{1}{2}} \tag{10-7}$$

$$Q = Av = A\frac{1}{n} \cdot R^{\frac{2}{3}} \cdot i^{\frac{1}{2}} \tag{10-8}$$

$$D = \sqrt{\frac{4Q}{\pi v}} \tag{10-9}$$

式中　Q——流量（m^3/s）；

v——流速（m/s）；

A——过水断面面积（m^2）；圆形断面（满流），$A = \frac{\pi D^2}{4}$；梯形断面，$A = (b + mh_0)h_0$，b、h_0 分别为梯形断面渠道底宽（m）、正常水深（m），m 为梯形断面渠道边坡系数；

R——水力半径（过水断面积 A 与湿周 χ 的比值：$R = A/\chi$）（m），圆形断面（满流），$R = \frac{D}{4}$；梯形断面，$R = \frac{(b + mh_0)h_0}{b + 2h_0\sqrt{1 + m^2}}$；

D——圆形断面（满流）直径（m）；

i——水力坡度（等于水面坡度，也等于管底坡度）（m/m）；

C——谢才系数或称流速系数；

n——粗糙系数，见表 10-5。

表 10-5　常用管渠材料粗糙系数 n 值

管渠材料	n	管渠材料	n
铸铁管、陶土管	0.013	浆砌砖渠道	0.015
混凝土管、钢筋混凝土管	0.013～0.014	浆砌块石渠道	0.017
水泥砂浆抹面渠道	0.013～0.014	干砌块石渠道	0.020～0.025
石棉水泥管、钢管	0.012	土明渠（带或不带草皮）	0.025～0.030

应用上述雨水管渠水力计算的基本公式，制成相应的水力计算图表，将水力计算过程简化为查图表的过程。设计时可根据设计流量 Q、设计纵坡度 i，直接从图中查出管径 D 和设计流速 v。

10.3.5　雨水管渠的设计

雨水管渠的设计通常按以下步骤进行：

1）收集并整理设计地区各种原始资料（如地形图、水文、地质、暴雨等）作为基本的设计数据。

2）划分排水流域，进行雨水管道定线。

3）划分设计管段。

4）划分并计算各设计管段的汇水面积。

5）根据排水流域内各类地面的面积数或所占比例，计算出该排水流域的平均径流系数。另外，也可根据规划的地区类别，采用区域综合径流系数。

6）确定设计重现期 T 及地面汇流时间 t_1。设计时，应结合该地区的地形特点、工程建设性质和气象条件选择设计重现期 T，各排水流域雨水管道的设计重现期可选用同一值，也可选用不同值。根据设计地区建筑密度情况、地形坡度和地面覆盖种类、街坊内是否设置雨水管渠，确定雨水管道的地面汇流时间 t_1。

7）确定管道的埋深与衔接。根据管道埋设深度的要求，必须保证管顶的最小覆土厚度，在车行道下时一般不低于0.7m，此外，应结合当地埋管经验确定。当在冰冻层内埋设雨水管道，如有防止冰冻膨胀破坏管道的措施时，可埋设在冰冻线以上，管道的基础应设在冰冻线以下。雨水管道的衔接宜采用管顶平接。

8）确定单位面积径流量 q_0。q_0 是暴雨强度与径流系数的乘积，称为单位面积径流量，即

$$q_0 = \psi q = \psi \frac{167A_1(1 + C\lg T)}{(t + b)^n} = \psi \frac{167A_1(1 + C\lg T)}{(t_1 + mt_2 + b)^n}$$

对于具体的工程设计来说，式中的 T、t_1、ψ、m、A_1、b、C、n 均为已知数，因此，只要求出各管段的管内雨水流行时间 t_2，就可求出相应于该管段的 q_0 值，然后根据暴雨强度公式，可绘制出单位面积径流量与设计降雨历时关系曲线。

9）管渠材料的选择。雨水管道管径小于或等于400mm，采用混凝土管；管径大于400mm，采用钢筋混凝土管。

10）设计流量的计算。根据流域具体情况，选定设计流量的计算方法，计算从上游向下游依次进行，并列表计算各设计管段的设计流量。

11）进行雨水管渠水力计算，确定雨水管道的坡度、管径和埋深。计算并确定出各设计管段的管径、坡度、流速、管底标高和管道埋深。

12）绘制雨水管道平面图及纵剖面图。

思考与练习

10-1　公路排水系统分哪几类？

10-2　路基排水设施有哪些？如何设置？

10-3　路面排水的形式有哪几种？

10-4　城市道路雨水排水系统有几种形式？分别适用什么情况？

10-5　城市道路为什么需要设计锯齿形边沟？《公路路线设计规范》有何规定？

10-6　雨水管布置有哪些具体要求？

10-7　雨水管设计应该完成哪些计算项目？

10-8　城市排水系统有几种制度？各适用什么场合？

10-9　雨水口布置形式有几种？位置与间距如何确定？

10-10　影响雨水管渠设计流量的主要因素有哪些？如何确定？

10-11　什么是设计重现期、降雨历时、设计暴雨强度？这些概念对道路排水设计有何影响？

第 11 章　道路交通安全与公用设施设计

11.1　交通安全设计概述

近年来，我国交通发展迅速，交通环境得到改善，交通状况有所好转，但交通安全的程度并没因此而得到提高。我国交通事故的主要根源是道路设计不规范、交通秩序差、混合交通严重、交通安全设施不足。

道路设计因素在交通事故中有非常重要的作用，因此必须综合考虑公路和城市道路设计规范，同时结合其交通特征，在规划设计阶段充分考虑安全因素，使设计能够起到预防道路交通事故的作用。通过设计从源头上减少事故发生，是保障交通安全的最佳手段。道路交通安全设计技术包括道路线形设计、路面设计和安全设施设计等。

（1）道路线形设计　道路线形设计要考虑线形与地区的土地利用相协调，同时要使道路线形连续、协调，并能满足施工、维修管理、经济、交通等各方面的要求。最小曲率半径的确定要考虑行驶在道路曲线部分上的汽车所受到的离心力、重力与地面提供的横向摩擦力之间的平衡，并考虑不至于影响乘员的良好心情，在曲线部分，应根据实地情况适当地超高，纵断面线形的设计必须符合规范。

（2）路面设计　为保证安全，路面应具有一定的平整度和粗糙程度。路面的平整度直接影响到行车平稳性、舒适性、轮胎磨损程度等；为防止产生汽车滑移现象，路面还需保持一定的粗糙度。行车道的设计必须满足相关标准对行车道宽度、紧急停车带设计、爬坡道和变速车道设计等方面的规定和要求。

（3）安全设施的设计　交通安全设施的设计应以《道路交通标志和标线》、交通部行业标准 JTJ 074—1994《高速公路交通安全设施设计施工技术规范》为依据，设置完善的交通安全设施系统。

1）交通标志。交通标志平面布设严格按照《道路交通标志和标线》及有关规范进行。交通标志的结构支撑方式分为柱式、悬臂式、门架式和附着式等几种，设计中可依据车型构成、标志板面尺寸及标志布设位置进行选择。结构设计中的荷载组成，除恒荷载外，活荷载主要考虑风荷载。

2）标线。交通标线包括各种路面标线、导向箭头、突起路标等，标线应与路面结构相配合，所选标线和突起路标材料应具有良好的反光性、防滑性及耐久性。

3）安全护栏。路侧护栏能防止失控车辆冲出路外，碰撞路边障碍物或其他设施。护栏的设置主要以路侧事故严重度为依据，间断布设，具体布设地点为：路堤填土高度大于 3m 的路段；路侧有河流、池塘等危险路段；互通立交进出口三角地带及小半径匝道外侧；路侧有需要提供保护的结构物（桥墩、大型标志柱、紧急电话等）。路侧护栏最小设置长度为 70m。

下面简单介绍视距、线形设计中的平面线形、纵断面线形等设计、分隔带与路肩的设计，以及应该实施的交通安全措施。

1. 视距

双车道道路的行车特征是超车时经常要占用对向车道，为保证行车安全，有关规范规定：双车道道路应间隔设置具有超车视距的路段。但对于具有超车视距的路段的比例、设置形式并没有严格界定，所以设计中应注意在沿线视野和视距满足道路条件允许超速情况下的行车视距和行车净空要求；对于不能满足视距的地方，必须采取设立交通标志或强制分道行驶或强制减速的措施。

2. 平面线形

平面线形设置的合理性，对驾驶员的心理、视觉和习惯有直接影响，与交通事故有重要关系。选用曲线半径应注意前后线形的协调，不应突然采用小半径曲线；在设计过程中，应将交通安全设施所对应的车辆速度设置成为车辆在该路段上自由行驶的车速，以增加防护等级；长直线或线形较好的路段，车速难以控制到设计车速，不能采用最小圆曲线半径；从地形条件好的区段进入地形条件较差的区段时，曲线的技术指标应逐渐过渡，防止突变。设计中应该注意的问题是：当道路条件与交通环境较好时，驾驶员有可能以大于计算行车速度行驶，平曲线半径要能与实际行驶车速相适应；连续多个平曲线路段曲线半径的变化要建立在速度平稳运行过渡的前提下；当地形地物条件受到限制而采取了极限半径时，应同步设计相应的安全措施。道路线形是在已有自然条件的基础上进行考虑的，但设计连续曲线的线形会使驾驶人员积累疲劳，不能沿着车道有秩序地行车，对其他交通参与者也不易判断，所以平面线形应尽量采用直线，并尽量采用良好的视距。

一条道路的直线与曲线的长度应该首先考虑工程造价和技术经济价值，有关规范参考了国内外的经验值对最大直线长度进行了控制。长直线之所以危险，是因为驾驶员的视点前移、视觉疲劳而容易超速。因此，应通过改善驾驶员的视觉和心理反应，间隔设置强制车速控制技术措施，如每公里内均匀间隔设置糙化路面和振动标线，或者通过交通标线压缩车行道宽度、设置交通标志等方法来控制超速。

3. 纵断面线形

如果城市坐落在山区或河谷地带，道路的纵断面线形不仅决定着视距，而且决定着汽车动力性能的发挥。多数长、大纵坡都是事故易发路段，长、大纵坡对载货汽车、功率小的汽车、超载汽车的行驶有影响。上坡会使车速减慢，妨碍后续的快速车辆，使超车需求增多，同时也会影响其他动力性能较好的车辆。由于无法忍受低速，动力性能较好的车辆往往会在视距和道路、通行条件不允许的路段强超硬会，增加下行车的制动次数，使安全性降低；而连续下坡会使刹车过热，制动效能减弱，更易发生交通事故。据调研，有很多事故是由于车辆在超车视距不足的长、大纵坡上临时停放，加水、修理故障或等待救援，造成下坡车辆追尾所致。另外对下坡路段事故原因的分析表明，超过半数的肇事车辆是由于不能充分估计到长、大纵坡的坡度与长度，连续制动导致制动失效引起的。设计中应该注意纵坡度尽量不采取极限值，在不得已采取了极限值时，应该采取提前降低设计车速，设置警告标志和坡段长度、坡度预告标志，加宽路肩和紧急停车带，设置标志提示驾驶员低挡位行驶控制好车速，防止制动器失灵的相应措施。此外，还可以在路侧设置摩擦系数很大的路面来缓解制动器，在路侧设置安全碰撞措施或者靠崖停车区域，在长、大纵坡下游进入城区之前设置避险车道，以防止失控车辆进入城区造成更大的事故。

4. 平纵组合

行车安全性的大小与不同线形之间组合的协调性有密切关系。不良的线形组合往往是导致交通事故发生的主要原因。如在长直线上设置陡坡，当汽车在长直线上行驶时，驾驶员容易高速驾驶汽车，再加之设置陡坡，汽车的行驶速度会远远高于计算行车速度，快的行车速度极易造成道路交通事故。两个同向弯曲的圆曲线之间的短直线形成“断背”曲线，这种道路线形容易使驾驶员产生错觉，把线形看成是反向曲线，发生操作错误，酿成事故。在直线路段的凹形纵断面路段上，驾驶员位于下坡观察对面的上坡段，容易产生错觉，把上坡的坡度看得比实际坡度大，就有可能采取加速的方式以便冲上对面的上坡路段；在下坡路段驾驶员看上坡车时，觉察不出自己是在下坡，因而可能发生交通事故。在凸形竖曲线的顶部或凹形竖曲线底部插入急转弯的平曲线，前者因视线小于停车视距而导致急打方向盘，行驶出原有车道，造成对农用车、非机动车等慢行车的刮擦和碰撞；后者在超出汽车设计车速的地方仍然要急打转向盘，这些都容易引起交通事故的发生。在平曲线内若纵断面反复凹凸，就会形成只能看见脚下和前面，看不见中间凹陷的线形，会对小型车辆和行人估计不足，引发交通事故。转弯半径较小的平曲线与陡坡组合在一起时，则会使事故骤增。所以，平竖曲线重叠时，平曲线应该稍长于竖曲线做到平包纵；凸形竖曲线顶部和凹形竖曲线底部应不设计小半径平曲线，若接近极限值应考虑在小半径平曲线上设置较大高度的导向设施以弥补视距不足；凸形竖曲线顶部和凹形竖曲线底部是防止出现反向平曲线的拐点；直线上的纵断面线形可防止出现驼峰、暗凹、跳跃等使驾驶员视线中断的线形。

曲线超高值要与计算车速、曲线半径、路面类型及气候条件取得力学上的平衡。城乡结合部的山区陡坡、山沟明弯路段应设计反超高，以防止路面冰冻时轮胎横向滑溜危险；由于城乡结合部交通复杂，随时可能有停车行为，北方有积雪的路段在超高设计时应考虑车辆随时停车所对应的超高，防止出现冰雪天气车辆在弯道低速和临时停车时的侧滑；超高缓和段的超高以及渐变率应符合安全行车与舒适的要求；选择超高横断面旋转轴时应注意路基边缘纵断面的视觉诱导和非机动车与行人通行的要求；曲线段加宽值应该和交通组成最大车辆相适应，以防对弯道上行人和非机动车的刮擦；曲线内侧加宽不应太多，以防有的驾驶员利用加宽的路面部分当超车道或行车道使用。

5. 分隔带与路肩

分隔带与路肩除供行人和非机动车通行以外，路肩还能够供发生故障的车辆临时停放，有利于防止交通事故和避免交通紊乱。同时，路肩作为侧向余宽的一部分，能够增加驾驶员的安全感和舒适感，能够保证设计车速，在挖方路段能够增加视距，减少事故。路肩的硬化和有效宽度是保证主干道交通有序的重要条件。道路设计中应该注意：线路段的路肩横坡值和坡向应该有利于排水并且与路肩超高相适应；道路在村镇附近及混合交通量大的路段，路肩要进行硬化以便于行人和非机动车交通使用。近年来，道路标准化、美化工程大量硬化了二级及其以下道路的路肩，包括长、大纵坡路段，山区背阴路段，常年大风路段，冬季冰雪路面的路肩，而这些路肩是不应硬化且应留有足够的沙砾的，因为这样可以有效地避免因天气原因而造成的车辆事故。

中央分隔带在构造上可起到分隔对向交通的作用，在分隔带的两侧一般都设置路缘带，路缘带提供了安全行车所必需的侧向余宽，并能引导驾驶员的视线。中央带的宽度不能频繁变化，否则将造成对驾驶员视觉上的误导，由于频繁变更行驶方向而导致交通事故。城乡结合部的中央分隔带应该封闭，开口也不宜过多，应保持每 2km 一处。每一处开口都会形成一个交叉口，交叉口处应该做交叉口的渠化设计，同时设置信号和标志。

6. 交通安全措施

交通工程及沿线设施是道路的重要组成部分，是发挥道路经济效益，保障行驶安全必不可少的配套设施。交通安全设施的作用是规范驾驶员正确的驾驶行为，在出现事故时，减少事故的损失。对于设计中的道路线形、纵断面、弯道等所有设计要素的变化都应通过道路交通标志标线给使用者以预告或警示。护栏的设置不但能够保证失控车辆的安全要求，也可以有效防止因行人横穿路面而引发的交通事故，所以应在行人可能穿越的路面范围内设置边防护栏，同时在因道路和环境限制而无法设置边防护栏的路段设置中央的防护或隔离设施。标志的汉字、数字、字母高度应该符合该等级道路最大可能的行车速度、最危险路况下驾驶员清晰视认的要求；要有足够数量的交通标志体现原始设计的思想，道路设计要素的变化都应通过交通标志实现；警告、禁令、指示标志尺寸大小的选择和安装位置应重点考虑在该路段最危险、最易发生事故处车辆所对应的速度和视点；标志的各支撑方式（如单柱、悬臂、门架）的选择应该满足驾驶员视认和道路净空的要求；在干路与支路相交的交叉路口，应配合交通标线设置干路先行标志、停车让行标志、减速让行标志；组合标志的版面内容和组合数量应满足迅速全部辨识的要求；指路标志的设置在城市外围以方向和道路为主，城市内部以地名、街道、功能为主。

城乡结合部的道路是市政管理的难点和薄弱点，由于其道路交通特征明显不同于城市道路及公路，所以通过对城乡结合部道路设计过程中各个因素的研究，优化城乡结合部道路设计，加强结合部的交通设施建设，能够有效地减少交通事故。市政管理人员及设计人员应充分考虑设计要素，合理利用指标，在满足规范要求的前提下，充分尊重驾驶人员的驾驶习惯和心理，重视城乡结合部的交通特征，在潜在事故发生段，采取多种交通安全措施。设计人员还应根据地形、地物、自然景观以及经验等，来判断最危险车辆、最危险行车状态、最可能的行车速度、最不利的行车环境，并以此作为设计依据。

11.2 道路交通安全设施设计

交通安全设施属于道路的基础设施，它对减轻事故的严重度，排除各种纵、横向干扰，提高道路服务水平，提供视线诱导，改善道路景观等起着重要的作用。特别是对充分发挥道路安全、快速、经济、舒适的功能，具有特殊的意义。因此，世界各国尤其是工业发达国家，对安全设施的开发研究及其应用非常重视，不断推出了形式多样、经济美观、性能优良和安全适用的新产品，以满足交通运输发展对安全设施的需求。

我国对交通安全设施的系统研究始于 20 世纪 60 ~ 70 年代，初期主要结合我国国情和道路交通特点，对交通安全设施的材料、结构形式和设置原则等展开了全面的研究。“七五”国家重点科技攻关项目“高速公路交通安全设施的研究”成果，于 1991 年初通过了国家级鉴定，它标志着我国交通安全设施的应用研究进入了新的发展阶段。

交通安全设施包括交通标志、标线、防撞护栏、隔离设施、防眩设施以及其他一些附属设施（导流块、里程碑、锥形路标等）。我国近年来修建的高等级公路，如京津塘、沈大、广佛、首都机场、沪宁等高速公路上都安装了这些基础设施，对保障道路交通安全，提高运输效益起到了良好作用。下面对交通标志、隔离栅和防眩板的设计作概要介绍。

11.2.1 交通标志设计

交通标志的布设能给使用者提供明确、及时、完善、清晰和足够的信息，并满足夜间行车的视觉要求，遵循全线均衡而不过于集中的布局形式，版面注记及结构形式与道路线形和周围环境协调一致，满足视觉及美观要求。交通标志设计主要包括牌面设计、结构设计以及平面布设等方面。

一般主线指路标志的汉字高度遵循GB 5768—1986及GB 5768—1996的标准，可以适当放大和缩小，汉字高宽比为1∶1，字体为国家标准矢量汉字标黑简体，英文高度为汉字高度的1/2。版面尺寸按不同版面内容确定，尽量达到统一，版面内容中的颜色、汉字间距、笔划粗度、最小行距、边距均以GB 5768—1996（征求意见稿）为依据。

版面反光材料的选择既要考虑各类反光膜的反光特性、使用功能、应用场合和使用年限，又要分清版面上不同内容的主次关系，这样才能保护版面中的交通信息在夜间有着良好的视认效果。标志中的内容可以采用高强级反光膜，而底色采用工程级反光膜，这样可以有效地分清标志版面中的主次关系，满足夜间行车的视认要求。

11.2.2 隔离栅设计

在高等级公路上，为了防止与公路无关的人和动物进入，保证车辆高速行驶的安全，防止非法占用土地等，应设置禁入隔离栅。隔离栅的主要类型有编织网型、刺铁丝网型、钢板网型及焊接网型，如表11-1所示。目前，隔离栅作为保证高速公路行车安全、快捷的一种有效手段，其牢固性、美观性以及易维修性等各项指标已经越来越受到广大使用者的重视。从目前已经竣工通车的高速公路上来看，经常会出现由于隔离栅强度较差而被盗的现象，不仅给管理者造成经济上的损失，而且给驾驶员安全行车带来不利影响。

表11-1 不同隔离栅的主要特性比较表

特性 类型	牢固度	美观性	造价	维修
刺铁丝网	较差	较差	低	容易
编织网	一般	一般	较低	稍难
焊网	好	好	较高	容易
钢板网	好	好	高	难

11.2.3 防眩板设计

防眩板作为保证夜间行车安全的一种设施，在交通安全设施中也是必不可少的。防眩板设计主要包括防眩板形式的确定和支撑方式的设计与验算。

1. 防眩板的外形

防眩板的主要类型：直板形、椭圆形、反S形。反S形防眩板的竖向强度高，外形美观大方，遮光效果强。由于防眩板设在高速公路中央分隔带内，会受到各种气候、自然条件的侵害，在抗老化、抗腐蚀、抗振动、耐温性等方面要求极为严格。

2. 防眩板的材质

防眩板的材质主要有钢板及其他复合材料、工程塑料、SMC模压玻璃钢等，见表11-2。

钢防眩板及钢板外附着其他合成材料的防眩板，由于钢的热膨胀系数高，长期受到野外气候的影响及底部风力引起的不断振动，会产生裂隙和附着物剥落，更会影响钢材的锈蚀，外表的有机物易于老化，在技术上难度较大，也难于维护。工程塑料防眩板外形美观，但耐温性差、易老化、易变色，虽然工程塑料在不断进步，但仍然不是理想的材料。

SMC 模压玻璃钢防眩板具有重量轻、强度高、耐腐蚀、耐老化、耐温性好等优点，并且因其 SMC 模压玻璃钢的主要成分是模压成型，内外材质一致，具有材料各向同性的特点，无机物，目前是防眩板的最主要选材。因为大多数事故都是由于车和钢护栏的撞击产生的，所以从受伤害的角度来看：塑料防眩板最小，玻璃钢防眩板次之，钢防眩板最大。

表 11-2 防眩板类型

项目	钢防眩板	塑料防眩板	SMC 玻璃钢防眩板	钢隔栅防眩板
布设距离	0.8m	1m	1m	0.1m
性　能	易锈蚀	外形漂亮	不变色	油漆易剥落
	耐温性好	耐温性差	耐温性好	耐温性强
	强度高	缓慢老化	不易老化	易锈蚀
适用地区	北方	中原	北方、南方	北方
综合性能	差	优良	优	一般

3. 设计原理

防眩主要是从驾驶者眼睛的视觉上考虑，主要指标是防眩板安装后形成的遮光效果。如图 11-1 所示，在中央分隔带上设置的防眩板间距为 L，横向宽度为 b，两对向行驶车辆视点连线与主光轴的夹角为 β_0，当线夹角 $\beta<\beta_0$ 时，光线被挡住；当 $\beta<\beta_1$ 时，光线也被挡住，只有 $\beta>\beta_1>\beta_0$ 的部分光线射向对向车道。

（1）遮光角设计计算公式（按遮光原理设计）

1）平截面和椭圆截面防眩设施的遮光角按下式计算（见图 11-1）：

直线路段遮光角
$$\beta_0 = \arctan\frac{b}{L} \tag{11-1}$$

式中　b——防眩板的宽度（m）；

L——防眩板的纵向间距（m）。

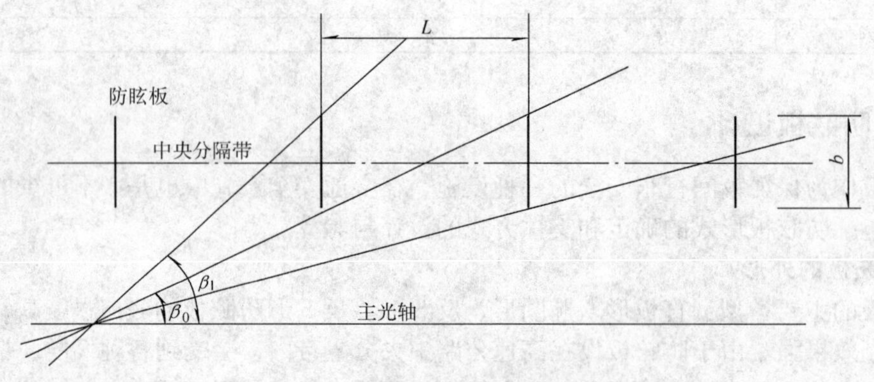

图 11-1　普通截面遮光角计算图

2）反 S 形截面防眩设施的遮光角按下式计算（见图 11-2）

直线路段遮光角

$$\beta_0 = \arctan\left(\frac{b}{L} - d\right) \tag{11-2}$$

式中各符号含义同前。

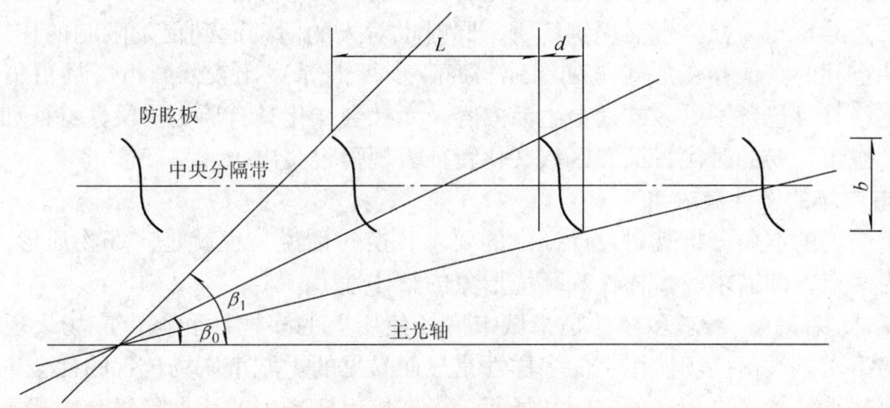

图 11-2　反 S 形截面遮光角计算图

3）平曲线路遮光角 θ

$$\theta = \arccos(R - B_3/R \times \cos\beta_0) \tag{11-3}$$

式中　R——平曲线半径（m）；

B_3——车辆驾驶员与防眩设施的横向距离（m）；

其余符号含义同前。

按国标设计要求：防眩设施的遮光角不得小于8°。

（2）每公里防眩板合理安装数量分析　通过遮光角设计计算公式计算得出下列每公里安装数量的统计，明显看出采用反S形防眩板每公里安装数量少于平截面和椭圆截面的防眩板，可以节省更多投资和满足良好的防眩功能，同时在外观效果上也凸显大方，见表11-3。

表 11-3　每公里防眩板安装数量分析

路段类型（每公里推荐）	直线段安装数量	曲线段安装数量	全路段统一安装数量
遮光角（°）	9	11	满足设计
宽度/cm	22	22	22
普通截面/块	714	886	900
反S形/块	689	833	850

11.3　城市广场设计和停车场设计

11.3.1　城市广场设计

1. 城市广场的本质

在我国城市建设高速发展的今天，迅速增多的城市广场引起人们的关注，城市广场正在成为城市居民生活的一部分，它的出现被越来越多的人接受，为我们的生活空间提供了更多的物质线索。城市广场作为一种城市艺术建设类型，它既承袭传统和历史，也传递着美的韵律和节奏，是一种公共艺术形态，也是一种城市构成的重要元素。在日益走向开放、多元、现代的今天，城市广场这一载体所蕴涵的诸多信息，成为规划设计深入研究的一个课题。

城市广场是城市公共空间的一种存在形式，因此，它具有城市公共空间的共性和其自身的特殊性。首先，城市公共空间是社会文化的一种物质积累和意义象征，它和社会生活紧密相关，城市公共空间为社会生活提供场所，同时也对人的活动起到促发限制的作用；其次，与城市公共空间的其他存在形式（如绿地、商业步行街等）比较，城市广场更集中地反映了社会文化，并且包含了更多的社会生活内容，而社会文化具有历史阶段性特征和地域性差异，因此，城市广场的时代特征和区域文化特征表现得很突出。

2. 城市广场的设计需求

从城市广场的本质分析其对设计提出的要求，换句话说，也就是广场物质形式的特点，可以概括为两点，即需求的多样性和环境形象的整体性。

（1）需求多样性　需求多样性是指城市广场使用上的多样性和城市广场表现社会文化多元共生的需求。城市广场使用上的多样性是显而易见的。城市广场包含的社会生活是多种多样的，故要求其能提供相应的空间和场所。人在城市广场中的活动除集会、观演等大众参与活动之外，还有休息、交谈等活动，这类活动中人的行为可概括为两类：一是人与人的交流，包括自然集中和约会两种方式，后者参加的人少，相对私密；自然集中的典型例子是老年人（不一定相识）聚在一角聊天、锻炼等，此时常常是寻找可利用的边界、边角空间。二是人与环境的交流，人需要独处，或是观赏城市广场景观，或是思考，这时，纯个人的行为对广场空间的要求可能更苛刻。

城市广场使用的多样性还有另一方面的原因，就是人参与其中的随意性。城市公共空间好坏的标准之一就是人的参与程度如何，而人对开放空间的参与是随机的和随意的，这就要求城市广场能提供更多使人参与其中的物质线索，路径上的可达性是方法之一，本质还在于环境意义的传达要清晰。

城市广场多元性是指社会文化在广场的多元共存状态。不同社会群体的多种文化需求，人对文化需求选择的多样性都要求在广场有所体现，广场的本质也包含着多元文化共存、融合的含义。因此，“文化共生”现象在城市广场设计中表现得日益突出，美国新奥尔良的意大利广场是在这方面比较极端化的例子。

（2）环境形象的整体性　它是指环境空间中的要素，场所、路径、领域之间所具有的良好关系，并因此提高广场空间的关联性，进而使环境意义的表达逻辑清晰而具有整体性。环境形象的整体性是形成一个完整的环境系统的前提和必要条件。

环境形象整体性还有助于提高城市广场空间的可识别性。可识别性的增强有助于城市广场主题的表现和接受，也是使人们把广场从城市其他部分区别开的途径。人对城市广场空间需求的多样性和环境形象的整体性是从“人”和“物”两个角度对广场设计分析的结果，它来源于城市广场的本质和人对环境的知觉认识，针对两点设计需求，下面介绍一些相应的设计方法。

3. 城市广场的设计原则

1）城市广场设计应赋予其丰富的文化内涵。设计时要考虑到广场所处城市的历史、文化特色与价值，将不同文化环境的独特差异和特殊需要加以深刻领悟和理解，设计出该城市、该文化环境下、该时代背景下的文化广场。

2）丰富城市广场空间的类型和结构层次，与周围整体环境在空间比例上的协调统一。

城市广场的结构一般都为开敞式的，组织广场环境的重要因素就是其周围的建筑，结合广场规划性质，保护历史建筑，运用合理适当的处理方法，将周围建筑很好地融入广场环境中。广场空间的类型和层次可看做是广场环境系统的空间结构，丰富空间的层次和类型是对系统结构的完善，将有助于解决广场使用多样性的需求。利用尺度、围合程度、地面质地等手法在广场整体中划分出主与从、公共与相对私密等不同的空间领域，在不同空间丰富空间边沿的状态。人的行为表明人在空间中倾向于寻找可依靠的边界，即“边界效应”，环境通过物质形式向人提供传达环境意义的线索。因此，在空间边沿的设计中应丰富其类型，提高人们选择的可能性，从而满足多样性的需求。

3）城市广场在交通组织上要协调统一。城市广场的人流、车流集散及其交通组织是保证其环境质量不受外界干扰的重要因素。城市广场的交通组织由城市交通与广场的交通组织和广场内部交通组织两部分组成。在城市交通与广场的交通组织上，要保证由城市各区域到广场的方便性。在广场内部的交通组织上，考虑到人们参观、游览、交往及休闲娱乐等为需求，结合广场的性质，很好地组织人流、车流，形成良好的内部交通组织，使人们在不受干扰的情况下，拥有欣赏文化广场的场所及交往机会。

4）城市广场要具有可识别性。标志物与可识别性标志物本身就是为了提高广场的可识别性。可识别性是易辨性和易明性的总和。因此，可识别性要求事物的独特性，针对城市广场来说，可识别性将增强其存在的合理性和价值。

5）要注意城市广场设计与城市设计的统一。城市广场的设计是城市设计的重要课题，它反映了城市整体设计的重要性，在任何一个环境设计中，整体的得失都比局部的好坏重要得多。城市广场设计虽然只是城市设计的一部分，但它的规划设计与城市总体规划和环境质量密不可分，所以在设计城市广场的时候要考虑当今城市广场在规划中存在的主要和常见的问题，尽量加以避免，认真把握城市总体规划的要求，全面分析广场所处的环境和地域历史文化特点，最终做到城市整体性和环境的统一。

4. 城市广场的设计重点

1）功能定位。

2）交通组织。

3）空间层次、比例关系。

4）注重城市特色，突出设计主题。

5）广场风貌及景观轴线、景观节点的创造。

5. 城市广场的常用设计手法

1）引入自然环境的手法，引入树林、绿化、花卉、草坪、水等自然环境。

2）引入轴线设计来组织文化广场环境，并通过轴线组织来控制整个城市的内在联系，使之成为有机的整体。轴线贯穿于两点之间，围绕轴线布置空间，虽然看不见，却强烈地存在于人们的感觉中，沿着人的视线，轴线有深度和方向感，轴线的终端指引着方向。

3）中式园林造景手法的引用，利用地形高差，空间环境运用对称、对景、虚实、呼应等手法。

11.3.2　停车场设计

规划和设计道路时，应考虑车辆的停放场地，设计合理的公共停车场。停车场分为机动车停车场和自行车停车场。

1. 机动车停车场的设计

（1）机动车停车场的设计要求

1）机动车停车场的出入口应有良好的视野。出入口距离人行过街天桥、地道和桥梁、隧道引道须大于50m，距离交叉路口须大于80m。

2）机动车停车场车位指标大于50个时，出入口不得少于2个；大于500个时，出入口不得少于3个。出入口之间的净距须大于10m，出入口宽度不得小于7m。公共建筑配建的机动车停车场车位指标包括吸引外来车辆和本建筑所属车辆的停车位指标。

3）机动车停车场内的停车方式应以占地面积小、疏散方便、保证安全为原则。

4）机动车停车场车位指标，以小型汽车为计算当量，设计时，应将其他类型车辆按表11-4所列换算系数换算成当量车型，以当量车型核算车位总指标。

表11-4 停车场（库）设计车型外廓尺寸和换算系数

车辆类型		各类车型外廓尺寸/m			车辆换算系数
		总长	总宽	总高	
机动车	微型汽车	3.20	1.60	1.80	0.70
	小型汽车	5.00	2.00	2.20	1.00
	中型汽车	8.70	2.50	4.00	2.00
	大型汽车	12.00	2.50	4.00	2.50
	铰接车	18.00	2.50	4.00	3.50
自行车			1.93	0.60	1.15

注：1. 三轮摩托车可按微型汽车尺寸计算。
2. 双轮摩托车可按自行车尺寸计算。
3. 车辆换算系数是按面积换算。

5）机动车停车场主要设计指标应按照相关规定执行。在停车场内停放的机动车之间的净距应不小于表11-5的规定。机动车停车场通道的最小平曲线半径应不小于表11-6的规定。机动车停车场通道的最大纵坡度应不大于表11-7的规定。

表11-5 车辆纵横向净距 （单位：m）

项目		微型汽车和小型汽车	大中型汽车和铰接车
车间纵向净距		2.00	4.00
车背对停车时车间尾距		1.00	1.00
车间横向净距		1.00	1.00
车与围墙、护栏及其他构筑物之间的净距	纵	0.50	0.50
	横	1.00	1.00

注：多层车库和地下车库的净距按GB 67—1984《汽车库设计防火规范》表5.0.6的规定执行。

表11-6 停车场通道的最小平曲线半径

车辆类型	最小平曲线半径/m	车辆类型	最小平曲线半径/m
铰接汽车	13.00	小型汽车	7.00
大型汽车	13.00	微型汽车	7.00
中型汽车	10.50		

表 11-7 停车场通道最大纵坡度（%）

车辆类型	通道形式	
	直线	曲线
铰接汽车	8	6
大型汽车	10	8
中型汽车	12	10
小型汽车	15	12
微型汽车	15	12

6）机动车停车场内的主要通道宽度不得小于6m。

（2）机动车停车场的设计步骤

1）选定设计车辆。停车场应以高峰时所占比重大的车辆作为设计车型，可不考虑将来车辆尺寸的变化。设计车辆划分为三种类型：小型车，包括面包车、小吉普车、小型客车、2t 以下货车；大型车，包括普通载货汽车、大客车；特殊大型车，包括拖挂车、铰链公共汽车、平板车。其外形尺寸见表 11-8。

表 11-8 停车场设计车辆的外形尺寸

设计车辆	车身长度 L/m	车身宽度 B/m
小型车	5.0	1.8
大型车	12	2.5
特殊大型车	18	2.5

2）选定车辆停放方式。停车场内车辆的停放方式，对于停车面积的计算、车位的组合以及停车场的计算等都有关系。车辆的停放方式按汽车纵轴线对于通道的夹角可分为三种类型，即平行式、垂直式和斜放式。

平行式如图 11-3 所示，车辆平行于通道方向头尾相接停放。这种方式所需停车带较窄，一般在 3m 以下，驶出车辆方便、迅速。但为了使后面的车辆驶出停车道，前后两车要求的净距离较大，占地较大。

垂直式如图 11-4 所示，车辆垂直于通道方向停放。这种方式单位长度内停放的车辆数较多，用地紧凑，但停车带占地较宽，进出停车时要倒车一次，要求通道至少有两个车道宽。

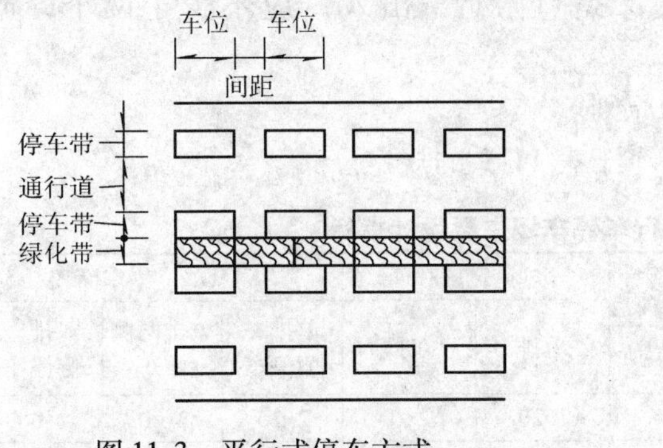

图 11-3 平行式停车方式

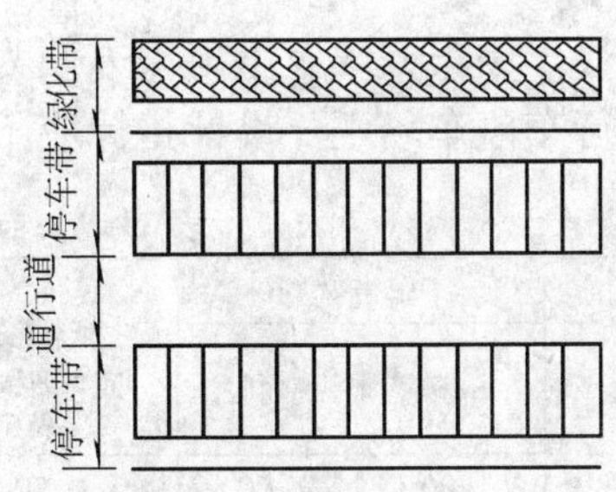

图 11-4 垂直式停车方式

斜放式如图 11-5 所示，车辆与通道成角度停放，一般按 30°、45°、60°停放，因停放不易排列整齐，且占地面积不经济，故较少采用。

车辆的停放方式一般采用平行式或垂直式。具体采用哪一种方式，还应根据停车场常用的车辆疏散情况而定。车辆随来随走的停车场宜采用垂直式的停车方式，车辆零来整走则宜采用平行式停放方式。

图 11-5 斜放式停车方式

3）确定停车带和通道宽度。停车带和通道是停车场的主要组成部分，其宽度确定主要应考虑设计车型（如车长、车宽和车门宽等）、车辆的最小转弯半径、停车方式和车辆之间的安全净距、驾驶员的驾驶熟练程度等。停车带和通道宽度应按《城市道路设计规范》机动车停车场设计参数的有关规定执行。

4）确定单位停车面积。单位停车面积即停放一辆汽车所需的用地面积，它与车辆尺寸和停放方式、通道的条数、车辆集散要求以及绿化面积等因素有关。

平行于通道停放时，单位停车面积 A_1 可按下式计算

$$A_1 = (L + C_1) \times (B + 0.5) + (L + C_1) \times S_1/2 \tag{11-4}$$

垂直于通道停放时，单位停车面积 A_2 可按下式计算

$$A_2 = (L + C_2) \times (B + 0.5) + (L + C_2) \times S_2/2 \tag{11-5}$$

式中 L——车身长度（m）；

B——车身宽度（m）；

C_1——平行停放时两车前后之间的净距（m）；

C_2——垂直停放时两车前后之间的净距（m）；

S_1——平行式停车通道宽度（m）；

S_2——垂直式停车通道宽度（m）。

公共停车场的面积宜按当量小型汽车停车位数计算。地面停车场用地面积，每个停车位宜为25～30m^2；停车楼和地下停车库的建筑面积，每个停车位宜为30～35m^2。此外，停车场的设计还应综合考虑场内路面结构、绿化、照明、排水，以及根据不同性质的停车场设置相应的附属设施。

2. 自行车停车场的设计

（1）自行车停车场的设计要求

1）自行车停车场原则上不设在交叉路口附近，出入口应不少于两个，宽度不小于2.5m。

2）自行车停车方式应以出入方便为原则。

3）自行车停车场主要设计指标应不小于表11-9的规定。

表 11-9 自行车停车场主要设计指标

停车方式		停车带宽/m		车辆横向间距/m	过道宽度/m		单位停车面积/m^2			
		单排	双排		单排	双排	单排一侧停车	单排两侧停车	双排一侧停车	双排两侧停车
斜列式	30°	1.00	1.60	0.50	1.20	2.0	2.20	2.00	2.00	1.80
	45°	1.40	2.26	0.50	1.20	2.0	1.84	1.70	1.65	1.51
	60°	1.70	2.77	0.50	1.50	2.6	1.85	1.73	1.67	1.55
垂直式		2.00	3.20	0.60	1.50	2.6	2.10	1.98	1.68	1.74

4）公共自行车停车场的停车位指标是指吸引外来自行车的停车位指标。专用自行车停车场的停车位指标应不小于本单位职工人数的 30%。

（2）自行车停车场的设计内容　在自行车大量聚集的地点，如商场、体育场、电影院、公园、风景点等处均应设置多处自行车停车场；在闹市区，应充分利用人流较少的街巷或附近空地，设置自行车停车场，并避免占用人行道。

由于自行车体积小，使用灵活，对停车场地的形状和大小要求比较自由，布置设计也较简单，设计时可按每辆占地 1.5 ~ 1.8m^2 计算（包括通道），停放方式多为垂直停放和成角度斜放，按场地条件可单排或双排两种排列。如图 11-6 和图 11-7 所示，其中垂直设支架固定的形式为常见的停放方式。

图 11-6　垂直走道平行排列

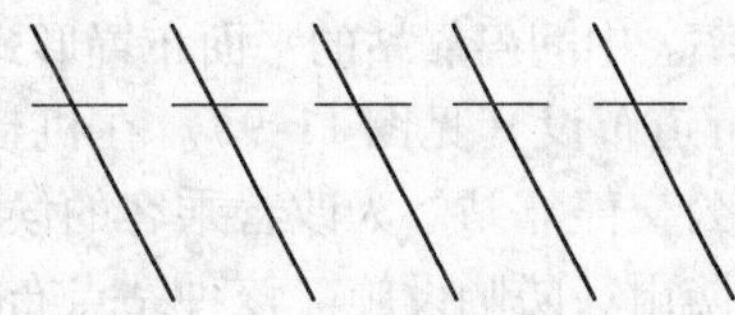

图 11-7　自行车呈 60°斜放

自行车停车场出入口不应少于两个，出入口的宽度，一般至少为 2.5 ~ 3.5m，以保证每个口能满足一对相向车辆进出的需要，场内停车区应分组安排，每组场地长度以 15 ~ 20m 为宜。对于公路，为了方便旅客和保障行车安全，应于适当地点设置停车场，在车站、渡口、食宿站、服务区、游览区、城镇附近等处，应各负其责，自行设置各自的停车设施，不得占用行车道作为停车场。

11.4　公共交通站点设计

城市公共交通是城市规划的主要内容之一。城市公共交通站、场、厂的设计应结合城市规划合理布局，计划用地，做到保障城市公共交通畅通安全、使用方便、技术先进、经济合理。

11.4.1　公交路线布置原则

1）公交路线的布设，应以城市公交规划为基础，以便更好地适应公交乘客的交通需要。

2）路线分布密度要适当，所有城市干道上均应布置公交路线，另外在支路上还应适当布置一些公交路线，使公交覆盖面尽可能大一些，以方便居民乘车出行。

3）除远郊路线外，公交各路线应有良好搭接，形成闭合线网，以利乘客换乘。

4）避免在交通条件和道路状况差的街道上布设公交路线，以保证公交车辆的运输效率。

5）公交路线应根据居民出行调查资料，按主要人流方向设置。

6）在高峰时间乘客流量特别大的路段上，除一般公交路线外，宜增设区间运行的公交路线或称公交专线。

11.4.2　公交站点的布置

1. 站台的种类与布置

公交站点主要分两类：一类称为终点站（也称端点站），另一类称为中间停靠站。

（1）终点站　终点站是供车辆始发、折返或暂时停放，同时兼作乘客上下的站点。除环形公交路线外，每条公交路线都有两个终点站（端点站），终点站在布置时主要应考虑回车（调头）和车辆暂时停放的要求。

终点站的布置形式最好是在路边专辟一块场地（见图 11-8），这样既利于回车，又便于车辆停放，同时车辆的运行调度、加水、保养小修等工作也可以开展。

有些路线终点站位于市区，单独辟一块专用场地有困难，这时可利用车行道回车，但车行道宽度应在 20 ~ 30m（铰接汽车）或 30 ~ 40m（无轨电车），若道路宽度有限，不能直接回车，也可利用交叉口回车或绕街坊回车。

（2）中间停靠站　公交运输是一种定时定点的客运系统，与出租车不同，其特点是有规律、可控制，公交路线中间停靠站设置得当与否，将直接影响乘客利用公交的方便程度和公交自身的运输效率。中间停靠站的平面布置形式与道路横断面形式相关，通常有以下三种：

1）沿人行道布设（见图 11-9）。在机动车与非机动车混行的一幅路和两幅路上，多采用这种形式的公交停靠站。为改善乘客的候车条件，应对站点附近人行道进行适当铺砌，设置安全栅栏和防雨、防晒设施。该种站点布置形式，便于乘客上下，但对非机动车行驶干扰较大。同时，由于非机动车需绕行而可能进入机动车道，常给机动车行驶带来一定干扰，为了不过分压缩机动车道，往返站点应错开设置。

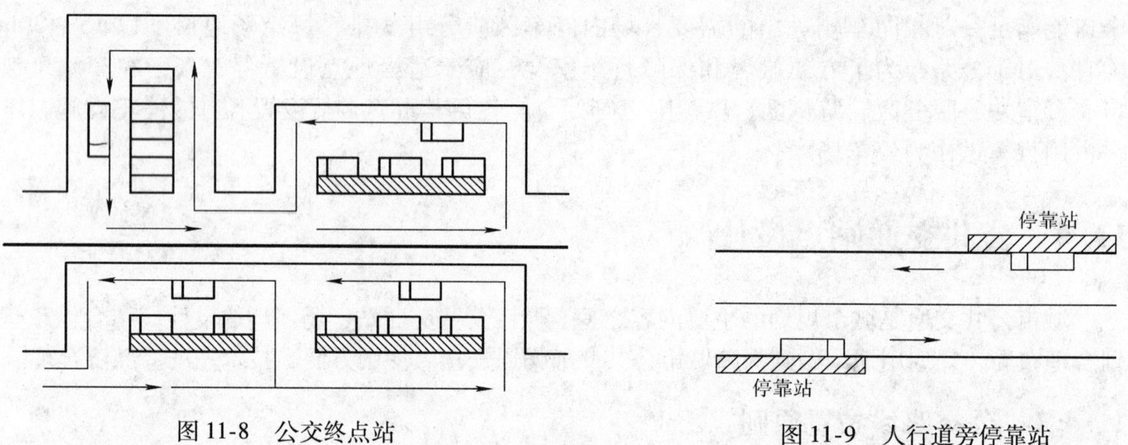

图 11-8　公交终点站　　　图 11-9　人行道旁停靠站

2）沿机动车、非机动车分隔带布设（见图 11-10）。在设站处，将分隔带适当铺砌，并设置栅栏和防雨、防晒设施。这种形式站点对于车辆来说，停靠方便，无须驶入非机动车道，机动车与非机动车没有相互干扰，但乘客需穿越非机动车道。此外，公交车辆停靠时占据道路外侧车行道，从而使道路通行能力下降。

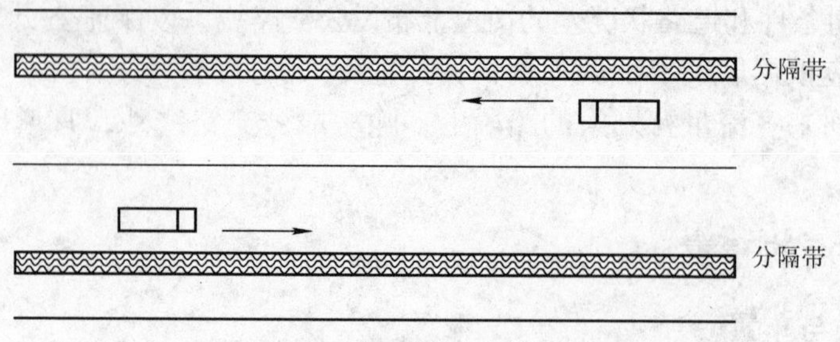

图 11-10　沿机动车、非机动车分隔带布设的停靠站

3）港湾式停靠站（见图11-11）。对于三幅路或四幅路断面形式，机动车、非机动车分隔带在4.0m以上时，在公交站点处将分隔带辟筑成港湾形式，这样既有利于公交车停靠，又有利于乘客上下车安全，是目前为止最理想的公交车停靠站形式。

港湾式的做法，也可用于上述第一、二种停靠站的布置。第一种是压缩人行道；第二种是压缩非机动车道，在站点处将机动车、非机动车分隔带向非机动车道方向挪移，这种港湾式做法的前提是人行道足够宽或非机动车道足够宽，保证在压缩以后，行人或非机动车仍能通过。

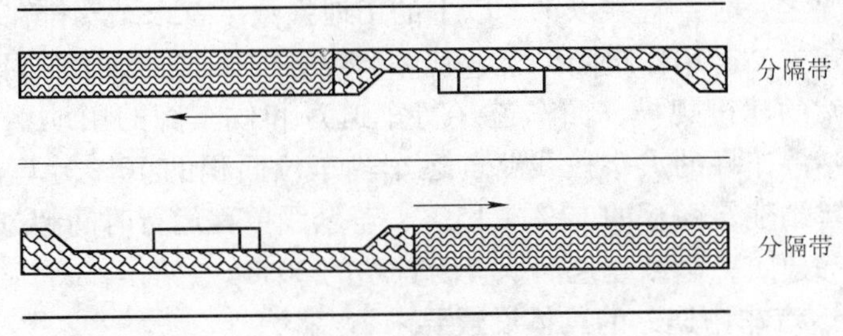

图11-11 港湾式停靠站

2. 城市公共电、汽车首末站的具体设置要求

首末站的规模按该线路所配营运车辆总数来确定，一般配车总数（折算为标准车）大于50辆的为大型站；26～50辆的为中型站；等于或小于25辆的为小型站。在城市总体规划中，城市道路网的建设与发展应根据城市公共交通的需要和规划，优先考虑首末站的设置，使其选择在紧靠客流集散点和道路客流主要方向的同侧。

首末站的具体设置要求如下：

1）首末站一般设置在周围有一定空地，道路使用面积较富裕而人口又比较集中的居住区、商业区或文体中心附近，使一般乘客都在以该站为中心的350m半径范围内，其最远的乘客应在700～800m半径范围内。在缺乏空地的地方，城市规划部门应根据此要求利用建筑物优先安排设站。

2）首末站宜设置在全市各主要客流集散点附近较开阔的地方，这些集散点一般都在几种公交线路的交叉点上，如火车站、码头、大型商场、分区中心、公园、体育馆、剧院等。在这种情况下，不宜一条线路单独设首末站，而宜设置几条线路共用的交通枢纽站。不应在平交路口附近设置首末站。在设置无轨电车的首末站时，应同时考虑车辆转弯时的偏线距和架设触线网的可能性，车辆特别集中的首末站要尽量靠近整流站，充分考虑电力供应的可能性和合理性。

3）首末站在建站时须保证在站内按最大铰接车辆的回转轨迹划定足够的回车道，道宽应不小于7m，在用地较困难的地方，城市规划和城市交通管理部门应安排利用就近街道回车。

4）首末站必须建停车坪，停车坪在不用作夜间停车的情况下，首站用地面积应不小于该线路营运车辆全部车位面积的60%，停车坪内要有明显的车位标志、行驶方向标志及其他营运标志，停车坪与回车道一起构成站内停车、行车、回车的整体。

5）首末站必须设有标志明显、严格分隔开的入口和出口，其使用宽度应不小于标准车宽的3～4倍，当站外道路的车行道宽度小于14m时，进出口宽度应增加20%～25%，在出入口后退2m的通道中心线两侧各60°范围内能清楚地看到站内或站外的车辆和行人。首末站非铰接车的出入口宽度应不小于7.5m。候车廊的建设规模按廊宽3m规划，廊边应设置明显的站牌标志和发车显示装置，夜间廊内应有灯光照明。候车廊的建筑式样、材料、颜色等各城市应根据本地的建筑特点统一设计建设，宜实用与外形美相结合。首末站周围宜安排绿化用地（包括死角及发展预留用地），其面积宜不小于该站总用地的15%。

6）首末站的建设规模应根据每条营运线路所配营运车辆的数量确定，规划部门作城区的新建、改建、扩建规划时，应配套安排首末站的规划用地，对位于城市边缘或近郊的首末站宜结合用地条件适当放宽用地标准。首末站的规划用地面积宜按每辆标准车用地 90 ~ $100m^2$ 计算，若该线路所配营运车辆少于 10 辆或者所划用地属于不够方正或地貌高低错落等利用率不高的情况之一时，宜乘以 1.5 以上的用地系数。首末站安排在建筑物内时，用房面积宜因地制宜。首末站若用作夜间停车，其停车坪应按该线路营运车辆的全部车位面积计算。为了确保首末站的建设规模，回车道（行车道）和候车廊的用地不包含在 90 ~ $100m^2$ 的计算指标内。末站停车坪的大小按线路营运车辆车位面积的10%计算；末站生产、生活性建筑面积一般为首站建筑面积的12% ~15%，若全线单程运行时间超过30min，则末站增加开水间、备餐间等建筑，全站建筑面积宜为首站的20%。

3. 城市公共电、汽车中途站的具体设置要求

1）中途站应设置在公共交通线路沿途所经过的各主要客流集散点上，城市规划交通管理部门有责任为这些站点的设置提供方便，如所设站点与城市交通管理规则确有矛盾，妨碍交通，应协商调整。

2）中途站应沿街布置，站址宜选在能按要求完成车辆的停和通两项任务的地方。在路段上设置停靠站时，上、下行对称的站点宜在道路平面上错开，即叉位设站，其错开距离宜不小于50m。在主干道上，快车道宽度大于或等于22m时也可不错开。如果路旁绿带较宽，宜采用港湾式中途站。

3）在交叉路口附近设置中途站时，一般设在过交叉口50m以外处，在大城市车辆较多的主干道上，宜设在100m以外处。几条公交线路重复经过同一路段时，其中途站宜合并。站的通行能力应与各条线路最大发车频率的总和相适应，在并站的情况下，电、汽车不应共用同一停靠点；两条以上电、汽车共用同一车站时，应有分开的停靠点，其最小间距宜不小于2 ~2.5倍标准车长；共用同一停靠点的线路宜不多于3条。

4）中途站的站距要合理选择，平均站距宜为500 ~600m，市中心区站距宜选择下限值；城市边缘地区和郊区的站距宜选择上限值；百万人口以上的特大城市，站距可大于上限值。

5）公共交通的线路长度不宜过长或过短，其取值市区线路宜取该城市平均运距的两倍，市郊线路宜不大于其三倍。一般中途站仅设候车廊，廊长宜不大于1.5 ~2倍标准车长，全宽宜不小于1.2m；在客流较少的街道上设置中途站时，候车廊可适当缩小，廊长最小宜不小于5m。单程运行在30min以上的较长线路上，线路中间的中途站、在市中心主要交通要道上设置的中途站或者在客流较多的地方设置的中途站，均宜设中间调度室。

6）中途站候车廊前必须划定停车区，在大城市，线路行车间隔在3min以上时，停车区长度宜为一辆670型铰接车车长加前后各5m的安全距离；线路行车间隔在3min以内时，停车区长度为两辆670型铰接车车长加车间距5m和前后各5m的安全距离；若多线共站，停车区长度最多为三辆670型铰接车车长加车间距5m和前后各5m的安全距离，停车区宽度一律为3.5m。在中小城市，停车区的长度视所停主要车辆类型而定。通过该站的车型在两种以上时，均按最大一种车型的车长计算停车区的长度。

7）在车行道宽度为10m以下的道路上设置中途站时，宜建避车道，即沿路缘处向人行道内成等腰梯形状凹进应不小于2.5m，开凹长度应不小于22m（即17m+5m）；在车辆较多、车速较高的干道上，凹进尺寸应不小于3m。在设有隔离带的40m以上宽的主干道上设置中途站时，可不建候车廊，城市规划和市政道路部门应根据城市公交的需要，在隔离带的开口处建候车站台。站台成长条形，平面尺寸长度应不小于两辆营运车同时停靠的长度，宽度应不小于2m，站台宜高出地面0.20m。若隔离带较宽（3m以上）可减窄一段绿化带宽度，作为港湾式停靠站。减窄的一段，长度应不小于两辆营运车同时停靠的长度，宽度应不小于2.5m。

11.5　道路绿化和照明设计

11.5.1　道路绿化

城市道路绿化是城市道路的重要组成部分，在城市绿化覆盖率中占较大比例。随着城市机动车辆的增加，交通污染日趋严重，利用道路绿化改善道路环境，已成当务之急；同时，城市道路绿化也是城市景观风貌的重要体现。目前，我国城市道路建设发展迅速，为使道路绿化更好发挥绿化功能，协调道路绿化与相关市政设施的关系，以利于行车安全，有必要统一技术规定，以适应城市现代化建设需要。

1. 道路绿化规划与设计基本原则

1）城市道路绿化主要功能是庇荫、滤尘、减弱噪声、改善道路沿线的环境质量和美化城市。以乔木为主，乔木、灌木、地被植物相结合的道路绿化，防护效果最佳，地面覆盖最好，景观层次丰富，能更好地发挥其功能作用。

2）为保证道路行车安全，道路绿化有行车视线和行车净空两方面的要求。在道路交叉口视距三角形范围内和弯道内侧的规定范围内种植的树木不影响驾驶员的视线通透，保证行车视距；在弯道外侧的树木沿边缘整齐连续栽植，预告道路线形变化，诱导驾驶员行车视线。道路设计规定在各种道路的一定宽度和高度范围内为车辆运行的空间，树木不得进入该空间，具体范围应根据道路交通设计部门提供的数据确定。

3）城市道路用地范围空间有限，在其范围内除安排机动车道、非机动车道和人行道等必不可少的交通用地外，还需安排许多市政公用设施，如地上架空线和地下各种管道、电缆等，道路绿化也需安排在这个空间里。绿化树木生长要有一定的地上、地下生存空间，如得不到满足，就不能正常生长，直接影响其形态和树龄，影响道路绿化所起的作用。因此，应统一规划，合理安排道路绿化与交通、市政等设施的空间位置，使其各得其所，减少矛盾。

4）“适地适树”是指绿化要根据本地区气候、栽植地的小气候和地下环境条件选择适宜在该地生长的树木，以利于树木的正常生长，抵御自然灾害，保持较稳定的绿化成果。植物伴生是自然界中乔木、灌木、地被等多种植物相伴生长在一起的现象，形成植物群落景观。伴生植物生长分布的相互位置与各自的生态习性相适应，地上部分，植物树冠、茎叶分布的空间与光照、空气温度、湿度要求相一致，各得其所；地下部分，植物根系分布对土壤中营养物质的吸收互不影响。道路绿化为了使有限的绿地发挥最大的生态效益，可以进行人工植物群落配置，形成多层次植物景观，但要符合植物伴生的生态习性要求。

5）古树是指树龄在百年以上的大树。名木是指具有特别历史价值或纪念意义的树木及稀有、珍贵的树种。道路沿线的古树、名木可依据《城市绿化条例》和地方法规或规定进行保护。

6）道路绿化从建设开始到形成较好的绿化效果需十几年的时间。因此，道路绿化规划设计要有长远观点，绿化树木不应经常更换、移植；同时，道路绿化建设的近期效果也应重视，使其尽快发挥功能作用，这就要求道路绿化远近期结合，互不影响。

2. 道路绿化的相关概念

（1）道路绿化带　道路广场用地范围内的绿化用地，其中属于广场用地范围内的绿地为广场绿地，属于社会停车场用地范围内的绿地为停车场绿地，位于交通岛上的绿地为交通岛绿地，位于道路用地范围（道路红线以内范围）的绿地多为带状，故称为道路绿化带。

道路绿化带根据其布设位置又分为中间分车绿化带、两侧分车绿化带、行道树绿化带和路侧绿化带。行道树绿化带常见的有两种，一种是仅种植一排行道树，树下留有树池；另一种是行道树下成带状配置地被植物和灌木，形成复层种植的绿化带。路侧绿化带常见的有三种，一种是因建筑线与道路红线重合，路侧绿带毗邻建筑布设；第二种是建筑退让红线后留出人行道，路侧绿带位于两条人行道之间；第三种是建筑退让红线后在道路红线外侧留出绿地，路侧绿带与道路红线外侧绿地结合。

道路红线外侧绿地有街旁游园、宅旁绿地、公共建筑前绿地等，这些绿地虽不统计在道路绿化用地范畴内，但能加强道路的绿化效果。停车场绿地包括停车场周边绿地和停车间隔带绿化。

（2）道路绿地率　道路绿地率的计算是采用简化方式，因道路绿地多以绿带分布在道路上，各种绿带宽度之和占道路总宽度的百分比近似等于道路绿地面积与道路总面积的百分比。计算时，对仅种植乔木的行道树绿带宽度按 1.5m 计；对乔木下成带状配置地被植物，宽度大于 1.5m 的行道树绿带按实际宽度计。

（3）园林景观路　园林景观路是位于城市重点路段，对道路沿线的景观环境要求较高，通过提高道路绿化水平，更好地体现城市绿化景观风貌。

3. 道路绿化带设计

（1）分车绿化带设计

1）分车绿化带靠近机动车道，其绿化应形成良好的行车视野环境。分车绿化带应形式简洁、树木整齐一致，使驾驶员容易辨别穿行道路的行人，可减少驾驶员视觉疲劳。相反，植物配置繁乱，变化过多，容易干扰驾驶员视线，尤其在雨天、雾天影响更大。

2）分车绿化带上种植的乔木，其树干中心至机动车道路缘石外侧距离不宜小于 0.75m 的规定，主要是从交通安全和树木的种植养护两方面考虑。在中间分车绿化带上合理配置灌木、灌木球、绿篱等枝叶茂密的常绿植物能有效地阻挡对面车辆夜间行车的远光，改善行车视野环境。分车绿化带距交通污染源最近，其绿化所起的滤减烟尘、减弱噪声的效果最佳。两侧分车绿化带对非机动车有庇护作用。因此，两侧分车绿化带宽度在 1.5m 以上时，应种植乔木，并宜乔木、灌木、地被植物复层混交，扩大绿量。

3）道路两侧的乔木不宜在机动车道上方搭接，是避免形成绿化“隧道”，有利于汽车尾气及时向上扩散，减少汽车尾气污染道路环境。

4）分车绿化带端部采取通透式栽植，是为穿越道路的行人或并入的车辆容易看到过往车辆，以利于行人、车辆安全。具体执行时，其端部范围应依据道路交通相关数据确定。

（2）行道树绿化带设计

1）行道树绿化带主要是为行人及非机动车庇荫，种植行道树可以较好地起到庇荫作用。在人行道较宽、行人不多或绿化带有隔离防护设施的路段，行道树下可以种植灌木和地被植物，减少土壤裸露，形成连续不断的绿化带，提高防护功能，加强绿化景观效果。当行道树绿化带只能种植行道树时，行道树之间采用透气性的路面材料铺装，利于渗水通气，改善土壤条件，保证行道树生长，同时也不妨碍行人行走。

2）有必要的营养面积，保证其正常生长，同时也是便于消防、急救、抢险等车辆在必要时穿行。树干中心至路缘石外侧距离不小于0.75m，以利于行道树的栽植和养护管理，也利于树木根系的均衡分布，防止倒伏。

3）行道树种植苗木的标准：快长树胸径不得小于5cm，慢长树胸径不宜小于8cm，以保证新栽行道树的成活率和在种植后较短的时间内达到绿化效果。

（3）路侧绿化带设计

1）路侧绿化带是道路绿化的重要组成部分。同时，路侧绿化带与沿路的用地性质或建筑物关系密切，有些建筑要求绿化衬托，有些建筑要求绿化防护，有些建筑需要在绿化带中留出入口。因此，路侧绿化带设计要兼顾街景与沿街建筑需要，在整体上保持绿化带连续、完整、景观统一。

2）路侧绿化带宽度在8m以上时，内部铺设游步道后，仍能留有一定宽度的绿化用地而不影响绿带的绿化效果。因此，可以设计成开放式绿地，方便行人进入游览休息，提高绿地的功能作用。开放式绿地中绿化用地面积不得小于70%的规定是参照CJJ 48—1992《公园设计规范》制定的。

11.5.2　照明设计

道路照明定义的范围非常广泛，行人和车辆都与其密切相关，而且对道路照明提出质和量的要求。现代的道路照明，已与人们的生产、生活及城市面貌息息相关，它集实用、美化、衬托、装饰、点缀功能于一体。

1. 照明标准

道路照明应满足平均亮度（照度）、亮度均匀度和眩光限制三项指标，以满足驾驶员良好的视看环境，达到辨认可靠和视觉舒适的基本要求。

光的平均亮度是指发光强度为1cd（坎德拉）的光源均匀分布在1m^2的照射面上所产生的视觉效果，光亮度的单位是cd/m^2。

光的平均照度（Eav）是指光通量（光能强度）为1lm（流明）的光源均匀分布在1m^2的照射面上所产生的视觉效果，光照度单位是“lx（勒克斯）”。

平均照度换算系数lx/（cd/m^2），沥青路面为15，水泥混凝土路面为10。

亮度或照度的均匀度，是指亮度或照度的最小值与平均值之比。

2. 道路照明的光源

道路照明的光源，应根据光源的效率、光通量、寿命、光色、控制配光的难易程度及道路的条件等因素进行综合比较而确定。在我国，现阶段适用于道路照明的光源有高压荧光汞灯、高压钠灯和低压钠灯，下文结合三种光源的特性作简要介绍。

（1）高压荧光汞灯　高压荧光汞灯是利用汞放电时产生的高气压获得的可见光，其效率较高。由于采用稀土荧光粉，不仅显色性有了进一步的改变，灯的效率也获得较大幅度的提高。高压荧光汞灯的寿命，取决于管壁黑化而产生的光衰和由于电极损耗使启动电压的升高，并与灯的亮灭次数、发光管的设计及电流波形等因素有关，其寿命可达12000h，是可靠性很高的道路照明光源之一。

（2）高压钠灯　高压钠灯的特点是高光效、辐射视感效率和可视辐射效率都比较高，钠灯的光色与白炽灯光色相似，是一种光色较好的道路照明光源。由于钠灯采用氧化铝管，与汞灯相比具有光衰小的特点，其寿命通常可达到12000h。

（3）低压钠灯　低压钠灯的发光是以波长5.89mm的黄色光线为主体，与其他光源相比，光效较高，但因其发光为单色光，所以显色性非常低，可以使人清晰地看出色差小的物体，即使在烟雾中也难形成光幕，透视性能非常好，是用于道路照明的极佳光源。

在城市道路照明工程的建设中，灯光效果与经济发展永远是相矛盾的，为了减少灯光工程的运行成本，节约能源，采用节能灯具以及节能运行方式是节省经费的最好方法，同时，在采用节能措施时，必须考虑各方面的因素，如光衰、社会交通等问题。

随着城市建设的不断发展，城市灯光照明带来的光污染问题也日益受到人们的重视。所谓光污染，就是不合理的光照明对人和环境产生的不良影响。对光污染产生的条件、表现形式、控制方法进行系统研究，是合理建设灯光工程强有力的技术保障，是有效利用灯光工程美化我们居住环境的技术前提。

3. 道路照明设计

对于现代文明城市来说，宽阔的马路、明亮的灯光、碧绿的草地、美丽的鲜花和清新的空气是不可缺少的硬件，夜晚色彩斑斓、交相辉映的灯光，是现代都市文明进步、经济发展的象征。因此，道路照明与道路建设需同步进行，在规划设计上也要有一定科学性和前瞻性，做到起点高，能适应中远期发展的要求。具体在照明设计上，则需根据道路宽度和绿化隔离带情况，采用单排或双排和单、双臂照明，选用一定高度、色调、形状、灯杆的灯具与周围环境协调配置，使道路照明更加壮观、亮丽，真正成为都市亮点和旅游观光景点。

灯饰建设与城市道路周边环境要相协调，众所周知，一个现代化城市是各类单项建设的综合体现，是一个城市经济实力、管理水平和文化内涵的具体反映。作为灯饰建设来说，更离不开与周边环境的协调统一，如果不协调、不和谐，即使灯饰本身再美，在杂乱无章的环境中也显现不出美感，而且也会失去其应有的效果。因此，认为要加强城市灯光设计，需通盘考虑组成城市环境的诸多因素，将城市道路、临街各类建筑及其他公共（益）设施统一规划、统一设计。灯光环境的规划设计应突出城市特色，每一个城市都有一个定位，或是时尚繁华，富含现代意识；或是古朴典雅，富含历史文化；或是异域风光，富含民族风情等，根据城市定位确定该地区的灯光定位，形成整体规划，这就是城市灯光环境规划设计的前提。

道路照明的主要目的是为了使各种机动车辆的驾驶者在夜间行驶时能辨认出道路上的各种情况（道路上的障碍物、行人、车辆及其他情况），以保证行车安全，同时也为行人提供夜间行走的照明。

（1）决定道路照明质量的主要因素　主要包括平均照度、亮度分布的均匀性、采用的照明器的眩光程度、路灯排列的诱导性指标等。

（2）美化环境的功能　随着灯光环境意识的不断深入人心，人们对道路照明的要求也不断提高，除以上所说的功能外，还要求它具有美化都市环境的功能。由于城市装饰理念的加强，道路照明已经向道路灯光系统演化，要求灯杆、灯具、光源具有多样化和艺术化的特色，行道树采用投光灯照亮或用满天星装点树冠。有的商业街道用等距离拱形灯光带组成灯光长廊，所有这些设施既满足了照明要求，又能渲染环境，美化城市。

道路照明设计首先是在保证照明质量的前提下，结合道路的形式和城市的美化及规划来开展设计工作。道路照明的质量，主要由路面平均亮度、路面亮度的均匀度、眩光、诱导性四个因素来确定。路面的平均亮度是影响能否看见障碍物的最重要的因素，因道路照明是以把路面照亮到足以看清障碍物的轮廓为原则的。

（3）路面平均亮度　在实际工程验收测量中，测量平均照度比测量路面平均亮度更容易，路面平均亮度 L_r 可通过下式用平均照度验算

$$L_r = \frac{E_r}{q} = \frac{(\Phi \cdot N \cdot U_F \cdot K)}{q} \cdot A \tag{11-6}$$

式中　L_r——路面平均亮度（cd/m^2）；

Φ——单个光源的光通量（lm）；

N——光源的盏数；

U_F——光通量利用系数；

K——灯具维护系数；

A——照明面积（m^2）；

q——平均照度核算系数，对于沥青路面取15，对混凝土路面取10。

（4）眩光　眩光是指照明设施产生的有极高亮度或强烈对比时，在视场中造成视觉降低和人眼的不舒适感。在道路照明设计中，以不降低能见度和不损伤舒适感为原则。诱导性是指沿着道路恰当地布置照明器，在进行灯具的配置时，除充分考虑路面亮度分布，还要通过透视图来检查其诱导性是否正确。

（5）道路照明质量技术指标　道路照明质量技术指标可按 CJJ 452—1992《城市道路照明设计标准》执行，一般道路慢车道平均照度为 5 ~ 10lx，快车道以 15 ~ 25lx 为宜，各城市可结合本地经济水平和实际需要适当提高。

（6）灯杆　灯杆高度和间距要根据不同区域情况进行设计。路面宽度 15m 以下可采取单侧布灯，15m 以上应采用双侧对称布灯，杆距以 35m 为宜。对于城市立交、车站、码头、机场、广场等大型场所，应考虑高杆照明，其间距和高度之比以 4∶1 ~ 3∶1 为宜。

近年来，随着城市照明的不断发展，特别是灯光夜景建设的增多，不少城市片面求光、求亮，不加控制地大面积使用泛光灯和彩光灯，眩光问题就日益严重，造成了环境污染。广大设计人员在设计时，应本着依据规范、适度提高的原则，慎用大面积泛光灯和彩光灯，为城市创造一个光亮、宜人、典雅、优美而又富于个性的光环境。

道路照明的方式有很多，结合我国城市道路的发展及我国适用于道路照明光源和照明器的实际情况，灯杆型照明方式比较适合我国的道路照明。它的特点是，可以在需要照明的路段以多种方式设置灯杆，而且可依据道路的线形变化来配置照明器，具有较好的诱导性，并可起到装饰及点缀环境、美化城市的效果。

4. 道路照明设计的一般步骤

1）确定道路状况，包括道路宽度、中央隔离带宽度、非机动车及人行道宽度、道路表面材料及表面反射系数。

2）根据道路状况，确定道路等级及相应标准。

3）选择布灯方式（如对称布灯、交错布灯、单侧布灯、中央布灯）。

4）选择灯具及光源功率。

5）选择灯杆规格，包括灯杆高度、灯杆距离、挑臂长度、挑臂倾角。

6）重新选择灯具（包括配光、功率）及灯杆规格（高度、间距等）满足相应标准。

5. 典型道路照明设计

典型道路照明设计要求见表 11-10。

表 11-10 典型道路照明设计要求

类型	高速公路	城市主干道	工厂或住宅区道路
道路状况：路宽/m	16×2	24	6
中央隔离带宽度/m	10	0	0
非机动车道和人行道宽度/m	4×2	4×2	0
车道数	4×2	3×2	1
路面材料	沥青	混凝土	混凝土
道路等级	M1	M2	M4
照明标准：平均亮度（cd/m^2）	2.0	1.5	0.75
车道均匀度	0.4	0.4	0.4
眩光	10%	10%	15%
环境系数	0.5	0.5	—

11.6 城市道路无障碍设施设计

城市道路中无障碍设施的内容主要有人行步道中的盲道、坡道、缘石坡道，人行横道的音响及安全岛，人行过街天桥与人行过街地道中的盲道、坡道或升降平台、扶手、标志等。但是在新建和改建道路无障碍设计时应依据不同地区的条件、道路性质、人流状况、公交运行以及居住区分布等因素，建设盲道和过街坡道或升降平台，避免在城市道路范围内全部进行无障碍设施设计建设的现象。例如，在人行步道的外侧有绿化带的立缘石或有固定的围墙、栅栏等地带，可以不设置盲道，因为在以上地带视残者借助盲杖能够顺利行进；在非居住区及非主要的商业、文化、交通等建筑地段，也可不设置盲道和过街坡道。

11.6.1 一般规定

1. 城市道路无障碍设施的设计内容

方便残疾人使用和通行的城市道路无障碍设施的设计内容应符合表 11-11 的规定。

表 11-11 城市道路设施的设计内容

<table>
<tr><th colspan="2">道路设施类别</th><th>设计内容</th><th>基本要求</th></tr>
<tr><td colspan="2">非机动车车行道</td><td>通行纵坡、宽度</td><td>满足手摇三轮车者通行</td></tr>
<tr><td colspan="2">人行道</td><td>通行纵坡、宽度、缘石坡道、立缘石触感、限制悬挂物、突出物</td><td>满足手摇三轮车者、轮椅者、拄拐杖者、视力残疾者通行</td></tr>
<tr><td rowspan="2">人行天桥和人行地道</td><td>坡道式</td><td rowspan="2">纵断面、扶手、地面防滑、触感材料</td><td rowspan="2">方便拄拐杖者，视力残疾者通行</td></tr>
<tr><td>梯道式</td></tr>
<tr><td colspan="2">公园、广场、游览地</td><td>在规划的活动范围内，解决方便使用问题，同非机动车道和人行道</td><td>满足乘轮椅者、视力残疾者通行</td></tr>
<tr><td colspan="2">主要商业区及人流极为稠密的道路交叉口</td><td>音响交通信号装置</td><td>方便视力残疾者通行</td></tr>
</table>

2. 设计考虑的对象

方便残疾人使用和通行的道路无障碍设施是以手摇三轮车为主要出行工具，并考虑轮椅者、拄拐杖者、视力残疾者的不同要求。

11.6.2　非机动车行车道

非机动车行驶的道路、桥梁和立体交叉的纵断面设计应符合下列规定：最大纵坡度应符合表 11-12 的规定；纵坡长度应小于表 11-13 的规定。非机动车辆车行道的宽度不得小于2.50m。

表 11-12　最大纵坡度

条件	最大坡度（%）
平原、微丘地形的道路	2.5
地形困难的路段、桥梁、立交交叉桥	3.5

表 11-13　纵坡长度限制

坡度（%）	限制的纵坡长度/m	坡度（%）	限制的纵坡长度/m
2.5	不限制	3.0	150
2.5	250	3.5	100

11.6.3　人行道

行人是交通弱者，应该受到保护，保护行人最基本的方法是设置人行道，在城市中一般街道应设置人行道与车行道分离。

1. 设置人行道的作用

1）人行道与车行道的分离方法主要采用绿篱、栅栏之类的物理分离，人行道应有一定的宽度，平常应保持清洁卫生，设计上应注意排水，人行道的路面铺装最好与一般车行道面有所区别。

2）路肩应有一定的宽度和质量要求，公路路肩是指公路路面两侧路基边缘以内的地带，它的主要作用是用以支持路面以及供行人步行和临时停靠车辆之用，在一些等级较低的公路上，机动车会车、超车也经常借用路肩。

2. 设置人行道的要求

1）沿人行道设置行道树、公共交通停靠站和候车亭、公用电话亭等设施时，不得妨碍行人的正常通行。

2）确定人行道通行能力，应按其可通行的人行步道实际净宽度计算，人行道宽度应按人行带的倍数计算，最小宽度不得小于1.5m。

3）在城市的主干路和次干路的路段上，人行横道或过街通道的间距宜为250～300m。当道路宽度超过四条机动车道时，人行横道应在车行道的中央分隔带或机动车道与非机动车道之间的分隔带上设置行人安全岛。

4）属于下列情况之一时，宜设置人行天桥或地道：①横过交叉口的一个路口的步行人流量大于5000 人次/h，且同时进入该路口的当量小型汽车交通量大于1200 辆/h 时；②通过环形交叉口的步行人流总量达18000 人次/h，且同时进入环形交叉的当量小型汽车交通量达到 2000 辆/h 时；③行人横过城市快速路时；④铁路与城市道路相交道口，因列车通过一次阻塞步行人流超过 1000 人次或道口关闭的时间超过 15min 时。

5）人行天桥或地道设计应符合城市景观的要求，并与附近地上或地下建筑物密切结合，人行天桥或地道的出入口处应规划人流集散用地，其面积不宜小于 $50m^2$。

6）地震多发地区的城市，人行立体过街设施宜采用地道。

3. 人行道的绿化植物设计

人行道绿化是街道绿化不可缺少的组成部分，它对美化市容，丰富城市街景和改善街道生态环境具有重要的作用。人行道绿化有以下几种设计形式：

1）单排行道树是最普通的栽植形式。一般人行道宽度在 3m 左右，可栽植一排行道树，达到基本的绿化和遮荫。

2）双排行道树。人行道宽度在 5m 左右，门店多为商业用房，人流较大。采用单排行道树，绿化遮荫效果差，布置花坛又影响行人出入，在这种情况下，可采用双排行道树，为了丰富景观，可布置两个树种，但在冠形上要力求协调。

3）花坛内间植行道树。人行道宽度为 5m 左右时也可采用这种形式。花坛长度以 20m 为宜，内植 5 至 6 棵行道树，花坛之间留 2 ~ 3m 出入口，在花坛内种植小花灌木和草坪。这种乔灌、草的结合，不但有利于植物生长，而且绿化美化效果极佳。更为重要的是，这种设计方式极大改善了行道树的生长环境，行道树生长较好。

4）人行道树与小花园。人行道较宽，但门店用房种类繁杂，如酒店宾馆、各种购物娱乐中心等，除栽植一排行道树外，还要根据楼前情况，因地制宜，设计或方或圆或多边形花坛，自然规则，不拘一格，既考虑绿化又兼顾行人出入的实际情况。每个小花园自成一体，但在构图上要与相邻花园保持基本协调。

思考与练习

11-1　道路交通安全设计技术包括哪些方面的内容？

11-2　中央分隔带在构造上的作用是什么？

11-3　交通安全设施的作用是什么？

11-4　交通安全设施要包括哪些内容？

11-5　隔离栅的主要类型有哪些？

11-6　列举防眩板的外形和材质的类型。

11-7　城市广场的设计原则有哪些？

11-8　机动车停车场的设计要求是什么？

11-9　公交路线布置的原则是什么？

11-10　道路绿化规则是什么？

11-11　道路绿化设计基本原则是什么？

11-12　照明设计的一般步骤是什么？

11-13　设置人行道的作用是什么？

第 12 章　道路建设环境影响评价

12.1　道路建设环境影响评价概述

现代社会，道路交通运输是人类赖以生存和发展的基础条件之一，我国道路交通建设的高速发展，有效地解决了自然资源、劳动力、生产设施等生产要素相分离的矛盾，为实现共同富裕和可持续发展作出了巨大贡献，而且将发挥更重要的作用。道路交通建设一方面积极促进了国民经济的飞速发展；另一方面，道路基础设施在建设前、中和完成以后都会以不同形式对社会经济环境、自然景观、生态环境、环境大气、环境噪声等产生各种影响。

道路建设环境影响评价关系到国计民生，因此构建社会、经济环境评价体系，对建设项目进行量化的经济损益分析研究，是道路建设项目可行性研究的重要内容。对道路建设项目环境影响评价体系的研究，克服了单个项目评价缺乏整个环境影响分析及整体环境对策规划的缺陷，能有效地控制各类污染源及污染物的排放总量和交通建设对环境造成的影响，使环境影响评价成为有效辅助决策、规划、计划的手段之一。

在道路建设环境影响评价中，部分评价体系还未构建或未完善，评价体系因子的量化关联问题还没解决，并且由于道路建设项目的线性性质，各个地区的生态环境评价体系也不尽相同。因此，在评价项目建设对生态环境的影响时应建立适合项目沿线地区的评价体系，总结起来，其主要问题表现在以下几方面：

（1）模型和模型参数存在的问题　评价方法中的一些数值模拟参数有待改进，《道路建设项目环境影响评价规范（试行）》的应用仍然具有一定局限性，具体表现在模型应用具有一定局限性，参数的取定具有不确定的概括性，如对噪声的预测模型只适用于双向四车道，且设计行车速度有一定限制。

（2）缺乏可持续发展理论的应用　道路交通建设建立了开发资源、协调资源、合理利用资源、加快经济发展的纽带，同时它也是消耗资源、影响环境的举措。因此，在评价中运用可持续发展的观点、理论和方法尤为重要，而现有的评价体系和实践应用中，这一理论没有得到充分地体现。

（3）实际应用中缺乏科学的评价手段　由于科学技术的飞速发展和计算机技术在环境研究领域的广泛运用，环境监控已经基本实现计算机控制和数据处理。在国内，专门用于环境评价研究的软件层次很低，而这些软件对于“道路建设项目环境影响评价”却无能为力。

以上提到的问题在应用中确实存在，问题的出现将损害对道路建设环境评价的合理性、准确性、有效性和可依据性。

12.2 道路建设环境影响评价的主要内容

12.2.1 环境评价概念

环境评价是对环境质量的好坏所作的描述、说明和预测，是对环境素质优劣所进行的定量和定性的分析、预测和评价。环境评价是认识和研究环境的一种科学方法，它以对人类生活和工作，特别是对人类健康的适宜程度为评价标准。通过环境评价，有针对性地制定改善和提高环境质量的规划和措施，制定相关的环境标准和法规，从而加强环境的科学管理。

环境评价按环境的属性分为自然环境评价和社会环境评价。不论是哪一种，完整的环境评价按时间序列应当包括环境的回顾评价、现状评价、影响评价和后评价。对环境评价按时间序列分类，每种评价都具有各自独立的意义和作用，同时相互之间又有确切的关联关系，其目的是在一定的时间和空间内，系统地分析评价人类活动对环境的影响，对环境作出较为客观、全面准确、系统的反映。

环境影响评价是对建设项目、区域开发计划及国家政策实施后可能对环境造成的影响进行预测和估计。因此，环境影响评价不仅要研究建设项目在开发、建设和生产过程中对自然环境的影响，也要研究对社会和经济的影响；既要研究污染物对大气、水体、土壤等环境要素的污染途径，也要研究污染因子在环境中传输、迁移、转化规律以及对人体、生物的危害程度，从而制订有效防治对策，把环境影响限制到可以接受的水平，为实现社会效益、经济效益和环境效益协调发展提供决策依据。

12.2.2 道路建设环境影响评价的发展

1979 年我国公布了《中华人民共和国环境保护法》，1990 年公布了《中华人民共和国交通部第 17 号令》及《建设项目环境保护管理程序》，1993 年交通部下发了“关于发布《交通行业环境保护管理规定》的通知”，把道路建设项目环境影响评价制度和“三同时”原则以法规的形式固定下来，规定“凡是对环境有影响的大中型建设项目必须在可行性研究阶段进行环境影响评价”，同时提出相应的环境保护措施和对策，为决策部门提供科学依据。

道路工程建设对环境的影响，在宏观上是研究人类同环境之间的相互作用、相互促进、相互制约的对立统一关系，揭示社会经济发展和环境保护协调发展的基本规律。在微观上是研究环境中的物质，尤其是人类活动排放的污染物的分子、原子等微观粒子在有机体内迁移、转化和蓄积的过程及其运动规律，探索它们对生命的影响及其作用机理等，研究区域环境污染综合防治的技术措施和管理措施，利用系统分析和系统工程的方法，寻求解决环境问题的最优方案。

12.2.3 我国道路建设项目环境影响评价内容

1. 环境影响评价目的

通过对项目开发活动可能带来的各种环境影响的定性和定量分析、描述、预测，评价其未来影响范围和程度，为合理选线提供依据；通过损益分析，提出可行的环保措施建议，并反馈于设计，以减轻和补偿项目开发活动带来的不利影响；为项目的生产管理和环境管理提供科学依据，为沿线地区的经济发展规划、环保规划提供依据，并给决策者提供协调环境与发展关系的科学依据。

2. 环境影响评价范围和期限

评价范围一般为“道路建设项目可行性研究报告”中确定的拟建道路中心线两侧各200m的范围，特殊情况下也可能根据实际条件扩大或缩小范围。例如，在社会经济环境影响评价时，道路建设项目的直接影响区域就远远超过200m的范围，在生态环境影响评价时，对动植物的影响评价范围往往会扩大到500m甚至更大，对水环境影响评价和区内已有一类大气环境质量区与大气敏感点为重点评价区的大气环境影响评价也是如此。道路建设项目评价分施工期和营运期。预测年按道路竣工投入营运后7年和15年计算。

3. 我国道路建设项目环境影响评价的内容

我国道路建设项目的环境影响评价，自1986年至今，国内投资项目评价的内容主要包括：社会经济影响评价、生态环境影响评价、大气环境影响评价和噪声环境影响评价四个方面；由国际金融组织投资的项目除包括国内投资项目的评价内容外，还增加了交通环境影响评价、文物和珍稀动植物保护及公众参与等内容。

社会经济环境影响评价包括：对人口分布、土地利用、生活质量、基础设施、旅游事业、移民安置等的影响评价。

生态环境影响评价包括：对土壤和水，包括地表水、地下水和水质的影响以及对植物群和动物群的影响。

大气环境影响评价包括：施工期的评价，因子为总悬浮颗粒物（TSP），必要时增加沥青烟；营运期的评价，因子为NO_2，必要时增加CO。

声环境影响评价包括：施工期来自施工机械和运输车辆的噪声影响以及营运期来源于交通流量的噪声影响。

根据上述现状和预测评价，对道路建设项目提出环境保护的具体措施和建议，并作出环境保护措施一次性的投资估算，对世行和亚行贷款项目还要提出公众参与和环境保护措施实施计划。

4. 我国道路建设项目环境影响评价的方法

根据道路建设项目的特点，采用点线结合、以点代线、突出敏感点的评价方法，对大气、噪声采用模式计算和类比分析法进行预测评价，对生态环境、社会经济环境的评价采用调查分析法。

大气和噪声的预测评价分别采用美国联邦道路局的高速道路扩散模式计算法、调研分析法和美国联邦道路局交通噪声预测模式计算法、调研分析法。生态环境影响现状评价主要针对监测报告和现状调查资料，对农作物中的铅含量采用单因子指数法评价，水质采用单因子指数法分级评价，对动植物环境影响预测采用类比分析法，土壤流失影响预测采用模式计算和调研分析法进行。社会经济环境影响现状评价中，对项目直接影响区域社会经济环境影响的现状评价分别采用单项指数法、分类平均指数法和综合平均指数法进行计算分析，作出评价并预测基年后7年和15年的各项指标预测值。对土地资源、矿产资源、旅游资源和文物古迹资源的开发，采用模式计算法计算出原土地价值和道路建设项目土地利用价值进行评价。

12.2.4 环境影响评价的要素分析

道路工程项目对环境影响的重点是线性的带状影响，其特点是路线长、范围广、施工期长、影响大，因此环境影响评价要素应包括如下内容：

1）工程分析。工程分析是针对性很强的评价工作，分析内容包括：各工程方案对环境的影响；路基设计对环境的影响；取、弃土石方工程对环境的影响；排水系统对环境的影响；绿化与美化；沿线管道埋设。

2）环境影响因子。道路建设项目对环境影响因子应根据项目建设在不同时期对环境的作用进行识别。通常包含三大类：工程位置对环境的影响，施工对环境的影响，营运对环境的影响。

3）环境影响评价的现状调查、监测。

4）环境敏感地区、敏感点的确定。

5）环境影响识别。

6）评价指标体系结构的建立。

7）预测模型与参数。评价的关键是预测，预测模型要符合实际情况。模型选定后，参数选用正确与否直接影响计算结果的精度及评价结论的可信程度。

8）环境保护对策研究。

12.2.5 道路环境影响指标体系的建立

道路环境影响指标体系按照计算方法可分为两类：一类是可以由具体数值直接计算得到，另一类是无法直接计算得到，比如目前一般认为景观协调方面是不容易量化的。对于可以量化的指标用相应的计算模型得到，而对于不易量化的指标就要采取其他方法，比如采取打分或排序的方法得到相应的指标值，同样也可以进行有效地评价。

1. 道路声环境评价指标

目前国内外道路噪声评价中一般用等效噪声级 L 作为评价指标。等效噪声级的数值和人们的主观吵闹感觉程度有较好的相关性，可以分三步计算：

1）各道路单元点在计算点产生的基础噪声。首先将实际道路划分成一系列的道路单元，按交通量预测噪声的大小及不同的速度和同重型车百分比对噪声进行修正，同时考虑坡度对噪声产生的影响，求取一个道路单元噪声。

2）计算扩散传播对交通噪声的修正值。通过交通量预测和有关道路因素的修正，可以得到汽车在道路上行驶时产生的噪声强弱，但进行道路声环境评价不但要计算汽车行使线上噪声的大小，而且要计算离汽车行驶线不同距离和不同高度处的噪声值。噪声扩散、传播时的衰减和加强要通过测试数据修正。

3）计算交通噪声评价值。将由交通量计算得到的基础噪声值加上由扩散和传播产生的修正值，最终可以得到第 i 个道路单元点在计算点处产生的噪声评价值。然后将计算点范围内的第 N 个道路单元在计算点处产生的噪声值合并起来，就得到交通噪声评价值。

2. 道路大气环境评价指标

在道路建设项目大气环境影响评价中以尾气污染指数最为实用，为计算尾气污染物在计算点的含量，可将道路划分成一系列的道路单元，分别计算各道路单元尾气污染物在该点的含量，然后再求和计算整条道路尾气污染物排放在该点的含量，以道路单元中心为坐标原点，下风向为 x 轴正方向对整个道路单元建立平面坐标系，则可求出整个有限线源对计算点上污染物含量的贡献。

3. 道路景观的评价指标

道路景观设计应力争使自然景观与道路工程结构物达到有限的协调，建立起新的完整的道路景观系统，所以道路景观应从使用者的视觉、心理出发，达到道路功能、美观及经济的一致性。目前研究道路景观是采用综合指标的方法，先确定道路景观的评价指标，然后在此基础上对各分级指标进行评价。在对道路景观进行评价时，可以从以下方面考虑：

（1）通视　要求路线各组成部分的空间位置配合协调，使司乘人员感到线形流畅、清晰、行驶舒适安全。

（2）导向　建立一个区域性的视觉系统，使驾驶员在视觉所及的范围内，能预见到道路方向和路况的变化，并能及时采取安全的行驶措施。

（3）协调　使道路线形及沿线设施与沿途空间景观环境相协调。

（4）绿化　利用绿化来补充和改善沿线景观。

道路景观可以从以上四个或更多方面计算出道路景观综合评价指数，这样可以较全面和真实地反映道路景观的综合性和复杂性。

随着科学技术的进步以及人们对环境问题认识的逐步提高，环境评价已不再是单纯环境科学知识的简单应用，而是多学科知识及技术的综合应用。因此，应加强环境影响评价技术及方法的研究，使其在促进道路交通建设与环境可持续发展方面发挥应有的功效。

12.3　道路环境保护技术

环境保护是我国的一项基本国策，随着我国国民经济的蓬勃发展，道路建设步伐越来越大。近年来，我国道路总里程不断增长，汽车保有量持续增加，道路在国民经济综合运输体系中的位置越来越重要。伴随着道路的高速发展，道路污染、道路对周边环境影响等问题也大量凸现出来。

如何面对道路建设产生的环境问题，如何按照现阶段我国实际情况，分析评价道路建设各阶段对环境的作用与影响，采取何种措施减少或杜绝道路环境污染，恢复路域生态损失，是摆在我国广大道路工作者面前的一项长期而艰巨的任务。

12.3.1　环境保护技术定义

环境是指人类和生物生存的空间，《中华人民共和国环境保护法》对环境的定义是：环境是指影响人类生存和发展的各种天然的和经过人工改造的自然因素的总体，包括大气、水、土地、矿藏、森林、草原、野生动物、野生植物、水生生物、名胜古迹、风景游览区、温泉、疗养区、自然保护区、生活居住区等。按照环境的自然和社会属性分类，环境包括自然环境和社会环境。

环境保护是指人类有意识地保护自然资源并使其得到合理的利用，防止自然环境受到污染和破坏；对受到污染和破坏的环境必须做好综合治理，以创造出适合于人类生活、工作的环境。1989 年 5 月，联合国环境署第 15 届理事会通过了《关于可持续发展的声明》，明确地提出了可持续发展与环境保护的关系，认为要实现可持续发展就必须维护和改善人类赖以生存和发展的自然环境。

12.3.2 环境保护技术内容

对照上述定义，道路环境保护是基于生态可持续发展原则调节与控制“道路工程与路域环境”对立统一关系的发生与发展。道路环境保护由两项基本工作组成：一是分析因修建道路而对环境产生的各种影响及其影响的程度和范围，根据需要采取专门的环境保护措施，积极开展环境保护的有关工作；二是在道路的设计、施工及运营管理过程中，注意凸显道路各组成部分的环保功能，使道路在运输功能发挥的同时，对沿线环境的负影响最小。

12.3.3 道路环境保护技术问题

道路建设必然影响环境，尤其是高速道路建设，其施工、营运期造成的环境问题会更严重，道路建设将造成如下环境问题：

1）选线不当会破坏沿线生态环境。

2）防护不当会造成水土流失，如坡面侵蚀与泥沙沉淀等。

3）道路带状延伸会破坏路域自然风貌，造成环境损失。

4）道路施工造成环境污染。

5）道路通车营运期间，车辆对沿线造成污染。

12.3.4 道路环保技术功能

一般情况下，一条道路如果严格按照现行道路工程设计标准及《道路环境保护设计规范》进行设计，按道路工程施工技术规范进行施工，就可以起到对路域自然环境的保护作用，并能够对社会环境进行调整和完善。

道路各组成部分的环保功能归纳如下：

1）路基工程在施工及竣工后，结合造地还田与疏导排水，各部分相互协调配套，可使工程稳定坚固，外观顺适优美，能起到防止水土流失的作用。

2）路面工程对路基起保护作用，同时也起着防尘、防水，保护道路沿线环境不被污染的作用。

3）桥梁涵洞工程设计与施工中重视对道路路域景观环境的影响，可起到美化环境的作用。

4）排水工程对道路工程的整体性和稳固性有特殊的作用，可以防止路基路面水及水中含有的油污、有害元素直接进入农田，避免耕地淹没、土壤污染。

5）防护工程确保了路基稳定，减少了水土流失，直接起到了环境保护作用。该工程与环保的关系最为密切。

6）其他工程（通常包括道路与道路、道路与铁路的平面交叉和立体交叉、道路工程的沿线设施、道路养护管理用房屋及场、厂建筑物以及道路绿化等），特别是道路绿化，是国土绿化的重要组成部分，不仅可以有效地改善行车环境，还可以起到美化路容，优化环境的作用。

12.3.5　道路环境保护措施

道路建设的不同阶段，环境问题的产生与环保工作的重点不同，所采取的措施必须具有针对性。

1）可行性研究及初步设计阶段，进行项目环境影响评价，为进行环境保护设计和采取环保措施提供依据。

2）初步设计及施工图设计阶段，进行环境保护设计。

3）招投标阶段，在合同书中纳入环境保护条款。

4）施工阶段，进行环境保护设施的施工及监理。

5）竣工和交付使用阶段，进行环境保护设施验收、环境后评价。

6）营运期，进行环保设施维护及处理环境问题投诉。

针对实际工作需要，现结合国家目前的环保法规对道路施工阶段、营运期采取的环保措施分述如下。

1. 道路设计阶段环保措施

可行性研究及初步设计阶段进行项目环境影响评价，为进行环境保护设计和采取环保措施提供依据，初步设计及施工图设计阶段进行环境保护设计。正确处理造价与环境保护的关系，重视大型结构物设计与自然景观的协调，路线走向应尽量减少或避免穿越对地球生态至关重要的湿地、林区等。保护原有地质结构的稳定性，道路建设破坏了山区或丘陵本来的自然稳定性，由于开挖导致应力释放引起坡面滑动，目前的设计很少考虑应力释放，只简单地考虑土质的自然休止角，只做一些较粗的地质勘探，出现滑坡后治理的费用远远超过先期避免滑坡所投入的费用。重视排水、防护设计，道路排水设计不畅，不但对道路本身造成损坏，并且对环境造成破坏，在道路运营阶段仍然存在水淹耕地、冲刷原地表的现象。

道路设计并不是一个独立的阶段，它融贯于道路规划、设计、施工过程的始终。随着时间和沿线环境的变迁，道路的影响因素也会发生相应的变化，因此，需要建立动态设计的概念，运用先进的技术，结合施工现场的情况，随时间、空间的推移不断地进行补充和完善，经过反复的调整及技术经济比较，设计出经济、与环境协调的道路方案。

2. 道路施工阶段环保措施

（1）生态环保措施

1）在土方开挖回填时避开雨季，雨季来临前将开挖回填、弃方的边坡处理完毕。

2）施工取土时采取平行作业，边开挖、边平整、边绿化，计划取土，及时还耕，及时进行景观再造。

3）在雨水充沛地区，及时设置排水沟及截水沟，避免边坡崩塌、滑坡产生。

4）在雨水地面径流处开挖路基时，及时设置临时土沉淀池拦截泥砂，待路基建成后，及时将土沉淀池推平，进行绿化或还耕。

5）对路堤边坡及时进行植草绿化。

6）对施工临时用地，先将原表层熟土集中堆放，待施工完毕后，再将这些熟土推平，恢复原地表层。

（2）噪声防治措施

1）当施工路段距住宅区小于150m时，为保证居民夜间休息，在规定时间内禁止施工。

2）主动与施工路段附近的学校和单位协商，对施工时间进行调整或采取其他措施，尽量减小施工噪声对教学和工作的干扰。

3）注意机械保养，使机械保持最低声级水平；安排工人轮流进行机械操作，减少接触高噪声的时间；对在声源附近工作时间较长的工人，发放防声耳塞、头盔等，对工人进行自身保护。

（3）大气污染防护措施

1）道路施工堆料场、拌和站设在空旷地区，相距200m范围内，不应有集中的居民区、学校等。

2）沥青路面施工，沥青混凝土拌和厂设在居民区、学校等环境敏感点以外的下风向处，既方便生产，又须符合卫生要求（卫生防护距离分级中，规定的防护距离为300m），不采用开敞式、半封闭式沥青加热工艺。

3）施工便道定时洒水降尘，运输粉状材料要加以遮盖。

（4）水污染防治措施

1）沥青、油料、化学物品等不堆放在民用水井及河流湖泊附近，并采取措施，防止雨水冲刷进入水体。

2）施工驻地的生活污水、生活垃圾、粪便等集中处理，不直接排入水体。

3）对桥梁施工机械、船只严格进行检查，防止油料泄漏。严禁将废油、施工垃圾等随意抛入水体。

3. 道路营运期环保措施

（1）交通噪声防治措施

1）对道路附近的学校、工厂和其他单位，根据具体情况采取噪声防治措施，如修建高围墙、设置声屏障、临路两侧密集植树绿化、建筑物设置双层窗或封闭外走廊等。

2）附近有学校的路段两端设置禁止鸣笛标志。

3）加强交通管理，在道路主要出入口设置噪声监控站，禁止噪声过大的车辆上路。

（2）大气污染防治措施

1）路边植树绿化。根据当地气候和土壤特点，在靠近道路两侧，特别是环境敏感区附近密植乔木、灌木，这样既可净化吸收车辆尾气中的污染物，衰减大气中的总悬浮微粒，又可起到美化环境、降低噪声以及改善道路路域景观的作用。

2）严格执行车辆排放检验制度，利用收费站对汽车排放状况进行抽查，限制尾气排放严重超标的车辆上路。

（3）水污染防治措施

1）严禁各种泄漏、散装、超载车辆上路，防止道路散失物造成水体污染。

2）在道路交通管理部门的生活区设置污水处理站，各种污水经处理达标后方可排放。

（4）潜在风险及农作物污染防治措施

1）对运载危险品的车辆严格进行检查、严格监控，防止事故发生。

2）在洪涝季节，要加强与气象水利部门联系，确保洪水期行车安全。

3）在道路两侧30m范围内严禁种植蔬菜、马铃薯等根茎入口农作物。

思考与练习

12-1　环境评价的概念是什么？

12-2　环境影响评价目的是什么？

12-3　我国道路建设项目环境影响评价内容有哪些？

12-4　环境影响评价要素是什么？

12-5　在对道路景观进行评价时，可以从哪些方向考虑？

12-6　道路环境保护的内容是什么？

12-7　道路各组成部分的环保功能有哪些？

12-8　道路环保措施有哪些内容？

第 13 章　道路路线计算机辅助设计

13.1　道路勘测设计新技术与发展趋势

13.1.1　CAD 技术简介

计算机辅助设计（Computer Aided Design，CAD）是近年来工程技术领域中发展最迅速、最引人注目的高新技术之一。它将计算机迅速、准确地处理信息的特点与人类的创造思维能力及推理判断能力巧妙地结合起来，为现代设计提供了理想的手段。

1963 年，美国麻省理工学院（MIT）首次建立了 CAD 的概念，三十多年来，随着计算机技术的迅速发展，价格低廉、性能优良的第四代 CAD 软硬件系统得到广泛的应用。

CAD 系统由软件系统和硬件系统组成。

1. 软件系统

一个完备的 CAD 软件系统，由科学计算、图形系统和数据库三方面组成。

（1）科学计算　包括通用的数学函数和计算程序，以及在设计中占有很大比例的常规设计、优化设计等，即 CAD 的应用软件包，是 CAD 技术应用于工程实践的保证。

（2）图形系统　包括绘制工程设计图，绘制各种函数曲线，绘制各种数据表格，在图形显示装置上进行图形变换（即对图形进行平移、旋转、对称、删除和修改）、分析和模拟等。图形系统是 CAD 技术的基础。

（3）数据库　是一个通用性的、综合性的以及减少数据重复存储的“数据结合”。它按照信息的自然联系来构成数据，即把数据本身和实体之间的描述都存入数据库，用各种方法来对数据进行各种组合，以满足各种需要，使设计所需要的数据便于提取，新的数据易于补充。它的内容包括设计原始资料、设计标准与规范数据、中间结果、最终成果等。数据库及其管理系统是整个 CAD 系统的纽带。

2. 硬件系统

硬件系统由计算机、显示器、打印机及绘图仪四大件组成。计算机进行数据处理，其处理结果由显示器进行显示，供设计者进行判断、修改，最后由绘图仪输出所需图形。打印机用于输出数据处理结果，必要时也可输出打印图形。这种硬件系统只能满足一般绘图需要。在绘图精度和效率都要求较高的场合，可以在基本配置的基础上增加图形输入板或数字化仪，以改进输入手段，提高输入效率和精度。在输出方面可以增加图形硬拷贝机，以达到图形的快速输出或提高输出效果。为了提高自动绘图系统处理复杂图形的能力，可以采用大存储量的硬磁盘机或磁带机。

13.1.2　国内外道路 CAD 的现状与发展

1. 国外道路 CAD 的发展概况

1）计算机最初用于道路设计主要是完成繁重的计算任务，如路线平面、纵断面设计计算、路面结构分析计算等。

2）从20世纪70年代开始，随着研究的深入，西方国家相继进行了纵断面优化方面的研究与软件研制工作。

3）在纵断面优化设计技术的基础上，许多国家对一定宽度范围内的道路平面线形和空间立体线形的优化技术进行了研究。

4）随着计算机绘图技术的发展，从20世纪70年代末开始，在道路工程设计中引入了计算机辅助设计（CAD）系统，由计算机自动完成判别和设计计算，直接提供设计图表。

5）目前，许多国家建立了由航测设备、计算机和专用软件包形成的组合系统，可以完成从数据采集、建立数字地形模型（Digital Terrain Model，DTM）、线形优化和道路平面、纵断面、横断面设计的计算机辅助设计的全过程，从而大大提高了道路工程设计的速度和质量。

2. 我国道路CAD的应用概况

1）20世纪70年代中后期，有关公路科研单位、高等院校和公路测设部门开始研制与开发道路设计计算与优化程序，并取得了初步成果。

2）1986年，交通部公路规划设计、东南大学、西安公路交通大学等开发完成了高等级公路综合优化及计算机辅助设计系统。

3）目前公路路线CAD辅助设计系统开发已非常普及，应用十分广泛。

13.2　道路CAD辅助设计软件

13.2.1　数字地形模型及其在道路设计中的应用

地形资料是道路设计的基础资料之一。传统设计中，一般用地形图或断面图来表示图形。利用计算机进行道路设计，就要让计算机能认识和处理地形资料。为此，必须把地形图变成计算机能接受的信息——数字，即将地形数字化，数字地形模型就是在这种背景下引入道路设计领域的。

数字地形模型（简称数模）是按照某种数字模型表达地形特征的数值描述方式。它由许多规则或无规则排列的地形点三维坐标 x、y、z 组成，是数字化了的地形资料存储于计算机的产物。

道路是一种带状构造物，所用的数模，是与这个带状区域相对应的带状数字地形模型。在建立数字地形模型的基础上，把带状地形信息拟合成一张空间光滑曲面，例如 $z=f(x,y)$，在道路设计时，根据设计者提供的已知点坐标，内插出所需的地面高程。

13.2.2　数字地形模型的种类

道路设计常用的数字地形模型有离散型、（方）格网式、三角网式和鱼骨式数字地形模型。

1. 离散型数字地形模型

离散型数字地形模型，简称散点数模，是由随机分布的离散地形数据构成，是公路设计中常用的形式之一，可通过内插产生路线设计所需要的纵、横断面地面线资料。

散点数模中任一待定点的高程，一般采用移动曲面拟合法，其基本思想是：在地面某个小范围内，认为可用一圆滑曲面表示它，即用一曲面去拟合地面。道路设计中常用二次多项式曲面作为拟合曲面，计算公式为

$$z = ax^2 + bxy + cy^2 + dx + ey + f$$

式中的系数可通过若干个已知地形点的资料，按最小二乘法原理确定。

为了保证散点数模中内插高程的精度与运算速度，参加拟合的已知点的总数不能太少或太多。实践证明，参加拟合的点控制在 15 ~ 25 时，内插精度较高，同时计算速度也较快。

散点数模的优点是地形点可以任意布置，能够适应地形的变化；缺点是地形点的选择要依靠设计人员的经验判断，占用计算机内存多，计算速度相对较慢。

2. 格网式数字地形模型

格网式数字地形模型是将路中线左、右一定宽度内的地面划分成大小相等的方格或长方格，按一定次序读取网格点的高程，输入计算机而构成的，简称为网格数模，如图 13-1 所示。

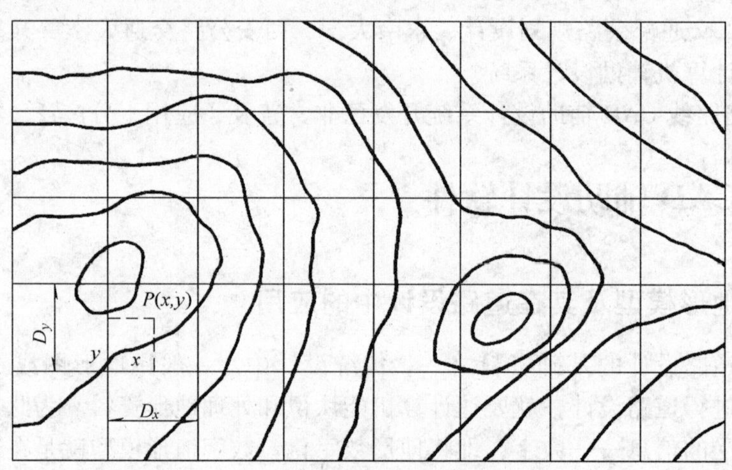

图 13-1 格网式数字地形模型

网格内的待定点高程，根据网格四个节点高程，采用双线形多项式内插求得。假设某方格四个节点的高程为 z_1，z_2，z_3和 z_4，则方格内任一地形点 $p(x, y)$ 的高程为

$$z = a + bx + cy + dxy$$

式中，$a = z_1$，$b = (z_2 - z_1)/D_x$，$c = (z_3 - z_1)/D_y$，$d = (z_1 - z_2 - z_3 + z_4)/D_xD_y$。

为了提高网格数模的使用精度，可根据不同的地形类别及设计阶段的精度要求，在不同区段选用不同的方格大小。平坦地区边长可长些，陡峻地区边长宜短些；初步设计边长可长些，技术设计边长应短些，一般以 5 ~ 20m 为宜。

网格数模的优点是只需存储网格节点的高程而不需存储平面坐标值，检索和内插简单、快速，数据采集方便，选点不依赖于经验，并且输出格式良好，便于应用。其缺点是不宜适应地形的突然变化，节点不一定是地形变化点，因此，地形变化大的地方精度低。

3. 三角网式数字地形模型

三角网式数字地形模型简称三角网数模。它是用许多平面三角形逼近地形表面，即将地

表面看成是由许多三角形平面所组成的折面覆盖起来的，读取并存储三角形顶点的三维坐标，即构成三角网式数字地形模型，如图 13-2 所示。

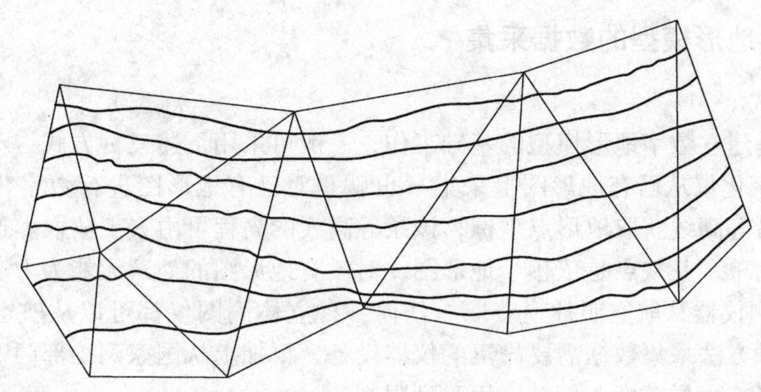

图 13-2　三角网式数字地形模型

三角网数模中任一待定点的高程，由该点所处的三角形平面而定，并通过线性内插法求得，即

$$z = Ax + By + C$$

式中　A、B、C——三角形三顶点坐标的函数。

三角网数模的特点是：占用内存较少，数模内插的精度完全取决于采样点的分布状况。所以，要求操作者具有一定的经验。

为了保证三角网数模的内插精度，数据采集时，建议沿地形特征线采集，在坡面上适当地选择控制点；构造三角网时，应尽可能地确定每个三角形都是锐角三角形，或者三角形三边的长度近似相等，避免出现过大的钝角和过小的锐角。

4. 鱼骨式数字地形模型

鱼骨式数字地形模型是在路线方案确定以后，沿路线方向和垂直于路线方向上采集地形点而构成的数字地形模型，如图 13-3 所示。这种数模是数字地形模型的最初方案，与传统的人工计算方法相同。

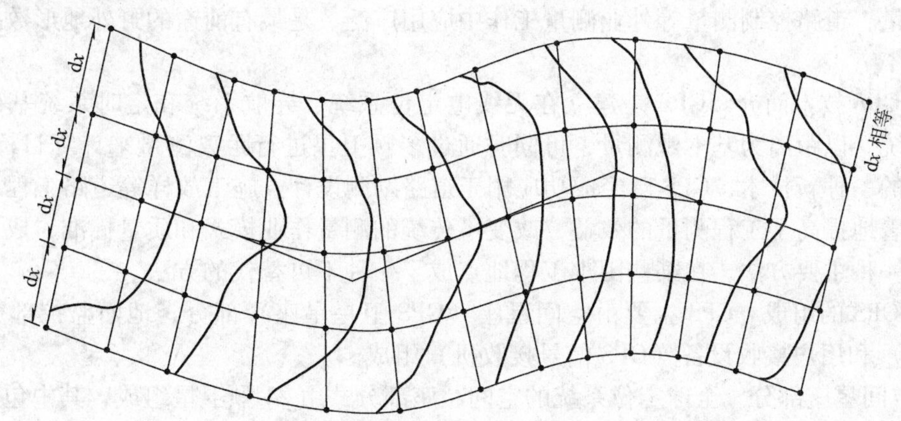

图 13-3　鱼骨式数字地形模型

这种数字地形模型的优点是：数据采集方法简单，容易从航测照片或地形图上采点，只

考虑中桩及中桩两侧一定宽度内的地形，节省了计算机的内存。其缺点是要在路线方案确定以后才能建立数字地形模型，不能用作方案比选。

13.2.3 数字地形模型的数据采集

1. 采集方式

数据采集是建立数字地形模型的基础工作，一般可采用下述三种方式：

（1）由数字化仪从已有地形图上采集　也就是对已有地形图进行数字化，其工作方式是由数字化仪沿等高线获取地形点坐标，该条等高线的高程可由人工读取。这种数据采集方式最为经济、简单，其缺点是依赖于地形图，对没有地形图的地区无能为力。

（2）由航测仪器从航空照片上获取　任何一种立体测图仪都可以从航空照片上进行数据采集。但这种方法采集数据需要昂贵的仪器设备，再加上从国家测绘部门购买的航摄照片比例尺太小，影响采样精度，使其应用受到限制。

（3）人工野外实测　采用电子经纬仪、全站式速测仪等仪器由人工野外实测获取。这种方法获取的数据精度高，但人工劳动强度大且费时，适用于局部补测。

2. 采样点的密度

地形点采集的密度直接影响数模的精度与计算机的处理速度。因此，采样点的密度要根据数模的精度要求，地形的变化情况以及计算机的内存大小而定。一般来讲，数模精度要求高、地形起伏较大的地区，点的密度要大些；地形平缓的区域，点的密度相应可小些。

3. 全球定位系统数据采集

全球定位系统（Global Positioning System，GPS）是美国国防部为满足军事部门对海上、路上和空中设施进行高精度导航和定位的要求而建立的。该系统从20世纪70年代开始设计、研制，历时23年，现已全部建成。GPS作为新一代卫星导航与定位系统，不仅具有全球性、全天候、连续的精密三维导航与定位能力，而且有良好的抗干扰性与保密性。由于GPS定位技术的高度自动化和所达到的定位精度及其潜力，在地形数据采集领域中展现出了广阔的应用前景，相对于经典测量学来说，GPS定位技术具有观测点之间无需通视、定位精度高、观测时间短、提供三维坐标、操作简便、全天候作业等主要特点。目前，GPS在航测的外控测量、道路控制测量等外业测量工作中应用广泛，是最有前途的野外地形数据采集方式之一。

（1）GPS技术简介　GPS是建立在无线电定位系统、导航系统和定时系统基础上的空间导航系统，以距离为基本观测量，可同时通过多颗卫星进行距离测量来计算目标的位置。作为测量的一种新技术，GPS已经成功应用于道路勘测设计、施工放样等道路工程测量的各方面，显著地提高了工程测量的效益，改变了传统的测量作业模式和质量标准，成了道路工程测量的一种主要方法，在某些困难工程地点成了一种不可替代的方法。

（2）GPS的组成　GPS主要由空间星座（GPS卫星星座）部分、地面监控部分（地面控制系统）和用户接收设备（GPS信号接收机）组成。

1）空间星座部分。全球定位系统的空间星座部分，由24颗卫星组成，其中包括3颗备用卫星。工作卫星均匀分布在6个轨道面内，每个轨道面上分布4颗卫星，轨道平均高度约为20200km，卫星运行周期为11小时58分。每颗卫星每天约有5h在地平线以上，同时位于地平线以上的卫星数目随时间和地点而异，最少为4颗，最多可达11颗。这样，地球上任何地点在任何时刻均至少可同时观测到4颗卫星。

GPS卫星的主要功能是接收、存储和处理地面监控系统发射来的导航电文及其他有关信息；向用户连续不断地发送导航与定位信息，并提供时间标准、卫星本身的空间实时位置及其他在轨卫星的概略位置；接收并执行地面监控系统发送的控制指令。

2）地面监控部分。GPS地面监控系统主要由分布在全球的5个地面站组成，其中主控站（MCS）1个，设在美国科罗拉多州的斯普林斯，负责协调和管理所有地面监控系统的工作；注入站（GA）3个，分别设在印度洋的迭戈伽西亚和南大西洋的阿松森群岛，其主要任务是通过1台直径为3.6m的天线，将来自主控站的卫星星历、种差、导航电文和其他控制指令注入到相应卫星的存储系统，并监控注入信息的正确性；监控站5个，除上述4个地面站具有监控功能外，还在夏威夷设有1个，其主要任务是连续观测和接收所有GPS卫星发出的信号并监控卫星的工作状况，将采集到的数据连同当地气象观测资料和时间信息经初步处理后传送到主控站。

3）用户设备部分。GPS的用户设备部分包括GPS接收机硬件、数据处理软件和微处理机及其终端设备等。其主要功能是跟踪接收GPS卫星发射信号并进行交换、放大处理，以便测出GPS信号从卫星到接收机天线的传播时间，解译导航电文，实时地计算出测站的三维位置，乃至三维速度和时间。GPS接收机根据其用途可分为导航型、大地型和授时型；根据接收的卫星信号频率，又可分为单频和双频接收机。精确定位测量时一般均采用大地型双频或单频接收机，单频接收机适用于10km左右或更短距离的精密定位工作，双频接收机可进行长距离的精密定位。与单频接收机相比，双频接收机结构复杂，价格更昂贵。

（3）GPS在道路勘测设计中的应用　目前GPS定位技术在道路工程中主要用于以下几个方面：布设各等级的路线带状平面控制网；桥梁、隧道平面控制网；航测外业平面高程控制测量等；路线中线、构造物的测设等。

随着载波相位差分GPS技术的发展，高精度实时动态GPS定位技术在道路工程中得到了极大的应用，如机载GPS在航空摄影测量中的应用、实时动态定位（RTK）技术在道路施工放样中的应用。随着这些技术的成熟，实时动态载波相位差分GPS技术已经给道路测量带来深刻的变革。由于GPS测量得到的信息不仅包括平面信息，而且包括高程信息，这非常有利于道路勘测设计中数字化地形图的生成，以及道路平面、纵断面、横断面数据的自动截取。同时，GPS还可以对航空照片和卫星图片等遥感图像进行定位和地面矫正，提高遥感数据的精度。

13.3 数字地形模型与道路测设一体化设计

传统的道路路线设计一般是在路线平面位置确定以后进行的。利用计算机辅助进行路线设计，有两种做法：一是在数字地形模型的支持下，借助于数学方法，由计算机初定路线平面位置，并进行优化设计，根据计算机选择的最优方案和数模提供的地形资料，再完成整个路线的平面、纵断面、横断面的设计工作。这种方法实现的CAD系统，自动化程度高。但是，由于平面线形优化涉及许多复杂因素，用该方法实现的CAD系统，目前在国内外尚处于研究开发和完善阶段。另一种是在路线平面位置确定以后，再利用计算机进行辅助设计，类似于传统的设计方法。设计人员根据地形和环境条件，首先确定路线平面位置，将平面设计资料输入计算机，由计算机逐一完成或采用人机交互方式共同完成路线平面设计，输入平面设计方案所对应的纵、横断面资料，由计算机完成整个路线设计（如内业计算和有关图表的绘制等）。目前国内现有的公路路线辅助设计系统，大部分是采用这种方法开发的。下面以此为例讨论计算机辅助进行路线平面、纵断面、横断面设计的内容。

13.3.1 路线平面设计

路线方案确定以后，设计人员根据实际地形在实地或纸上确定路线的平面线形。将平面设计资料输入计算机，如交点坐标、平曲线半径、平曲线类型、缓和曲线长度等，计算机根据这些资料按照一定的程序计算路线里程、平曲线要素和曲线上各特征点的桩号以及逐桩坐标。设计者可以根据设计结果，反复调整设计参数，直到满意为止。这是在路线平面位置完全确定的情况下进行的，设计者基本上不参与路线平面设计的过程。为了充分发挥人的创造性思维，也可以采用人机交互的方式，直接在屏幕上进行平面设计。其过程简单描述如下：在路线平面方案确定的基础上，利用数字化仪将路线草图输入计算机，作为平面设计的依据；在图形编辑软件的支持下，设计者利用直线、圆曲线和缓和曲线拟合出理想的平面线位，并输出设计结果；若不满足要求，可以反复调整上述元素的设计参数，直到满意为止。

平面设计完成后，自动将数据结果以数据文件的方式存储在计算机中，供后续工作调用。也可以通过专用程序，绘制路线平面设计图和有关表格。

平面设计工作框图如图 13-4 所示。

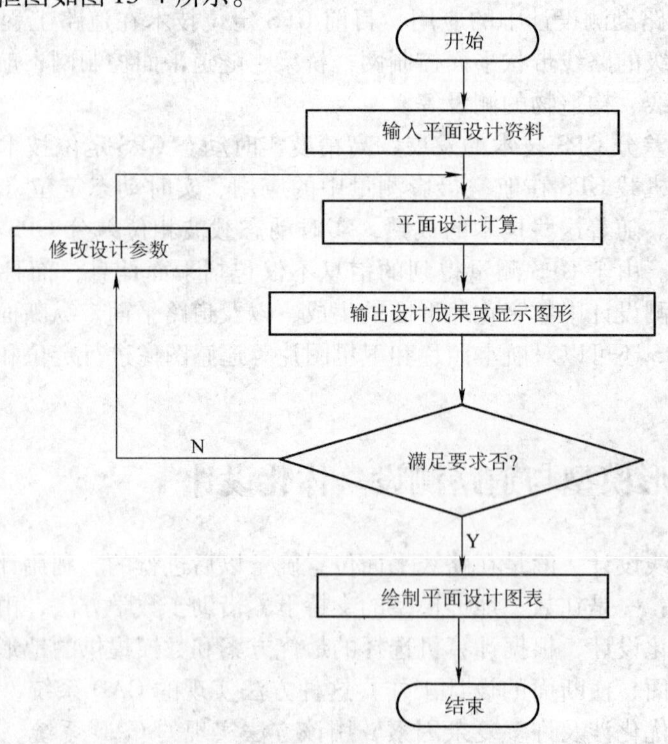

图 13-4 平面设计工作框图

13.3.2 路线纵断面设计

1. 纵断面地面高程的获取

(1) 传统方法 道路平面位置确定以后，实地对道路中线进行水准测量或根据纸上定线的结果在地形图上人工读取中桩高程，键盘输入计算机，从而得到地面高程资料。

(2) 数模内插方法 利用已建立的带状数模，计算机自动进行内插，得到道路中线上任一点的高程值，从而获得纵断面地面线。

2. 纵断面设计线的确定

目前，国内利用计算机进行纵断面设计，仍采用传统的设计方法，即计算机将输入的地面资料处理后由绘图仪输出或由屏幕显示一张纵断面地面线图，设计者在上面进行手工拉坡，然后将纵坡设计信息送回计算机，计算机自动完成纵断面设计的计算与输出工作。其工作框图如图 13-5 所示。

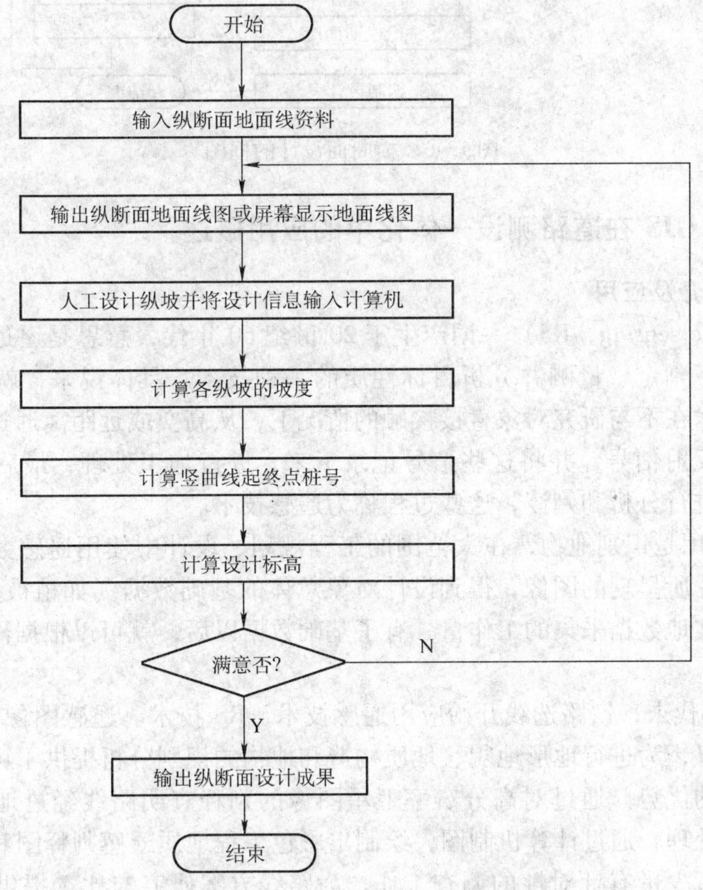

图 13-5 纵断面设计线的工作框图

13.3.3 道路横断面设计

在整个道路设计中，横断面设计的工作量是相当繁重的，并且大部分工作是重复的，如横断面面积计算、绘图等。利用计算机进行辅助设计，既能提高设计速度，又能提高设计质量。

利用计算机进行横断面设计，需要处理大量的横断面地面线资料。这些数据若靠人工键盘输入，工作量是很大的，并且容易出错。一般可利用数字化仪将实测横断面地面线输入或通过数字地形模型自动产生。利用计算机进行横断面设计的框图如图 13-6 所示。

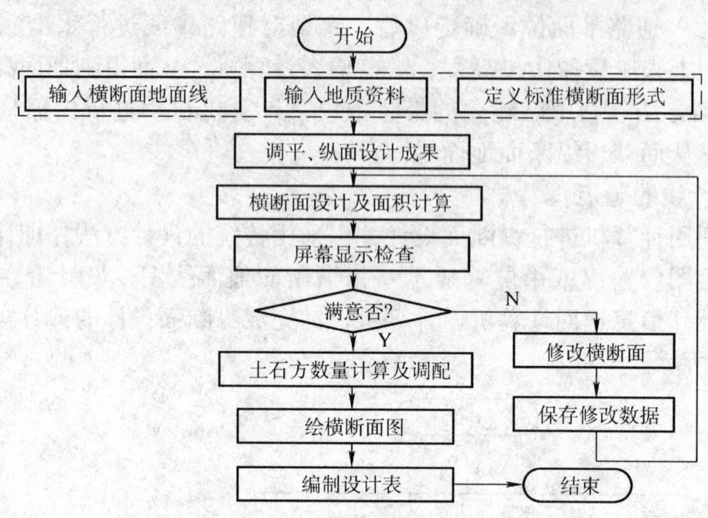

图 13-6　横断面设计的框图

13.3.4　RS 和 GIS 在道路测设一体化中的应用概述

1. RS 技术简介及应用

遥感（Remote sensing，RS）一词产生于 20 世纪 60 年代，意思是遥远的感知。它是在远离目标的情况下判定、量测并分析目标性质的一种技术。具体说来，就是根据电磁波理论，应用现代技术在不与研究对象直接接触的情况下，从高空或远距离通过传感器接收地面物体对电磁波的反射信号，并将这些信号记录下来，进行加工处理，最后对研究对象的性质、特点和数量进行分析和判读，这些过程称为遥感技术。

RS 的主要作用是识别地物，在大范围的工程规划、设计中使用遥感数据，可以省时省力。根据卫星相片所呈现的图像，得到设计对象总体的基础数据（如植被空间分布图），这样就大大减少了实地数据采集的工作量。有了基础数据以后，就可以根据需要加工得出专业上需要的数据。

20 世纪 70 年代末，铁路选线开始应用遥感技术，RS 技术。遥感图像具有宏观、逼真、直观、丰富的信息，为进行地形地貌、地质构造和地物的识别分析提供了可靠依据，具有其他方法无法比拟的优势。通过对高分辨率卫星图像的判释查明路线经过地区的工程地质条件，并进行图像处理，通过计算机制图，绘制出彩色工程地质遥感判释图和水文地质遥感判释图，必要时进行少量有针对性的调查工作，为路线方案研究与比选提供依据；在道路测定、施工过程中，对复杂地质地段、路线重点工程地区展开遥感调查，为工程技术决策提供依据，保证施工顺利进行起到重要作用。

在道路勘测的各个阶段、道路建设中的各类工程和各类专业中，均可应用各种比例尺的航拍照片和卫星遥感图像，通过图像判释和图像处理，提供工程需要的资料，弥补其他勘测手段的不足。考虑到勘测设计各阶段所依据的基础资料和文件要求深度不同，具体工作方法与详略程度也有所不同。

2. GIS 技术简介及应用

GIS 是以地理空间数据库为基础，在计算机软件的支持下，对空间相关数据进行采集、管理、操作、分析、模拟和显示，并采用地理模型分析方法，适时提供多种空间和动态的地理信息，为地理研究和地理决策服务而建立起来的计算机技术系统。它是规划、管理和决策的有用工具。GIS 具有以下三方面的特征：第一，具有采集、管理、分析和输出多种地理空间信息的能力；第二，以地理研究和地理决策为目的，以地理模型方法为手段，具有空间分析、多要素综合分析和动态预测的能力，并能产生高层次的地理信息；第三，由计算机系统支持进行空间地理数据处理，并由计算机程序模拟常规的或专门的地理分析方法，作用于空间数据，产生有用信息，完成人类难以完成的任务。

GIS 的在勘测设计中的应用：

1）利用 GIS 的数据采集与数据库管理功能，对选线所需的基础资料进行统一管理和分类管理。

2）利用 GIS 强大的空间查询和空间分析功能和地形分析功能，对信息进行加工处理，将影响路线方案的各种因素形象化地展现在选线人面前。

3）利用 GIS 的制图功能，输出设计图。

13.4　路线三维可视化设计

道路设计的三维可视化是将道路设计过程中及设计结果数据转换为三维的图形及图像并进行交互处理的理论、方法和技术。借助这一技术，能在设计过程中逼真地呈现道路建成后的真实场景，给决策者、设计师以直观的三维立体印象，从而为道路几何线形评价，平面、纵断面、横断面的整体协调，行车安全检测，环境影响评估等提供决策依据。道路设计的三维可视化就其功能而言应包括两个方面：设计过程的可视化及设计成果的可视化。近年来，国内外一些研究机构及设计单位研究了道路的三维图像显示及动画制作等问题，其主要思路是编制程序在 AutoCAD 环境下自动生成三维模型，再导入 3DS MAX（或其他三维图形处理软件）渲染，生成道路三维仿真动画。

13.4.1　道路透视图的绘制

道路透视图有线形透视图、全景透视图、复合透视图和动态透视图。线形透视图只绘出路基边缘线以内的线条，这种透视图主要用来检查平面、纵断面线形及其组合情况以及立体线形是否顺适，或走向是否清楚，如图 13-7 所示。全景透视图不仅能够提供线形检查，还可真实反映路线与周围景观的协调程度，并能直观反映视距不良路段，用以指导设计，如图 13-8 所示。复合透视图是将全景透视图与实拍照片进行叠加，形成具有真实背景的路线透视图，它能逼真地反映拟建公路与周围景观的配合情况。路线动态透视图是通过计算机连续不断地调用事先生成、经过特殊处理过的若干幅

图 13-7　路线线形透视图

相邻且视点轨迹连续的路线透视图进行显示，使之在屏幕上形成具有动画效果的图形，通过改变各幅透视图的视点间距和调整显示时间间隔，可逼真地模拟各种车速在公路上行驶的情况，这也是评价公路设计质量的重要手段。

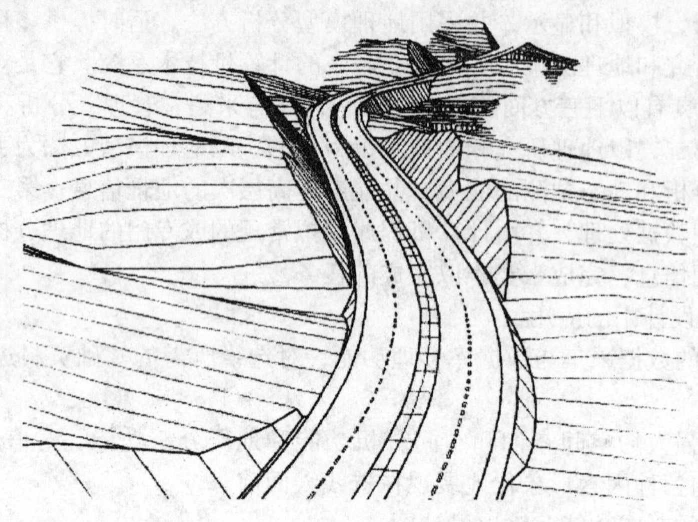

图 13-8　路线全景透视图

1. 视点和视轴的选择

视点位置和视轴方向是根据透视的目的和透视图的种类来选择的，当然也可以由计算机自动选取。

(1) 视点的选取　驾驶员透视图，视点应取驾驶员在道路上眼睛的位置，视高一般采用1.0~1.5m，鸟瞰图可高出路面几十米甚至几百米以上。在 AutoCAD 及 3DS MAX 环境中，用户可根据自己的需要自行选定视点位置。

(2) 视轴的选取　视轴方向对透视图的影响极大，一般来说，在高速公路上驾驶员注意力集中点与视点的距离约为车速 V(km/h) 的5倍，故视轴在水平方向应通过前方路中线5V处。视轴的竖起角与站点的纵坡切线方向一致。

(3) 视野范围　亦称可视区间，是最远和最近可见道路断面的桩号差，视野范围是透视图中所需绘制的道路长度范围。

2. 横断面间距及物点选择

根据车速与可视距离和车前距离的关系，透视图的绘制范围一般为20~70m。为了保证透视图的精度，横断面间隔建议按下列方法选取，见表13-1。

表 13-1　横断面间隔

绘制范围/m	横断面间距/m
20~50	5
50~150	10
150~370	30
>370	仅取平曲线起点、中点、终点、竖曲线中点

当横断面确定后，绘制线形透视图，可以选取横断面上的路中心点、路面边缘点和路基边缘点作为物点；而全景透视图，除了上述这些点外，还应包括边坡坡脚点和横断面地面线

上的一些高程变化点。对于有中央分隔带的公路，还要选取中央分隔带左、右边缘点为物点。

3. 道路透视图的生成

透视变化是产生立体效果的基础，是生成真实感图形的保证。在道路线形设计中，由于需要变换视点位置，从各个角度观察线形，因此选用观察坐标系下的一点透视变换，即从一点出发，在整个平面上生成三维物体的投影。生成透视图包括坐标计算转换和消隐两个过程。

（1）物点坐标的计算　坐标计算和转换是绘制透视图关键的一步（见图 13-9）。物点的透视坐标计算是通过四个坐标系——局部坐标系（x_1，y_1，z_1）、整体坐标系（x_2，y_2，z_2）、视轴坐标系（x_3，y_3，z_3），及最后求得物点二维坐标的透视平面坐标系（x_4，y_4，z_4）的变换来实现的。

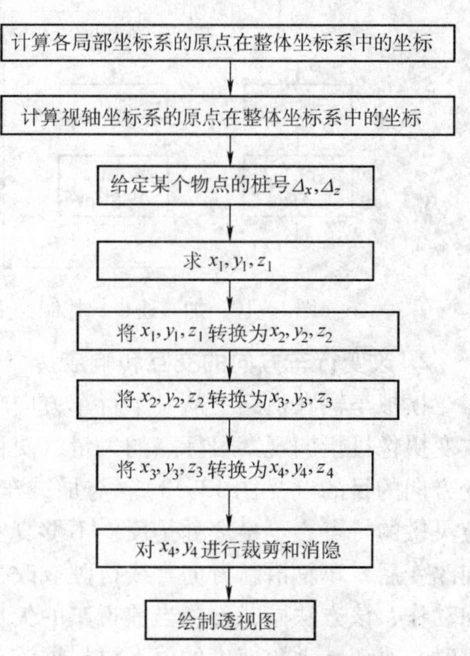

图 13-9　透视图坐标计算与交换程序流程图

计算出各迹点的坐标后，按照一定的规律连接这些迹点，就形成了道路的透视图。这种规律就是前面讲到的道路横断面特征点的属性问题。除此之外，还必须考虑迹点边线的消隐问题。

（2）裁剪、消隐与绘制　路基横断面上的各特征点及地面线点，经过坐标变换至图像坐标系中后，各点及按连接关系确定的各线段有可能部分或全部落到规定画出的窗口以外。图形裁剪就是要将窗口内部分保留并显示或给出，而将其余部分裁剪掉，以保持路线透视图画面的美观和简洁。

为了真实地反映物体的视觉效果，必须把那些被不透明的面或物体遮蔽的线段、平面隐去，否则画面将会杂乱无章，这一过程就是消隐。在计算路基横断面上物点的透视图坐标时，还无法判别哪些线段是被前面的面遮挡，变成不可见的。只有在所有透视点坐标求得后，在透视图绘制时，根据一定算法，判断并消去不可见的隐线和隐面。

隐线和隐面的消除算法是计算机图形学中比较困难但又十分关键的一个问题，算法很多。根据道路的带状几何特性，一般选用峰值线算法和画家算法。前者以线框模型为基础，用于产生线框模型透视图；后者以面模型为基础，可以产生彩色面模型透视图。

13.4.2　透视图三维动画实时显示

交互式的动态透视图，即实时动画，是画面显示和画面生成同时进行，采用“双缓冲区”方式进行。其最大优点是交互性强，用户能通过键盘、鼠标等外部设备控制透视画面的生成，如改变车速、视点、视线方向等，透视画面随之改变，交互的特性提供了一个模拟驾驶环境。在道路动画的实时显示中，用户的交互动作有以下几种：

1. 加减车速的交互和响应

模拟车辆在道路上从一个车速转变为另一个车速的方法有两种：一是通过加减速步长改

变车速（见图 13-10），二是通过改变加速度的方法达到改变车速的目的（见图 13-11）。前一种方法具有程序实现简单、加减速反应灵敏的特点，用户通过触发加减速消息，直接改变车速数值，不足之处是反应不够真实。改变加速度的方法则能够更加真实地表现驾驶员的加减速动作，该方法同时扫描当前车速、当前加速度两个变量，用户激发加减消息时，改变加速度的数值，再根据当前加速度数值计算车速。

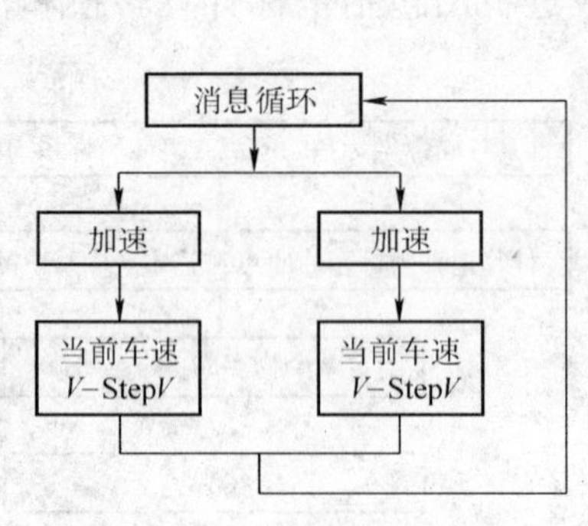

图 13-10 加减速步长控制

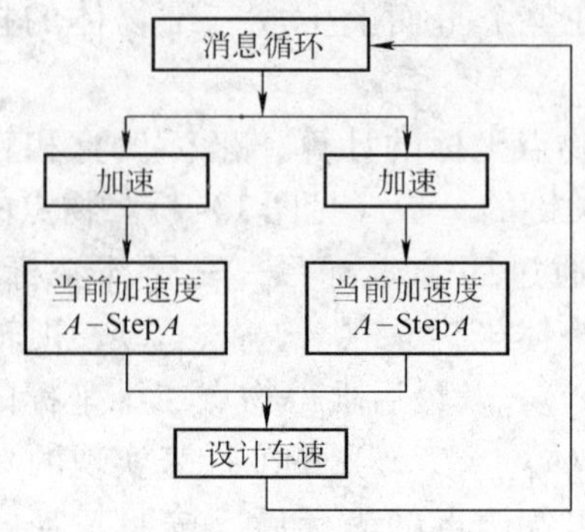

图 13-11 加速度控制

2. 改变行车方向的交互和响应

模拟车辆在道路上从一个行车方向转变为另一个行车方向的方法有两种：一是通过直接改变摄像机指向观察目标点的矢量（见图 13-12）；二是通过改变转动角速度的方法达到改变方向的目的（见图 13-13）。与加减车速的情况相似，前一种方法具有程序实现简单、反应灵敏的特点，不足之处是反应不够真实，用户通过触发转向消息，直接改变方向，一旦方向改变后，车辆沿新方向直线行驶。改变转动角速度的方法则能够更加真实地表现驾驶员转向动作，该方法同时扫描当前行车的矢量方向和当前转动角速度两个变量，用户激发转向消息时，改变转动角速度的值，再根据该角速度计算新的角度，并保持转动趋势，实时改变摄像机矢量方向。例如，驾驶员向左转动转向盘后，车辆会向左一直转动，做圆周运动，而不是做直线运动，这是与前一种方法的最大区别。

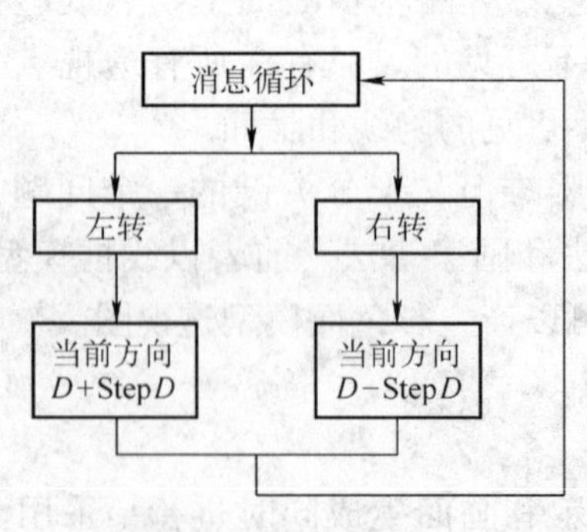

图 13-12 转向步长控制

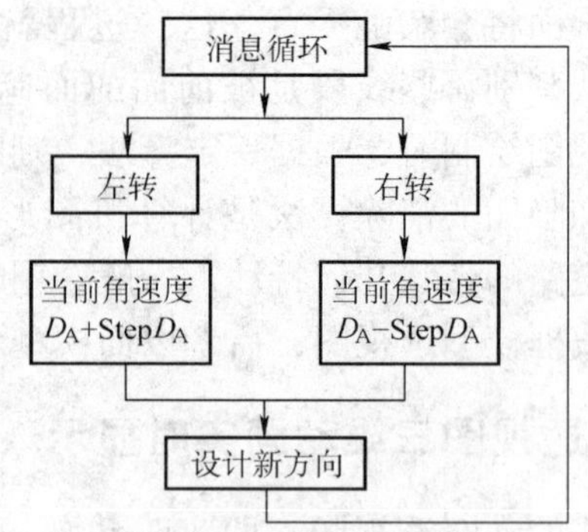

图 13-13 角速度控制

3. 变观察方向的交互和响应

驾驶员的注意力可能并不一定始终集中在道路的正前方，尤其是当车速较慢时，驾驶员能从左右车窗观赏沿路的风景，如图 13-14 所示。为了模拟这种情况，增加一个摄像机矢量方向，它区别于行车矢量方向。行车矢量方向和行车速度被用于计算摄像机所在点的空间坐标，但是摄像机矢量方向与视线长度则被用于求算摄像机目标点的位置。响应用户改变观察方向的动作，可以参照第一种车辆转向响应方法。驾驶员一旦转动观察方向，就保持这一方向观察，而不会继续转动下去。

随着计算机软、硬件技术的不断进步，一些能够实现高质量的动态交互式道路实景透视图的软件将不断推出，大大改善道路三维制作的现状，并逐步发展成包含视觉、听觉、嗅觉和触觉的真正意义上的虚拟现实。将虚拟现实技术引入工程设计领域，面临三维建模和交互仿真两方面的问题。动态交互式的仿真方式，在工程设计中用于完成动态全景透视图，它是一种虚拟汽车、行人在道路、桥梁等工程环境中通行、运动的交互式视觉仿真系统。尽管虚拟显示技术涉及多个学科领域，但随着高速 CPU 和更高性能 3D 图形加速卡的出现，在 PC 平台上开发出适应道路、桥梁设计的虚拟现实系统是可行的。

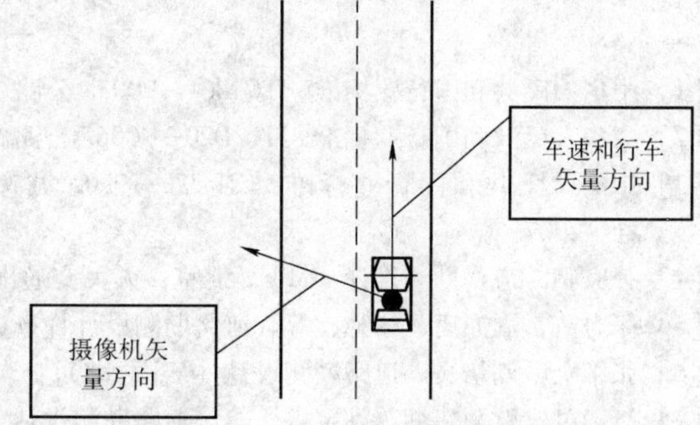

图 13-14　行车方向与摄像机方向示意图

思考与练习

13-1　简述道路 CAD 的发展状况。

13-2　3S 技术在道路测设中有哪些应用？

13-3　道路透视图有哪几种？各有什么特征？

参考文献

[1] 中华人民共和国行业标准 . JTG B01—2003. 公路工程技术标准［S］. 北京：人民交通出版社，2004.

[2] 中华人民共和国行业标准 . JTG D20—2006. 公路路线设计规范［S］. 北京：人民交通出版社，2006.

[3] 中华人民共和国行业标准 . CJJ 37—1990. 城市道路设计规范［S］. 北京：中国建筑工业出版社，2007.

[4] 孙家驷 . 道路勘测设计［M］. 北京：人民交通出版社，2005.

[5] 张志清，周亦唐，杨林，等 . 道路勘测设计［M］. 北京：科学出版社，2005.

[6] 张维全，刘培文 . 道路勘测设计［M］. 北京：人民交通出版社，2005.

[7] 杨春风，欧阳建湘，韩宝睿，等 . 道路勘测设计［M］. 北京：人民交通出版社，2006.

[8] 赵永平，唐勇 . 道路勘测设计［M］. 北京：高等教育出版社，2004.

[9] 周亦唐，张维全，李松青，等 . 道路勘测设计［M］. 重庆：重庆大学出版社，2002.

[10] 于书翰 . 道路工程［M］. 武汉：武汉工业大学出版社，2000.

[11] 杨少伟 . 道路勘测设计［M］. 北京：人民交通出版社，2006.

[12] 李远富，杨少伟 . 线路勘测设计［M］. 北京：高等教育出版社，2004.

[13] 张金水，张廷楷，等 . 道路勘测设计［M］. 上海：同济大学出版社，2003.

[14] 吴瑞麟，沈建武 . 道路规划与勘测设计［M］. 广州：华南理工大学出版社，2002.

[15] 尤晓伟 . 现代道路勘测设计［M］. 北京：清华大学出版社，北京交通大学出版社，2004.

[16] 李世华，陈念斯，李新科 . 道路工程［M］. 北京：人民交通出版社，2006.

[17] 周荣沾 . 城市道路设计［M］. 北京：人民交通出版社，1999.

[18] 黄兴安 . 公路及城市道路设计手册［M］. 北京：中国建筑工业出版社，2005.

[19] 姚祖康 . 公路排水设计手册［M］. 北京：人民交通出版社，2002.

[20] 过秀成 . 道路交通安全学［M］. 南京：东南大学出版社，2001.

[21] 冯桂炎 . 公路设计交通安全审查手册［M］. 北京：人民交通出版社，2000.

[22] 邵毅明 . 高等级公路交通安全管理［M］. 北京：人民交通出版社，2000.

[23] 梁耀开 . 环境评价与管理［M］. 北京：中国轻工业出版社，2002.

[24] 陆雍森 . 环境评价［M］. 上海：同济大学出版社，2001.

[25] 刘书套 . 高速道路环境保护与绿化［M］. 北京：人民交通出版社，2001.

[26] 杨军，李功成，李晶 . 我国城市道路系统现状及合理规划对策的探讨［J］. 郑州牧业工程高等专科学校学报，2009，29（1）：39－41.

[27] 王功礼，姚丽，翁振军 . 高速公路超高与加宽设计计算方法［J］. 辽宁省交通高等专科学校学报，2004，9（3）：30－31.

[28] 战福君 . 用科学发展观指导市政公用设施建设的思考［J］. 城市经济，2005（6）：41－42.

[29] 牛强 . 基于现实路网的公共及市政公用设施优化布局模型初探［J］. 交通与计算机，2004（5）：49－53.

[30] 张恩华 . 浅谈道路建设环境保护的四个阶段［J］. 科技信息，2008（26）：33－34.

[31] 孙相智 . 谈道路建设环境保护［J］. 四川建材，2007（1）：23－24.

[32] 王大松 . 道路环境保护与环境评价［J］. 黑龙江交通科技，2008（8）：113－115.

[33] 周海燕 . 高等级道路环境保护和水土保持设计的探讨［J］. 中外道路，2008（3）：11－15.